汽车维修职业教育"工学结合"系列教材

汽车车身电气系统故障
诊断与排除

主　编　马明芳

副主编　单立新

参　编　李　卓　吴晓岚　杜　明　刘永利
　　　　常君传　侯　伟　李　晔

机械工业出版社

本课程是根据汽车运用与维修专业中等职业教育和高等职业教育学生就业岗位典型职业活动直接转化的一门专业核心课程,是《汽车电工电子基础》及《电气系统维护》两门课程的后续课程,具有很强的实用性和实践性。

　　本课程有 17 个教学单元,其主要任务是培养学生进行汽车电气系统故障诊断和排除,养成严谨、规范的工作习惯和良好的思维、应变能力,具备安全生产、成本控制、协调合作意识。

图书在版编目(CIP)数据

汽车车身电气系统故障诊断与排除/马明芳主编. —北京:
机械工业出版社,2012.12 (2024.7 重印)
汽车维修职业教育"工学结合"系列教材
ISBN 978-7-111-40714-0

Ⅰ.①汽… Ⅱ.①马… Ⅲ.①汽车—车体—电气系统—
故障诊断—职业教育—教材②汽车—车体—电气系统—故障
修复—职业教育—教材 Ⅳ.①U472.41

中国版本图书馆 CIP 数据核字(2012)第 293305 号

机械工业出版社(北京市百万庄大街 22 号　邮政编码 100037)
策划编辑:李　军　责任编辑:李　军　孙　鹏
版式设计:霍永明　责任校对:刘志文
封面设计:鞠　杨　责任印制:单爱军
北京虎彩文化传播有限公司印刷
2024 年 7 月第 1 版第 12 次印刷
184mm×260mm·17 印张·417 千字
标准书号:ISBN 978-7-111-40714-0
定价:39.80 元

电话服务　　　　　　　　　网络服务
客服电话:010-88361066　　机 工 官 网:www.cmpbook.com
　　　　　010-88379833　　机 工 官 博:weibo.com/cmp1952
　　　　　010-68326294　　金 书 网:www.golden-book.com
封底无防伪标均为盗版　机工教育服务网:www.cmpedu.com

丛　书　序

这套丛书适用于高职或中职汽车运用与维修、汽车技术、汽车服务等相关专业，是针对行动导向教学模式课改的一系列教材。

这套丛书教材开发完全是从汽车服务企业中的典型工作任务转化而来的，涵盖汽车服务相关专业的所有主要工作，共14个学习领域，所以编写了14套教材。每个学习领域都有教师和学生共同使用的讲义、任务工单、考核工单（理论考核和实操考核）；部分学习领域配套使用的电路图册、维修手册；教师使用的教案、课程标准及教学设计思路等。

1. 教学设计建议

学校在教学实施前，要组织任课教师进行教学设计，明确课程实施的载体，制订课程实施具体方案，细化考核标准和确定评价方法。

教学内容的顺序安排应遵循由简单到复杂、循序渐进的原则。教学设计建议通过典型故障现象设计教学情境，导入学习主题，采用学生自主性学习和教师讲解相结合的方法完成学习内容。每个典型故障的教学设计还要根据具体情况对教学的组织、采用的教学媒体进行相应的设计。为配合教学，除了采用本套教材以外还要准备相应的维修资料（全车电路图和维修手册），设计任务工单或实训报告。本专业具有很强的实践性，教学设计中要保证学生有充分的动手训练时间。教学中还应有意识地强化企业工作规范及安全生产知识，培养学生良好的团队合作精神、成本控制和环境保护意识。

2. 教学方法建议

由于本专业主要培养学生解决实际问题的能力，因此应以理论与实践相结合的方法完成本专业教学内容的学习，每一个学习任务的完成都是一个"做中学、学中做"的过程。

在教学过程中建议采用任务驱动、项目教学法等"以工作过程为导向"的教学方法，运用多媒体、模型、实物展示等手段，以学生自主学习、小组讨论、角色扮演等多种方式调动学生的学习积极性。通过独立完成项目作业的方式培养学生的独立思考能力、创新能力和解决实际问题的能力。

模拟企业的真实工作环境和企业实际工作情况对学生进行训练；训练中注重培养学生用理论知识指导实践操作的意识，强调小组成员之间的合作意识。教学中通过多种方法强化电路检查、部件拆装等常见的基本维修工作内容，以加强基本操作的规范性。

3. 评价方法建议

坚持理论与实践并重的原则，在评价上应采用理论考核和实践考核相结合的方法。注重过程性考核与结果性考核相结合，逐步建立学生的发展性考核与评价体系。

评价方法采用典型职业活动完成过程评价、作业完成情况评价、操作标准及规范评价、期末综合考核评价等多种方式。课程内容重点考核项目根据教学实际情况，进行选择性的考核。具体考核可以根据考核时间、设备及人员配备情况，在重点考核项目（至少选一项）和其他考核项目（可以不选）中选取部分或全部项目进行考核。可以通过实操、口试、项目作业等方法检验学生的专业技能、操作方法、工作安全意识、5S意识、接待客户的礼仪和成本核算方法等。考试项目和考试方法确定后，应按照操作规范，仪器、设备、工具的使用情况，维修方案的制订情况，维修资料的使用情况，维修后系统应达到的技术标准，工作安全、5S 及环保意识，接待客户的礼仪和成本核算制订详细的考核方案和评分标准。

4. 教学设备与学习场景基本要求

对于元件较为复杂、工作过程不可视等特殊性的教学内容，在教学设备方面应配备展示设备(投影仪、胶片投影仪、实物投影仪、展示板)及教具(实物教具、仿真教具、模型教具等)来辅助原理和结构知识部分的学习，也可以用多媒体等现代化教学设备、教学软件来演示电路及电器元件的工作过程。配备满足实际工作和教学需要的实物、仪器、工具及相应的教学设备；设备配备应符合《北京市中等职业学校(高等职业学校)汽车运用与维修专业实训基地装备标准》的要求。实训场地中还应配置教学展示设备、教学模型等配合教学的正常进行。设备的布置要考虑企业工作情况和教学的特殊性，根据场地的具体情况，合理安排工位，合理摆放车辆、设备、工具、辅助用具等，满足学生的分组需要。

中国的职业教育课改经过了数十年的努力，不断地与德国职业教育缩短差距，每一次的课改过程，无论从学校还是到老师个人，都是一次破茧化蝶的过程，所经历的艰辛和痛苦不是笔者能描述的。但是遗憾的是，那么多学校、那么多的老师进行课改，中国的职业教育并没有快速统一发展强大，原因是这些学校和老师的力量并没有形成合力，各做各的，课改的结果和各学校的水平也是参差不一，反而无谓地浪费了很多物力、人力和财力。

这次，由北京市教委牵头组织各学校集中进行课改，并把课改结果进行试验实施验证，评价反馈后在各所学校统一实施。本套丛书教材就是在这样的背景下产生的。

本套教材为一线课改教师编写，作者既接受过德国的职业教育培训，又与企业一线人员深入合作编写，经过教学实践验证之后才出版发行的，欢迎大家选用，并提出改进的宝贵意见。

希望通过本套丛书教材的使用，能帮助战斗在职业教育一线上的老师避免很多无谓的工作量和时间及精力的浪费。更希望大家在使用中精诚合作提出改进意见，使我们的课改工作有实质性的统一进展。

前　　言

本书是"汽车车身电气系统故障诊断与排除"学习领域中的一本，共有三本：《汽车车身电气系统故障诊断与排除》、《汽车车身电气系统故障诊断与排除任务工单》、《汽车车身电气系统故障诊断与排除考核工单》。配套使用《汽车全车电路图析》，为了辅助教师教学，提供"汽车车身电气系统故障诊断与排除教案"和"汽车车身电气系统故障诊断与排除教学设计"。

本书使用说明：

1. 详细阅读每个学习任务的前言，在前言中会推荐本学习任务的学习目标和学习时间。为了很好地实施课程，请配套使用《汽车车身电气系统故障诊断与排除任务工单》、《汽车车身电气系统故障诊断与排除考核工单》和《汽车全车电路图析》，可以参考使用"汽车车身电气系统故障诊断与排除教案"、"汽车车身电气系统故障诊断与排除教学设计"。

2. 任务工单以工作任务进入，以完成工作任务结束。教师和学生上课以完成任务工单为教学目标，以学生为主，小组合作工作，教师提供必要的资料和指导。由于本书、全车电路图析与任务工单一致，所以学生借助本书、全车电路图、维修资料的帮助能够顺利完成工作任务。因此建议必须配套使用，方能彰显其对教师的便利性和实用性。

3. 本套教材中凡涉及电路部分，请配套使用《汽车全车电路图析》。不过考虑到各个学校实际教学条件的限制，所以在编写时没有特意指定车型。选用时各学校可根据自己的实际情况补充相关的电路图册、维修手册即可。

本书由北京交通运输职业学院马明芳担任主编，大连市交通口岸职业技术学校单立新担任副主编，参加编写的还有李卓、吴晓岚、杜明、刘永利、常君传、侯伟、李晔。

本书在编写过程中，参考了大量国内外相关资料，并承蒙北京市汽车修理公司、首都汽车修理公司、一汽大众、上海大众、惠通陆华路虎、汇杰伟业克莱斯勒等一线技术人员的大力支持和帮助，谨此一并表示衷心感谢。

最后，竭诚欢迎使用本书的高职、中职师生对书中的误漏之处提出批评指正，以便交流探讨加以改进！

编　者

目　　录

学习任务一　汽车空调制冷不良的故障诊断与排除

任务要求：

完成本学习任务后，你应该能够：

1）正确描述汽车空调制冷系统的组成和工作原理。

2）正确描述汽车空调制冷系统的各部件结构特点和作用。

3）识读和正确分析空调制冷系统的电路图。

4）准确分析汽车空调制冷不良的所有可能原因。

5）梳理诊断思路，制订排除汽车空调制冷不良故障的工作方案。

6）根据工作方案，利用高低压压力表、温度计、万用表，检测汽车空调制冷系统的基本元件、控制元件和电路元件，诊断和排除故障。

7）用企业标准验收任务完成情况，评价和反馈工作过程，完成任务工单及学习拓展任务1.1~1.3。

建议学时：8 学时

任务引入：

一辆丰田威驰轿车，行驶总里程8万km，发现该车空调不制冷。

任务分析：

1）初步诊断，确认故障现象。

2）查找资讯，学习相关知识，分析故障可能原因，分解成三个子任务。

① 制冷五大基本元件损坏导致汽车空调不制冷的故障诊断与排除。

② 制冷控制元件损坏导致汽车空调不制冷的故障诊断与排除。

③ 制冷系统控制电路故障导致汽车空调不制冷的故障诊断与排除。

3）制订工作计划，分析故障诊断思路。

4）根据故障现象和任务要求，确定所需要的检测仪器设备、工具，并对小组成员进行合理分工，制订详细的、可实施的故障诊断与排除工作方案。

5）实施试验进行检测，利用温度计、高低压压力表对制冷元件进行检测，确定故障原因并维修更换，诊断和排除故障。

6）总结故障结论，写诊断报告。

7）用企业标准验收、评价，完成任务工单及拓展任务1.1~1.3。

资讯和相关知识：

一、空调系统基本功能

汽车空调是用来改善汽车舒适性的设备，可以对车内空气的温度、湿度进行调节，并保持车内的空气清洁。汽车空调通常都具备的功能如图1-1所示。

调温　　　　　　　　　　　　通风

调湿　　　　　　　　　　　　净化

图1-1　空调系统的功能

二、空调系统的子系统组成

为完成空调的上述功能，汽车空调系统通常应包括：

暖风装置：用以提高车内的温度。

制冷装置：用以降低车内的温度，并降低车内的湿度。

通风装置：用以调节车内的气流和换气。

空气净化装置：用以过滤空气及对空气进行消毒处理。

目前汽车的空调系统依车辆的配置不同，所具备的装置也有所不同，一般低档汽车只有暖风和通风装置，中高档汽车一般都具备制冷和空气净化装置。图1-2为空调系统的组成部件在车上的布置。

三、空调制冷系统

制冷系统的功能是将车内的热量通过制冷剂在循环系统中循环转移到车外，实现车内降温，其工作情况如图1-3所示。制冷系统主要包括制冷循环系统和控制系统等部分。目前各种车辆的制冷循环系统无多大区别，而控制系统在各车型中差别较大。制冷循环大致可以分为膨胀阀式和膨胀管式两种循环方式。

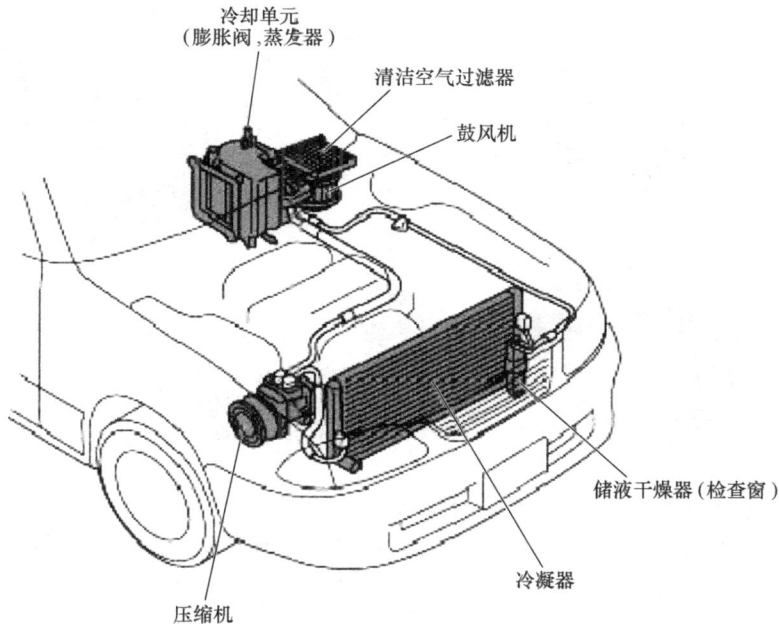

图 1-2   空调系统在车上的布置

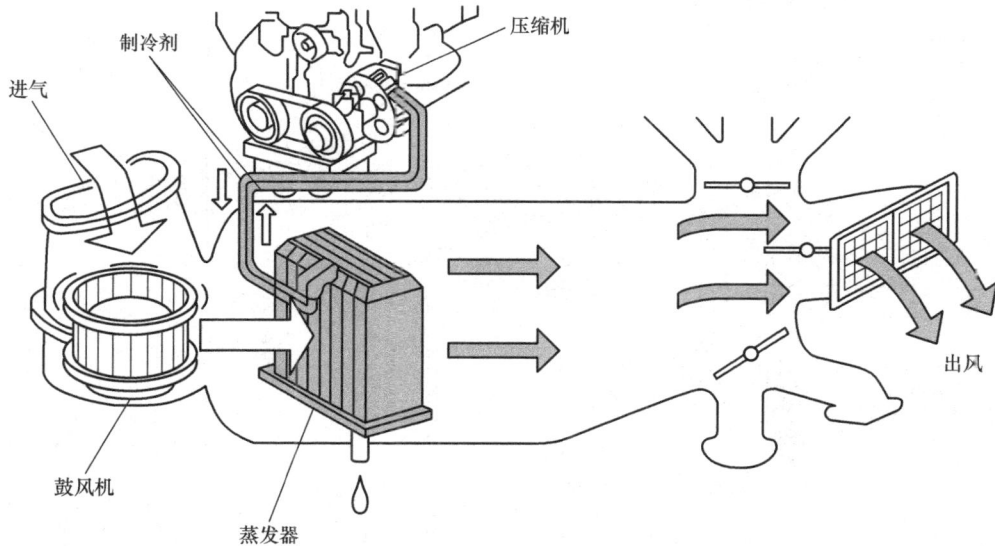

图 1-3   制冷系统

1. 膨胀阀式制冷循环

图 1-4 为膨胀阀式的制冷循环,循环系统主要包括压缩机、冷凝器、储液干燥器、膨胀阀、蒸发器和管路等主要部件。

这种制冷循环的工作原理是压缩机将气态的制冷剂提高压力(同时温度也提高),目的是使制冷剂比较容易冷凝放热。高压的气态制冷剂进入冷凝器,冷凝器风扇使空气通过冷凝器的缝隙,带走制冷剂放出的热量并使其冷凝。冷凝后的制冷剂进入储液干燥器,过滤掉其中的杂质、水分,同时存储适量的液态制冷剂以备制冷负荷发生变化时制冷剂不会断流。从

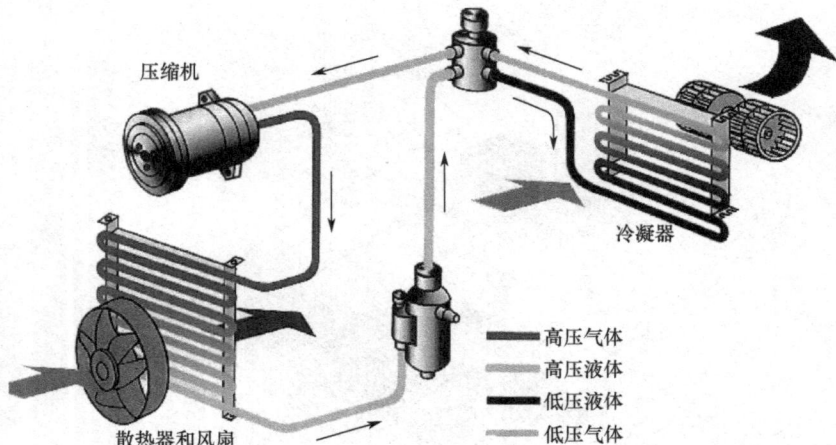

压缩机

冷凝器

散热器和风扇

高压气体
高压液体
低压液体
低压气体

图1-4 膨胀阀式制冷循环系统

储液干燥罐出来的制冷剂流至膨胀阀，从膨胀阀中的节流孔喷出形成雾状制冷剂，雾状的制冷剂进入蒸发器，由于制冷剂的压力急剧下降，便很快蒸发汽化，吸收热量，蒸发器外部的风扇使空气不断通过蒸发器的缝隙，其温度下降，使车内温度降低，蒸发器出来的气态制冷剂再进入压缩机重复上述过程。这种循环系统中的膨胀阀可以根据制冷负荷的大小调节制冷剂的流量，其循环过程如图1-5所示。

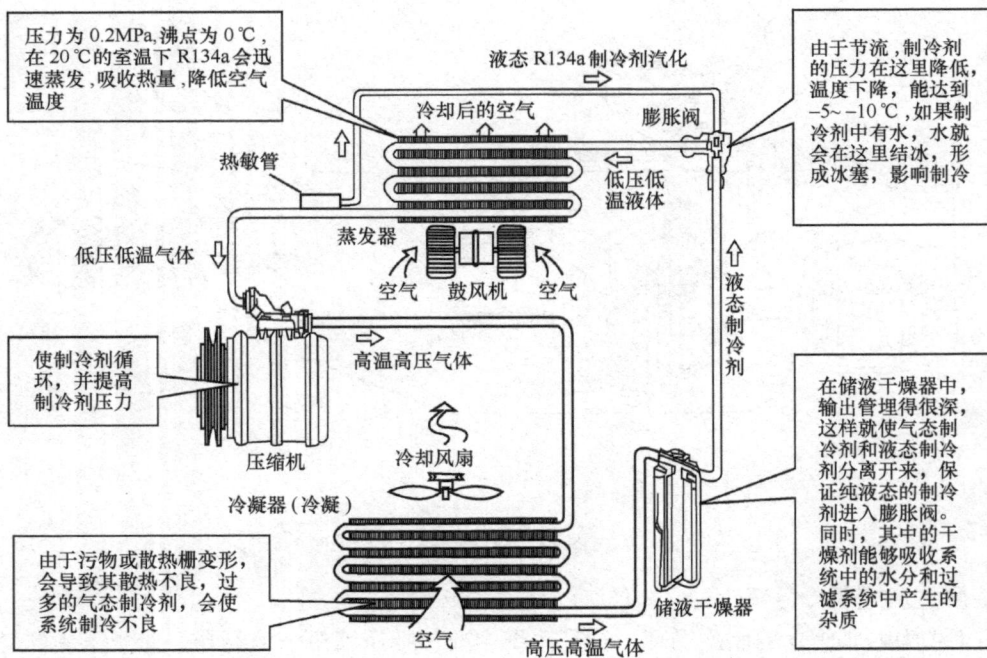

压力为0.2MPa，沸点为0℃，在20℃的室温下R134a会迅速蒸发，吸收热量，降低空气温度

液态R134a制冷剂汽化

由于节流，制冷剂的压力在这里降低，温度下降，能达到-5～-10℃，如果制冷剂中有水，水就会在这里结冰，形成冰塞，影响制冷

冷却后的空气

膨胀阀

热敏管

低压低温液体

低压低温气体

蒸发器

空气 鼓风机 空气

使制冷剂循环，并提高制冷剂压力

高温高压气体

液态制冷剂

压缩机

冷却风扇

冷凝器（冷凝）

在储液干燥器中，输出管埋得很深，这样就使气态制冷剂和液态制冷剂分离开来，保证纯液态的制冷剂进入膨胀阀。同时，其中的干燥剂能够吸收系统中的水分和过滤系统中产生的杂质

由于污物或散热栅变形，会导致其散热不良，过多的气态制冷剂，会使系统制冷不良

储液干燥器

空气 高压高温气体

图1-5 膨胀阀式制冷循环系统循环过程

2. 膨胀管式制冷循环（CCOT方式）

膨胀管式的制冷循环系统从制冷的工作原理来看，与膨胀阀式的制冷循环系统无本质的差别，只不过将可调节流的膨胀阀换成不可调节流量的膨胀管，使其结构更加简单，其制冷

循环如图1-6所示。为了防止液态的制冷剂进入压缩机而造成压缩机的损坏，故这种循环系统将储液干燥器安装在蒸发器的出口，并按照它所起的作用更名为集液器，同时进行气液分离，液体留在罐内，气体进入压缩机，其他部分的工作过程与膨胀阀式的制冷循环相同。

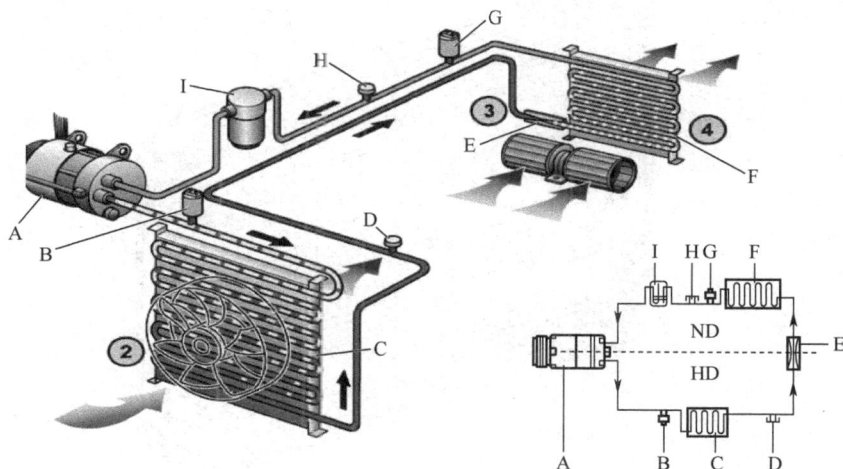

图1-6　膨胀管式制冷循环系统

A—压缩机　B—高压压力开关　C—冷凝器　D—高压检测孔　E—感温包
F—蒸发器　G—低压压力开关　H—低压检测孔　I—集液器

3. 制冷循环系统的组成部件

制冷循环系统中各部件在车上的安装位置如图1-2所示，下面对各主要组成部件分别进行介绍。

（1）压缩机　压缩机的作用是将从蒸发器出来的低温、低压的气态制冷剂通过压缩转变为高温、高压的气态制冷剂，并将其送入冷凝器。如图1-7所示的是一种典型的压缩机。

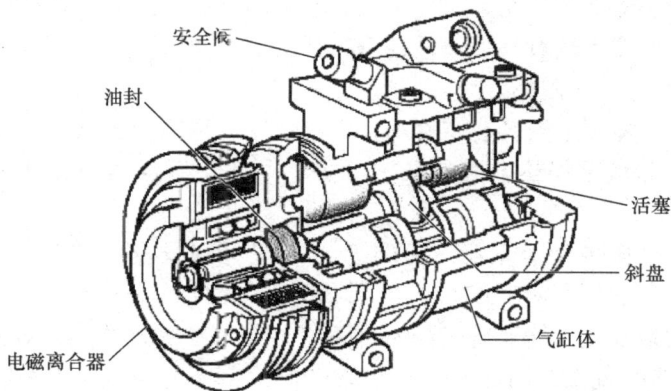

图1-7　典型的压缩机结构

（2）冷凝器　冷凝器的作用是将压缩机送来的高温、高压的气态制冷剂转变为液态制冷剂，制冷剂在冷凝器中散热而发生状态的改变。因此冷凝器是一个热交换器，将制冷剂在车内吸收的热量通过冷凝器散发到大气当中。

小型汽车的冷凝器通常安装在汽车的前面（一般安装在散热器前），通过风扇进行冷却

（冷凝器风扇一般与散热器风扇共用，也有车型采用专用的冷凝器风扇），结构如图 1-8 所示。

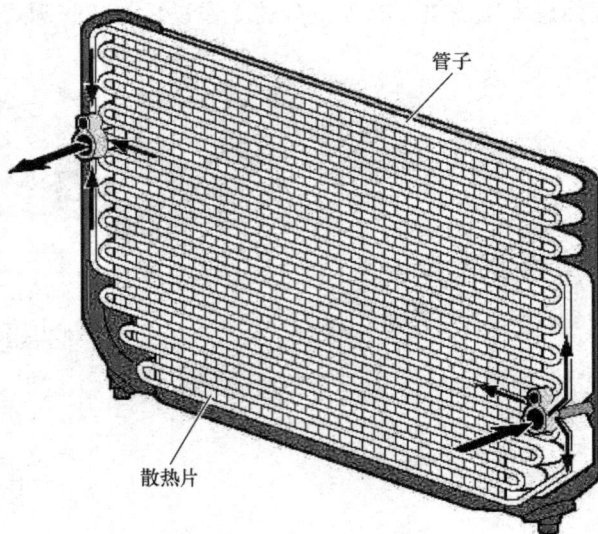

图 1-8 冷凝器

（3）储液干燥器和集液器

1）储液干燥器。储液干燥器用于膨胀阀式的制冷循环，其作用如下：

① 暂时存储制冷剂，使制冷剂的流量与制冷负荷相适应。

② 去除制冷剂中的水分和杂质，确保系统正常运行。如果系统中有水分，有可能造成水分在系统中结冰，堵塞制冷剂的循环通道，造成故障。如果制冷剂中有杂质，也可能造成系统堵塞，使系统不能制冷。

③ 部分储液干燥器上装有观察窗，可观察制冷剂的流动情况，确定制冷剂的数量。

④ 有些储液干燥器上装有易熔塞，在系统压力、温度过高时，易熔塞熔化，放出制冷剂，保护系统重要部件不被破坏。

⑤ 还有些储液干燥器上安装有维修阀，供维修制冷系统安装压力表和加注制冷剂之用。

⑥ 有些车型的储液干燥器上装有压力开关，可在系统压力不正常时，中止压缩机的工作。

储液干燥器内有滤网和干燥器，罐的上方有观察窗及进口和出口，其结构如图 1-9 所示。

2）集液器。集液器用于膨胀管式的制冷系统，安装在蒸发器出口处的管路中。由于膨胀管无法调节制冷剂的流量，因此蒸发器出来的制冷剂不一定全部是气体，可能有部分液体，为防止压缩机损坏，故在蒸发器出口处安装集液器，一方面将制冷剂进行气液分离，另一方面起到与储液干燥器相同的作用，其结构如图 1-10 所示。

制冷剂进入集液器后，液体部分沉在集液器底部，气体部分从上面的管路出去进入压缩机。

（4）膨胀阀 膨胀阀安装在蒸发器的入口处，其作用是将储液干燥器来的高温、高压的液态制冷剂从膨胀阀的小孔喷出，使其降压，体积膨胀，转化为雾状制冷剂，在蒸发器中

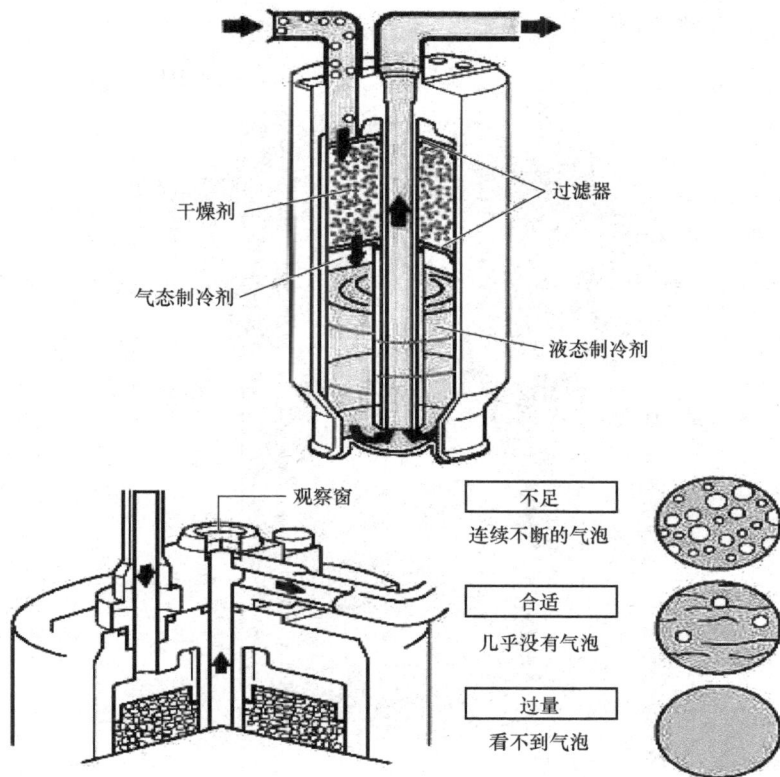

干燥剂

气态制冷剂

过滤器

液态制冷剂

观察窗

不足
连续不断的气泡

合适
几乎没有气泡

过量
看不到气泡

图1-9　储液干燥器

吸热变为气态制冷剂；同时还可根据制冷负荷的大小调节制冷剂的流量，确保蒸发器出口处的制冷剂全部转化为气体。图1-11所示为典型的膨胀阀。

（5）蒸发器　蒸发器也是一个热交换器，膨胀阀喷出的雾状制冷剂在蒸发器中汽化，吸收通过蒸发器空气中的热量，使其降温，达到制冷的目的；在降温的同时，溶解在空气中的水分也会由于温度降低凝结出来，蒸发器还要将凝结的水分排出车外。蒸发器安装在驾驶室仪表台的后面，其结构如图1-12所示，主要由管路和散热片组成，在蒸发器的下方还有接水盘和排水管。

空调制冷系统工作时，鼓风机的风扇将空气吹过蒸发器，空气和和蒸发器内的制冷剂进行热交换，制冷剂汽化，空气降温，同时空气中的水分凝结在蒸发器的散热片上，并通过接水盘和排水管排出车外。

制冷系统各个部件的作用总结如图1-13所示。

四、正确操作汽车空调系统

空调系统控制有手动控制和自动控制之分，手动空调需要驾驶人通过旋钮或拨杆对控制对象进行调节，如改变温度等，控制面板如图1-14所示。自动空调只需驾驶人输入目标温度，空调系统便可按照驾驶人的设定自动进行调节，控制面板如图1-15所示。汽车空调面板安置在靠近仪表板中心，以便于驾驶人或乘客操作。控制面板可用于起动或停止空调、改变温度设置、开启或关闭通风挡板、进行内部循环和外部新鲜空气之间的切换、提高或降低

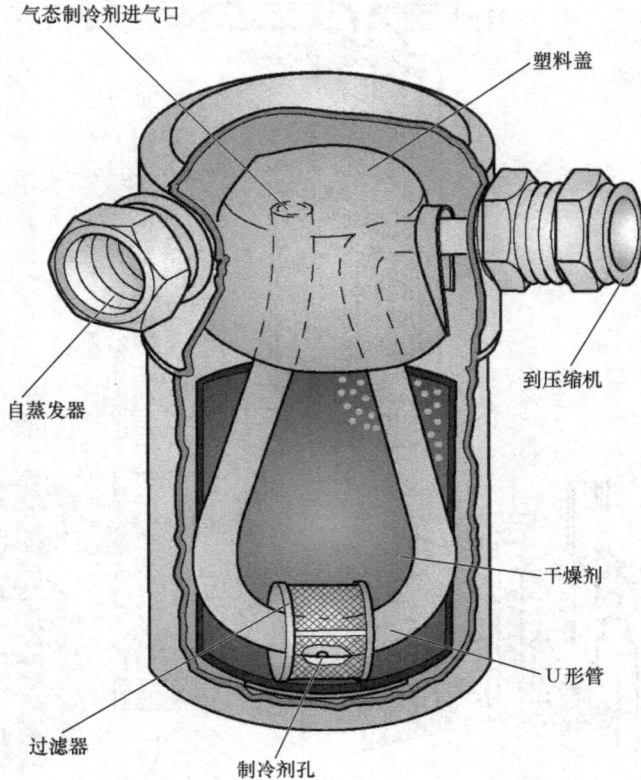

图 1-10　集液器

风量等。

1. 空调的调节系统

空调的调节系统有手动调节和自动调节之分，为说明调节系统的工作情况，现以手动调节说明空调调节系统的工作情况。手动空调的调节包括温度调节、出风口位置调节、鼓风机风速调节和空气的内外循环调节等。

2. 空调面板按钮功能

调节是通过空调控制面板上的拨杆或旋钮进行的，空调的控制面板如图 1-16 所示。空调控制面板上有温度调节、气流选择、鼓风机速度、空气进气选择（内外循环选择）、空调开关（A/C）和运行模式选择开关（ECON）。其中温度调节、气流选择、空气进气选择是通过气道中的调节风门实现的，空调开关和运行模式选择开关、鼓风机速度选择是通过电路控制实现。

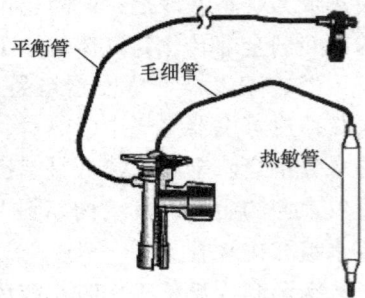

图 1-11　膨胀阀

1）温度选择钮：设置所需温度。

2）鼓风机选择钮：控制鼓风机的开关和速度。

3）A/C 开关：空调开关，控制空调的开启和关闭。

4）ECON 钮：选择空调运行模式。

5）进气方式选择键：控制车厢内空气的内循环和外循环。

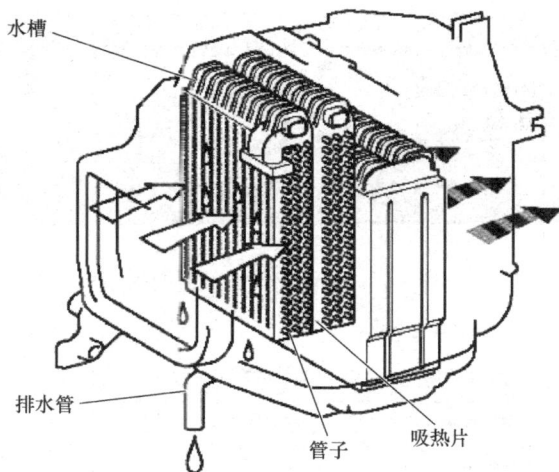

图 1-12 蒸发器

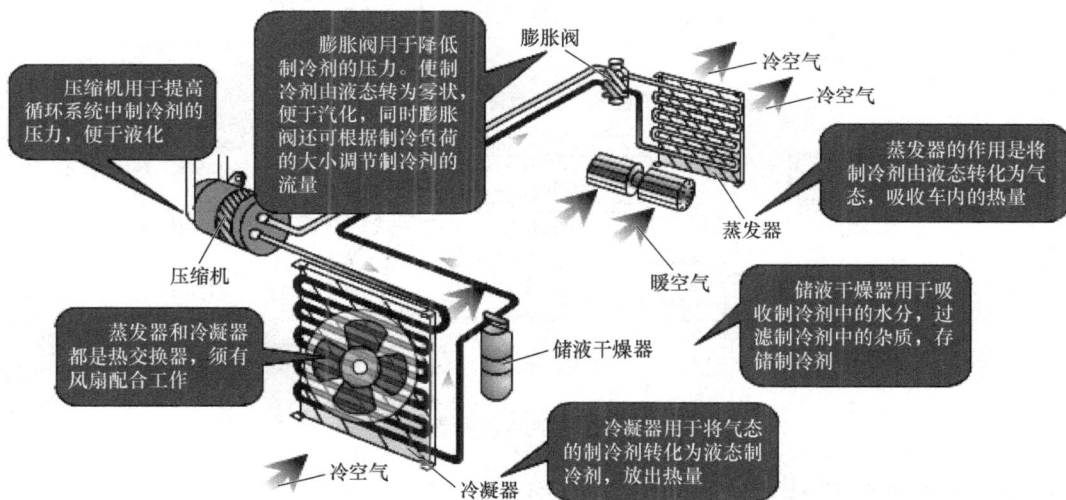

图 1-13 制冷系统各个部件的作用

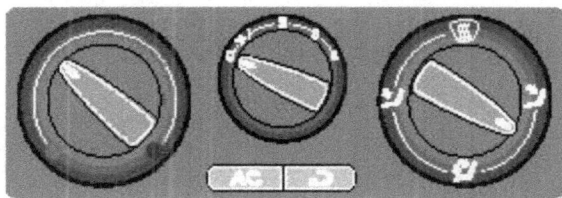

图 1-14 手动空调的控制面板

6）出风气流选择钮：控制出风口气流的出风位置。

7）除霜按钮：用于后风窗除霜。

图 1-15　自动空调的控制面板

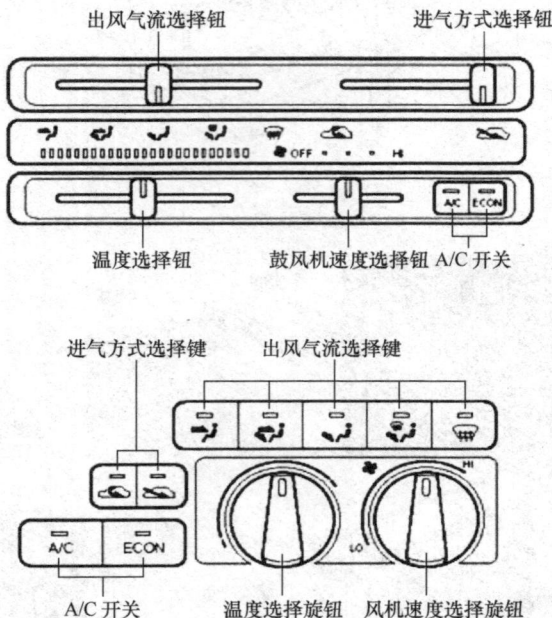

图 1-16　空调的控制面板

五、空调控制元件系统及其控制电路

补充：汽车电路基本知识

1. 汽车电路组成

汽车全车电路由汽车的各个系统电路组成，每个系统电路是拼图的一部分，拼起来就形成了全车电路。无论是哪个系统电路，其组成元件几乎是相同的。

1）电源：蓄电池和发电机。

2）电器元件：如起动机、灯、电动机、喇叭等。

3）搭铁。

4）配电元件：线束、线束连接器、插接器、熔断器、继电器、开关等。

2. 汽车电路识读方法和检测诊断要点

第一步，要在汽车全车电路图中，通过电路图的目录，找到要识读的元件所在的系统电路。

第二步，在系统电路中，从电器元件入手，一端找到电源，另一端找到搭铁。找到某一元件或某一系统的电路图的关键是，找到入手元件作为切入点。灯系电路，从灯入手；单个电动机电路，从电动机入手，如风扇电路、空调鼓风机电路；有组合开关控制的电路，从组合开关入手，如电动车窗电路、座椅电路、中控门锁电路、刮水器电路等；有继电器控制的电路，在找到元件的基础上，从继电器触点入手找到工作电路，从继电器线圈入手找到控制电路。

　　第三步，按照电流方向，从电源到搭铁把电路流程梳理和标注出来，分析组成元件有哪些。

　　第四步，再根据元件特点和维修经验判断，找到检测的入手点，把故障点电路一分为二排除。一般情况下从熔丝入手检测，在线检测熔丝两端电压值（图 1-17）：

　　若两端都有正常电压值，则故障在熔丝后，熔丝后的元件损坏或断路故障。

　　若一端有电一端没电，则故障在熔丝后，熔丝后到负载前有短路故障，找到搭铁点。

　　若两端都没电，则故障在熔丝前，熔丝前断路或短路故障。

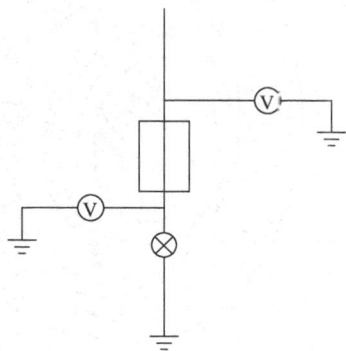

图 1-17　在线检测熔丝两端电压值

3. 汽车电路常见故障检测方法

　　（1）电路断路故障检测　当怀疑某一线路断路时，用万用表的电阻档检测线路两端的电阻值，如果阻值为无穷大，则说明该线路断路。

　　（2）电路短路故障检测　当怀疑某一线路短路时，用万用表的电阻档检测线路两端的电阻值，如果阻值接近于 0（小于 1Ω），则说明该线路有短路。

　　空调控制系统的功能是保证空调制冷系统正常运转，同时也要保证空调系统工作时发动机的正常运转。空调控制系统主要是通过控制压缩机电磁离合器的接合与分离实现温度控制与系统保护，通过对鼓风机的转速控制调节制冷负荷。

1. 电磁离合器

　　电磁离合器安装在压缩机上，其作用是控制发动机与压缩机的动力传递，空调制冷系统工作时，使发动机能驱动压缩机运转，制冷系统停止运行时，切断发动机到压缩机的动力传递。

　　电磁离合器的结构如图 1-18 所示，主要包括压力板、带轮和定子线圈等主要部件。压力板与压缩机轴相连；带轮通过轴承安装在压缩机的壳体上，它通过传动带由发动机驱动；定子线圈也安装在压缩机的壳体上。

　　当接通空调开关使空调制冷系统进入工作状态时，电磁离合器的定子线圈通电，线圈通电后产生磁力，将压力板吸向带轮，使两者接合在一起，发动机的动力便通过带轮传递到压力板，带动压缩机运转，如图 1-19 所示。

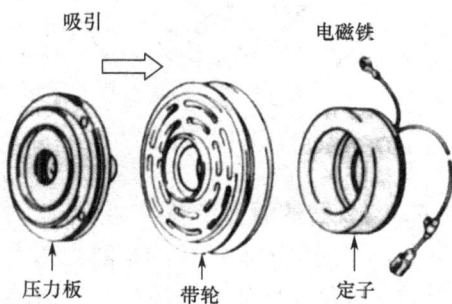

图 1-18　电磁离合器的结构

吸引　　　电磁铁

压力板　　带轮　　定子

电磁离合器继电器触点闭合

电磁离合器

前端壳体

定子

传动带

带轮

吸引力

中央盘

压缩机轴

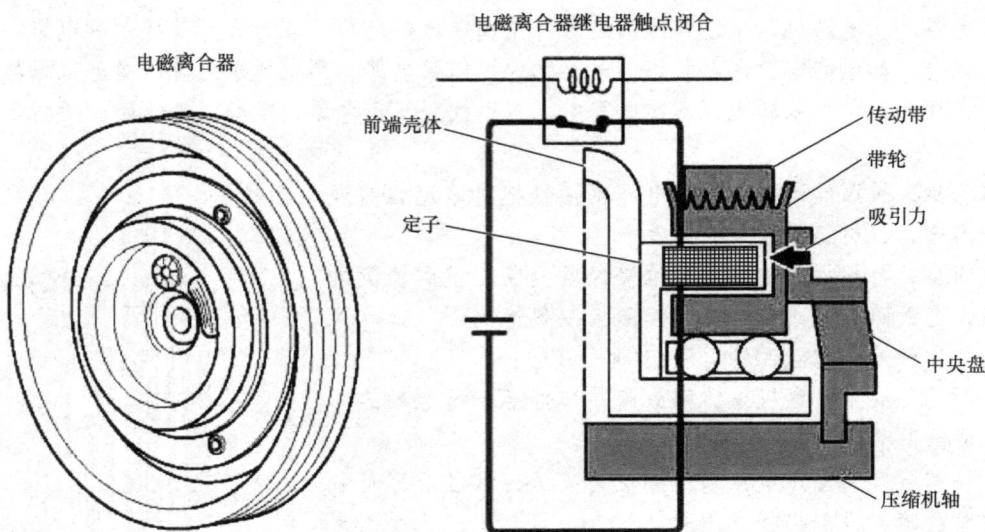

图 1-19　电磁离合器的接合状态

当空调制冷系统停止工作时，电磁离合器的定子线圈断电，磁力消失，压力板与带轮分离，此时带轮通过轴承在压缩机的壳体上空转，压缩机停止运转，如图 1-20 所示。

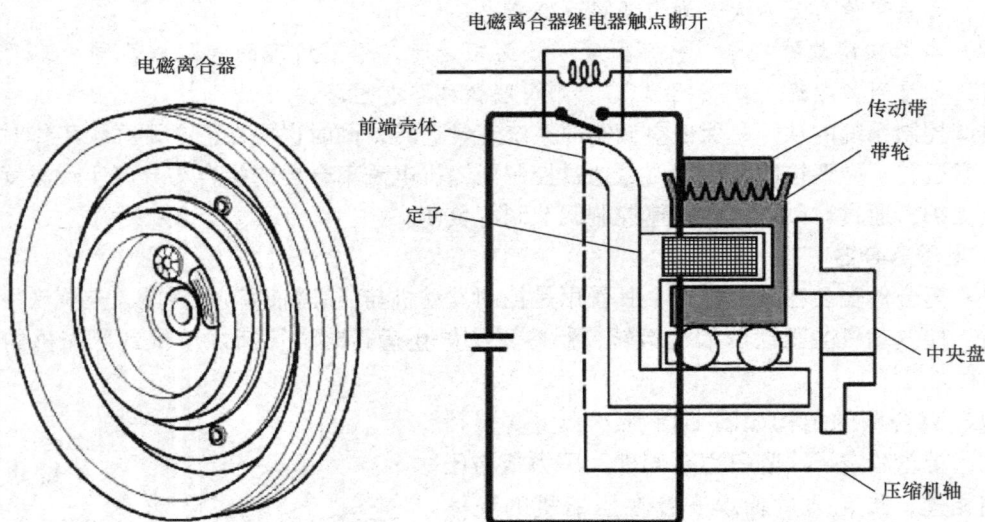

电磁离合器继电器触点断开

电磁离合器

前端壳体

定子

传动带

带轮

中央盘

压缩机轴

图 1-20　电磁离合器的分离状态

2. 蒸发器的温度控制

蒸发器温度控制的目的是防止蒸发器结霜。如果蒸发器的温度低于 0℃，凝结在蒸发器表面的水分就会结霜或结冰，严重时将会堵塞蒸发器的空气通路，导致系统制冷效果大大降低。为了避免这种情况的发生，就必须控制蒸发器的温度在 0℃ 以上。控制蒸发器温度的方法通常有两种，一种是用蒸发压力调节器控制蒸发器的压力来控制蒸发器的温度；另一种是利用温度传感器或温度开关控制压缩机的运转控制蒸发器的温度。

（1）蒸发压力调节器（EPR）　根据制冷剂的特性，只要制冷剂的压力高于某一数值，其温度就不会低于 0℃（对于 R134a，此压力大约为 0.18MPa），因此只要将蒸发器出口的压力控制在一定的数值，就可以防止蒸发器表面结霜或结冰。蒸发压力调节器可以根据制冷负荷的大小调节蒸发器出口处的压力，确保蒸发器出口的压力使制冷剂不低于 0℃。

蒸发压力调节器安装在蒸发器出口到压缩机入口的管路中，如图 1-21 所示。主要由金属波纹管、活塞、弹簧等组成，在管路中形成了一个可调节制冷剂流量的阀门。当制冷负荷减小时，蒸发器出口处制冷剂的压力就会降低，作用在活塞上向左的压力 p_e 减小，小于金属波纹管内弹簧向右的压力 p_s，使活塞向左移动，阀门开度减小，制冷剂的流量也随之减小，并使蒸发器出口处的压力升高。反之，在制冷负荷增大时，活塞可向右移动，阀门开度增大，增加制冷剂的流量，适应制冷负荷增大的需要。

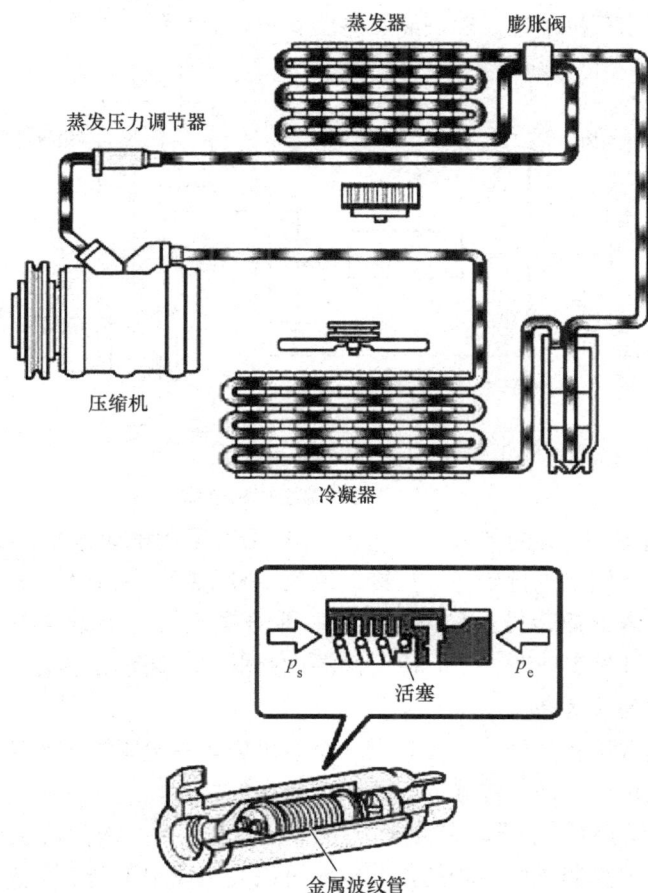

图 1-21　蒸发压力调节器

（2）蒸发器温度控制电路　目前蒸发器的温度控制电路有两种形式，一种是用温度开关（恒温器）直接控制压缩机电磁离合器，蒸发器温度开关安装在蒸发器的中央，当蒸发器表面温度低于某一设定值时，温度开关切断压缩机电磁离合器电路，使压缩机停止工作，防止蒸发器结冰，如图 1-22 所示。

另一种是用热敏电阻，将热敏电阻安装在蒸发器的表面，当蒸发器表面的温度低于某一

图 1-22　蒸发器温度开关

设定值时，热敏电阻的阻值变化，给空调 ECU 低温信号，空调 ECU 控制继电器切断压缩机电磁离合器电路，使压缩机停转，控制蒸发器温度不低于 0℃，如图 1-23 所示。

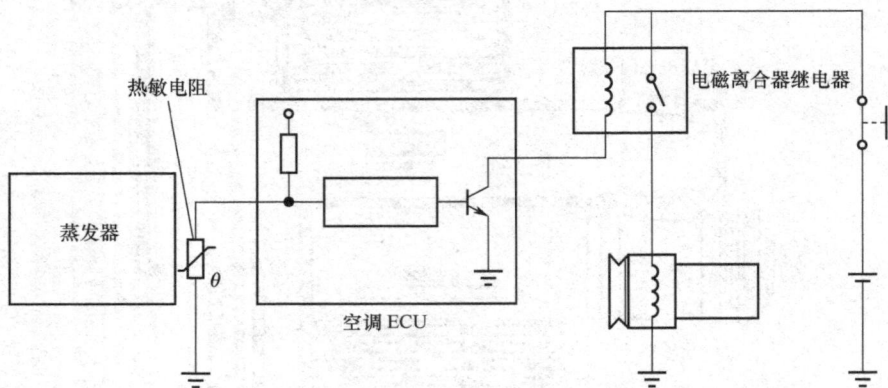

图 1-23　蒸发器温度控制电路

（3）冷凝器风扇控制　现在有很多车辆的冷却系统采用电风扇冷却，同时空调制冷系统的冷凝器也采用同一风扇进行冷却。当冷却液温度较低时，风扇不工作；冷却液温度升高到某一规定值时，风扇低速运转；如果温度进一步升高到另一个设定值时，风扇则高速运转。当空调制冷系统开始工作时，不管冷却液温度高低，风扇都运转，如果制冷系统压力高过一定值时，风扇则高速运转。

风扇转速的控制方法有两种，一种是用一个电风扇串联电阻的方式调节风扇的转速；另一种是利用两个电风扇以串联和并联的方式调节风扇的转速。

图 1-24 为一冷凝器和散热器风扇控制电路，用压力开关、冷却液温度开关和三个继电器控制冷凝器风扇和散热器风扇的转速。此电路可以实现风扇不转、低速运转、高速运转三级控制。3 号继电器只在空调制冷系统工作时起作用，使冷凝器风扇以低速或高速运转。2 号继电器为双触点继电器，用来控制冷凝器风扇的转速。1 号继电器用于控制散热器风扇。压力开关在空调制冷系统压力高时断开，压力低时接通。冷却液温度开关在冷却液温度低时接通，温度高时断开。

不开空调时，3 号继电器不工作，冷凝器风扇也不工作。如果冷却液温度过高，冷却液温度开关断开，1 号继电器线圈断电，触点闭合，散热器风扇运转，加强散热。

打开空调，3 号继电器线圈通电，触点闭合。如果冷却液温度较低，空调系统内压力也

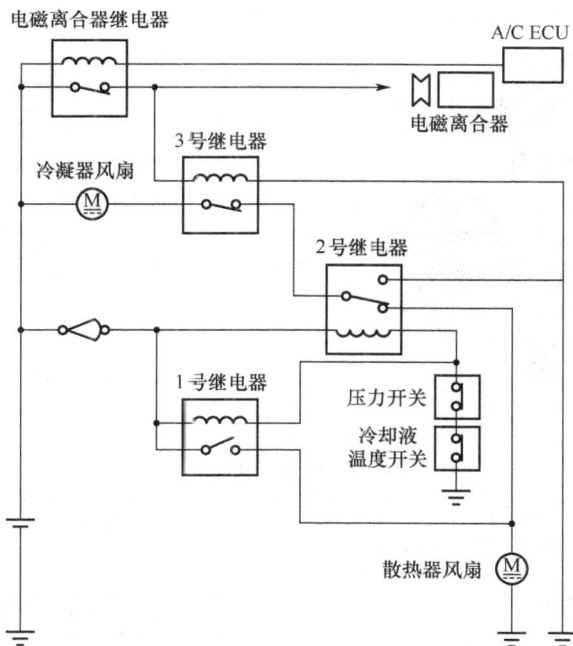

图 1-24　冷凝器和散热器风扇控制电路

较低，2 号继电器线圈也通电，使其下触点闭合，形成了冷凝器风扇和散热器风扇的串联电路，两个风扇都以低速运转。如果冷却液温度升高或制冷系统内压力增大，压力开关或冷却液温度开关切断 2 号和 1 号继电器线圈电路，使 2 号继电器的上触点闭合，1 号继电器的触点接通，将冷凝器风扇和散热器风扇连接成并联电路，两个风扇都以高速运转。

（4）制冷循环的压力控制

1）压力控制的功能。空调制冷循环系统中如果出现压力异常，将会造成系统的损坏。如果系统压力过低，说明制冷剂量过少，这种情况将造成润滑油不能随制冷剂一起循环，使压缩机缺油而损坏。如果由于制冷剂量大或冷凝器冷却不良造成系统压力过高，有可能造成系统部件损坏。因此，在空调制冷系统工作时，必须对系统压力进行监测，防止出现上述两种情况。常采用的方法是在系统的高压管路中安装压力开关，压力开关有低压开关和高压开关之分。低压开关安装在制冷循环系统中的高压管路中，用于监测制冷循环系统中高压管路压力是否过低，如果压力低于规定值，低压开关将切断压缩机的电路，使压缩机停止工作。高压开关也安装在高压管路中，监测高压管路中压力是否过高。如果压力过高有两种处理方法：一种是加强对冷凝器的冷却强度，使压力降低；另一种是切断电磁离合器的电路，使压缩机停止运转，如图 1-25 所示。通常加强冷却强度控制的压力要低于切断离合器控制电路的压力。目前空调系统中的压力开关通常都是将低压开关和高压开关制成一体，称为组合压力开关或多功能压力开关。多数组合压力开关可实现低压切断离合器控制电路、高压接通冷凝器风扇高速档或切断离合器控制电路的双重功能，还有部分压力开关将上述三种功能集于一身，形成三功能压力开关。通常低压切断离合器电路的压力约为 0.2MPa，高压接通冷凝器风扇高速档的压力约为 1.6 MPa，高压切断电磁离合器的压力约为 3.2 MPa。

2）压力开关控制基本电路。压力开关控制的基本电路如图 1-26 所示，压力开关一般的

压力开关

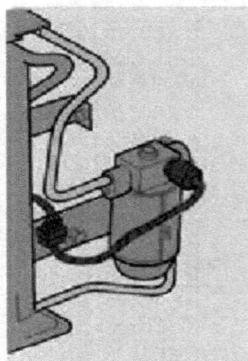

$P > 3.2$ MPa =

$P < 0.2$ MPa =

$P > 1.6$ MPa =

图 1-25　压力开关的功能

安装位置是储液干燥器或高压管路。图示的开关均为常闭开关，也有部分压力开关高压为常开开关，具体是何种形式要视车型而定。

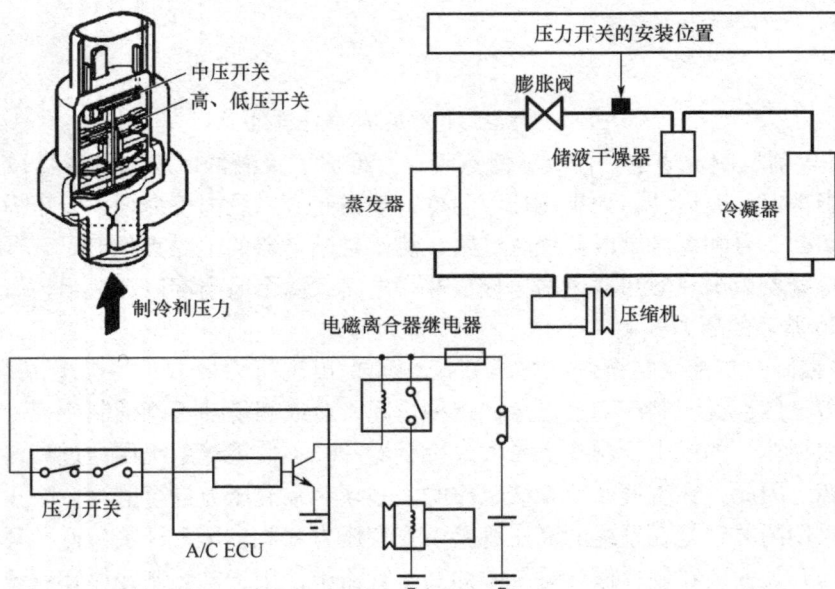

中压开关
高、低压开关
制冷剂压力

压力开关的安装位置
膨胀阀
储液干燥器
蒸发器
冷凝器
压缩机

电磁离合器继电器
压力开关
A/C ECU

图 1-26　压力开关控制基本电路

相关链接

　　部分电控车辆用高压传感器替代压力开关，将压力信号转化为电信号，它不仅在临界压力起作用，而且适应性更强，使冷凝器风扇换档更加平稳。高压传感器通常将压力信号转化为占空比信号，压力低，占空比小。

　　（5）发动机的怠速提升控制　在车流量较大的道路上行驶，汽车发动机经常处于怠速运转状态，发动机的输出功率小，如果此时开启空调的制冷系统，可能会造成发动机过热或停机，为防止这种情况的发生，在空调的控制系统中采用了怠速提升装置，如图 1-27 所示。

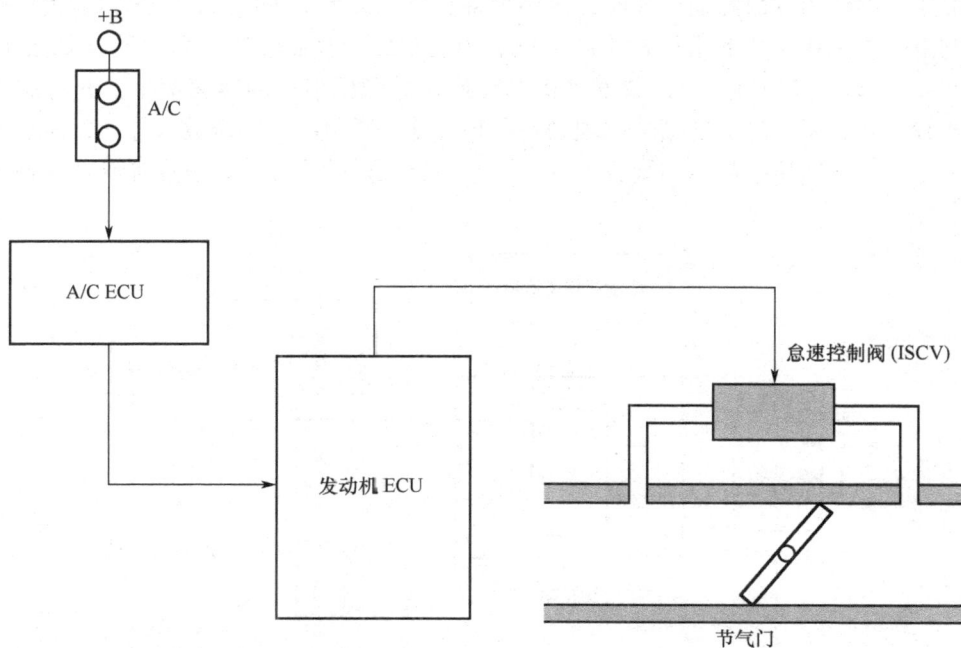

图 1-27 怠速提升控制

当接通空调制冷开关（A/C）后，发动机的控制单元（ECU）便可接收到空调开启的信号，控制单元便控制怠速控制阀将怠速旁通气道的通路增大，使进气量增加，提高怠速转速。如果是节气门直动式怠速控制机构，控制单元便控制电动机将节气门开大，提高怠速转速。

（6）发动机失速控制　发动机怠速运转且空调开启时，一旦有其他影响因素使发动机转速下降，将造成发动机失速而熄火，为防止这种情况发生，空调控制电路中设有防止发动机失速的控制电路，空调的控制单元通过检测点火线圈的脉冲来计算发动机的转速，当发动机的转速低于一定值时，将压缩机电磁离合器切断，如图 1-28 所示。

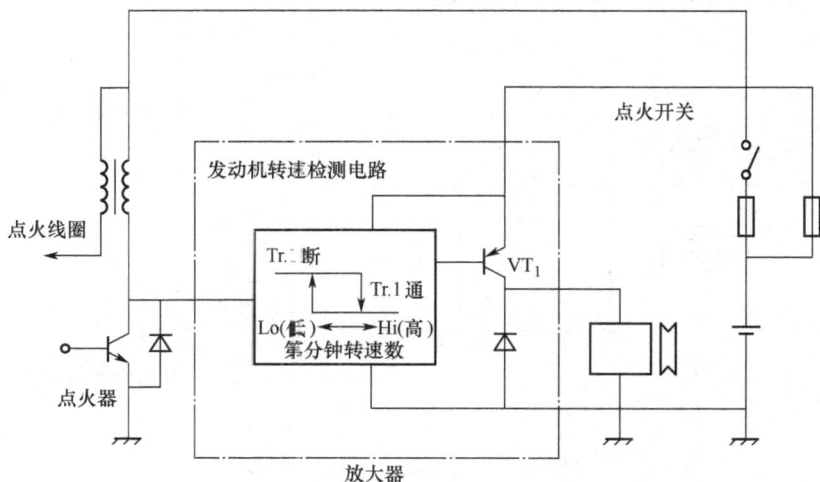

图 1-28 防止发动机失速控制电路

（7）传动带保护控制　当动力转向泵、发电机等附件与空调压缩机采用同一传动带驱动时，如果压缩机出现故障而锁死时，传动带将被损坏，为了防止这种情况的发生，有些空调的控制电路中采用了传动带保护控制装置。传动带保护控制装置的作用原理如图 1-29 所示，空调放大器（或 ECU）同时接收发动机的转速信号和压缩机的转速信号，并对这两个转速进行比较，当这两个转速的信号出现的差异超过某一限值时，空调放大器便认定压缩机出现故障，随后就切断压缩机电磁离合器的电源，使压缩机停止工作，以保证其他附件的正常运转。

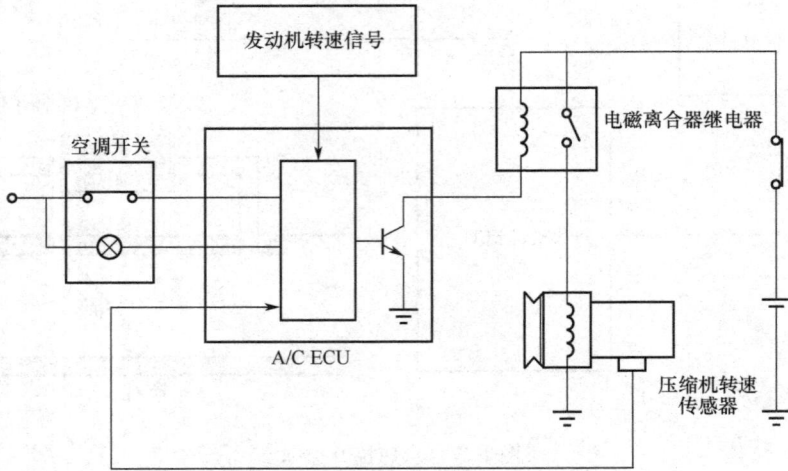

图 1-29　传动带保护控制电路

（8）压缩机双级控制　有些车辆为了提高车辆的燃油经济性，采用了压缩机双级控制，如图 1-30 所示，在空调开关上有两个开关，一个是 A/C 开关，另一个是 ECHO 开关。在接通 A/C 开关时，空调 ECU 根据蒸发器温度传感器的信号在较低的温度下控制压缩机电磁离合器的通断；在接通 ECHO 开关时，空调 ECU 便在较高的温度下控制压缩机电磁离合器的通断，这样就可以减少压缩机工作的时间，减少汽车的燃料消耗，同时在压缩机停机时，发动机的负荷减小，汽车的动力输出可以提高。

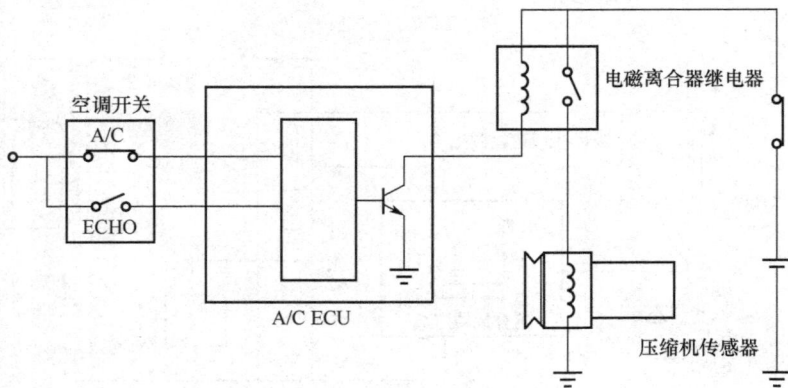

图 1-30　压缩机的双级控制电路

（9）双蒸发器控制　现在有些车辆在前排和后排都有蒸发器，且两个蒸发器都采用一个压缩机，这样就面临着前后蒸发器分别控制的问题，为此，在两个蒸发器的入口处，安装两个电磁阀，用来分别控制前排座位和后排座位的温度，示意图如图 1-31 所示。

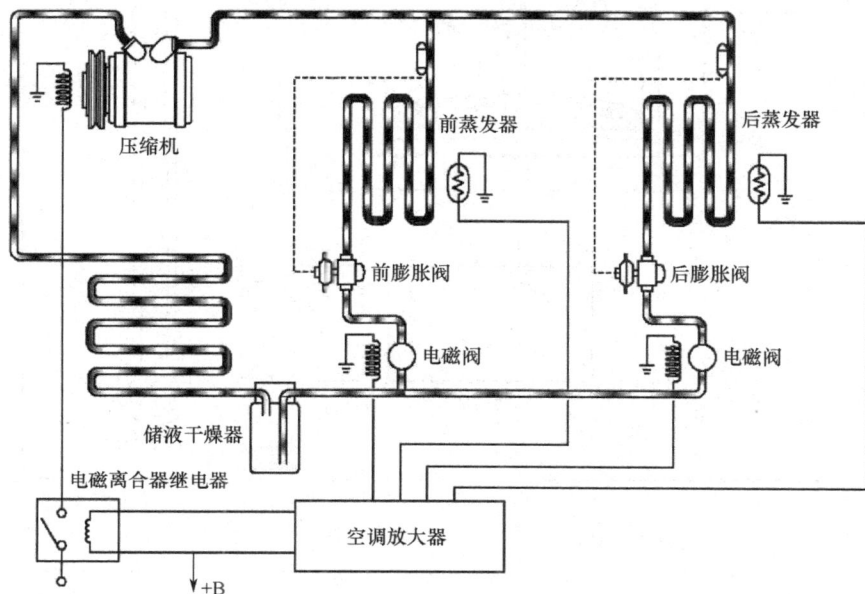

图 1-31　双蒸发器控制示意图

（10）其他控制

1）冷却液温度控制。为防止冷却液温度过高，有些空调控制电路中设有冷却液温度开关或传感器，当冷却液的温度超过一定值（一般为 105℃）时，切断压缩机电磁离合器电路，使压缩机停止运转；在温度下降到其设定值（大约为 95℃）时，再接通电磁离合器电路，使空调重新工作。

2）制冷剂温度控制。在部分叶片式压缩机和斜盘式压缩机上装有制冷剂温度开关，防止压缩机温度过高而损坏。如图 1-32 所示，当制冷剂的温度超过 180℃时，此开关就断开，切断了压缩机电磁离合器的电路。

3）环境温度控制。部分车辆在控制电路中设有环境温度开关，在环境温度低于规定值时，环境温度开关断开，切断压缩机电磁离合器的电路，使空调的制冷系统不能工作。环境温度高于规定值时，制冷系统才能进入工作状态。

（11）丰田威驰空调系统的控制电路　丰田威驰汽车空调系统控制电路，主要控制的内容有蒸发器温度控制、制冷循环系统压力控制、鼓风机转速控制、冷凝器风扇控制等。具体见全车电路图。

六、制订空调系统制冷不足故障诊断与排除方案

当汽车空调装置出现故障时，为核实系统的实际情况，需操作空调进行性能检查。

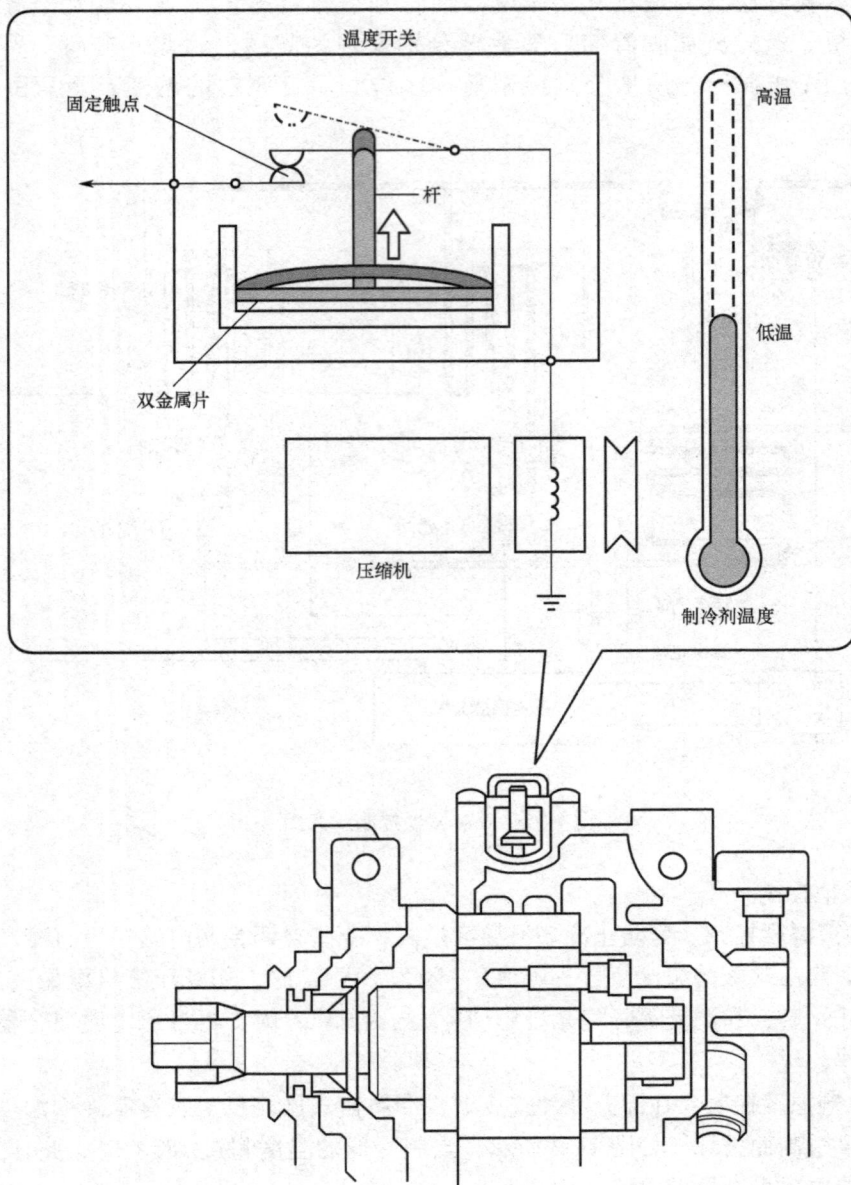

图 1-32　制冷剂温度开关

（一）汽车空调系统的性能指标及其评价标准

1. 空调控制面板操纵功能性

控制面板各个按钮功能正常，能进行相应的功能反应（标准评价）。

2. 温度

温度是物质冷热程度的度量，用温标来表示。常用的温标有摄氏温标（用℃表示）、开氏温标（用 K 表示）、华氏温标（用℉表示）。最舒适温度冬季 18 ~ 20℃，夏季 25 ~ 27℃（数值评价）。

相关链接

在摄氏温标中，将水的冰点（海平面）定为0℃，水的沸点定为100℃，间隔100份，每份为1℃。

在华氏温标中，水的冰点为32℉，沸点为212℉，间隔180份，每份为1℉。

在开氏温标中，将分子完全不运动的温度定为0K，是可能存在的最低温度，用摄氏温标表示为−273.15℃，华氏温标为−459.76℉，开氏温标与摄氏温标的间隔相同，如图1-33所示。

在我国表示温度通常使用摄氏温标，欧美等国华氏温标使用比较普遍，两者的换算关系为

$$℃ = \frac{5}{9}(℉ - 32) \qquad\qquad ℉ = \frac{9}{5}℃ + 32$$

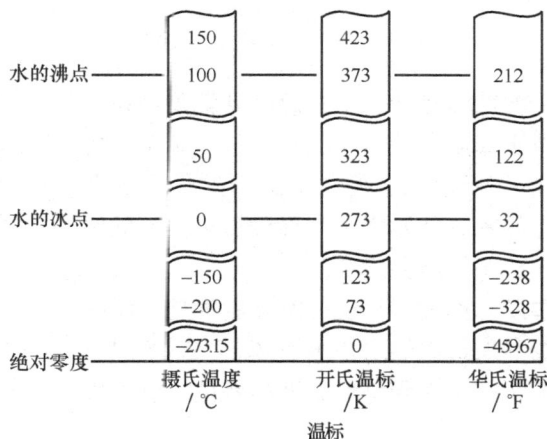

图1-33　三种温标比较

正常工作时，蒸发器表面温度在不结霜的前提下越低越好，冷凝器入口管温度为70℃，出口管温度为50℃左右，储液器温度应为50℃左右。

3. 湿度

湿度用来表示空气中水蒸气的含量，湿度较高时，人就会感到不舒适。表示湿度大小有两种表示方法，一种叫绝对湿度，另一种叫相对湿度，常用相对湿度表示湿度的大小（数值评价）。

1）绝对湿度：是空气中所含水蒸气的量（质量）与干燥空气量之比。

2）相对湿度：是在某一温度下，空气中实际含水蒸气量（以质量计）与空气在该温度下所能含水蒸气量（质量）之比。通常随着温度的升高，空气中所能含的水蒸气量会增加，如果空气的实际含水蒸气量不变，温度升高，则空气的相对湿度下降。最舒适的空气湿度为60%～70%。

4. 空气洁净度

空调系统引入外界新鲜空气或使用活性炭吸附剂等提高空气洁净度，这个概念表征车厢

内空气的清新度(车主感觉评价)。

5. 空气流动速度

车内外空气的交换速度、内部空气的流动速度(车主感觉和制冷效果综合评价)。

6. 制冷剂量

制冷剂量以维修手册为准,合适(数值和标准评价)。

7. 压力

1) 低压:$0.15 \sim 0.25$MPa($1.5 \sim 2.5$kgf/cm^2,$21 \sim 36$psi)。

2) 高压:$1.37 \sim 1.57$MPa($14 \sim 16$kgf/cm^2,$199 \sim 228$psi)。

8. 气密性

元件及管路无任何泄漏(标准评价)。

(二) 空调系统制冷不足故障检查的基本工具

1. 温度计

温度计可以测量出风口的空气温度和蒸发器表面温度、冷凝器入口管温度、出口管温度、储液器温度。

2. 干湿球温度计

湿度的测量通常用干湿球温度计,干球温度计就是普通的温度计,湿球温度计是将干球温度计的玻璃球处包上纱布,再将纱布浸在水中,如图1-34所示,水便在毛细管的作用下湿润温度计,由于在湿球处的水分蒸发带走一部分热量,使湿球处的温度降低,这样就形成了湿球温度计。

干球温度即为普通温度计测量的温度。湿球温度是在温度计上包裹湿布,由于水的蒸发造成温度指示下降,此时的温度成为湿球温度。通过计算干球温度和湿球温度的差值,就可以算出空气的湿度。

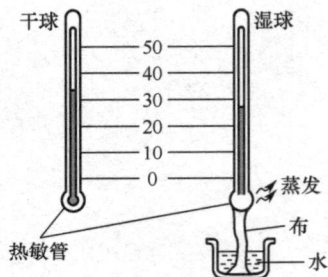

图1-34 干湿球温度计

3. 歧管压力表

歧管压力表是专门检查空调系统压力的专用工具,有高压表、低压表、高压开关、低压开关及相应软管,通过打开/关闭开关,来开/关加注软管的通道,如图1-35所示。需要注意的是,用于R134a系统的压力表不能用于R12制冷系统。

(三) 空调系统制冷不足故障检查的工艺流程

1) 检查汽车空调的控制面板。

2) 检查制冷剂数量。

3) 检查出风口温度。

4) 检查车厢内湿度。

5) 检查高、低压管路压力。

(四) 空调系统制冷不足故障检查注意事项

1. 在更换零件或管路时要注意的问题

1) 用制冷剂回收装置回收制冷剂以便再次使用。

2) 未连接的管路或零件要插上塞子,以免潮气、灰尘进入系统。

3) 对于新的冷凝器、储液干燥器等零件不要拔了塞子放置。

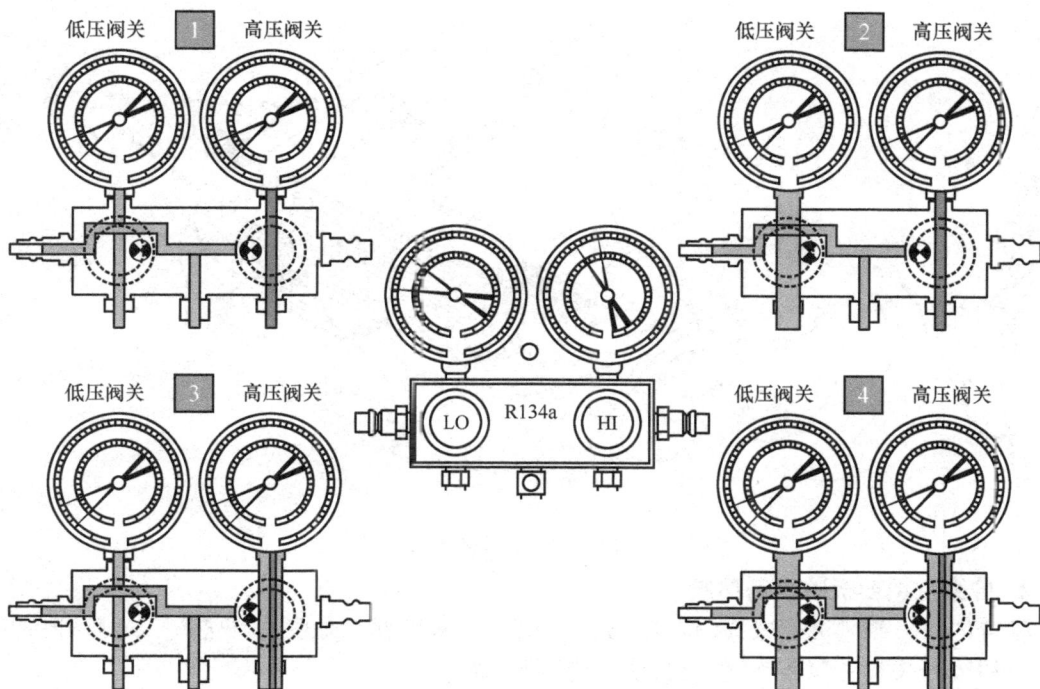

图 1-35　空调歧管压力表

4）在拔出新压缩机塞子之前要从排放阀放出氮气，否则在拔塞子时，润滑油将随氮气一起喷出。

5）不要用火焰加热进行弯管和管路拉伸操作。

2. 在拧紧连接零件时应注意的问题

1）滴几滴压缩机油到 O 形密封圈上可使紧固容易和防止漏气。

2）使用两个呆扳手紧固螺母，防止管路扭曲。

3）按规定的力矩拧紧螺母或螺栓。

（五）空调系统制冷不足故障检查具体操作过程

1. 直观检查（图 1-36）

1）检查压缩机传动带是否过松，如果传动带过松按标准调整。

2）检查空调出风口的出风量，如果出风量不足，检查进风滤清器，如有杂物应清除。

3）听压缩机附近是否有非正常的响声，如果有，检查压缩机的安装情况。

4）听压缩机内部是否有杂音，这种杂音通常都是由压缩机内部零件损坏所引起的。

5）检查冷凝器散热片上是否有脏物覆盖，如果有将脏物清除。

6）检查制冷循环系统的各连接处是否有油渍，如果有油渍，说明该处有泄漏，应紧固该连接处或更换该处的零件。

7）将鼓风机开至低、中、高档，听鼓风机处是否有杂音，检查鼓风机是否运转正常，如果有杂音或运转不正常，应更换鼓风机(鼓风机进入异物或安装有问题也会引起杂音或运转不正常,所以在更换之前要仔细检查)。

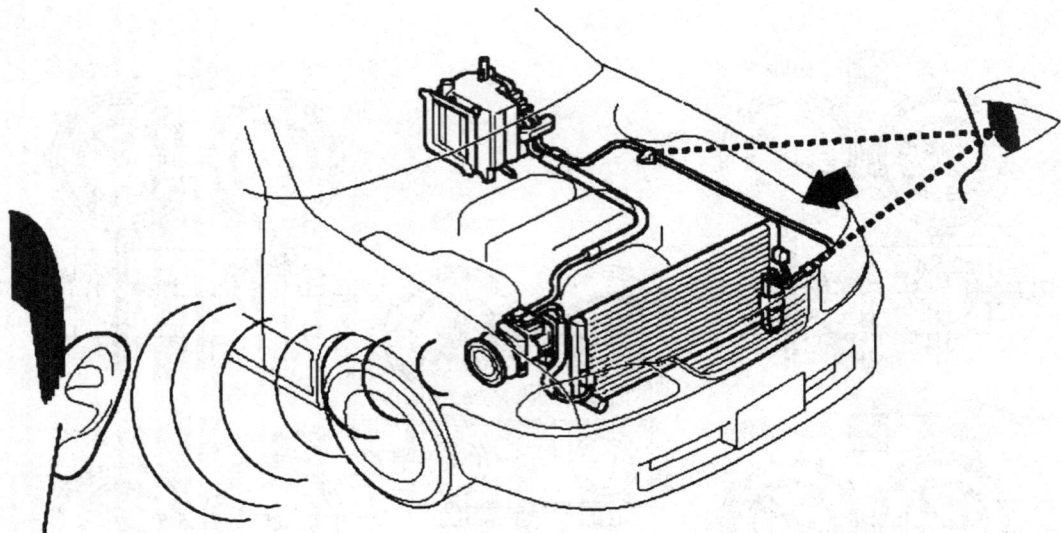

图1-36　直观检查

2. 检查空调面板的控制功能

检查内容：鼓风机、进气（排气）方式、温度下降情况、温度升高情况、A/C 开关、新鲜空气通风开关和内存功能（仅对自动空调）等方面。

操作流程：

1）检查鼓风机。分别置鼓风机开关至1速、2速、3速、4速，观察鼓风机转速响应变化，判断是否正常。

2）检查空调开关。仅对手动空调，将鼓风机控制开关置于所需位置（1~4速），按下 A/C 开关，开动空调，指示灯应亮。

3）检查 AUTO 方式和空调开关。仅对自动空调，按下 AUTO 开关，显示屏应显示 AU-TO 和 A/C，通过声响或直观检查确认压缩机接合；按下 A/C 开关或 OFF 开关，显示屏上的 A/C 指示应消失，确认压缩机分离；再一次按动 A/C 开关或 OFF 开关，显示屏再一次显示 AUTO 和 A/C，确认压缩机接合。

4）检查车内空气分配模式。选择各种送风模式和启动除霜控制，核实送风模式是否符合要求。

5）检查空气循环。分别置内外循环控制开关于内、外循环，循环指示器应亮，倾听进气门位置的改变（可以通过鼓风机声音的微小变化来判断）。

6）检查温度下降情况。将温度控制旋钮选择至最冷位置（手动空调）或显示18℃（自动空调），在排风口检查冷风情况。

7）检查温度升高情况。将温度控制旋钮选择至最热位置（手动空调）或显示32℃（自动空调），在排风口检查暖风情况。

8）检查新鲜空气通风开关。置温度控制于强热，置送风模式开关于除霜位置，打开外循环（新鲜空气通风位置），确认热气从除霜通风口排出而冷空气从面部通风口排出。

9）检查内存功能（仅对自动空调）。按下 OFF 开关，关闭点火开关，等待15s，开启点火开关，按下 AUTO 开关，确认设备温度仍为上次的温度。

3. 检查制冷剂的量

检查制冷剂的量有两种方法，一种是通过系统中安装的观察窗检查，另一种是通过检测系统压力检查。

（1）通过视液镜检查制冷剂的量

1）检查条件。发动机转速为 1 500r/min；鼓风机速度控制开关处于"高"位；空调开关"开"；温度选择器为"最凉"；完全打开所有车门（图1-37）。

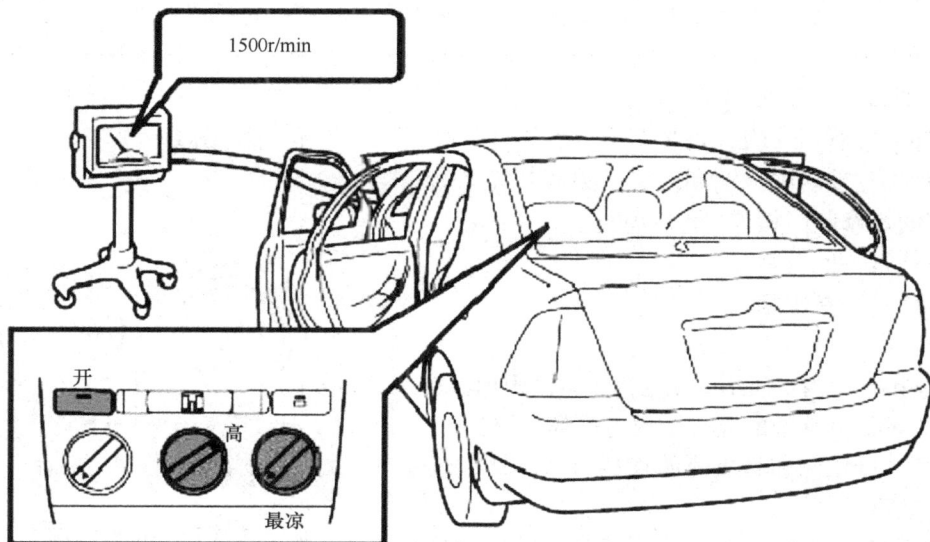

图 1-37　检查条件

2）检查制冷剂的量，如图1-38所示。

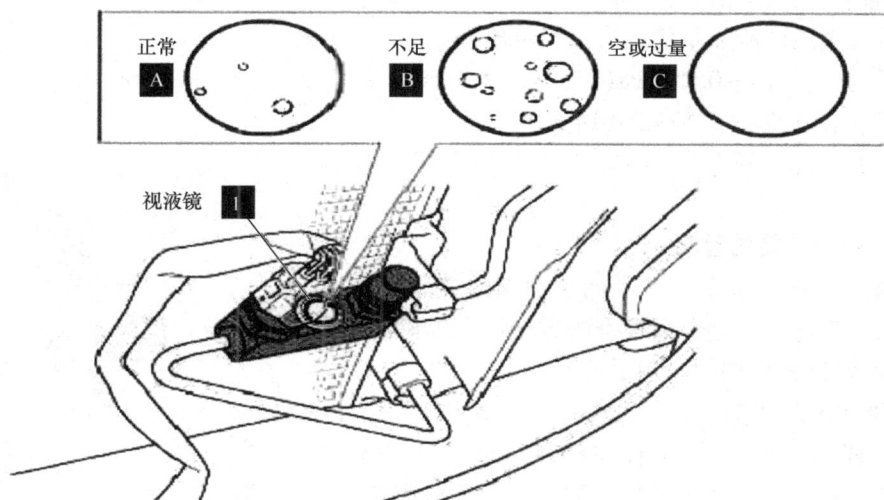

图 1-38　检查制冷剂的量

① 正常：几乎没有气泡，这说明制冷剂量正常。

② 不足：有连续的气泡，这说明制冷剂量不足。

③ 空或过量：看不到气泡，这说明制冷剂储藏罐是空的或制冷剂过量。

相关链接

在一些近期出产的车辆上安装了主、副冷凝器，这种冷凝器分为冷凝部分和过冷部分，同时还有一个起储液干燥器作用的调节器，这种形式的冷凝器可改善冷却能力，但加注制冷剂时，需在气泡消失后再添加大约100g的制冷剂，否则将会造成制冷能力不足。所以在这种系统的检查中，看不到气泡也不一定说明制冷剂充足。

（2）通过检查系统的压力检查制冷剂的量

1）连接歧管压力表，将歧管压力表的高、低压开关全部关闭（图1-39）。

2）把加注软管的一端和歧管压力表相连，另一端和车辆侧的维修阀门相连（图1-40）。

蓝色软管→低压侧。

红色软管→高压侧。

注意：

① 连接时，用手而不要用任何工具紧固加注软管。

② 如果加注软管的连接密封件损坏，更换。

③ 由于低压侧和高压侧的连接尺寸不同，连接软管时不要装反。

④ 软管和车侧的维修阀门连接时，把快速接头接到维修阀门上并滑动，直到听到"咔嗒"声。

⑤ 和多功能表连接时，不要弄弯管道。

图1-39　关闭歧管压力表的高、低压开关

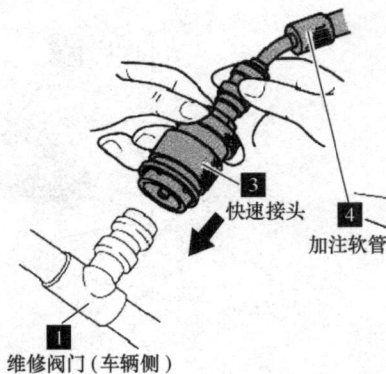

3）检查制冷系统的压力：起动发动机，在空调运行时检查歧管气压计所显示的压力。规定压力：

① 低压侧：$0.15 \sim 0.25 MPa(1.5 \sim 2.5 kgf/cm^2)$。

② 高压侧：$1.37 \sim 1.57 MPa(14 \sim 16 kgf/cm^2)$。

提示：多功能表所示压力随外部空气温度而有轻微的变化。

4. 空调制冷功能的检查

空调制冷功能的检查车型不同，检查的方法也有所差异，下面以丰田车为例介绍检查的方法（不同车型的检查方法，可参照该种车型的修理手册）。

1）将车放在阴凉处。

2）预热发动机到正常温度，将车门全开，气流选择为面部出风，进风选择为内循环，鼓风机速度选择最大，温度选择最冷，在发动机转速为1500r/min的情况下开启A/C开关，5~6min后测试进风口的湿度和温度及出风口的温度（图1-41）。

3）用进风口处的干、湿球温度计按图1-42a中的图表查出相对湿度，再算出进风口和

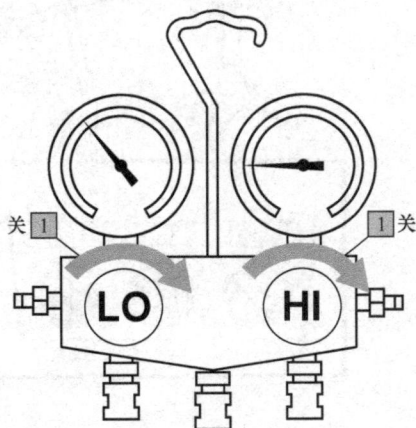

图1-40　连接歧管压力表

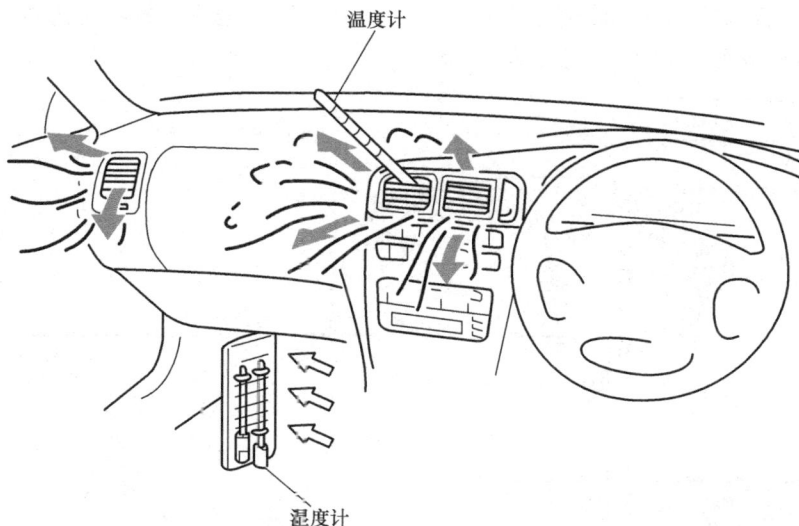

图 1-41　测量进风口的温度和湿度及出风口的温度

出风口的温度差，检查是否在图 1-42b 中的可接受范围内，如果在其范围内，则说明制冷性能良好。

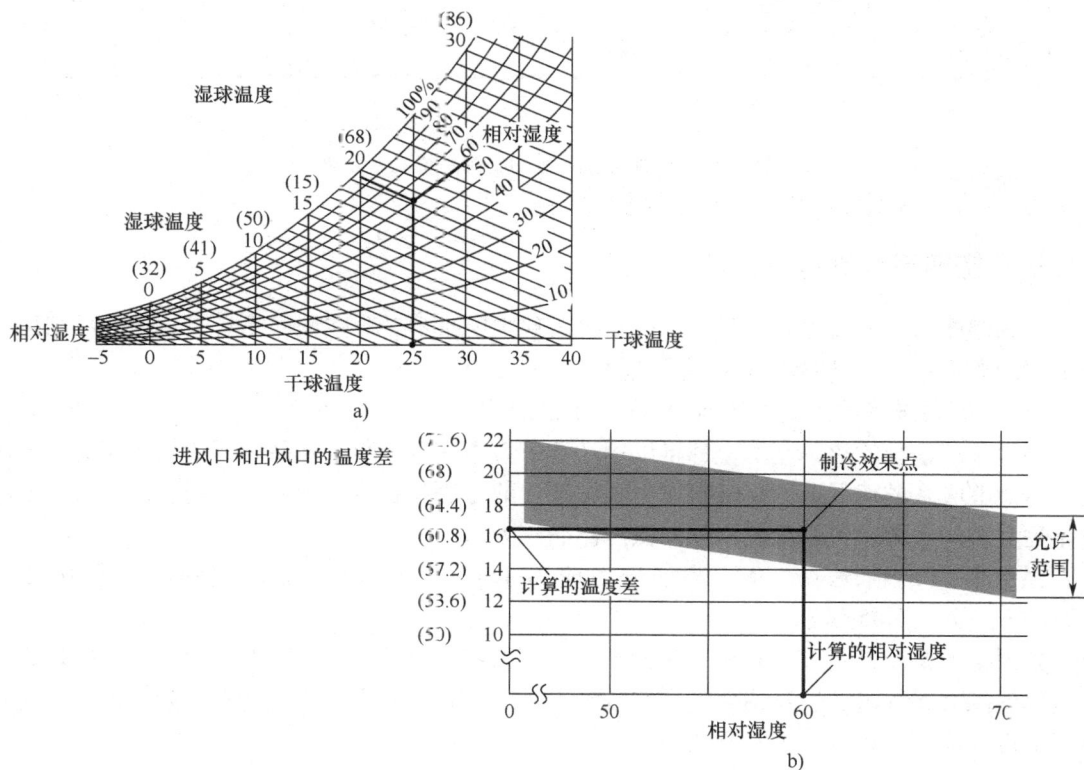

a)

b)

图 1-42　用干、湿球温度计检查湿度和判断空调性能

a）相对温度表　b）进风口和出风口温差允许范围

4）最后检查制冷剂的加注量是否合适，空调系统运转是否正常：通过观察孔检查加注量；检查漏气；检查空调制冷状况（图1-43）。

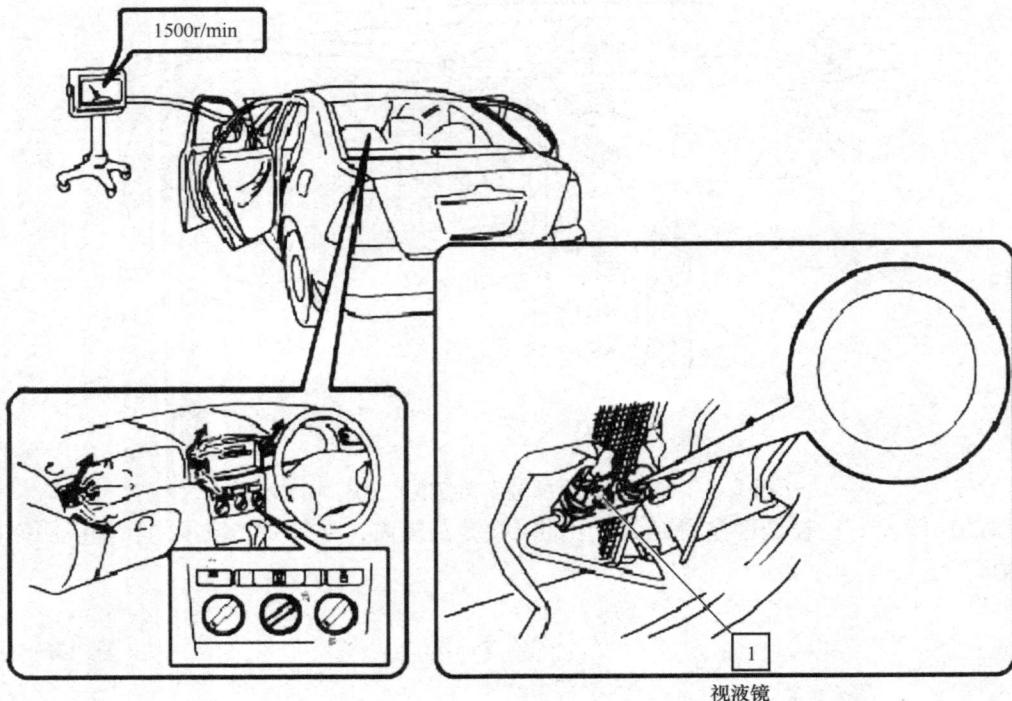

1500r/min

视液镜

图1-43　检查制冷剂量和空调系统是否正常

5）检查制冷系统正常工作压力（图1-44）。

七、空调系统制冷不良故障诊断

空调制冷系统的故障较为复杂，故障的表现主要是不制冷或制冷不足，故障的原因可以分为制冷循环系统故障和电气控制系统故障，下面分别介绍。

（一）利用歧管压力表诊断制冷循环系统的故障

制冷循环系统的故障基本上都可以用歧管压力表进行诊断，在系统无泄漏及压缩机电磁离合器能够吸合的情况下，将歧管压力表按前述的方法与制冷系统的维修阀连接，起动发动机，运转空调系统，检查系统高压及低压侧的压力。

系统正常的情况下，高压侧的压力应为 $1.4 \sim 1.6$ MPa；低压侧的压力为 $0.15 \sim 0.25$MPa，如图1-45所示。

如果空调制冷不足，歧管压力表的高、低压表指示的压力均低（图1-46），同时观察窗中可以看到大量气泡，这说明系统中制冷剂不足。此时应检查系统是否有泄漏的地方，在排除了泄漏故障后，将制冷剂补足。

歧管压力表的高、低压表的指示均过高（图1-47），观察窗中看不到气泡，甚至在低转速下也看不到气泡，造成这种现象的原因是系统中制冷剂过量或冷凝器冷却不足。排除时要将制冷剂量调整合适，清洁冷凝器，同时还要检查车辆的冷却系统。

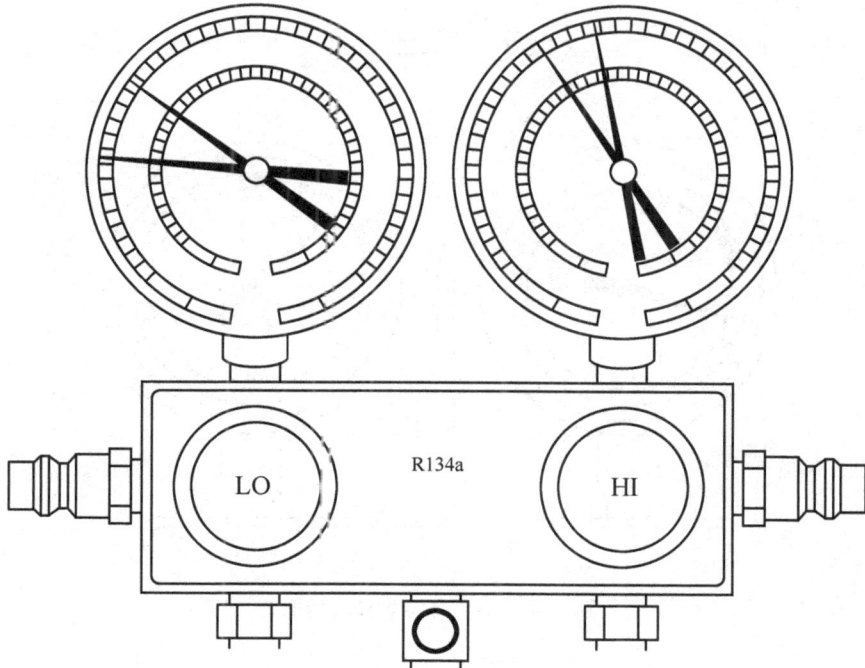

图 1-44　制冷系统的正常压力

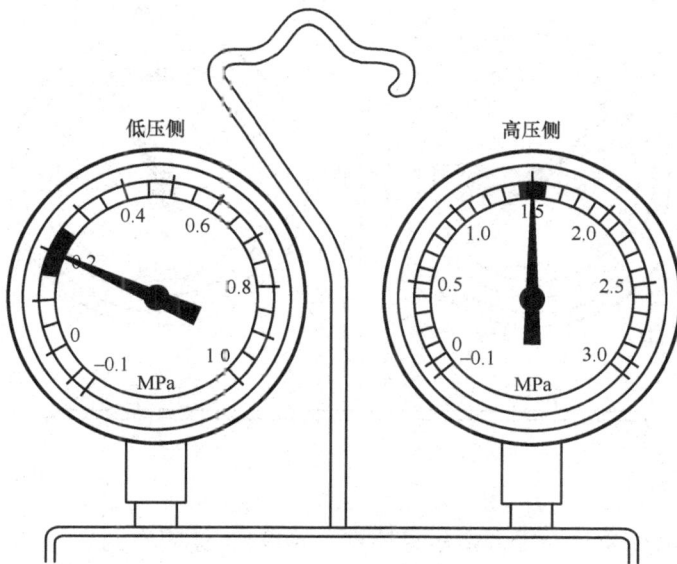

图 1-45　制冷循环系统的正常压力

　　制冷时有时无，压力表在空调起动时正常，过一段时间低压表指示真空，高压表的压力也降低很多，过几秒到几分钟，表的指示又恢复正常（图 1-48），如此循环。造成这种现象的原因是系统中有水分，当系统正常制冷温度下降时，水分在膨胀阀处结冰造成冰堵，制冷循环不能进行，温度上升后，冰融化使得循环又正常进行，温度下降后又造成冰堵，如此反复。遇到这种情况应更换储液干燥器，系统抽真空后重新加注制冷剂。

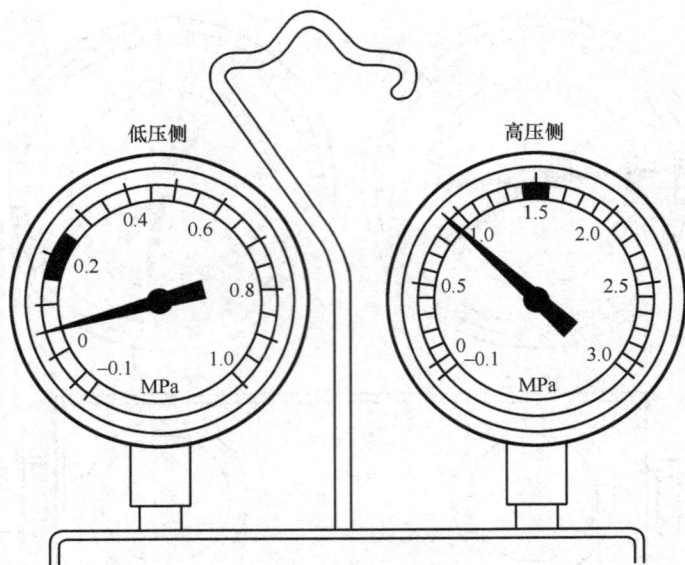

图 1-46　高、低压表指示均低

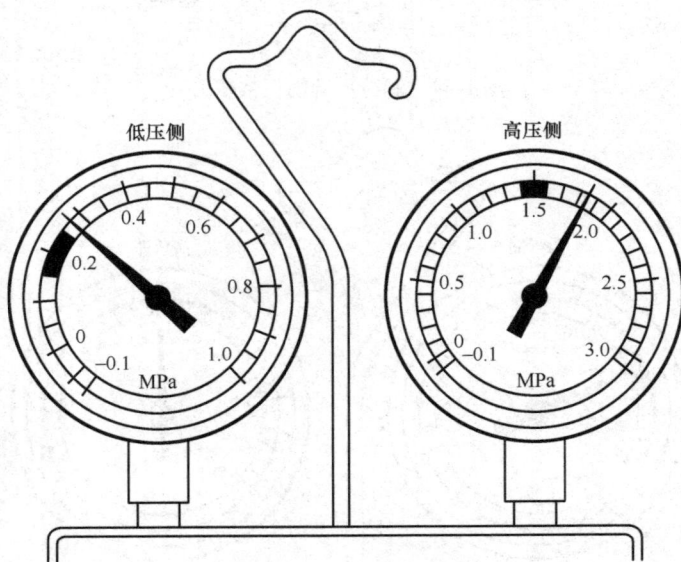

图 1-47　高、低压表指示均高

　　如果高压表指示过低，低压表指示过高（图 1-49），关闭空调后，高、低压表指示很快趋于一致，触摸压缩机，压缩机的温度也不高，这说明压缩机的效率不高，此时应更换或修理压缩机。此外，冷凝器冷却不足也可能造成高压表指示过低，低压表指示过高。

　　如果制冷循环系统内制冷剂不能循环，低压表可指示真空，高压表的压力也比正常压力低（图 1-50），造成这种情况的主要原因是制冷循环系统内有堵塞情况。如果系统完全堵塞，开启空调时，由于制冷剂不循环，低压表立刻显示真空；如果未完全堵塞，低压表在开启空调时将逐渐指向真空，在堵塞部位的前后还将出现温差。堵塞的部位常发生在膨胀阀、EPR

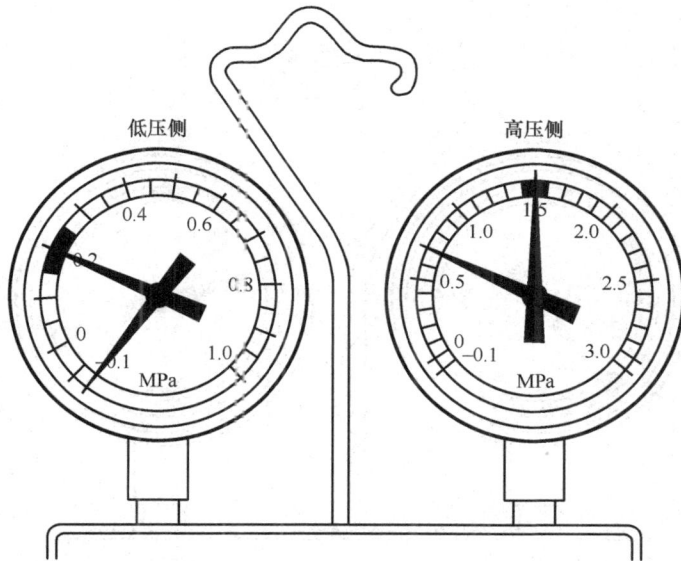

图 1-48　系统中有水分时的压力表显示

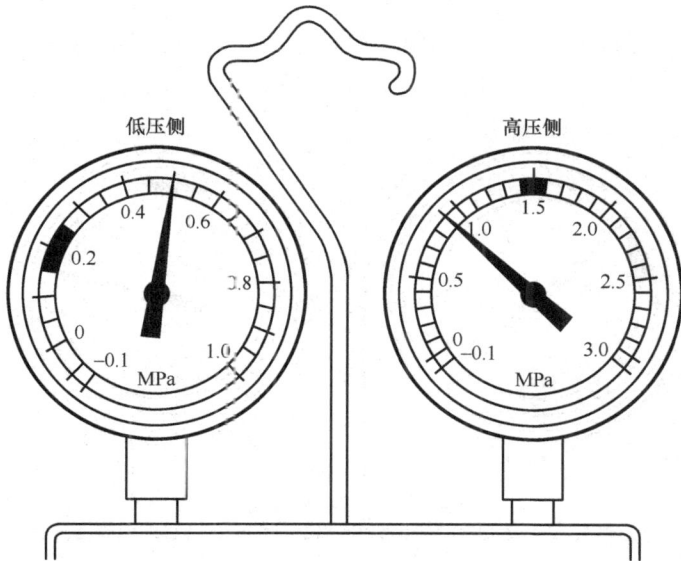

图 1-49　高压表指示过低，低压表指示过高

阀及管路较细的部位。膨胀阀的感温包漏气也可能使膨胀阀不能开启而造成这种情况。非除时要查明堵塞的原因，更换堵塞的部件，彻底清理制冷循环管路。

在制冷剂量正常的情况下，如果高、低压表的压力均指示高于正常值（图 1-51），说明制冷循环系统中有空气进入，其表现通常为低压指示越高，制冷效果就越差。出现这种情况时，应更换制冷剂并对系统进行抽真空，排除系统中的空气。

如果低压表指示过高，高压表指示正常（图 1-52），低压管路结霜且制冷效果下降，这种情况往往是由于膨胀阀开度过大造成的，维修时要重点检查膨胀阀热敏管的安装情况，在

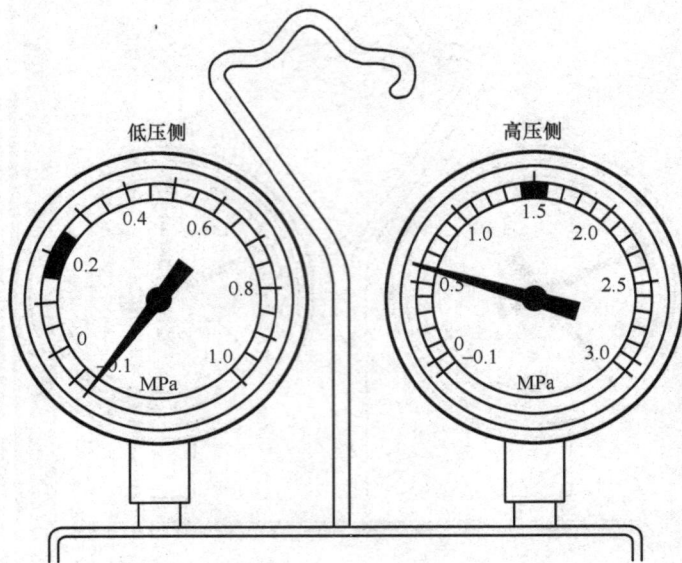

图 1-50　高压表指示过低，低压表指示真空

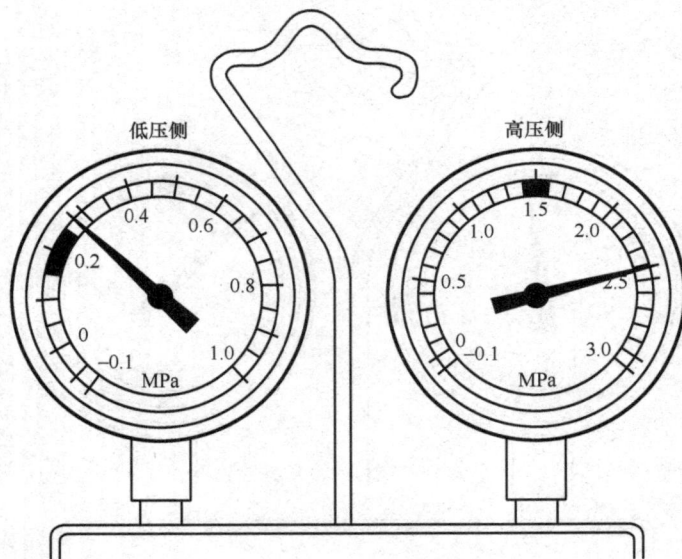

图 1-51　高、低压表指示均过高

热敏管正常的情况下，应考虑更换膨胀阀。

　　（二）空调系统控制电路的故障诊断

　　汽车空调制冷系统电路控制部分因车型不同而异，其电路原理及组成也有所不同。因此，在检修汽车空调电路时，应首先理解空调的电路原理，之后才可动手检查和修理。另外，在检修汽车空调电路故障时，还应结合制冷系统综合考虑。

　　汽车空调控制电路的故障主要表现为系统不工作或系统中某一部分不工作，在检查时首先要研读空调控制电路的电路图，在根据电路图用万用表或试灯等工具检查电路，找出故障

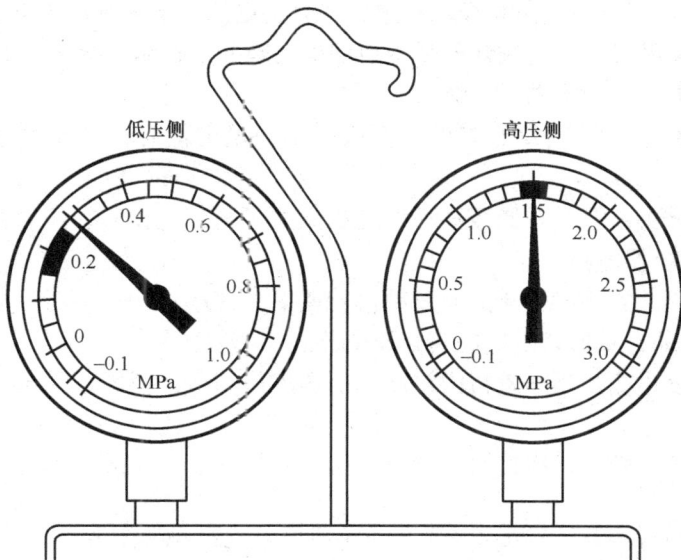

图 1-52 高压表指示正常，低压表指示过高

所在。下面以丰田某车型的空调控制电路为例说明控制电路的检查方法。

1. 阅读空调控制电路的电路图

图 1-53 为丰田某车型的空调系统的控制电路示意图，从图中可以看出，控制电路中所包含的电器元件有空调放大器，执行元件有电磁离合器及真空电磁阀等，传感器及开关有双重压力开关、转速检测传感器、点火器、热敏电阻、空调开关、点火开关、鼓风机开关等，继电器包括电磁离合器继电器、暖风继电器，熔丝包括断路器、仪表熔丝、空调熔丝。

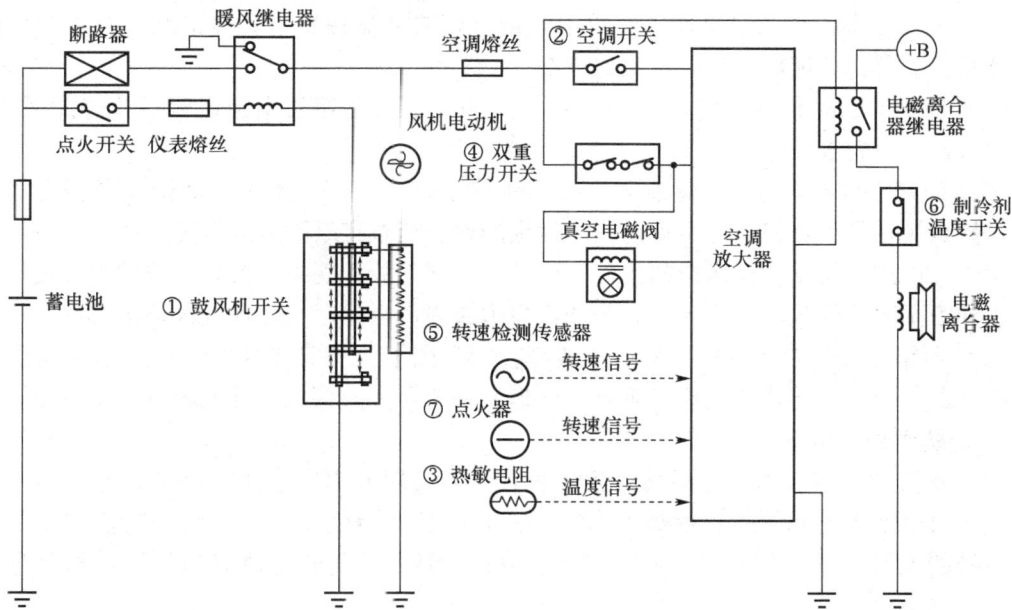

图 1-53 空调系统电路图

研读电路图后可以发现，空调压缩机电磁离合器电路在下述情况下会被切断：

1）鼓风机开关断开。此开关断开后暖风继电器断开，控制系统电源被切断。

2）空调开关断开。放大器的电源被切断。

3）蒸发器温度过低。蒸发器表面温度低于某一设定值时，放大器会切断电磁离合器电路。

4）双重压力开关断开。在制冷循环系统中压力过高或过低时，压力开关断开，空调放大器会切断电磁离合器电路。

5）压缩机锁止。当压缩机转速与发动机转速的差值超过一定值时，空调放大器将作出压缩机已锁止的判断，从而切断电磁离合器电路。

6）制冷剂温度过高。当压缩机内制冷剂的温度过高时，温度开关会切断压缩机电磁离合器电路。

7）断路器、仪表熔丝、空调熔丝和暖风继电器损坏。空调放大器无供电，电磁离合器断电。

8）电磁离合器继电器。该继电器损坏会切断电磁离合器的电路。

2. 检查电路

（1）检查电源电路　在接通鼓风机开关和空调开关后，检查空调放大器电源端有无12V电压，检查电磁离合器继电器线圈处有无12V电压，如有12V电压，则表明电源电路正常，否则应按照电路图逐一检查空调开关、空调熔丝、暖风继电器、仪表熔丝、断路器和鼓风机开关能否工作正常。

（2）检查各传感器和开关电路　用万用表检查蒸发器热敏电阻、点火器、压缩机转速检测传感器、压力开关到空调放大器的电路是否导通，按照修理手册规定的要求检测各传感器的电阻是否符合要求，检查各开关是否能在规定的情况下导通。

（3）检查电磁离合器继电器　将继电器的空调放大器控制端直接搭铁，看压缩机电磁离合器是否吸合，如能吸合说明继电器良好。

（4）检查电磁离合器　将电磁离合器的电源端子直接接蓄电池电源，检查能否吸合，如能吸合说明离合器正常。

（5）检查连接器和电路　检查各连接器的连接是否良好，检查线路情况是否良好，检查各搭铁点接触是否良好；还可模仿故障发生的情况检查接触不良的情况，如故障发生在车辆振动时，可逐一晃动空调系统的部件，晃动某一部件故障现象出现时，该部件即为故障部件；再如下雨时出现故障，可通过人为浇水模拟故障产生的环境，检查故障的部位。

（6）短路检查　如果电路中有短路故障，则电路熔丝肯定被烧断，且换上熔丝后又会被烧断。此时应检查各连线绝缘是否破坏而搭铁在金属上及部件内部是否有短路情况。

3. 系统部件的检查

（1）检查电磁离合器　电磁离合器不吸合，应使用万用表检测电磁离合器的输入端有无12V电压，如果有电压，说明离合器可能损坏，此时应使用万用表的电阻档测量离合器电磁线圈的电阻，应符合要求，否则应予以更换，最后还要检查离合器的机械部分是否有异常。

（2）检查鼓风机　鼓风机不转，应解体检修鼓风机。拆下鼓风机电路，将蓄电池12V电压接在电动机上，看电动机是否能平稳转动，且在空载下转速应能达到7000r/min左右。

如不正常，应检查电刷接触是否良好，轴及轴承是否卡死，电动机是否烧坏。

（3）检查控制继电器 控制继电器一般为触点常开型，其故障多为继电器线圈烧坏（线圈短路或断路），触点烧蚀、粘连、动触点卡死等。在正常情况下，当继电器线圈通电时，应能听到其触点动作的轻微声音，否则说明继电器有故障。可把它从线路上拆下，用万用表测量其线圈是否完好，如线圈完好，再用万用表测量其常开触点的电阻，应为∞，否则说明粘连；如为∞，可给线圈通电后进一步检查。线圈通电后，常开触点应闭合，触点回路电阻应为零，否则说明触点烧蚀或卡死，应检修或更换。

（4）检查压力开关 压力开关的检查应在制冷系统完好的情况下进行。其检查方法是，将歧管压力表接到制冷系统高、低压检修阀上，用纸板盖在冷凝器散热通道上，以恶化冷凝器的冷却效果，这时冷凝压力会逐渐升高，当压力表压力达到2.1MPa(21bar)左右时，电磁离合器应断电，然后拿开纸板，待高压表压力降到1.9MPa(19bar)时，压缩机应恢复工作。如不符合上述规定，则说明压力开关已失灵，应予更换。

（5）检查鼓风机电阻及档位开关 鼓风机电阻烧坏或鼓风机档位开关接触不良，将会造成鼓风机不转动或无法调速等故障现象。检测时，可拆下鼓风机电阻及鼓风机档位开关组件，用万用表测量各档位电阻值。

（6）检查空调放大器 空调放大器的故障主要有温度控制失灵，发动机急速控制失灵，放大器输出继电器线圈烧坏、触点烧蚀和粘连等。空调放大器的检测应在制冷系统及其他电路及元器件完好的条件下进行。最简单的方法是代换法。检查放大器时可先检查放大器内部的输出继电器线圈和触点，如线圈和触点正常，再根据线路检查各元件是否正常。

八、空调系统制冷不足故障实例

故障1：朗逸车空调不制冷

1. 故障信息

1）车型：朗逸。

2）行驶里程数：1006km。

3）发动机代号：CDE361452。

4）故障现象：起动发动机，打开A/C开关，空调有时不制冷。

5）故障码：09497，空调请求"A"电路偶发。

2. 维修情况

倾听客户自述："我在××4S店检修过两次了，并且更换了发动机控制单元，好了几天，但是空调不制冷的故障依然没有解决。这次到你们中心站检修，否则我会要求退车。"我站技术总监带队成立了专家组，对车辆故障现象进行了验证，客户车辆空调不制冷情况属实。

1）打开A/C开关，打开发动机盖后发现压缩机不工作。

用A/C375冷媒机测量空调系统平衡压力为7bar，说明压力正常。再用V. A. S5052查询故障存储器：01-02-"09497，空调请求'A'电路偶发"。

读取数据：01-08-001组4区，同时按下A/C开关，并观察右边第六位数据是否变化。如图1-54所示。

组地址：1

功能	测量值	典型值	单位
发动机转速	800	650～900	r/min
冷却液温度	62	80～105	℃
氧传感器调节值	−3.13	−10～10	%
基础设置条件	10111110		

第4数据块 10111110

右边第一位 =1：冷却液温度是否大于80℃

右边第二位 =1：发动机转速是否小于2000r/min

右边第三位 =1：节气门开度是否小于5%

右边第四位 =1：氧传感器调节是否打开

右边第五位 =1：急速开关是否打开

右边第六位 =1：空调压缩机是否关闭

右边第七位 =1：三元催化器温度是否高于350℃

右边第八位 =1：故障存储器中是否有故障

图1-54　数据读取结果

2）拆下左侧仪表板后，检查空调继电器，发现不工作。查看电路图图1-55。

请求电路：SC44—J32（空调继电器）—J220（发动机控制单元），控制搭铁。

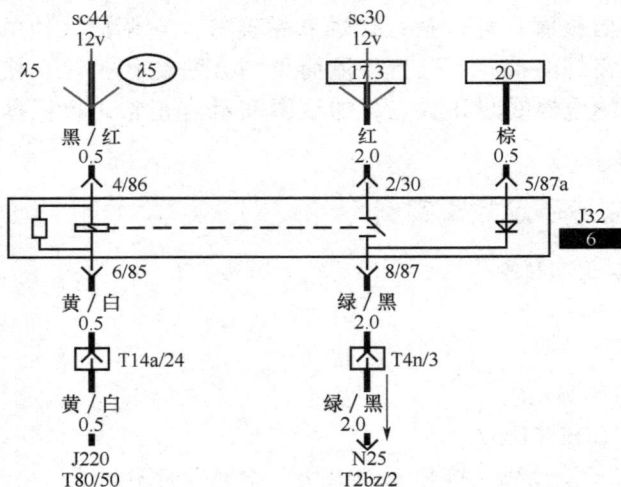

图1-55　空调继电器电路图

执行电路：SC30—J32—N25（空调电磁离合器）—搭铁。

3）利用万用表测量

① 供电线：4/86 和 2/30 脚的电压为12V（正常）。

② 搭铁线：6/85 脚的电阻为无穷大（起动发动机和打开A/C开关为不正常）。

可能故障

a. J32（6/85）至 J220（T80/58）电路故障。

b. 发动机控制单元（J220）故障。

对于故障b，已经在其他4S店更换过J220，只有a电路故障了。

拆下发动机控制单元，利用万用表电阻档测量J32（6/85）脚至J220（T80/58）脚的电阻为 0.5Ω（正常）。这时陷入僵局，是不是还有什么地方没有考虑到？而空调继电器不工作，在打开 A/C 开关时，6/85 脚的电阻对搭铁为无穷大肯定不正常。重新拆装发动机控制单元，检查 T80/58 针脚时，发现此针脚松动，随线束的受力而回缩，造成和针脚的接触不良（图1-56）。重新修复线束后，验证故障现象没有复发，空调间隙不制冷的故障已解决。

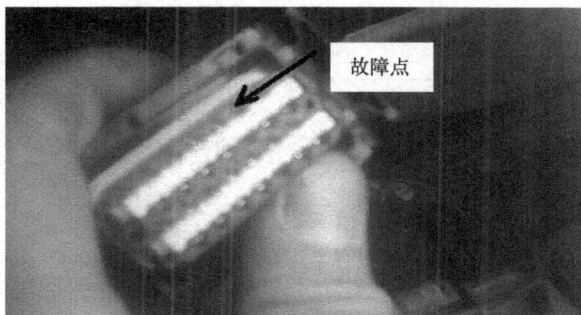

图1-56　故障点位置

3. 维修经验体会

在此维修过程中，修理二没有注意仔细检查，忽视或不愿意进行最基本的检查，造成顾客抱怨升级。所以在维修过程中，对偶发性故障，一定要注意细节，结合王氏定理检查线路接触不良的故障，不要单方面从故障码来考虑问题，结合试车模拟故障的再现，这样才能更快更准确地排除故障。

故障 2：途观车空调不制冷

1. 车辆信息

1）车型：途观 2.0T 自动变速器四驱。

2）行驶里程：7635km。

3）发动机号：CEA037327。

4）故障现象：每天早晨起动车辆开空调时，有时空调不起动，最短需要 3min 才能起动，最长需要半小时，但只要空调起动后，当天的空调使用都很正常，已检查过三次，均未发现问题。

5）故障码：无。

2. 维修情况

1）用 V. A. S5052 检测，发动机控制单元、空调控制单元、BCM 控制单元均无故障。

2）检查车辆相关的搭铁线 1 号、602 号、605 号、43 号、640 号、670 号等均未见异常；正极的相关连接点都接触良好，无异常；相关继电器也均能正常工作，无异常。

3）查看空调系统数据组，见表1-1。

表1-1　空调系统数据组

测量内容	怠速测量值	说　明
空调压缩机切断条件	Kompressor aktiv	正常
空调压缩机负载	0.8NM	不正常，怠速约 5.5NM
压缩机调节阀实际电流	0.455A	不正常，应与额定电流相同
压缩机调节阀额定电流	0.550A	

（续）

测量内容	怠速测量值	说　明
空调压缩机转速	900r/min	
外部温度传感器温度	35℃	符合实际情况
鼓风机负载	10.40%	正常
仪表板温度传感器温度	37℃	符合实际情况
发动机冷却液温度	97℃	符合实际情况
制冷剂压力	6.4～7.6bar(1bar=0.1MPa)	不正常，怠速时约11.5bar
电压端子30	13.4V	符合标准

4）查看发动机系统数据组，见表1-2。

表1-2　发动机系统数据组

测量内容	怠速测量值	说　明
空调准备阶段	空调高档	
空调压缩机(负荷信号)	0～1NM之间跳动	怠速时约5.5NM
空调(安装信息)	空调1	
空调输入(空调要求)	空调高档	
空调压缩机	压缩机接通1	

3. 故障分析

1）从发动机和空调系统中的数据中发现，空调压缩机调节阀实际电流和额定电流值不一样，正常情况应在空调起动2～3s后压缩机调节阀的实际电流和额定电流应基本一致。

2）空调压缩机的负荷信号在0～1NM的范围内变化，而在怠速时实际负荷应在5.5NM左右，说明此时压缩机工作时的负荷太小，导致其空调在开机的情况下不能正常工作。

3）在车辆怠速运行，打开空调的情况下，制冷剂压力在6.4～7.6bar之间跳动，很明显这时的压力是不正常的，此时的正常压力应在11.6bar左右，在车辆起动、空调未打开的情况下制冷剂压力才是在7bar左右。而此时发动机数据组内的压缩机信号显示为接通，说明此时空调压缩机的开关信号是接通的，压缩机仍处于未接通的状态，说明压缩机的电磁阀N280的调节可能存在问题。

4）为进一步证实其故障原因，将车辆举升起，断开调节阀插件，用万用表测量电磁阀N280 T2as/1和T2as/2两端电压为13.4V，用3W小试灯连接测试，试灯亮并且无闪烁，充分证明其供电正常，问题应出在电磁阀N280本身，而且该车出现故障时的现象又是在每天的早晨，一旦空调正常工作后，当天的空调工作就正常，通过每天的这个现象分析，真正的问题应是出在电磁阀N280上。

5）从以上几个方面综合分析，出现此故障现象的原因应是压缩机电磁阀N280的机械部分上。由于出现故障是在每天的早晨，此时气温相对较低，在"热胀冷缩"的情况下电磁阀的机械部分卡滞，导致压缩机不能正常工作。更换压缩机后故障排除。

4. 维修经验体会

了解空调系统控制原理，通过故障现象来分析故障原因。

故障3：途观车空调时有时无

1. 车辆信息

1）型号：途观1.8T自动变速器四驱。

2）行驶里程：6218km。

3）发动机号：CGM027830。

4）故障现象：空调时有时无，开前照灯行驶时发动机有时异常抖动，行驶时间较长时感觉有时发动机工作无力，偶尔出现熄火现象。已在本4S店检查过一次，故障没有排除。

5）故障码：无

2. 维修情况

1）用V. A. S5052检测，发动机系统无故障，空调系统内也没有故障。

2）起动发动机，开空调、前照灯试车，感觉车辆有点抖动，偶尔有熄火的倾向，踩一下加速踏板后发动机工作又很正常。

3）查看发动机数据组140、141组，燃油轨道压力及空调无异常，查看发动机数据组15、16组，发现发动机1～4缸均偶尔出现失火的现象。

4）故障分析。根据初步检查的情况，未发现其他异常，只有发动机每缸都有失火的现象，且不是很明显。查看其发动机控制部分电路图，发现继电器J271给发动机控制单元J623的供电继电器J757、点火线圈、燃油泵控制单元J538、冷却液循环控制器J151、冷却液风扇控制器J293、机油压力调节阀N428、活性炭罐电磁阀N80、风门气流控制阀N316、涡轮增压循环空气阀N249、涡轮增压压力阀N75、凸轮轴调节阀N205等供电，怀疑可能是继电器J271接触不良造成点火线圈点火不正常，造成发动机抖动，发动机负荷大时自动切断空调(开前照灯时)。于是检查其相关电路，并更换继电器J271。试车，故障依旧，没有任何改变。

这时已没有了维修的思路，便询问车主该车的使用情况(用户在车旁)，在与车主沟通的过程中得知，该车在4300km左右时出过一次事故，拆过蓄电池，更换过前保险杠、前围、前照灯等，事故不是在我们这里修的。发现这个故障是在出事故之后，该客户还表示开前照灯行驶时发动机异常抖动比不开前照灯时要多一些。

根据该客户反映的情况，我们仔细对该车的灯光电路和发动机控制电路进行了分析，特别是点火线圈和灯光的控制部分，看其是否有关联性。在查看电路图的过程中发现点火线圈和灯光系统均共用一个负极搭铁点(代号640)，位于左前照灯后部靠近内轮罩处，用手试了试其搭铁线，发现该处的搭铁线有些松动，心里一下子就觉得有底了，可能是这里，拆下来用砂纸打磨，紧固后开前照灯的情况下试车，发动机发抖的故障已排除，也未发现发动机有失火的现象。一周后电话回访，未发现异常情况，故障已完全排除。

3. 维修经验体会

1）认真了解车辆使用信息。

2）分析故障的共同点，同一故障出现两个故障点的概率是非常小的。

学习任务二　汽车空调制冷剂泄漏检查与修理

任务引入：

一辆丰田威驰轿车，行驶总里程 12.5 万 km，发现该车空调制冷效果不佳，制冷不足，而且制冷情况越来越差。

任务分析：

1）初步诊断，确认故障现象。

2）查找资讯，学习相关知识，分析故障可能原因。

3）制订工作计划，分析故障诊断思路。

4）请根据故障现象和任务要求，确定所需要的检测仪器设备、工具及加注设备，并对小组成员进行合理分工，制订详细的、可实施的故障诊断与排除工作方案。

5）实施试验，利用温度计、高低压压力表、检漏仪对制冷系统进行检测，确定故障原因并维修更换，诊断和排除故障。

6）总结故障结论，写诊断报告。

7）用企业标准验收任务完成情况，评价工作过程，完成学习拓展任务及任务工单2。

资讯和相关知识：

一、制冷剂

制冷剂是制冷循环当中传热的载体，通过状态变化吸收和放出热量，因此要求制冷剂在常温下很容易汽化，加压后很容易冷凝，同时在状态变化时要尽可能多地吸收或放出热量（较大的汽化或冷凝潜热）。同时制冷剂还应具备以下的性质：不易燃易爆；无毒；无腐蚀性；对环境无害。

目前，汽车空调制冷系统使用的制冷剂通常有 R12 和 R134a 两种，其中英文字母 R 是制冷剂（Refrigerant）的简称，数字代号使用的是美国制冷工程师协会（ASRE）编制的代号系统。

1. R12 制冷剂的特性

R12 是汽车空调中曾广泛使用的制冷剂，其分子式为 CF_2Cl_2，化学名称为二氟二氯甲烷，主要特性如下：

1）无色、无刺激性气味；一般情况下不具有毒性，对人体没有直接危害；不燃烧、无爆炸危险；热稳定性好。

2）在一个标准大气压下 R12 的沸点为 -29.8℃，凝固温度为 -158℃。

3）R12 对一般金属没有腐蚀作用。

4）使用 R12 的制冷系统要求使用特制的橡胶密封件。

5）R12 有良好的绝缘性能。

6）R12 液态时对冷冻润滑油的溶解度无限制，可以任何比例溶解。这样在整个制冷循环中，冷冻润滑油通过 R12 参与循环，对空调压缩机进行润滑。

7）R12 对水的溶解度很小。

在制冷系统中，R12 的含水量（质量分数）不得超过 0.0025%。若制冷系统中有水，就会在膨胀阀处形成"冰塞"，堵塞制冷系统的循环通道，从而使空调的制冷系统失效。但是，由于 R12 对大气臭氧层有很强的破坏作用，因此，在目前生产的汽车空调制冷系统中 R12 已经被 R134a 所替代，但还有很多于 20 世纪末生产的汽车，其空调制冷系统的制冷剂仍为 R12。

2. R134a 制冷剂的特性

R134a 制冷剂的分子式为 $CH_2F - CF_3$，是卤代烃类制冷剂中的一种。R134a 制冷剂与 R12 制冷剂相比，其热力学性能（包括分子量、沸点、临界参数、饱和蒸气压和汽化潜热等）均与 R12 相近，具有无色、无臭、不燃烧、不爆炸、基本无毒的特性。

在采用制冷剂 R134a 的汽车空调中，在结构与材料方面与 R12 空调系统还是有很大区别的，两种制冷系统中的制冷剂是不能互换使用的。

目前汽车上广泛采用 R134a 来替代 R12。R134a 在标准大气压下的沸点为 -26.9℃，在 98kPa 的压力下沸点为 -10.6℃（图 2-1）。如果在常温常压的情况下将其释放，R134a 便会立即吸收热量开始沸腾并转化为气体。对 R134a 加压后，它也很容易转化为液体。R134a 的特性如图 2-2 所示。该曲线上方为气态，下方为液态，如果要使 R134a 从气态转变为液态，可以降低温度，也可以提高压力，反之亦然。

二、冷冻润滑油

1. 冷冻润滑油的作用和特性

冷冻润滑油也称为冷冻油，是制冷压缩机的专用润滑油，它保证压缩机正常运转、可靠工作和延长使用寿命。冷冻油具有以下作用：

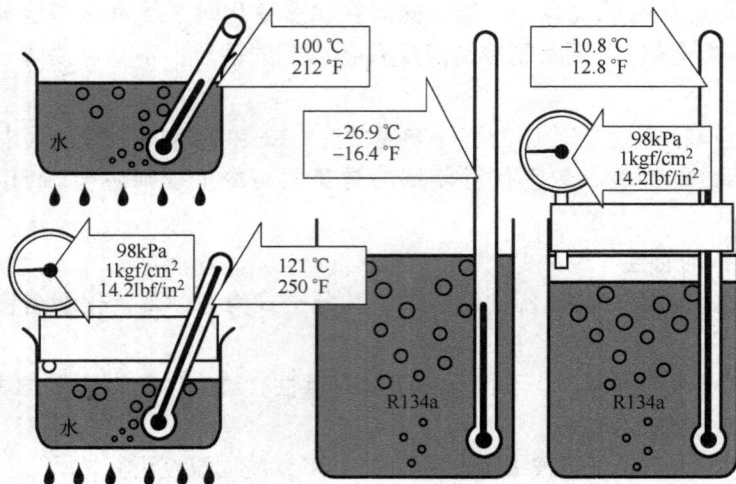

图 2-1　R134a 在不同压力下的沸点

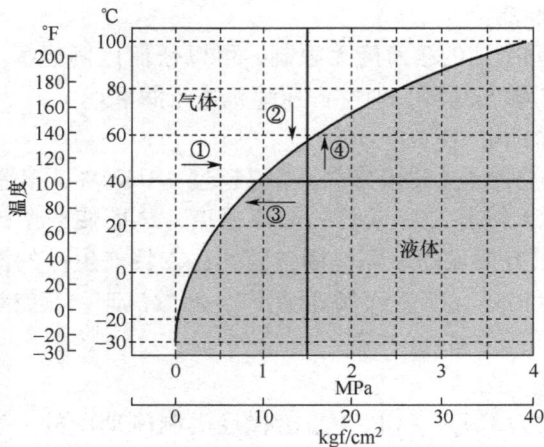

图 2-2　R134a 蒸气—压力曲线

1）润滑作用。压缩机是高速运转的机器，轴承、活塞、活塞环、曲轴、连杆等机件表面需要润滑，以减小阻力和磨损、延长使用寿命、降低功耗、提高制冷系数。

2）密封作用。汽车使用的压缩机传动轴需要油封来密封，以防止制冷剂泄漏。有润滑油，油封才起密封作用。同时，活塞环上的润滑油不仅起减摩作用，而且起密封压缩机蒸气的作用。

3）冷却作用。运动的摩擦表面会产生高温，需要用冷冻油来冷却。冷冻油冷却不足，会引起压缩机温度过高、排气压力过高、降低制冷系数，甚至烧坏压缩机。

4）降低压缩机噪声。

2. 空调制冷系统对冷冻油的性能要求

冷冻油在空调制冷系统中完全溶于制冷剂中，并随制冷剂一起在制冷系统中循环。因此，冷冻油工作在高温与低温交替的条件下。为保证其工作正常，对冷冻油提出性能要求如下：

1）冷冻油的凝固点要低。在低温下具有良好的流动性。若冷冻油的低温流动性差，则冷冻油会沉积在蒸发器内影响制冷能力，或凝结在压缩机底部，失去润滑作用而损坏运动部件。

2）冷冻油的粘度受温度的影响要小。温度升高或降低时，其粘度随之变小或增大。与冷冻油完全互溶的制冷剂会使冷冻油变稀，因此应选用粘度较高的冷冻油，但粘度也不宜过高，否则，需要的起动转矩增大，压缩机起动困难。

3）冷冻油与制冷剂的溶解性能要好。在汽车空调制冷系统中，制冷剂与冷冻油是混合在一起的。当制冷剂流动时，冷冻油也随之流动，这就要求制冷剂与冷冻油能够互溶。若两者不互溶，冷冻油就会聚集在冷凝器和蒸发器的底部，阻碍制冷剂流动，降低换热能力。由于冷冻油不能随制冷剂返回压缩机，压缩机将会因缺油而加剧磨损。

4）冷冻油要具有较高的热稳定性。即在高温下不氧化、不分解、不结胶、不积炭。

5）冷冻油应无水分。若冷冻油中的水分过多，则会在膨胀阀节流口处结冰，造成冰堵，影响制冷剂的流动。同时，冷冻油中的水分会使冷冻油变质分解，腐蚀压缩机材料。

3. 冷冻油的牌号

按粘度的不同，国产冷冻润滑油牌号有 13 号、18 号、25 号和 30 号四种，牌号越大，其粘度也越大。进口冷冻润滑油有 SUNISO3GS、SUNISO4GS、SUNISO5GS 三种牌号。目前，汽车空调制冷系统通常选用国产 18 号和 25 号冷冻润滑油，或选用进口 SUNISO 5GS 冷冻润滑油。

三、检漏计

检漏计用来检查整个空调系统特别是各管接头处是否有泄漏现象。

目前空调检漏通常采用电子检漏计，如图 2-3 所示，用闪光灯和蜂鸣器检查制冷剂的泄漏。越靠近泄漏区域，闪光和蜂鸣的间隔越短，提高灵敏度将能检测到轻微的泄漏。

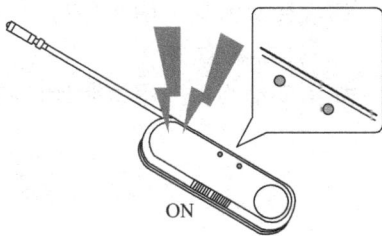

四、检查制冷剂的泄漏

图 2-3　电子检漏计

（一）常见泄漏情况

制冷剂泄漏是空调系统维修中遇到的一个特别突出的问题，尤其是慢泄漏，检查时很容易造成费时费料，下面是几种经常遇到的泄漏情况。

1. 蒸发器泄漏

蒸发器泄漏是一个多发故障，由于蒸发器结构的特点，造成管路比较薄，焊缝长度大，很容易造成泄漏。在实际工作中，如果外围管路检查无泄漏，一般就是蒸发器的问题。

2. 压缩机—冷凝器胶管泄漏

这种泄漏一般由两种原因引起：

1）由于维修工操作不当引起胶管与车身纵梁干涉，造成胶管磨损泄漏。如车辆事故维修后，由于管路进行了拆装，装配时管路的角度不正确，造成胶管与车身纵梁干涉。

2）由于胶管是由压缩机高压端至冷凝器，由于行驶过程中发动机的晃动，造成管路的铝接头与胶管松旷，从而漏液。

3. 干燥器泄漏

干燥器泄漏的情况比较容易判断，但是在一些车上，由于干燥器装在冷凝器内，由一个卡簧固定，泄漏的情况较多，这多发生在质量担保期内。

4. 压力开关泄漏

在管路上的压力开关，由于其结构的关系，开关一般是塑料件，电器插头在塑料件内，两者的结合及密封要求比较严格，出现的泄漏也比较多，如干燥罐上的高低压开关，管路上的制冷剂压力传感器等。

5. 压缩机泄漏

压缩机泄漏一般出现在后盖及前轴油封，这种泄漏判断比较容易，也较多见。

6. 胶管慢泄漏

由于胶管在加工时，为了避免空调系统运行时造成胶管外层出现鼓包、剥落，需要在外层均匀地扎上小孔，以增长管路的使用寿命，但由于扎孔时力度及深度控制不当，容易引起胶管慢泄漏，这种情况比较少见，但检查时不易发觉。我们遇到过一辆桑塔纳轿车，行驶不到 10000km，出现制冷液不足，经多次检查都未检查出来，最后把该车的空调系统全部拆下，重新连接后加液，放在水池中，发现蒸发器至压缩机低压端胶管处有缓慢、规则的气泡冒出，更换此管后故障解决。

7. 管路接头泄漏

高低压管的连接处比较容易泄漏，这种泄漏也一般出现在质量担保期内，故障率也比较高。

8. 加液接头泄漏

加液接头泄漏，由于加有一个橡胶密封圈，由于拧紧力矩的问题，极易泄漏。

（二）检漏方法

如图 2-4 所示，用检漏计检测主要可能的泄漏部位。

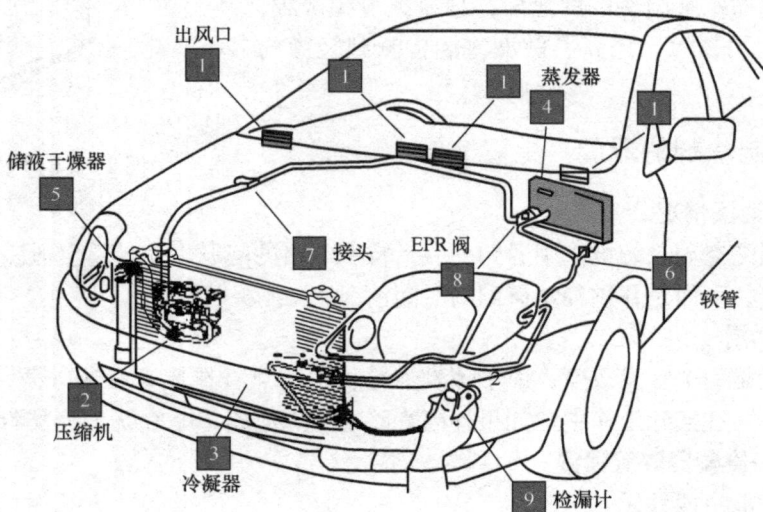

图 2-4 主要可能泄漏的部位

检查时要在发动机停机状态，由于制冷剂较空气略重，因此检漏计的探头应在管路连接部位的下方检测，并轻微振动管路，检漏方法如图 2-5 所示。

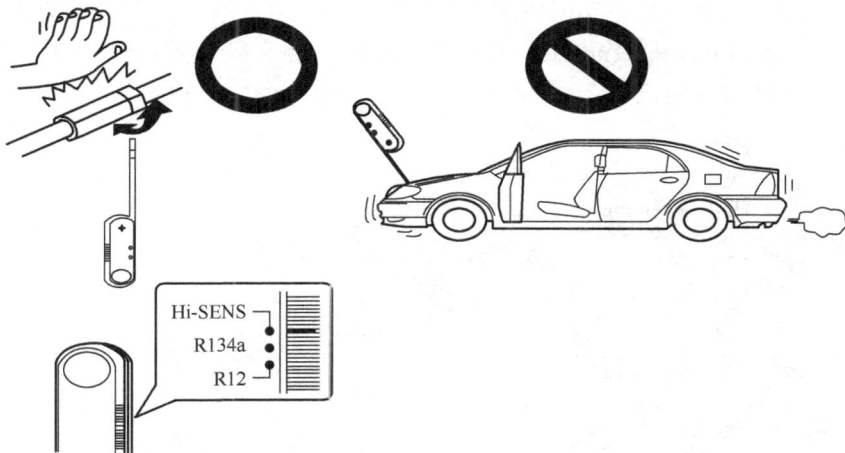

图 2-5　检漏方法

（三）空调系统制冷剂泄漏故障检查注意事项

具体见学习任务一。

五、加注空调制冷剂

汽车空调遇到以下情况需要加注制冷剂，一是制冷剂不足，需要加以补充；二是系统无制冷剂，需要重新加注。重新加注制冷剂一般需要抽真空、加注、检查等几个步骤，而补充则视制冷剂缺失多少直接进行。

制冷剂加注工作分为两种，一种是制冷系统内部制冷剂不足，进行补充；另一种是制冷系统中无制冷剂，重新加注。如果制冷剂不足，需检查系统是否有泄漏的地方，在确认系统无泄漏后，可进行补充。如果空调系统更换了零件或因其他原因制冷剂全部漏光，则需重新加注，重新加注制冷剂时应先对系统进行抽真空作业，以抽去制冷循环系统的水分，防止因水结冰堵塞制冷系统的管路。下面介绍重新加注制冷剂的步骤。

1）安装歧管压力表，将绿色的软管的一端接压力表的中部，另一端接真空泵，如图 2-6 所示。

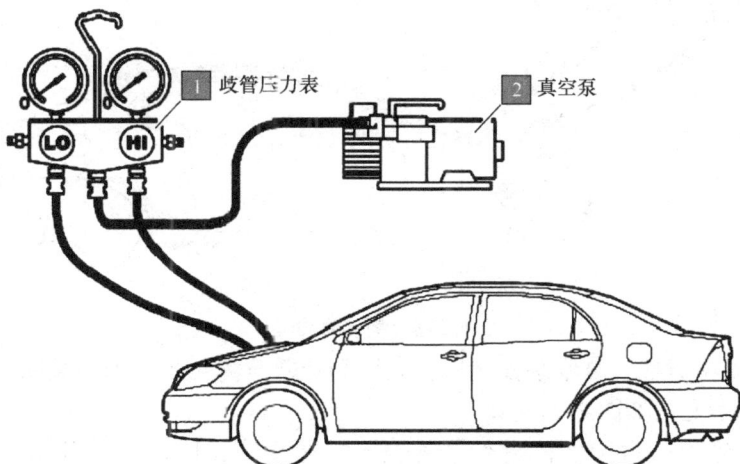

图 2-6　连接压力表和真空泵

2）打开歧管压力表高压侧和低压侧两侧的阀门，开启真空泵抽真空，抽真空至歧管压力表低压侧显示为 750mmHg（1mmHg = 133.322Pa）或更高，保持 750mmHg 或更高的显示压力抽空 10min，如图 2-7 所示。

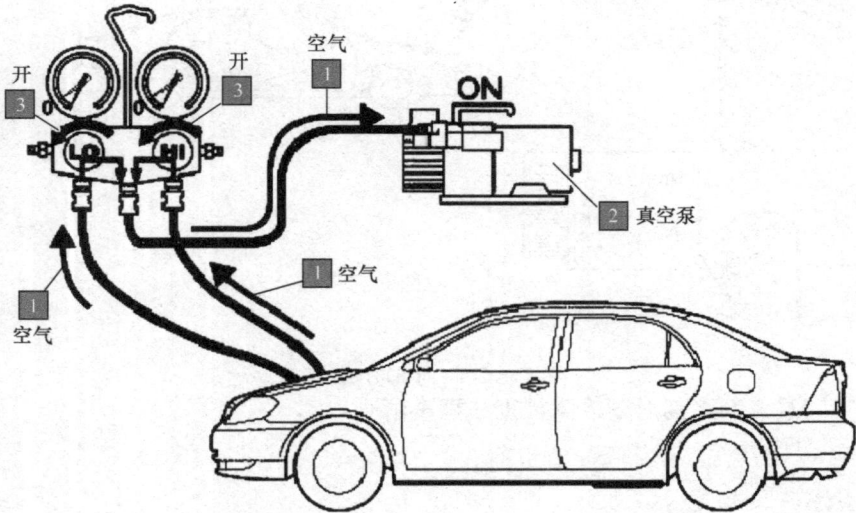

图 2-7　抽真空

3）关闭歧管压力表高压侧和低压侧两侧的阀门，关停真空泵，如图 2-8 所示。

注意：如果关停真空泵时两侧的阀门（高压侧和低压侧）都开着，则空气会进入空调系统。

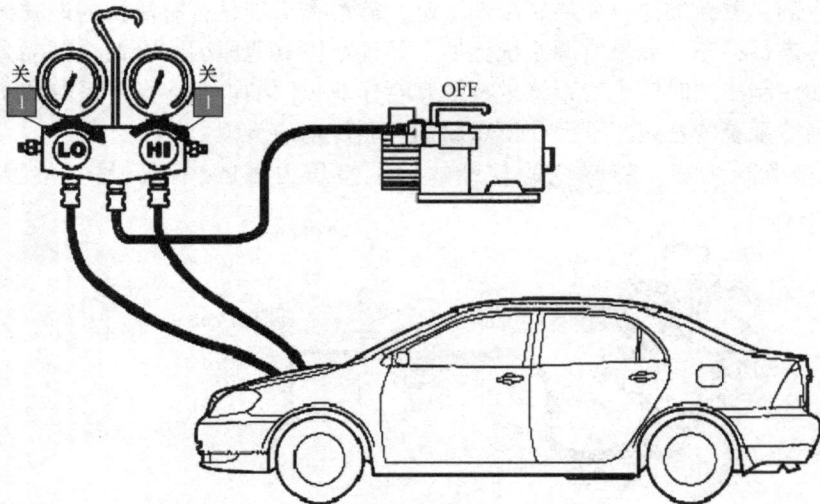

图 2-8　关闭真空泵

4）检查系统密封性：真空泵停止后，高压侧和低压侧两侧的阀门关闭 5min，歧管压力表的读数应保持不变，如图 2-9 所示。

提示：如果显示压力增加，则有空气进入空调系统，检查 O 形圈和空调系统的连接状况。

注意：如果抽真空不足，空调管道内的水分会冻结，这将阻碍制冷剂的流动并导致空调系统内生锈。

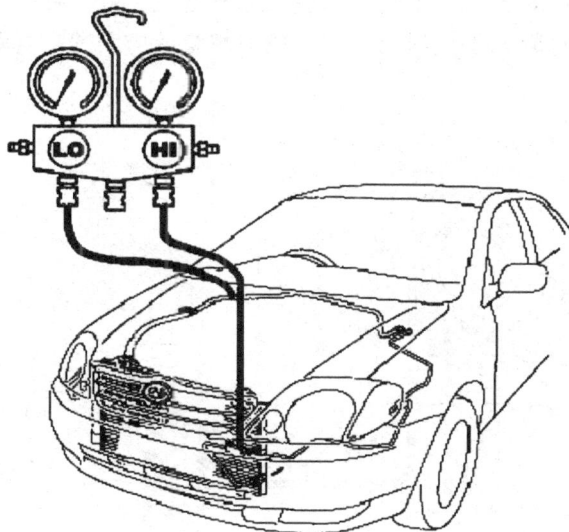

图2-9　检查系统密封性

5）安装制冷剂罐

① 连接阀门和制冷剂罐（图2-10）。检查加注罐连接部件的盘根，逆时针转动手柄升起针阀，逆时针转动阀盘升起阀盘。

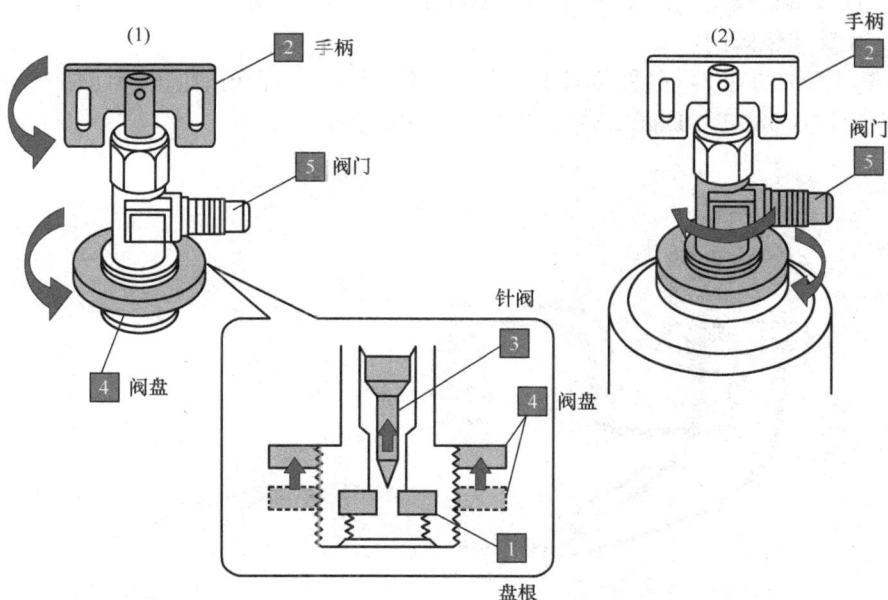

图2-10　连接阀门和制冷剂罐

注意：要在针阀升起前安装加注罐，否则针阀会插进加注罐从而导致制冷剂泄漏。把阀门旋进加注罐直到和盘根紧密接触，然后紧固阀盘以卡住阀门。

注意：不要顺时针转动手柄，否则针阀将插进加注罐，从而导致制冷剂泄漏。

② 把加注罐安装到歧管压力表上（图2-11）。完全关闭歧管压力表低压侧和高压侧的阀门；把制冷剂罐安装到歧管压力表中间的绿色加注软管上；顺时针转动手柄直到针阀在制冷剂罐口上钻个孔；逆时针转动手柄退出针阀；按下歧管压力表的空气驱除阀放出空气，直到制冷剂从阀门释出。

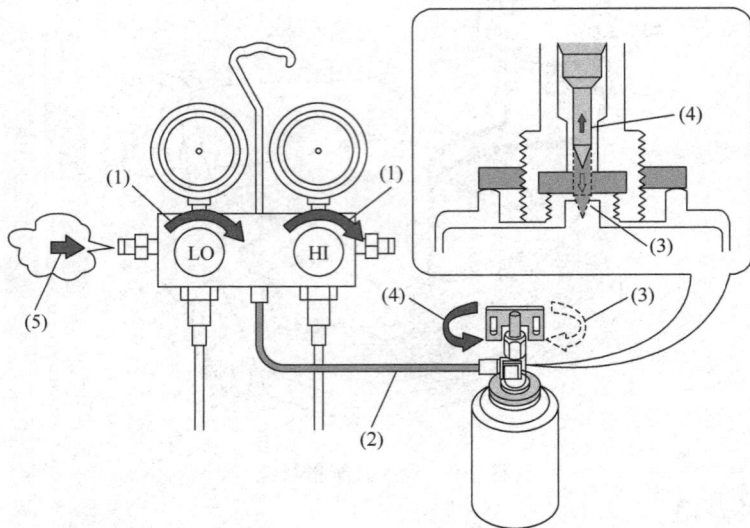

图2-11 把加注罐安装到歧管压力表上

注意：如果用手按下气体驱除阀，释放出的空调气体就会沾到手上等处，从而冻伤，因此要用螺钉旋具按住阀门。

6）从高压侧加注制冷剂（图2-12）。发动机不工作时，打开高压侧阀门加入制冷剂，直到低压表到大约0.98MPa（1kgf/cm²），加注后，关闭阀门。

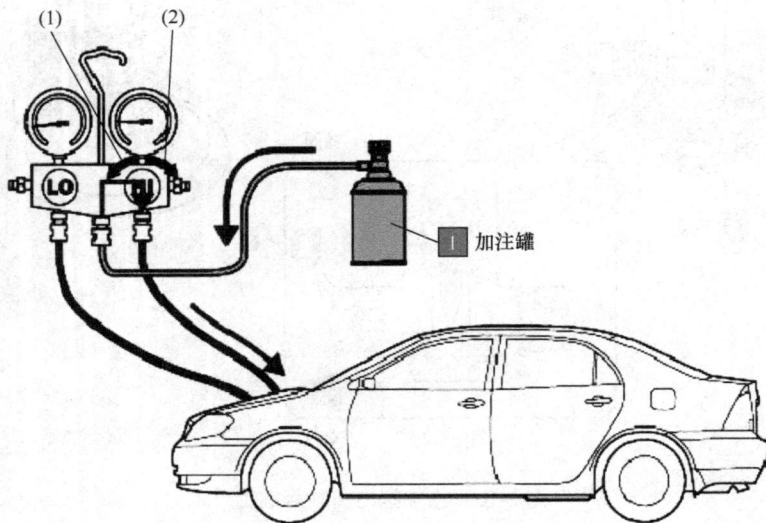

图2-12 从高压侧加注制冷剂

注意：一定不要让压缩机工作，空调压缩机运行时，不从低压侧加注将导致空调压缩机缺油拉伤；也不要打开低压侧阀门，制冷剂在空调压缩机内通常为气体状态，如果从高压侧加注而低压侧阀门开着，液态制冷剂进入低压侧，此时若空调压缩机开始工作就会出现液击而损坏。

7）检查漏气（图2-13）。用电子检漏计按图示的部位检测系统漏气的情况。

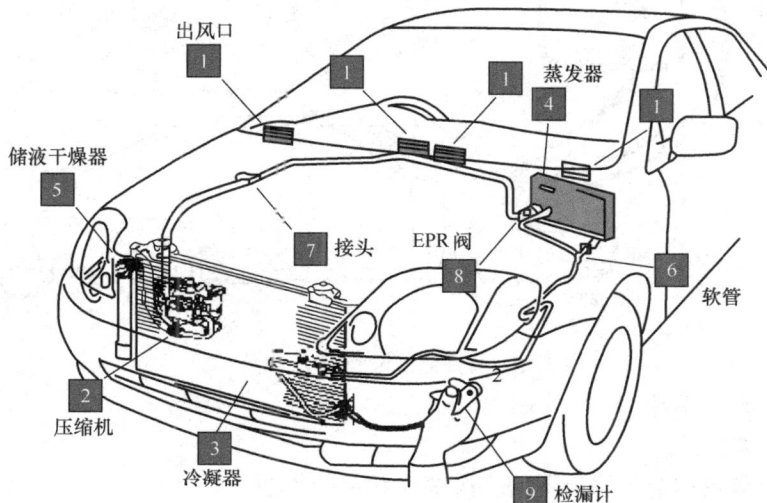

图2-13　制冷剂泄漏检查

8）从低压侧加注制冷剂。关闭高压侧阀门后，起动发动机并运行空调（图2-14），打开歧管压力表，加入规定量的制冷剂（图2-15）。

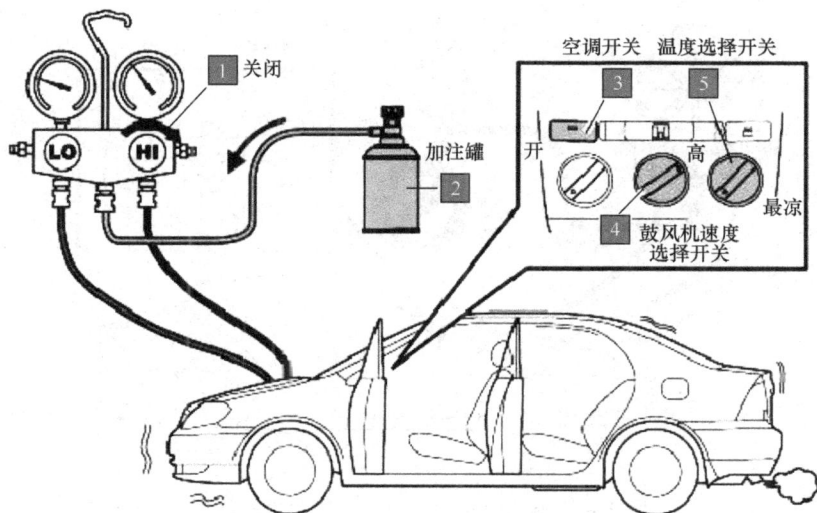

图2-14　关闭高压侧阀门起动发动机

加注条件：

发动机转速为1500r/min。

鼓风机速度控制开关处于"高"位。

A/C开关为"开"。

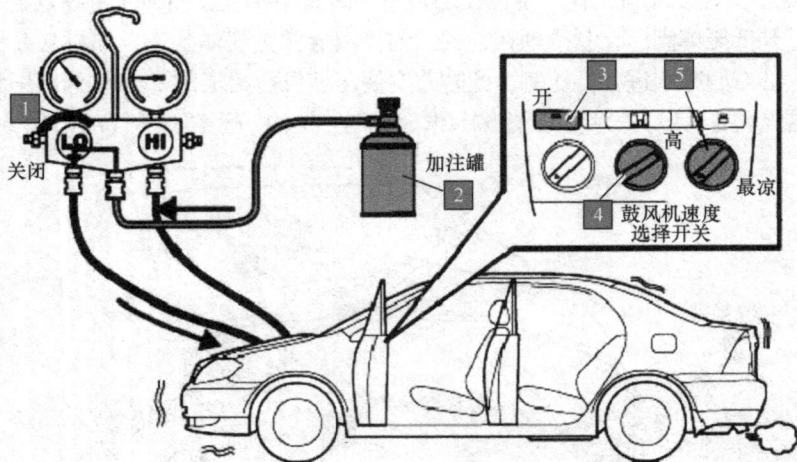

图 2-15　打开低压侧阀门加注制冷剂

温度选择器为"最凉"。

完全打开所有车门。

提示： 加注量随车型不同而不同，应参照相关的说明书。

注意： 低压侧加注制冷剂时制冷剂罐倒置将使制冷剂以液态进入压缩机。压缩液体将损坏压缩机(图 2-16)；不要加注过量，否则将导致制冷不足；更换加注罐时，关闭高低压两侧的阀门；更换后，打开驱气阀从中部的软管(绿色)和歧管压力表中放出空气；发动机工作时不要打开高压侧的阀门，这将导致高压气回流至加注罐，造成破裂(图 2-17)。

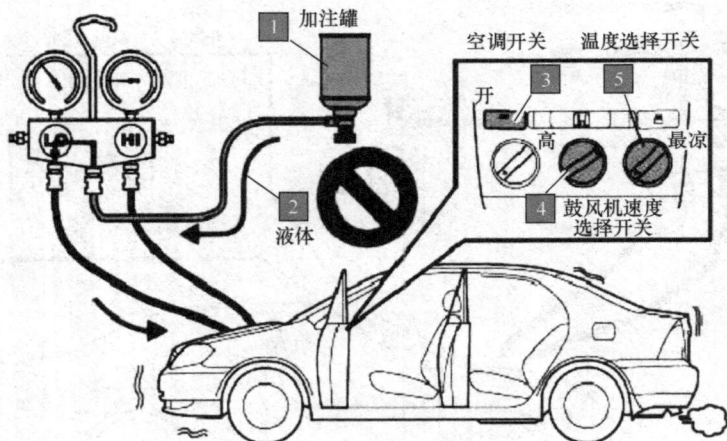

图 2-16　低压侧加注制冷剂时不要将罐倒置

根据歧管压力表的压力显示检查制冷剂的加注量。在制冷剂加注量达到规定量时，歧管压力表的压力也应达到规定值，其规定的压力如下(图 2-18)：

低压侧：0.15～0.25MPa(1.5～2.5kgf/cm²)。

高压侧：1.37～1.57MPa(14～16kgf/cm²)。

提示： 歧管压力表所示压力随外部空气温度而有轻微的变化。

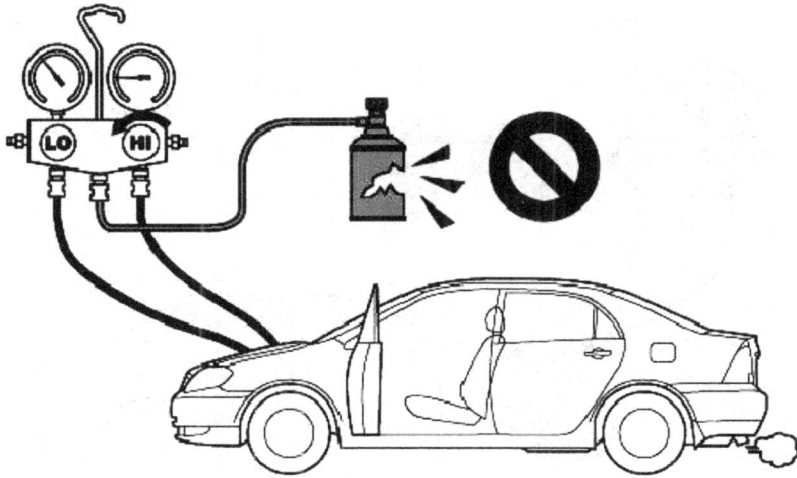

图 2-17　低压侧加注制冷剂时不要打开高压侧阀门

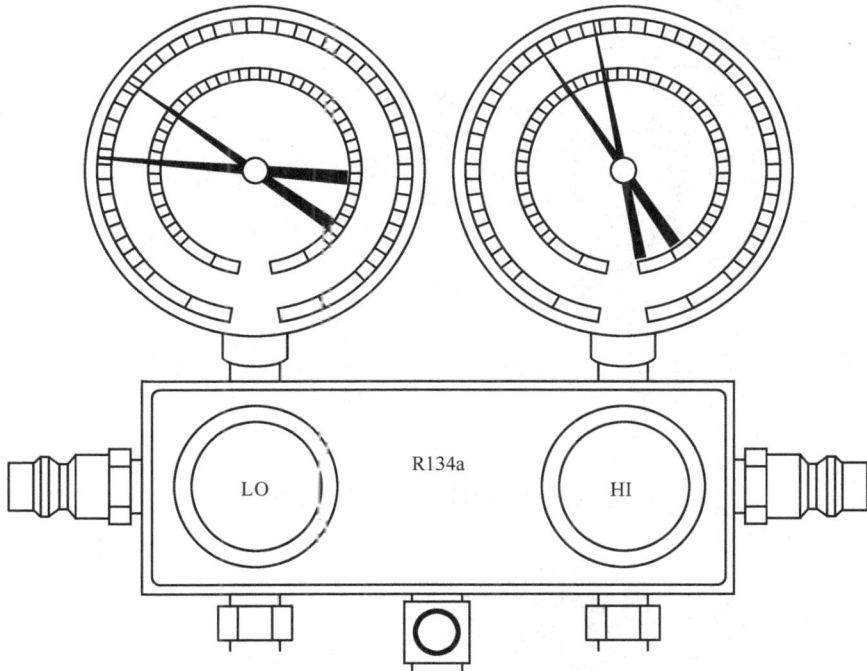

图 2-18　制冷剂加满时的规定压力

制冷剂加注量符合要求后，关闭低压侧阀门并关闭发动机（图 2-19）。

把加注软管从车辆侧维修阀门和制冷剂罐阀门上拆掉（图 2-20）。

提示：歧管压力表所示压力随外部空气温度而有轻微的变化（图 2-21）；

外部温度高时，加注制冷剂困难，可用空气或冷水降低冷凝器的温度。

外部温度低时，可用温水（40℃以下）加热制冷剂罐，这样可使加注比较容易。

最后检查制冷剂的加注量是否合适，空调系统运转是否正常：通过观察孔检查加注量；检查漏气；检查空调制冷状况（参照学习任务一的方法）。

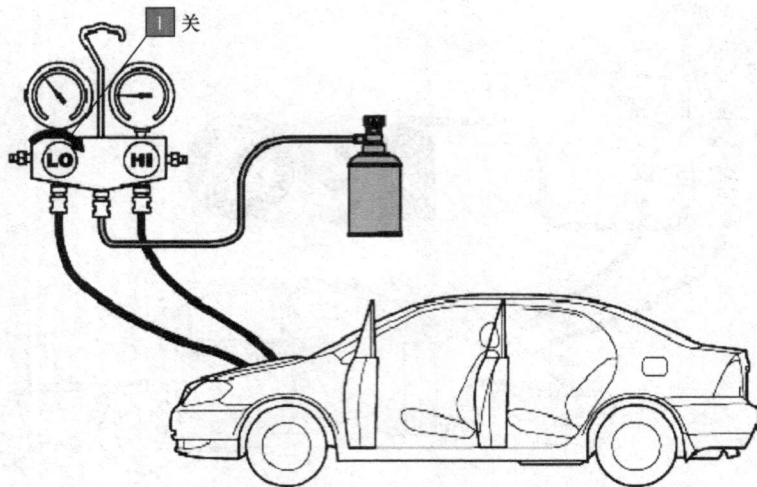

图 2-19　关闭低压侧阀门并关闭发动机

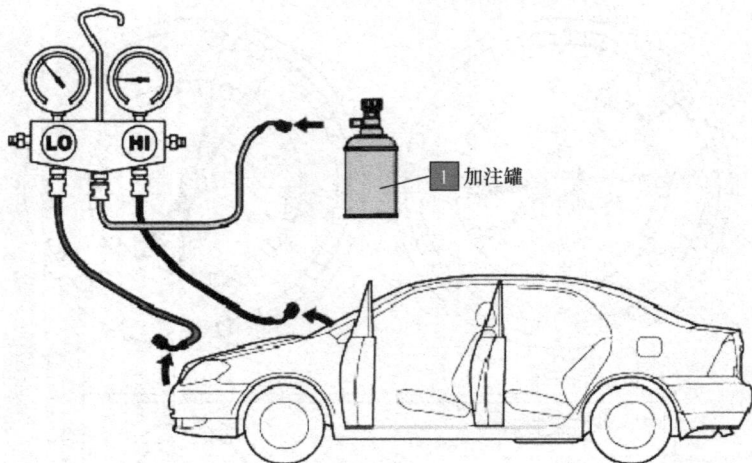

图 2-20　拆卸歧管压力表和制冷剂罐

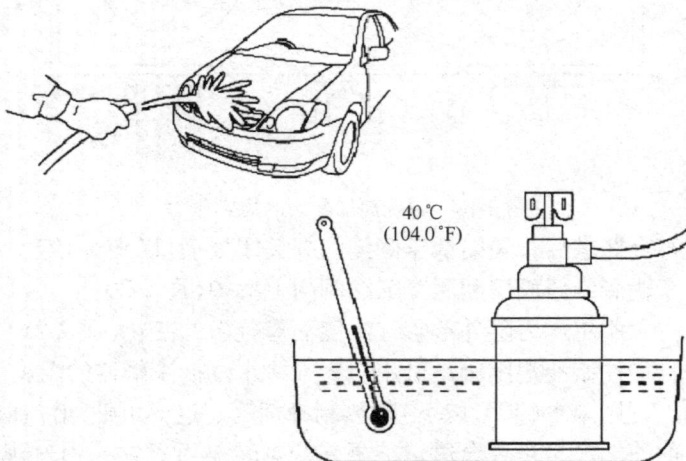

图 2-21　用温水加热制冷剂罐或用冷水冷却冷凝器

学习任务三　汽车空调通风系统风量不足的故障诊断与排除

任务引入：

一辆丰田威驰轿车，行驶总里程10万km，发现该车空调通风系统风量不足。

任务分析：

1) 初步诊断，确认故障现象。

2) 查找资讯，学习相关知识，分析故障可能原因，分解成两个子任务。

① 鼓风机及其电路导致汽车空调系统通风不足的故障诊断与排除。

② 各调节风门故障导致汽车空调系统通风不足的故障诊断与排除。

3) 制订工作计划，分析故障诊断思路。

4) 根据故障现象和任务要求，确定所需要的检测仪器设备、工具及加注设备，并对小组成员进行合理分工，制订详细的、可实施的故障诊断与排除工作方案。

5) 实施试验，利用万用表、温度计、高低压压力表对鼓风机及其电路元件进行检测，确定故障原因并维修更换，诊断和排除故障。

6) 总结故障结论，写诊断报告。

7) 用企业标准验收任务完成情况，评价工作过程，完成任务工单3.1～3.2。

资讯和相关知识:

一、通风系统

通风系统的作用是将车外的新鲜空气引入车内,将车内的污浊空气排出车外,同时通风系统还具有风窗除霜的作用。通风系统可使车内的空气保持新鲜,提高车辆的舒适性。目前汽车上的通风有两种基本的方式,一种是利用汽车行驶中产生的动压进行通风;另一种利用车上的鼓风机进行强制通风。

1. 动压通风

动压通风是利用汽车行驶时在汽车的各个部位所产生的不同压力进行通风的,汽车在行驶时的压力分布如图3-1所示,在考虑通风时,只要将进风口设在正压区,排风口设在负压区即可。这种通风方式不需要另加动力,比较经济,但汽车在行驶速度较低时,通风的效果较差。

动压通风

(+):正压
(−):负压

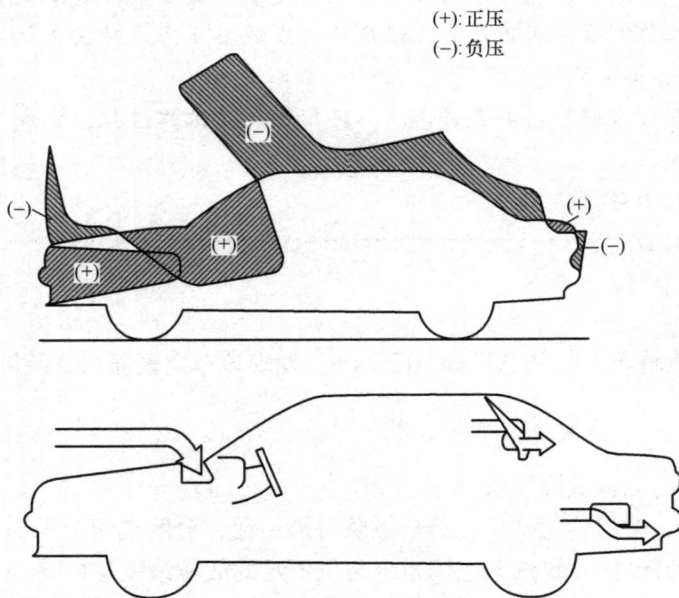

图 3-1　动压通风

2. 强制通风

强制通风是利用鼓风机进行通风,在进风口安装一台鼓风机将车外的空气吸入车内,车内的空气从排风口排出,如图3-2所示。这种通风方式不受车速的限制,通风效果较好,目前汽车通常都是利用空调系统的鼓风机进行强制通风的。

如果将上述两种通风方式结合起来,就形成了所谓综合通风方式,汽车在低速行驶时采用强制通风,高速行驶时采用动压通风,这样就保证了汽车在各种工况下都能保持良好的通风效果,同时也降低了能耗。目前,小型汽车上基本上都采用了综合通风的方式。

强制通风

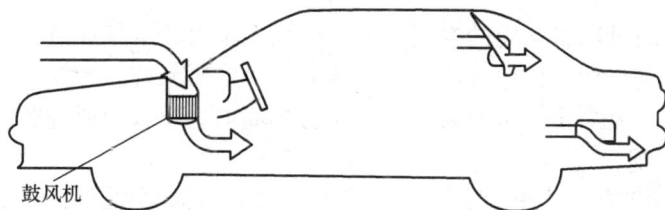

鼓风机

图 3-2　强制通风

二、空气净化系统

空气净化系统可以除去车内空气中灰尘，保持车内空气清洁，部分车辆的空气净化系统还具备去除异味、杀灭细菌的作用，一些高级轿车上的空气净化系统还装备了负氧离子发生器，使车内的空气更加清新。目前大多数车辆的空气净化系统所采用的方法是在空调系统的进气系统中安装空气滤清器，通过滤清器滤除空气中的尘埃，使车内的空气保持清洁。

有些车辆的空气净化系统在滤清器中加入活性炭，可吸收空气中的异味。还有些车辆在净化系统中设有烟雾传感器，当传感器检测到车内存在烟气时，便通过放大器自动使鼓风机以高速档运转，排出车内的烟气，这种净化系统如图 3-3 所示。高档车辆的空气净化系统除上述功能外，在系统中还有杀菌灯和离子发生器。

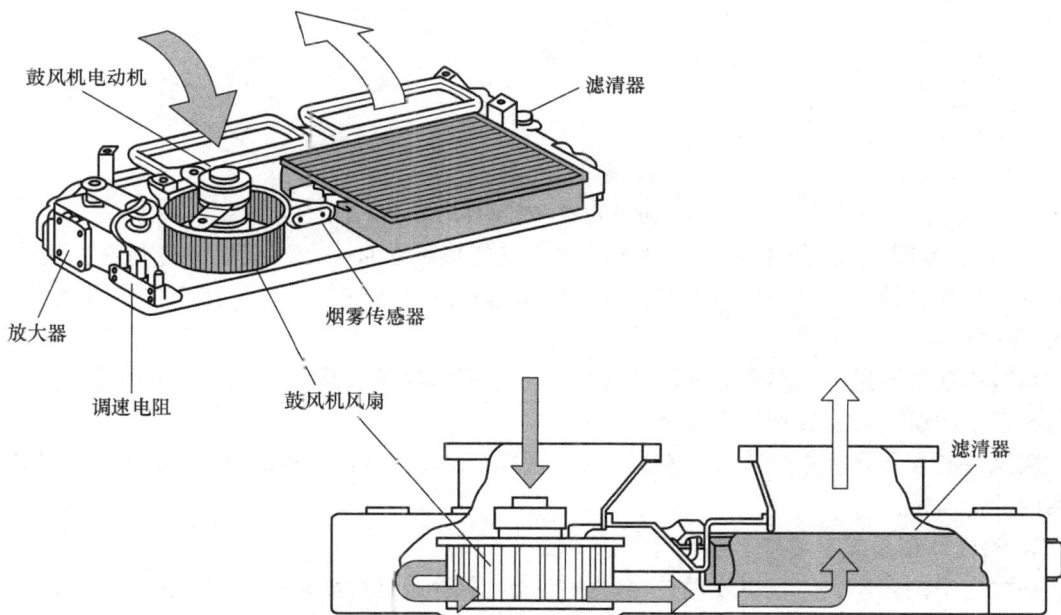

鼓风机电动机　　　　　　　　　　滤清器
放大器
调速电阻　　　烟雾传感器
鼓风机风扇　　　　　　　　　　滤清器

图 3-3　空气净化装置

三、除霜装置

利用空调的暖风，除去风窗玻璃、车窗玻璃的雾气或霜。

四、暖风系统

汽车的暖风系统可以将车内的空气或从车外吸入车内的空气加热，提高车内的温度。汽车的暖风系统有许多类型，按热源的不同可分为热水取暖系统、燃气取暖系统、废气取暖系统等，目前小车上主要采用热水取暖系统，大型车辆上主要采用燃气取暖系统。

1. 热水取暖系统

1）热水取暖系统的组成和部件的安装位置。热水取暖系统主要由加热器芯、水阀、鼓风机、控制面板等组成，其在车上的安装位置如图3-4所示，取暖效果如图3-5所示。

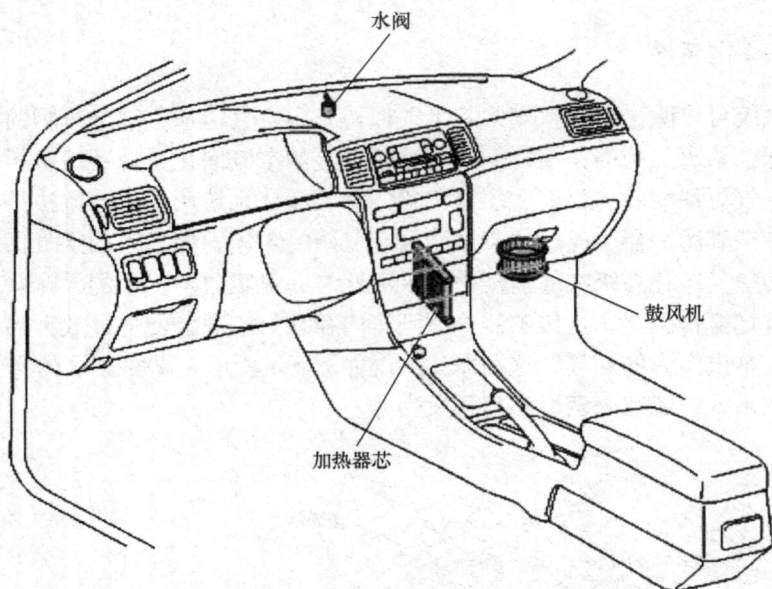

图 3-4　热水取暖系统部件的安装位置

2）热水取暖系统的工作原理。热水取暖系统的热源通常采用发动机的冷却液，使冷却液流过一个加热器芯，再使用鼓风机将冷空气吹过加热器芯加热空气，使车内的温度升高，如图3-6所示。

水阀用来控制进入加热器芯的冷却液量，进而调节暖风系统的加热量，调节时，可通过控制面板上的调节杆或旋钮进行控制。

鼓风机的作用是将空气吹过加热器芯加热后送入车内。调节电动机的速度，可以调节向车厢内的送风量。

2. 燃气取暖系统

在大、中型客车上，仅靠发动机冷却液的余热取暖是远远满足不了要求的，为此，在大客车中常采用燃气取暖系统。燃气取暖系统如图3-7所示，燃油和空气在燃烧室中混合燃烧，加热发动机的冷却液，加热后的冷却液进入加热器芯向外散热，降温后返回发动机再进行循环。

3. 废气水暖系统

废气水暖系统在发动机废气出口处装有一个热水器，热水器中的水被高温废气加热到

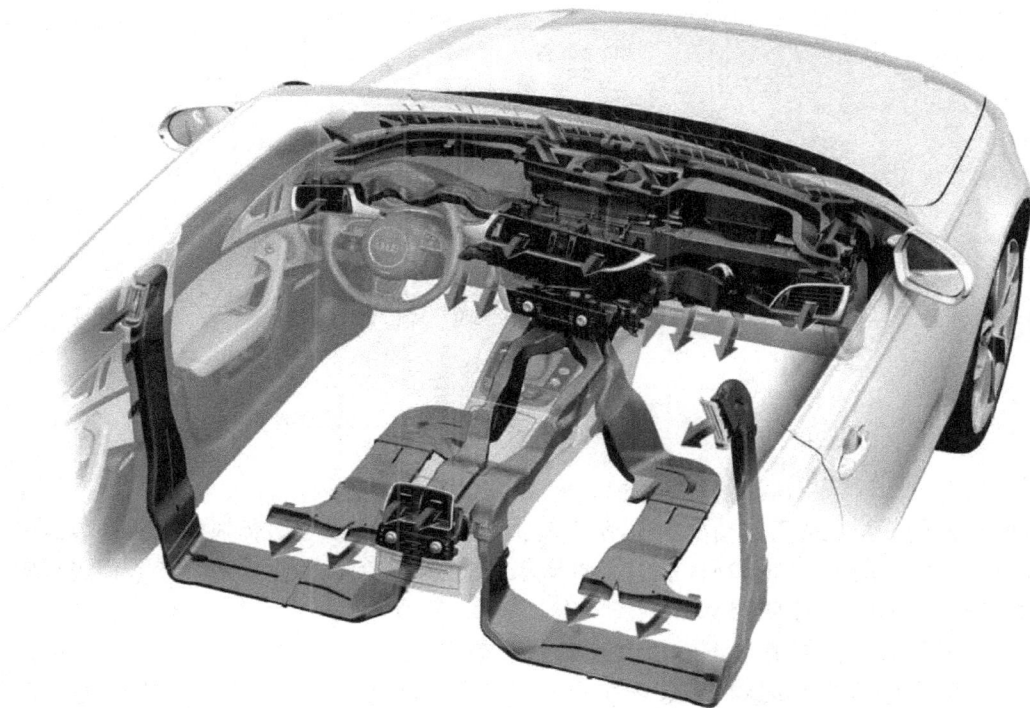

图 3-5　取暖效果图

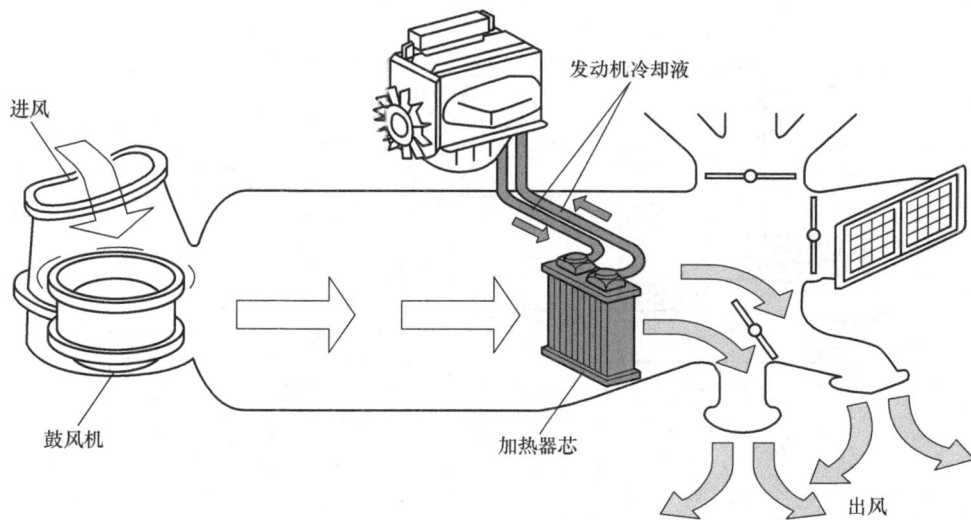

图 3-6　热水取暖系统的工作原理

100℃左右，并送到空调器内加热车厢内的空气。不需要供暖时，电磁转换阀使热水器加热后的水直接流回水箱，不经过加热器，只在水箱与热水器之间循环，并不给车厢供暖。

五、空调的通风调节系统

空调的调节系统有手动调节和自动调节之分，为说明调节系统的工作情况，现以手动调

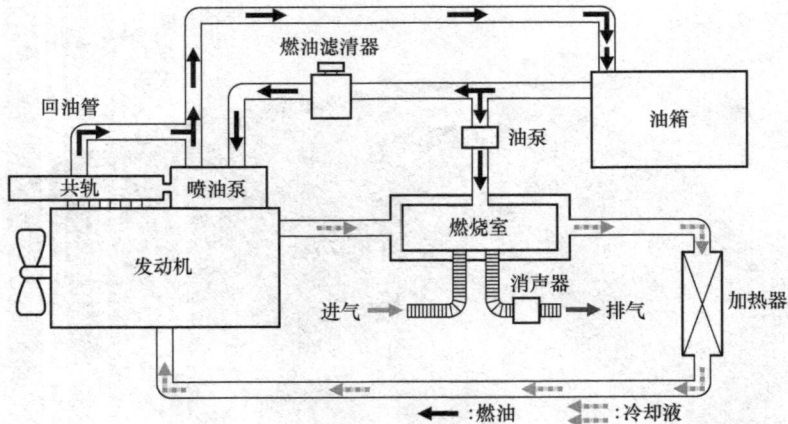

图 3-7　燃气取暖系统

节说明空调调节系统的工作情况。手动空调的调节包括温度调节、出风口位置调节、鼓风机风速调节和空气的内、外循环调节等。调节是通过空调控制面板上的拨杆或旋钮进行的，空调的控制面板如图 1-16 所示。

空调控制面板上有温度调节、气流选择、鼓风机速度、空气进气选择（内、外循环选择）、空调开关（A/C）和运行模式选择开关。其中温度调节、气流选择、空气进气选择是通过气道中的调节风门实现的（图 3-8），空调开关和运行模式选择开关、鼓风机速度选择是通过电路控制实现。空调控制面板到调节风门的控制方式有拉索式和电动式，如图 3-9 所示。

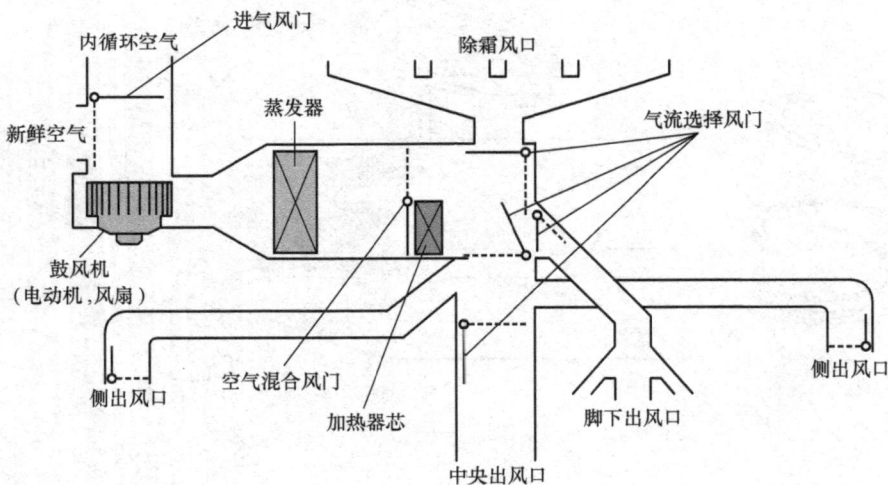

图 3-8　空调调节系统的调节风门

1. 温度调节

目前小车的空调系统基本上都是冷气和暖风都采用一个鼓风机，温度调节采用冷暖风混合的方式。在空气的进气道中，所有的空气都通过蒸发器，用一个调节风门控制通过加热器芯的空气量，通过加热器芯的空气和未通过加热器芯的空气混合后形成不同温度的空气从出

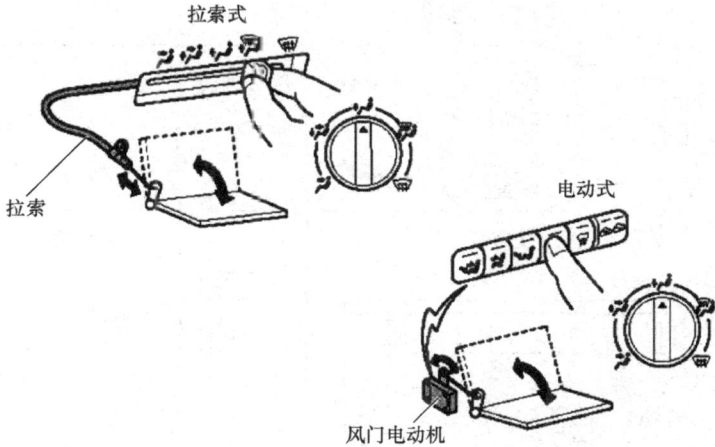

图 3-9　空调调节风门的控制方式

风口吹出，实现温度调节。在空调的控制面板上设有温度调节拨杆或旋钮，用来改变调节风门的位置。温度调节风门的位置如图 3-10 ～ 图 3-12 所示。

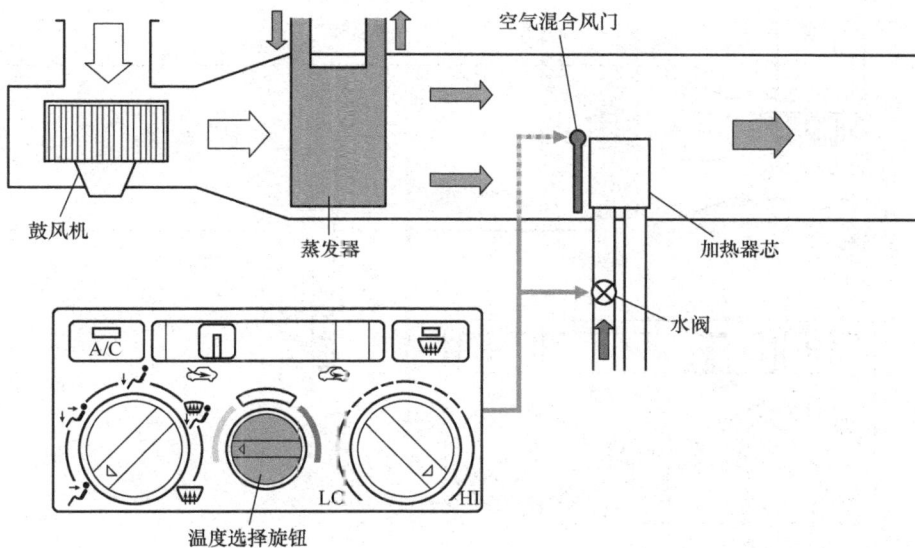

图 3-10　温度调节风门在冷的位置

2. 气流选择调节

现代轿车空调系统的出风口分别设置了中央出风口、侧出风口、脚下出风口和风窗玻璃除霜出风口等不同的出风口，可以根据需要，选择不同的出风口出风，这种功能是通过控制面板上的气流选择调节拨杆或旋钮进行调节的，调节的情况如图 3-13 ～ 图 3-17 所示。

3. 空气进气选择调节

空气调节系统可以选择进入车内的空气是外部的新鲜空气还是车内的非新鲜空气，如果选择外部新鲜空气称为外循环，选择车内空气则称为内循环。这种选择可以通过控制面板上的内外循环选择按钮或拨杆控制进气口处的调节风门实现，如图 3-18 所示。

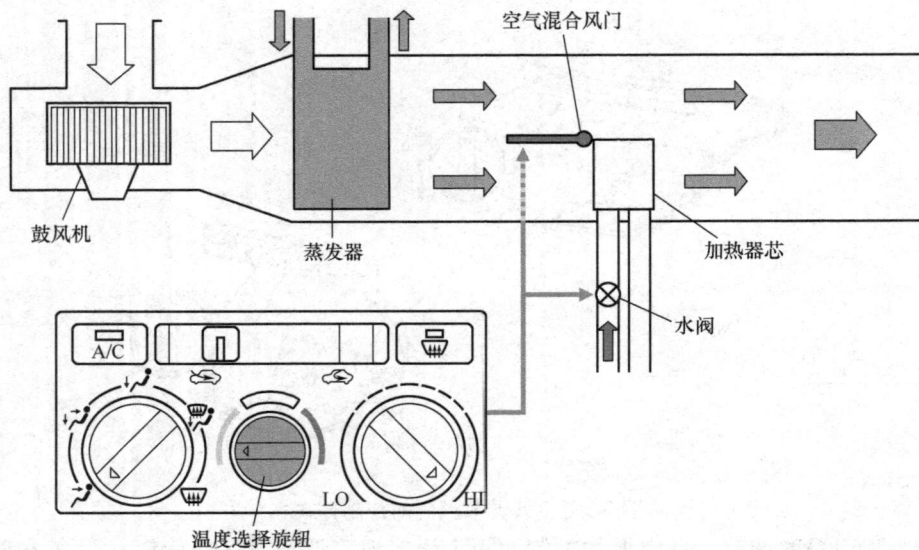

图 3-11　温度调节风门在中间的位置

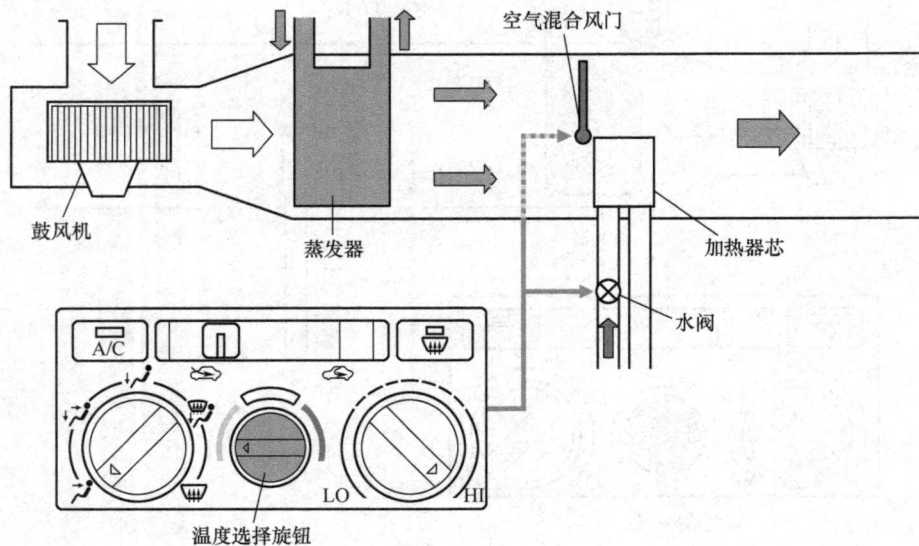

图 3-12　温度调节风门在热的位置

六、空调通风和暖风系统故障诊断

暖风和通风系统的故障主要表现为无暖风或暖风不足，检查时只需检查风道是否堵塞、暖风水路是否正常、风道中各种风门工作是否正常，检查空调面板的控制功能，故障部位比较直观。

检查内容：鼓风机、进气（排气）方式、温度下降情况、温度升高情况、A/C 开关、新鲜空气通风开关和内存功能（仅对自动空调）等方面。

操作流程：

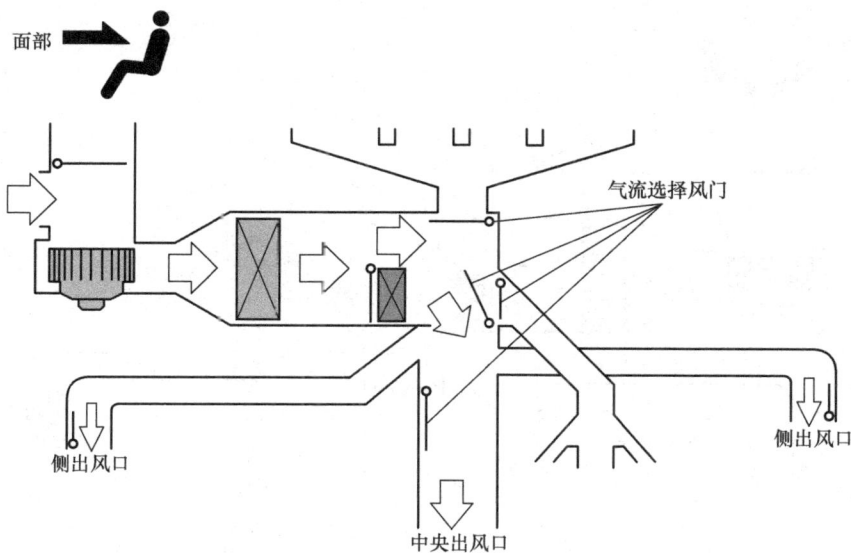

图 3-13　面部出风位置

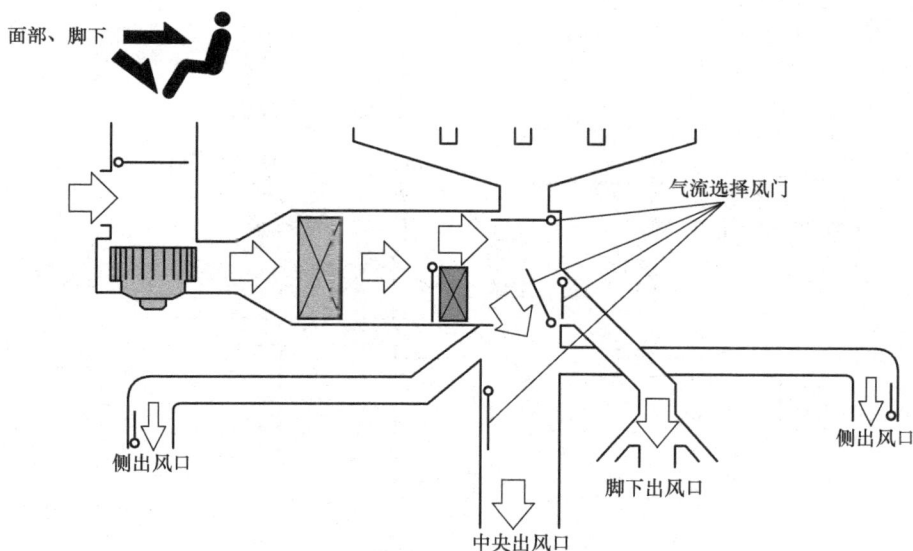

图 3-14　面部和脚下出风位置

1）检查鼓风机。分别置鼓风机开关至 1 速、2 速、3 速和 4 速，观察鼓风机转速响应变化，判断是否正常。

2）检查空调开关。将鼓风机控制开关置于所需位置(1~4 速)，按下 A/C 开关，开动空调，指示灯应亮(仅对手动空调)。

3）检查 AUTO 方式和空调开关。按下 AUTO 开关，显示屏应显示 AUTO 和 A/C，通过声响或直观检查确认压缩机接合；按下 A/C 开关或 OFF 开关，显示屏上的 A/C 指示应消失，确认压缩机分离；再一次按动 A/C 开关或 OFF 开关，显示屏再一次显示 AUTO 和 A/C，确认压缩机接合(仅对自动空调)。

脚下

气流选择风门

侧出风口

脚下出风口

侧出风口

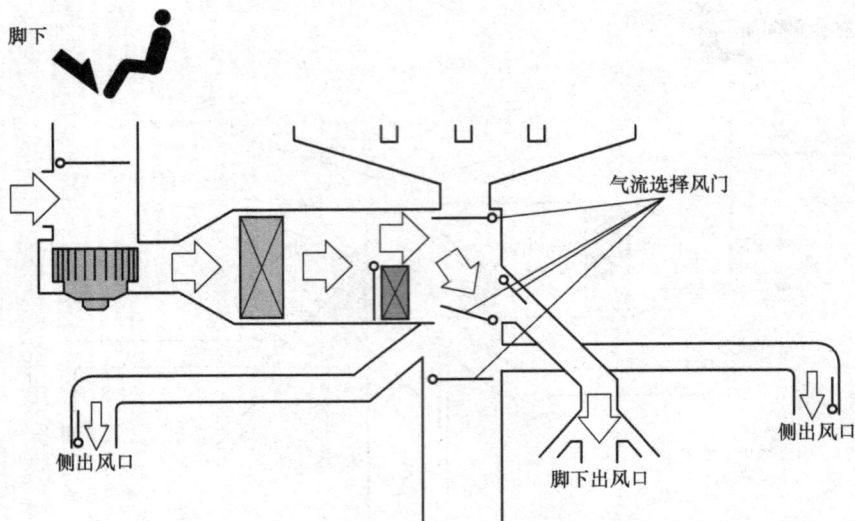

图 3-15　脚下出风位置

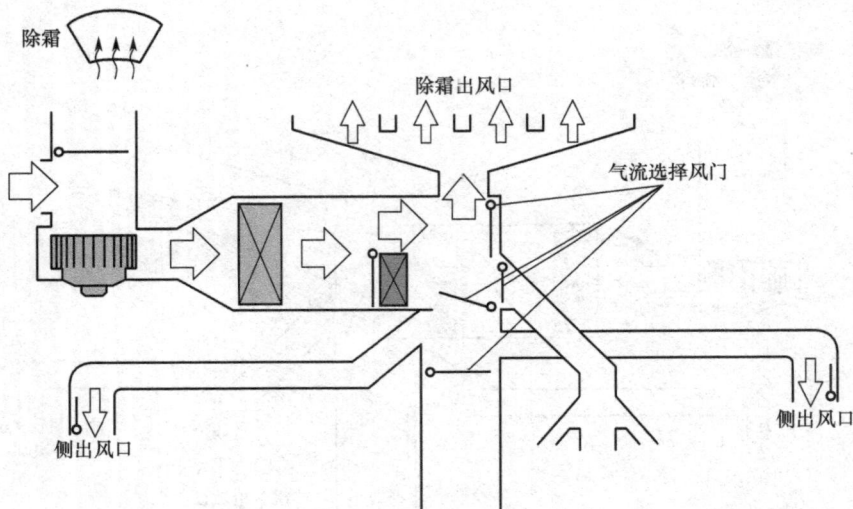

除霜

除霜出风口

气流选择风门

侧出风口

侧出风口

图 3-16　除霜位置

4）检查车内空气分配模式。选择各种送风模式和启动除霜控制，核实送风模式是否符合要求。

5）检查空气循环。分别置内外循环控制开关于内、外循环，循环指示器应亮，倾听进气门位置的改变（可以通过鼓风机声音的微小变化来判断）。

6）检查温度下降情况。将温度控制旋钮选择至最冷位置（手动空调）或显示 18℃（自动空调），在排风口检查冷风情况。

7）检查温度升高情况。将温度控制旋钮选择至最热位置（手动空调）或显示 32℃（自动空调），在排风口检查暖风情况。

8）检查新鲜空气通风开关。置温度控制于强热，置送风模式开关于除霜位置，打开外

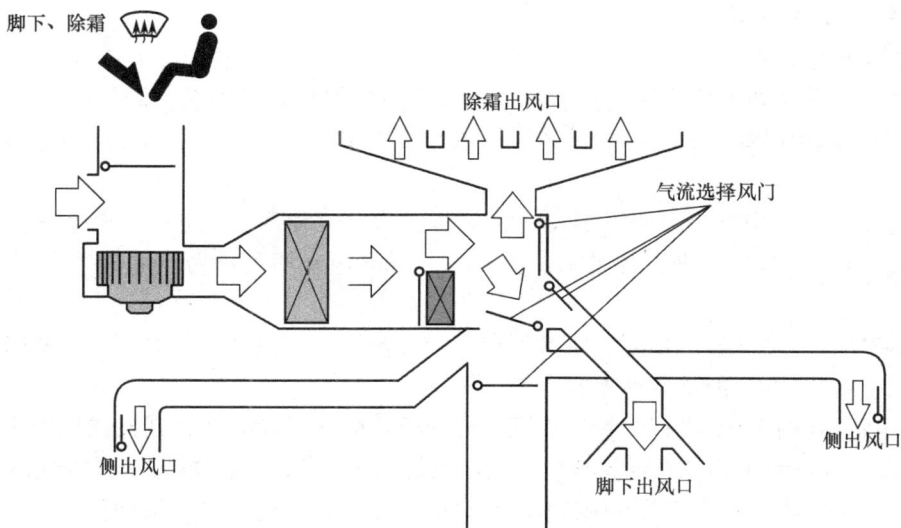

图 3-17　除霜和脚下位置

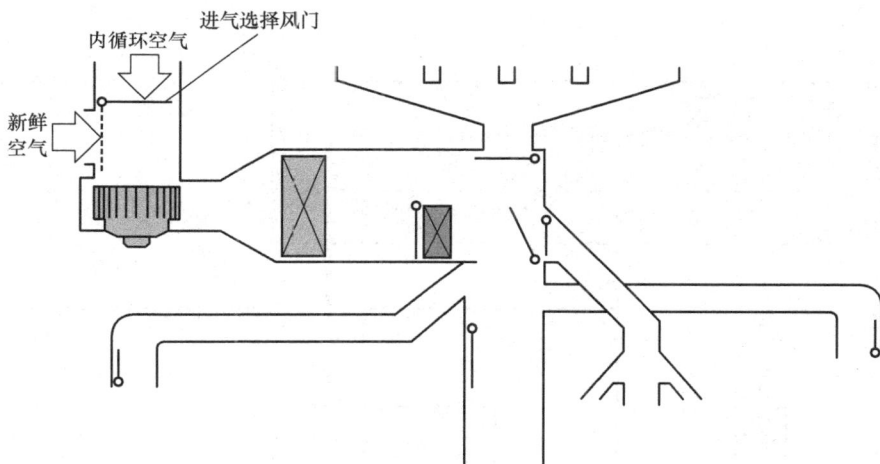

图 3-18　空气进气选择风门

循环(新鲜空气通风位置)，确认热气从除霜通风口排出而冷空气从面部通风口排出。

9）检查内存功能(仅对自动空调)。按下 OFF 开关，关闭点火开关，等待 15s，开启点火开关，按下 AUTO 开关，确认设备温度仍为上次的温度。

七、空调系统通风不足故障实例

故障：朗逸空调系统关闭后鼓风机偶尔还会运转

1. 故障信息

1）车型：朗逸 1.6 发动机。

2）行驶里程数：35670km。

3）发动机代号：CDE。

4）故障现象：空调系统关闭后鼓风机偶尔还会运转。

5）故障码：00716。

2. 维修情况

1）客户反映该车经常出现的症状：空调关闭后鼓风机还在运转；鼓风机的风量档位调在低速档而鼓风机高速运转；不管鼓风机的风速档位调在哪个档位都不转；内外循环电动机不能工作。

2）检查步骤：用 V. A. S5052 检测空调系统是否有故障存在，有一个故障码，为内外循环电动机故障，根据故障码进行维修，更换内外循环电动机后故障还是存在，不能清除故障码。

尝试更换空调系统控制单元，刚换下后，内外循环电动机可以工作，但是连续按三下内外循环开关后又失效，故障依然存在。

根据电路图（图 3-19）进行测量，鼓风机的电源正极从 SC38（30A）到鼓风机插头 T2CQ/1，负极从空调控制单元 T16L/16 到新鲜空气鼓风机控制单元 T3H/1，再从新鲜空气鼓风机控制单元 T3H/2 分两路：一条到空调控制单元 T16L/15；另一条到鼓风机插头 T2CQ/2。这两端的电压为 12.5V，不能随风量开关调节变化而变化，从而可以确定故障应该在这条线上。把这条线束拉出，发现此线束已经被仪表支架磨破（图 3-20），造成线路直接搭铁引起故障。

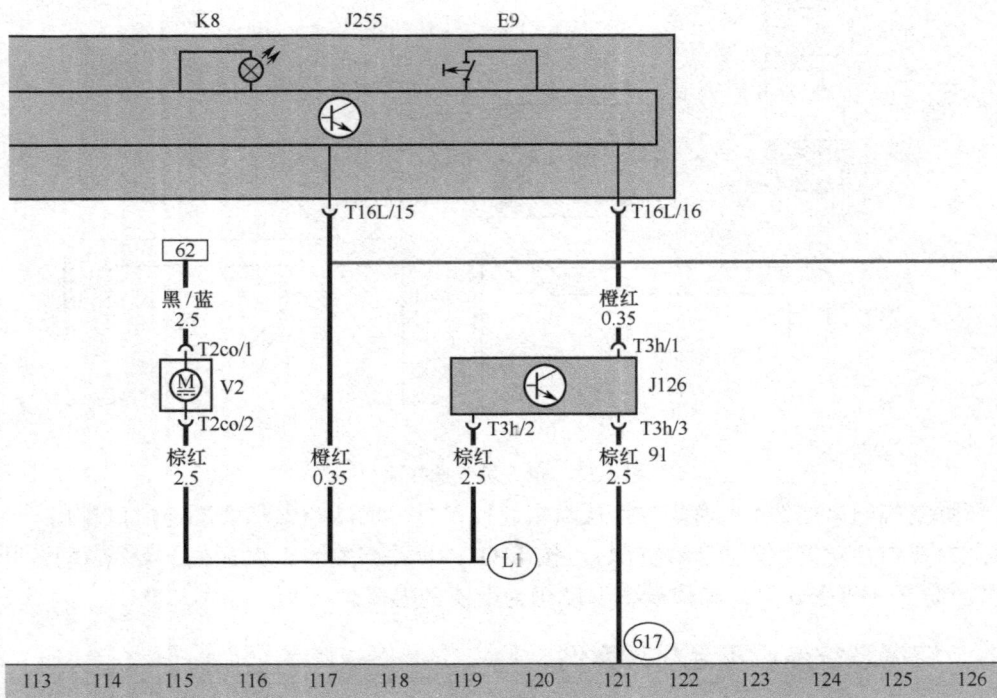

图 3-19　空调系统电路图

此条线路被仪表支架磨破造成搭铁引起故障

3）分析：鼓风机线路出故障，从鼓风机插头 T2CQ/2 到空调控制单元插头 T16L/15 之间的线路被仪表支架磨破造成线路偶尔搭铁，引起鼓风机有时高速运转或不工作。因为鼓风机的调节风量大小是靠这条线路来实现的。

图 3-20　故障位置

3. 维修经验体会

从此维修案例的处理说明：

检修线路引发的故障，要尽量拓宽思路，才不至于错过一些有用的故障信息点。

对异常电源引发的故障，不应只查电源，还应考虑控制执行器的工作原理及相关联的控制回路。

由于不同车型的线路路径不同，引发的故障点也会不尽相同，作为专业维修人员，所了解的不能仅限于对电路图的理解，还要对电路的连接位置、集中捆扎并线、走向、防护等也需有一定的了解，这对于快速解决和排除疑难故障有非常重要的帮助。

学习任务四　汽车灯光不全的故障诊断与排除

任务要求：

完成本学习任务后，你应该能够：

1）正确描述汽车灯光系统的组成和工作原理。

2）正确描述汽车前照灯、雾灯、转向灯及危险警告灯、制动灯、倒车灯的工作特点和作用。

3）识读和正确分析汽车前照灯、雾灯、转向灯及危险警告灯、制动灯、倒车灯的工作电路和控制电路。

4）准确分析汽车各种灯光不全时的所有可能原因。

5）梳理诊断思路，制订排除汽车灯光不全故障的工作方案。

6）根据工作方案，利用万用表检测汽车灯光系统的基本元件、控制元件和电路元件，诊断和排除故障。

7）用企业标准验收任务完成情况，评价和反馈工作过程，完成学习拓展任务及任务工单4.1～4.4。

建议学时：10 学时

任务引入：

1）一辆丰田威驰轿车，行驶总里程12.5万km，发现该车在怠速或行驶中，使用前照灯时左、右两远光灯灯光发黄，不是正常发亮，而两个近光灯正常。

2）一辆丰田威驰轿车，行驶总里程12.5万km，发现该车在怠速或行驶中，使用雾灯时两前雾灯不亮，而两个后雾灯正常；但是打开后雾灯时，前、后雾灯均正常。

3）一辆丰田威驰轿车，行驶总里程12.5万km，发现该车在怠速或行驶中，使用转向灯时左转向灯都不亮，而右转向灯都正常。

4）一辆丰田威驰轿车，行驶总里程5万km，发现该车在制动时右制动灯不亮。

任务分析：

1）初步诊断，确认故障现象。

2）查找资讯，学习相关知识，分析故障可能原因，分解成四个子任务。

① 前照灯故障诊断与排除。

② 雾灯故障诊断与排除。

③ 转向灯及危险警告灯故障诊断与排除。

④ 制动灯、倒车灯故障诊断与排除。

3）制订工作计划，分析故障诊断思路。

4）根据故障现象和任务要求，确定所需要的检测仪器设备、工具，并对小组成员进行合理分工，制订详细的、可实施的故障诊断与排除工作方案。

5）实施试验进行检测，利用万用表对前照灯、雾灯、转向灯、倒车灯、制动灯、车内灯及其电路元件进行检测，确定故障原因并维修更换，诊断和排除故障。

6）总结故障结论，写诊断报告。

7）用企业标准验收任务完成情况，评价工作过程，完成任务工单4.1～4.4。

资讯和相关知识：

一、汽车灯系的组成

为了保证汽车行驶的安全性，减少交通事故和机械事故的发生，汽车上都装有多种照明设备和灯光信号装置，俗称灯系，它已成为汽车上不可缺少的一部分，各安装位置如图4-1所示。汽车灯系可分为车内照明和车外照明两部分。主要包括：

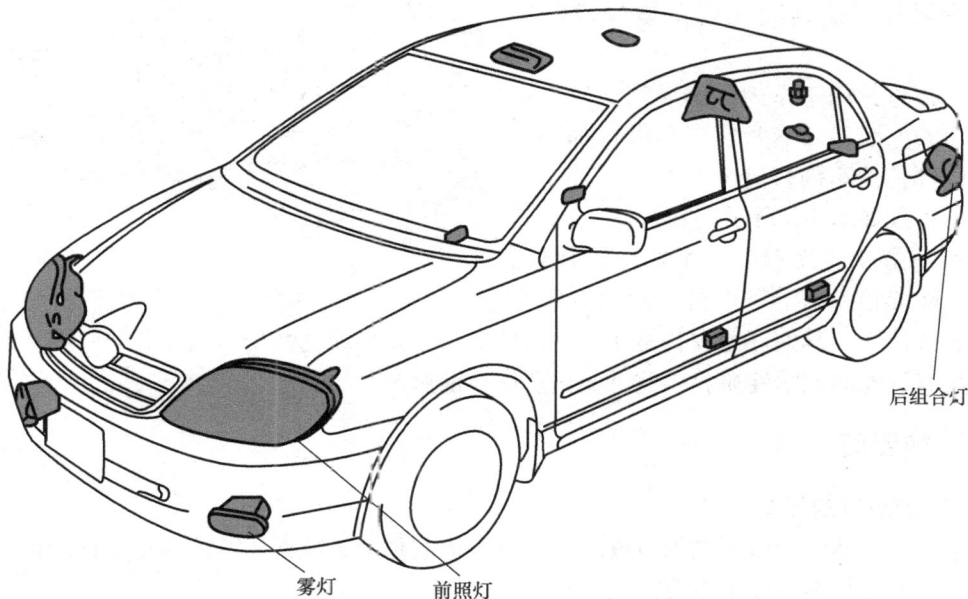

图 4-1　汽车灯系

1）前照灯：俗称大灯，装在汽车头部的两侧，用于夜间或光线昏暗路面上汽车行驶时的照明，有两灯制和四灯制之分。

2）雾灯：安装在车头和车尾，位置比前照灯稍低。装于车头的雾灯称为前雾灯，车尾的雾灯称为后雾灯。光色为黄色或橙色(黄色光波较长,透雾性能好)。用于在有雾、下雪、暴雨或尘埃等恶劣条件下改善道路照明情况。

3）示宽灯与尾灯：这两种都是低强度灯，用于夜间给其他车辆指示车辆位置与宽度。位于前方的称为示宽灯，位于后方的称为尾灯。

4）制动灯：安装在车辆尾部，通知后面车辆该车正在制动，以避免后面车辆与其后部碰撞。

5）转向信号灯：安装在车辆两端以及前翼子板上，向前后左右车辆表明该车正在转弯或改换车道。转向信号灯每分钟闪烁 60～120 次。

6）危险警告灯：车辆紧急停车或驻车时，危险警告灯给前后左右车辆显示车辆位置。转向信号灯一起同时闪烁时，即作为危险警告灯用。

7）牌照灯：用于照亮尾部车牌，当尾灯点亮时，牌照灯也点亮。

8）倒车灯：安装于车辆尾部，额外提供照明，使驾驶人能在夜间倒车时看清车的后面，也警告后面车辆，该车想要倒车或正在倒车。当点火开关接通，变速器换至倒车档时，倒车灯点亮。

目前，多将前照灯、雾灯、示宽灯等组合起来，称为组合前灯；将尾灯、后转向信号灯、制动灯、倒车灯等组合起来称为组合后灯。

9）仪表灯：用于夜间照亮仪表板，使驾驶人能迅速容易地看清仪表。尾灯点亮时，仪表灯也同时点亮。有些车还加装了灯光控制变阻器，使驾驶人能调整仪表灯的亮度。

10）顶灯：用于车内乘客照明，但必须不致使驾驶人眩目。通常客车车内灯都位于驾驶室中部，使车内灯光分布均匀。仪表灯和顶灯的布置如图 4-2 所示。

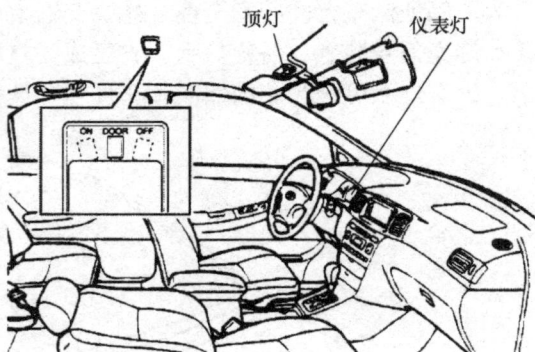

图 4-2 内部照明

以上装置中，前照灯、示宽灯及尾灯、倒车灯、转向信号灯、牌照灯、制动灯等都是强制安装使用，其他灯光设备是在一定条件下强制安装或选装的。由于前照灯在所有照明设备中具有特殊的光学性质，因此下面重点讲述前照灯。

二、前照灯

（一）前照灯的基本要求

由于汽车前照灯的照明效果对夜间行车安全影响很大，故世界各国多以法律的形式规定了前照灯的照明标准，其基本要求主要有如下两个方面。

1）前照灯应能保证车前有明亮而又均匀的照明，使驾驶人能够看清车前 100m 内路面上的物体。随着现代汽车行驶速度的不断提高，对前照灯的要求也越来越高，现代高速汽车前照灯的照明距离应达到 200～250m。

2）前照灯应防止眩目，以避免夜间两车相会时，使对方驾驶人眩目而造成交通事故。

（二）前照灯的组成

前照灯由反射镜、配光镜和灯泡三部分组成，如图 4-3 所示。

1. 反射镜

反射镜的作用是最大限度地将灯泡发出的光线聚合成强光束，以增加照射距离。它一般呈抛物面状，内表面镀铬、铝或银，然后抛光，目前多采用真空镀铝。灯丝位于反射镜的焦点处，其大部分光线经反射后，成为平行光束射向远方，其距离可达 150m 或更远，

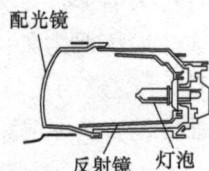

图 4-3 前照灯的组成

如图4-4所示。

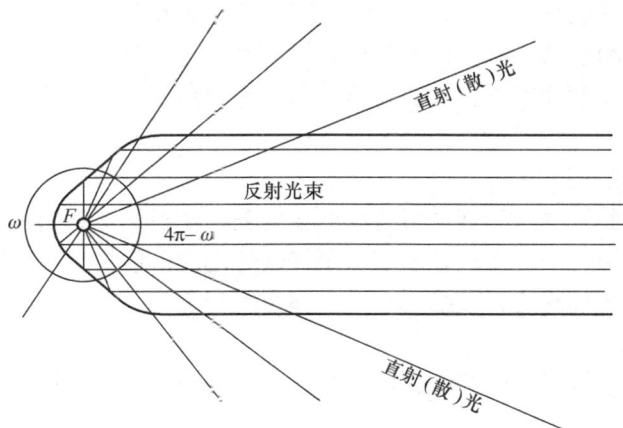

图4-4　反射镜的聚光示意图

2. 配光镜

配光镜又称为散光玻璃，装于反射镜之前，可将反射光束扩散分配，使路段的照明更加均匀。配光镜是由透明玻璃压制而成的棱镜和透镜的组合体。

3. 灯泡

目前，汽车前照灯的灯泡主要使用两种，即白炽灯泡和卤素灯泡。

（1）白炽灯泡　在真空状态下内装用钨丝的灯泡，称为白炽灯泡，又称钨丝灯泡，从20世纪20年代开始就被用做前照灯灯泡。前照灯用白炽灯泡灯丝用钨丝制成，电流流经钨丝时，钨丝烧红成白炽状，产生光及热；灯泡内的真空，可避免空气中的氧使灯丝烧尽。白炽灯泡也可用做小灯、侧灯、制动灯、尾灯及牌照灯的灯泡，如图4-5所示。白炽灯泡的体积大，耗电量大且寿命短，因此已被逐渐淘汰。

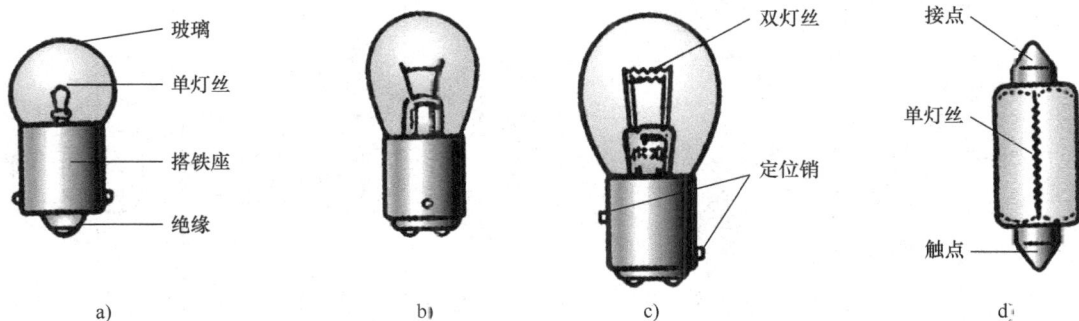

图4-5　白炽灯泡

a）单触点式　b）双触点式　c）双触点式　d）管式灯泡

（2）卤素灯泡　在白炽灯泡内充入氟、氯、碘等卤素气体，卤素气体是一种惰性气体，在此气体内灯丝消耗慢，并允许灯丝在高温下工作。较高的灯丝温度能改变光线的色彩及强度，卤素灯泡约比白炽灯泡亮25%。双丝的卤素灯泡称为H4。卤素灯泡从1960年开始采用，至今仍有许多车辆在使用。卤素灯泡比普通灯泡在同样功率条件下亮度高、寿命长、发光稳定。但卤素灯泡内的钨丝温度高达2900℃以上，因此必须使用温度剧烈变化时也不会在玻璃内产生过度内部张力的石英玻璃。石英玻璃表面不可以手指碰触，若手指上的油脂粘附在玻璃表面时，会形成热点，以致石英玻璃变形甚至破裂。

目前，现代汽车的前照灯可设计成各种式样，以符合汽车外观整体美观的要求，不同汽车前照灯的配光镜和反射镜也有很大的差异。但不论前照灯的样式如何，都应满足汽车行驶照明的要求。

（三）前照灯的防眩目措施

夜间会车时，前照灯强烈的灯光可造成迎面驾驶人眩目，容易引发交通事故，所以为了避免前照灯的眩目作用，一般在汽车上都采用双丝灯泡的前照灯，可以通过变光开关切换远光和近光。我国交通法规规定，夜间会车时，须在距对面来车 150m 以外互闭远光灯，改用防眩目近光灯。

国内外生产的双丝灯泡的前照灯，按近光的配光不同，分为对称形和非对称形两种不同的配光形式。

1. 对称形配光（SAE 方式）

远光灯丝功率较大（45~60W），位于反射镜的焦点位置，射出的光线远而亮；近光灯丝功率较小（22~55W），位于反射镜焦点的上方并稍向右偏斜，由于其光线弱，且经反射镜反射后光线大部分向下倾斜，从而减少了对迎面来车驾驶人的眩目作用，如图 4-6 所示。美国、日本采用这一配光方式。

2. 非对称形配光（ECE 方式）

远光灯丝位于反射镜的焦点处，近光灯丝则位于焦点前方且稍高出光学轴线，其下方装有金属配光屏，如图 4-7 所示。

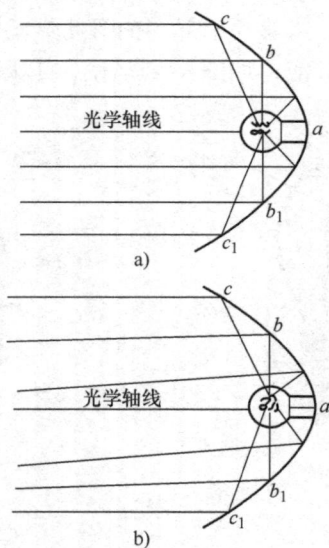

图 4-6　对称形配光前照灯的工作情况
a）远光　b）近光

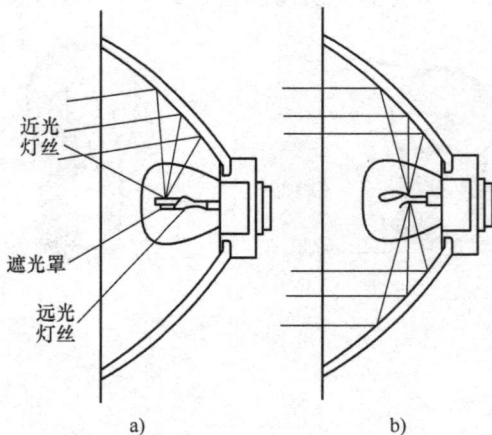

图 4-7　具有配光屏的双丝灯泡的工作情况
a）近光　b）远光

由近光灯丝射向反射镜上部的光线，反射后倾向路面，而配光屏挡住了灯丝射向反射镜下半部的光线，故没有向上反射能引起眩目的光线。配光屏在安装时偏转一定的角度，使其近光的光形分布不对称，形成一条明显的明暗截止线。

3. Z形配光

国外又发展了一种更优良的光形，明暗截止线呈 Z 形，故称为 Z 形配光，不仅可以避免迎面来车的驾驶人的眩目，还可以防止迎面而来的行人和非机动车使用者的眩目，更加保证了汽车夜间行驶的安全。

（四）前照灯的分类、检测与调整

1. 前照灯的分类

（1）可拆式前照灯　这是最早使用的一种，其反射镜边缘的齿簧与配光镜组合，再用箍圈和螺钉安装于灯壳上，灯泡的拆装必须将全部光学组件取出后才能进行，因而密封性很差，反射镜易受外界环境气候的影响而污染变黑，严重降低照明效果，目前已趋淘汰。

（2）半封闭式前照灯　半封闭式前照灯的结构如图 4-3 所示，配光镜靠卷曲反射镜周沿的齿而紧固在反射镜上，两者之间垫有橡胶密封圈，其灯泡拆卸只可从反射镜的后方进行。

半封闭式前照灯内部灯泡可以单独更换，最常见的故障排除就是更换灯泡。若半封闭式前照灯的配光镜等损坏，需要更换整个前照灯。更换时，先拔下灯泡上的插座，取下密封罩、卡簧，即可取下灯泡。

（3）封闭式前照灯　封闭式前照灯没有分开的灯泡，其整个总成本身就是一个灯泡。灯丝安装在反射镜前面，配光镜则与反射镜焊接在一起，如图 4-8 所示。更换时，先拔下灯脚与线束连接的插座，然后拆下灯圈，即可取下灯芯（图 4-9）；安装灯芯时，应注意配光镜上的标记（箭头或字符），不应出现倒置或偏斜现象。

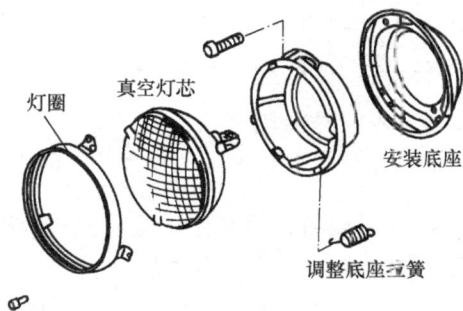

图 4-8　封闭式前照灯灯泡

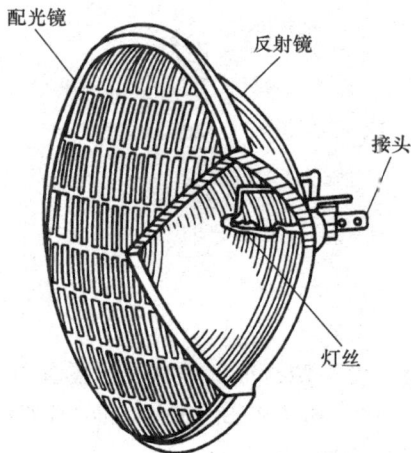

图 4-9　封闭式前照灯的更换

封闭式前照灯完全避免了反射镜的污染，但价格较高。

为使前照灯更亮、更远、更美观，现代轿车上出现了投射式前照灯和高亮度弧光灯。

（4）投射式前照灯　投射式前照灯采用了凸形配光镜，反射镜为椭圆形，所以其外径很小，结构如图 4-10 所示。

由于投射式前照灯的反射镜呈椭圆形状，有两个焦点。在第一个焦点处放置灯泡，光束经反射会聚至第二个焦点。凸形配光镜的焦点与第二焦点相重合，灯泡发出的光被反射镜聚成第二焦点，在通过配光镜将聚集的光投射到远方。投射式前照灯使用的光源为卤素灯泡。

在第二焦点附近设有遮光板，可用于遮住投向上半部分的光，形成明暗分明的配光。它的这种配光特性可适用于前照灯近、远光灯，也可用做雾灯。

采用投射式前照灯，可利用的光束增多，若将反射镜做成扁长断面，很多光束便可横向扩散，不仅结构紧凑，而且经济实用。

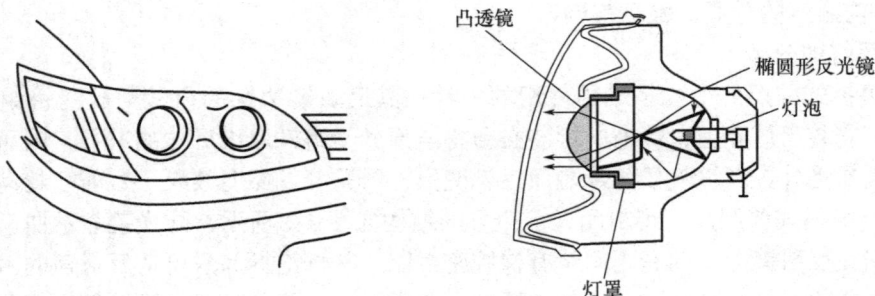

图4-10　投射式前照灯的结构

（5）氙灯　氙灯结构如图4-11所示，是一种含有氙气的新型前照灯，又称高强度放电灯或气体放电灯，英文简称HID（High Intensity Discharge Lamp）。目前奔驰E级车、宝马7系列、丰田雷克萨斯、本田讴歌等高档车都使用了这种新型前照。氙灯亮度大，发出的亮色调与太阳光比较接近，消耗功率低，可靠性高，不受车上电压波动影响。

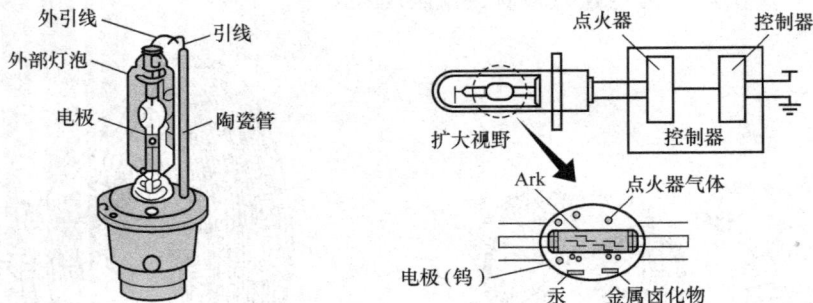

图4-11　氙灯

氙灯由小型石英灯泡、变压器和电子单元组成。接通电源后，通过变压器，在几微秒内升压到20kV以上的高压脉冲加在石英灯泡内的金属电极之间，激励灯泡内的物质（氙气、少量的水银蒸气、金属卤化物）在电弧中电离产生光亮。由于高温导致碰撞激发，并随压力升高使线光谱变宽形成带光谱。灯开关接通的一瞬间，氙灯即产生与55W卤素灯一样的亮度，约3s达到全部光通量。

氙灯灯泡的玻璃用坚硬的耐温耐压石英玻璃（二氧化硅）做成，灯内充入高压氙气缩短灯被点亮的时间，灯的发光颜色则由充入灯泡内的氙气、水银蒸气和少量金属卤化物所决定。

电子控制器系统是一个独立的系统，包括变压器和电子控制单元，具有产生点火电压和工作电压两种功能。变压器将低电压变为高电压输出，电子控制单元的主要功能是限制氙灯灯泡的工作电流，向灯泡提供20kV以上的点火电压和维持工作的低电压（80V左右）。

氙灯与卤素灯的主要区别在于，前者通过气体电离发光，后者通过加热钨丝发光。虽然氙灯的发光电弧与卤素灯的钨丝长度直径一样，但发光效率和亮度提高了2倍。由于不用灯丝，没有了传统灯易脆断的缺陷，寿命也提高了4倍。据测试，一个35W的氙灯光源可产生55W卤素灯2倍的光通量，使用寿命与汽车差不多。因此，安装氙灯不但可以减少电能消耗，还相应提高了车辆的性能，这对于轿车而言具有很重要的意义。

在20世纪90年代，欧洲开发了AFS灯光系统的前照灯，日本开发了ILS智能灯光系统。在AFS灯光系统中，每只前照灯组件内有8个反射器，在转弯、高速行驶及雨雾天气等不同情况下受控生成能适应各种驾驶环境的灯光模式。但由于其体积较大，存在装配上的局限性，且灯泡更换不方便，因此推广困难。而ILS正在向自动控制光线的方向发展，为驾驶人提供比较理想的光束模式。这需要引入微电子技术，必须装入先进的电控元件。虽然当前的技术还无法做到这一点，但人们预测在今后，这些技术难题将会得到解决，智能化灯光系统将会陆续面市。

智能化灯光系统能使汽车前照灯随行驶状况的变化而实时变化，将会出现具有10～15种不同光束的前照灯，相对行驶速度和路面而"随机应变"。例如在高速公路上，汽车前照灯会照亮前方不宽的区域，要远一点。当汽车行驶在弯道上，在车辆的转弯时外侧要亮度大些，使驾驶人看清楚弯道情况，而内侧要暗些，为的是不要使对面会车的驾驶人眩目。

2. 前照灯的检测与调整

前照灯在使用过程中，会因灯泡老化、反射镜变暗、照射位置不正而使前照灯的发光强度不足或照射位置不正确，影响汽车行驶速度和行车安全，因此必须对前照灯进行检测和调整。

前照灯的发光强度是指光源在给定方向上所能发出的光线强度(单位:坎德拉,符号 cd)。国家标准对汽车前照灯远光光束的发光强度有明确的要求，具体标准见表4-1。

表4-1　前照灯远光光束发光强度要求　　　　　　　　(单位:cd)

车辆类型	新注册机动车		在用机动车	
	两灯制	四灯制	两灯制	四灯制
汽车无轨电车	15000	12000	12000	10000
四轮农用运输车	10000	10000	8000	6000

注：采用四灯制的机动车其中两只对称的灯达到两灯制的要求时视为合格。

前照灯的发光强度一般用前照灯检测仪进行检测。它利用光电池受光线照射后产生电动势，再由光度计(实质上是一个电流表)来指示前照灯的发光强度。前照灯的发光强度高，光电池产生的电流大，光度计指示的值就高。

前照灯的光束照射位置是检测光轴中心相对于前照灯配光镜几何中心在垂直方向偏上或偏下、水平方向偏左或偏右的距离。对于对称配光特性的前照灯，一般把光束最亮区域的中心作为光轴中心，用此检测光束的照射位置。对于非对称配光特性的前照灯，一般以光束明暗截止线交点或中心作为光轴中心，用此检测光束照射位置。前照灯的远光一般都采用对称式配光，光形分布具有水平方向宽、垂直方向窄等特点。前照灯的近光，我国规定采用非对称式配光，光形分布是近光光束最亮部分向右下偏移，在配光屏幕上具有明显的明暗截止线。用屏幕可以检测前照灯的光束照射位置，国家标准对汽车前照灯光束照射位置的规定是：机动车在检验前照灯的近光光束照射位置时，被测车辆空载（允许乘坐一名驾驶人），轮胎气压正常，汽车正对屏幕10m处，光束明暗截止线转角或中心的高度应为 $0.6 \sim 0.8H$（H 为前照灯中心高度），其水平方向位置向左偏或向右偏均不得超过100mm。四灯制前照灯远光单束灯的调整，要求在屏幕上光束中心离地面高度为 $0.85 \sim 0.90H$，水平位置要求左灯向左或向右偏均不得大于170mm。前照灯光束照射位置不符合规定要求时应利用上下、左右调整螺钉进行调整，装用远、近双丝灯的前照灯以调整近光灯光束为主。

用屏幕只能检测前照灯的光束照射位置，不能检测发光强度。目前汽车维修企业和汽车检测站广泛采用前照灯检测仪来检测前照灯的发光强度和光束照射位置，据此来检验和调整汽车前照灯的发光强度和光轴偏斜量。前照灯检测仪检测前照灯的光束位置一般是将4块光电池组合在一起，位于上、下的光电池接有上下偏斜指示计，位于左、右的光电池接有左右偏斜指示计。当前照灯照射在光电池上后，上下偏斜指示计和左右指示计将发生摆动，据此可测出前照灯的光束照射位置。前照灯检测仪按测量方法不同分为聚光式、屏幕式、投影式、自动追踪光轴式、全自动式等多种，使用方法虽各不相同，但检测原理大同小异，具体的使用方法可以参考其说明书操作。目前应用较多的是全自动式检测仪。

（五）前照灯的电路

丰田威驰轿车的前照灯电路原理图见全车电路图册5-2。其电路主要由灯光开关、变光开关、前照灯熔丝及前照灯组成。

1. 灯光开关

灯光开关的型式有拉钮式、旋转式和组合式等多种，现代汽车上用的较多的是将前照灯、尾灯、转向灯及变光等开关等制成一体的组合式开关。

图4-12所示的组合式开关是丰田汽车使用的组合开关，转动开关端部，便可依次接通尾灯（包括位灯）和前照灯，将开关向下压，便由近光变为远光，将开关向上扳，亦可变为远光，不同的是，松手后开关自动弹回近光位置，此位置用来作为夜间行车时的超车信号。前后扳动开关，可使左右转向灯工作。

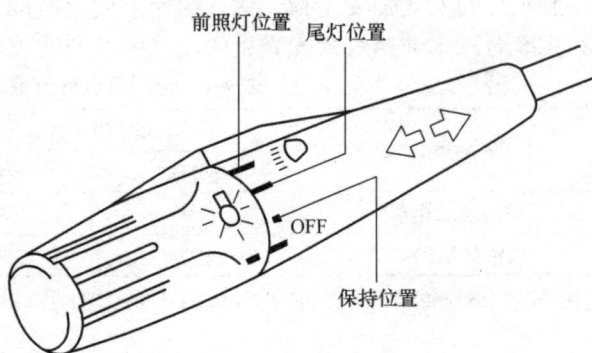

图4-12　丰田汽车灯光组合开关

图4-13所示的组合开关为凯越轿车灯光组合开关，前照灯由转向柱左侧的多功能操纵杆控制。点火开关在任何位置都能接通前照灯。将前照灯开关拨到第一个位置时，点亮驻车灯、示宽灯、牌照灯和仪表板照明灯。在将前照灯开关拨到第二个位置时，除点亮所有上述灯外，还点亮前照灯。在开关拨到关闭位置时，关闭所有灯。

前照灯远光和近光也由多功能操纵杆控制。当前照灯接通时，将操纵杆推离驾驶人座位直到听到咔哒声，从近光变为远光，将操纵杆拉回是回到近光。将操纵杆拉向驾驶人座位也可接通远光，松开是回到近光。前照灯必须对光，以达到合适的路面照明范围。当安装新的前照灯总成，或者对前端区域的维修可能已影响到前照灯总成或灯座时，应检查前照灯对光。

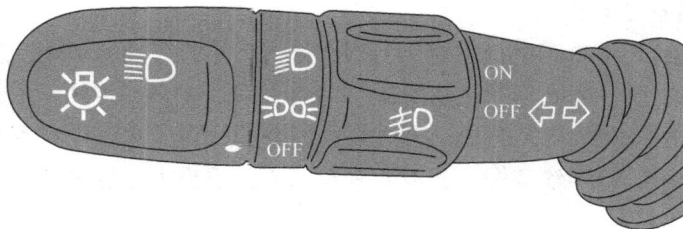

图 4-13　凯越轿车灯光组合开关

2. 变光开关

变光开关可以根据需要切换远光和近光。目前多采用组合开关式变光开关，安装在转向盘下方。组合式变光开关的功能前已述及，此处不再重复。

3. 前照灯熔丝及继电器

前照灯的工作电流较大，特别是四灯制的汽车，如用车灯开关直接控制前照灯，车灯开关易烧坏，因此在灯光电路中设有前照灯熔丝或前照灯继电器。

图 4-14 所示为触点常开式前照灯继电器的结构和引线端子，端子 SW 与前照灯开关相连，端子 E 搭铁，端子 B 与电源相连，端子 L 与变光开关相连。当接通前照灯开关后，继电器铁心通电，触电闭合，通过变光开关向前照灯供电。

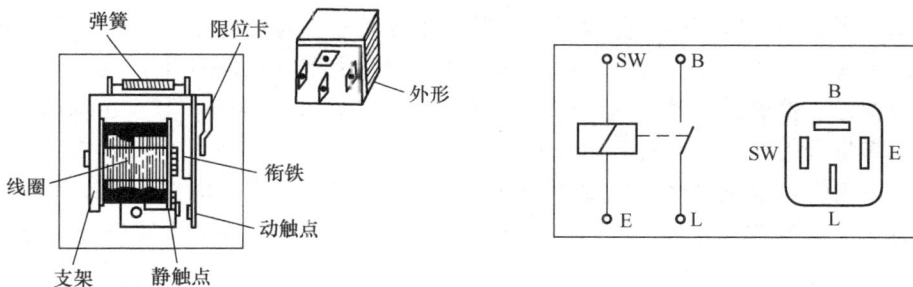

图 4-14　前照灯继电器

4. 前照灯的电路原理

该车前照灯采用两灯制，接通远光时，两只前照灯远光灯丝全部点亮，同时仪表板上的远光指示灯点亮；接通近光时，两只前照灯近光灯丝全部点亮。注意的是两只前照灯的远、近灯光灯丝之间的分流电路。

提示：根据远光指示灯的电路区分开近光和远光电路及超车灯电路。

（六）前照灯的新型控制结构

1. 前照灯的电子控制装置

为了提高汽车行驶的安全性和方便性，很多新型车辆采用了电子控制装置对前照灯自动控制。

2. 前照灯会车自动变光器

前照灯自动变光器的光敏器件一般安装于通风栅之后，散热器之前，当接收到 150 ~ 200m 以外对方车辆灯光信号时，能够自动地将本车的远光变为近光，避免了给对方驾驶人带来的眩目，两车交会后，又可自动恢复为远光，同时仍保留脚踏式机械变光开关。

3. 前照灯昏暗自动发光器

这种昏暗自动发光器的作用是在汽车行驶过程中（并非夜间行驶），当汽车前方自然光的强度降低到一定程度，如汽车通过高架桥、林荫小道、树林、竹林，或天空突然乌云密布等，发光器便自动将前照灯电路接通，开灯行驶以确保行车安全。该装置早已作为美国通用和克莱斯勒汽车公司的轿车选装件，一般安装在汽车仪表板上，这种轿车的灯光控制开关设有自动档位。

4. 灯光提示警报系统及或自动关闭系统

这种系统的作用是，当点火开关关闭，但是驾驶人忘记关闭灯光控制开关时，能够自动发出警报，警告驾驶人关闭前照灯和尾灯，或者自动关闭灯光开关。

5. 前照灯自动关闭延时器

前照灯自动关闭延时器是一种自动关闭前照灯的控制装置，当汽车停驶时，为驾驶人下车离去提供一段照明时间。

在有些汽车上还装有 DRL 系统，可以自动减弱前照灯在白天使用时的发光强度，以延长灯泡的使用寿命，降低电能的消耗。另外有些汽车的行李箱里装有灯光损坏传感器，可以在前照灯、尾灯或制动灯等灯泡损坏时，发出警报，提醒驾驶人。

三、雾灯

雾灯用于雨、雪、雾或尘埃弥漫天气时的行车照明并具有信号作用。雾灯有前雾灯和后雾灯两种。前雾灯装于汽车前部比前照灯稍低的位置，大多装在保险杠上面或下面。雾灯的光色规定为黄色、橙色或红色，这是因为其光波较长，透雾性能好。雾灯由雾灯开关控制，有些汽车的雾灯开关又受灯光总开关控制。

丰田轿车前雾灯电路见全车电路图册9-2，后雾灯电路见全车电路图册9-4。注意从电路中总结打开前后雾灯的方法，认真查阅前后雾灯的工作电路和控制电路流程。当打开后雾灯时前雾灯也点亮。

四、转向信号灯及闪光器

当汽车要驶离原方向时，需接通左侧或右侧转向信号灯，以提醒其他车的驾驶人，主要包括开关、信号灯和闪光器，其中闪光器是主要器件。当遇有特别情况时，所有转向信号灯应同时闪烁，作为危险警告信号。危险警告灯装置不受电源总开关的控制。

1. 闪光器

转向信号闪光器是使转向信号灯按一定时间间隔闪烁的器件，转向信号闪光器可根据不同的原理运作。目前使用的闪光器主要有电热式、电容式、电子式。由于电子式闪光器具有性能稳定、可靠性高、寿命长的特点，已获得广泛应用。

（1）电热式闪光器　图4-15为电热式闪光器的结构原理图。该闪光器串联在电源与转向灯开关之间，有两接头，分别接电源和转向灯开关。当汽车转向时，接通转向开关，电流从蓄电池"＋"极→附加电阻→电热丝→触点臂→转向开关→转向灯及仪表指示灯（左或右）→搭铁→蓄电池"－"极，构成回路。由于附加电阻和电热丝串联在电路中，使电流较小，故转向灯不亮。经短时间电热丝（镍铬丝）发热膨胀，使触点闭合，此时电流由蓄电池"＋"极→线圈→触点→转向开关→转向灯及转向指示灯（左或右）→搭铁→蓄电池"－"

极，构成回路。由于此时附加电阻和电热丝被短路，且线圈中产生的电磁吸力使触点闭合更紧，电路中电阻小，电流大，转向灯发出较亮的光。由于此时无电流流经电热丝而使其冷却收缩，又打开触点，附加电阻和电热丝又重新串联入电路，灯光变暗，如此反复，使转向灯明暗交替，示意行驶方向，闪光频率（60～90 次/min）可通过调整电热丝拉力和触点间隙来进行。

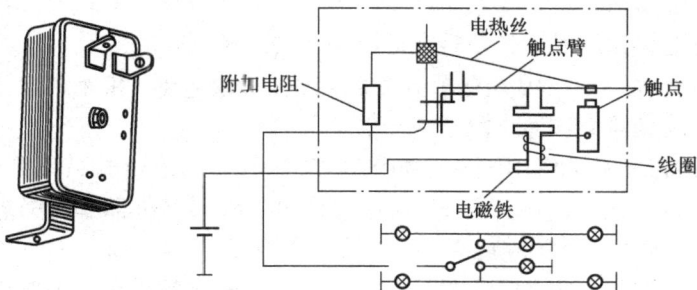

图 4-15　电热式闪光器的外形和电路图

（2）电容式闪光器　图 4-16 所示为电容式闪光器的结构原理图。它也是串联在电源开关和转向灯开关之间，有两接柱（B 和 L），分别接电源开关和转向灯开关。汽车转向时接通转向灯开关 8，电流经蓄电池"＋"极→电源开关 11→接线柱 B→线圈 3→触点 1→接线柱 L→转向灯开关→转向灯及转向指示灯→搭铁→蓄电池"－"极，构成回路，此时线圈 4、电容 7、电阻 5 被触点 1 短路，而流经线圈 3 所引起的吸力大于弹簧片 2 的作用力，将触点 1 迅速打开，转向灯处于暗的状态（尚未来得及亮）。触点 1 打开后，蓄电池开始向电容器 7 充电，其回路为：→蓄电池"＋"极→电源开关 11→接线柱 B→线圈 3→线圈 4→电容 7→转向灯开关 8→转向灯及转向指示灯（左或右）→搭铁→蓄电池"－"极。由于线圈电阻较大，

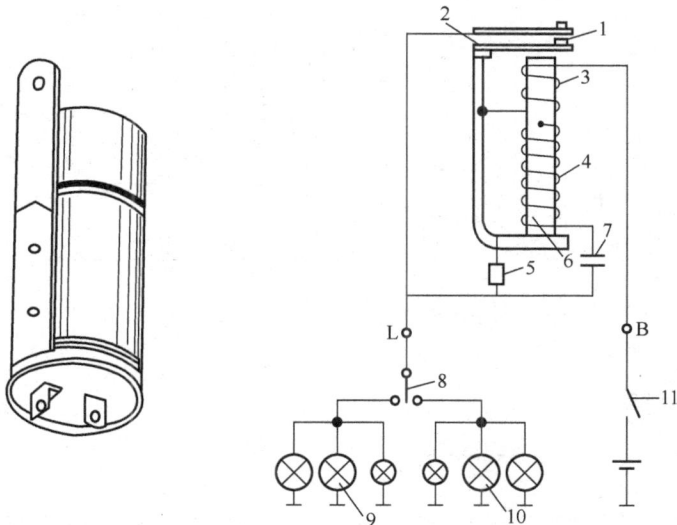

图 4-16　电容式闪光器外形和结构原理图

1—触点　2—弹簧片　3、4—线圈　5—电阻　6—铁心　7—电容
8—转向灯开关　9—左转向灯　10—右转向灯　11—电源开关

使充电电流较小，仍不足以使转向灯亮。与此同时，线圈 3、4 产生的电磁吸力方向相同，使触点 1 继续打开，随着电容 7 两端电压升高，充电电流逐渐减小，电磁吸力也减小，在弹簧片作用下，触点 1 闭合。触点 1 闭合后，电源通过线圈 3、触点 1、转向灯开关 8 向转向灯供电，电容器经线圈 4、触点 1 放电。由于此时线圈 3 和线圈 4 方向相反，产生的电磁吸力减小，不足以使触点 1 打开，此时转向灯亮。随着电容器两端电压下降，流经线圈 4 的电流减小，产生的退磁作用减弱，线圈 3 产生的电磁吸力又将触点 1 断开，转向灯变暗。蓄电池再次向电容器充电，如此反复，使转向灯以一定的频率闪烁。

（3）电子式闪光器　电子闪光器可分为触点式（带继电器）和无触点式（不带继电器），不带继电器的电子闪光器又称为全电子闪光器。

1）带继电器触点式晶体管闪光器。如图 4-17 所示，当接通电源开关和转向灯开关后，主线路为蓄电池 " + " 极→电源开关 SW→接线柱 B→R_1→继电器 J 的触点→接线柱 S→转向开关→转向灯及转向指示灯（左或右）→搭铁→蓄电池 " − " 极，转向灯亮。当继电器 J 的触点闭合时，转向灯亮，触点断开时，转向灯灭，而触点的闭合与否取决于晶体管的导通状况，电容 C 的充放电使晶体管反复导通截止，这样触点也就时通时断，使转向信号灯闪烁发光。

2）不带继电器无触点式晶体管闪光器。无触点晶体管闪光器又称全电子式闪光器（图 4-18），即把触点式晶体管闪光器中的继电器去掉，采用大功率晶体管来取代原来的继电器。本闪光器电路的振荡部分实际上是一个典型的非稳态多谐振荡器，其电路结构对称，也就是说，$R_1 = R_4$、$R_2 = R_3$、$C_1 = C_2$，VT_1 与 VT_2 为同型号的晶体管，且其参数相同。闪光器的输出级采用一只大功率晶体管 VT_3。当 VT_3 导通时，可将转向灯电路接通，使灯点亮；当 VT_3 截止时，转向灯电路被切断而使灯变暗，从而发出频率为 70 ~ 90 次/min 的闪光信号。

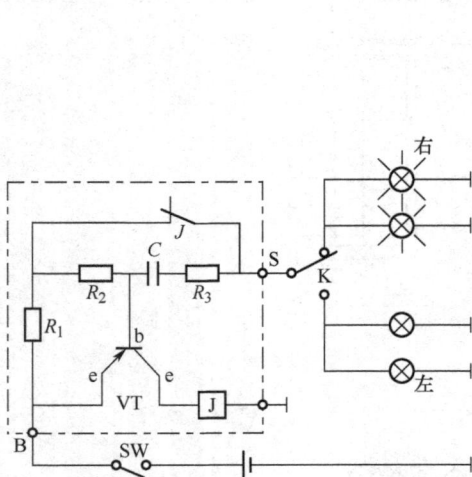

图 4-17　带继电器触点式晶体管闪光器电路

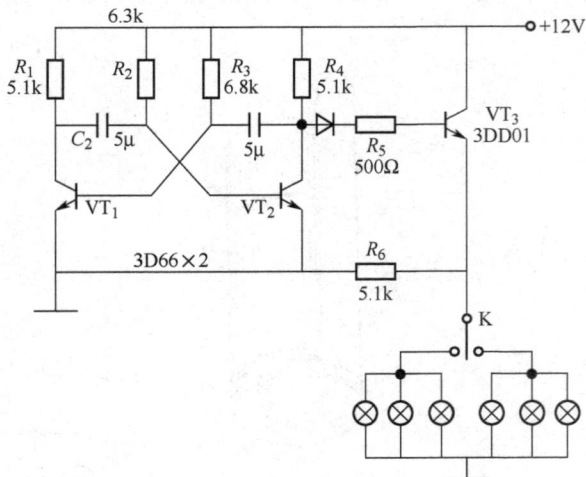

图 4-18　全电子式闪光器

2. 转向信号灯及危险警告灯电路

威驰轿车转向灯及危险警告灯电路见全车电路图册 6-2，重点要放在闪光器的内部控制电路上。由电路图可知，转向信号灯由点火开关、转向灯开关（组合开关）及闪光器的控制。

五、制动信号灯及其电路

制动信号灯安装在车辆尾部，通知后面车辆该车正在制动，以避免后面车辆与其后部相撞，其电路见全车电路图册10-4。

由电路图可知，制动信号灯由制动开关控制，从控制的方式不同可分为：气压式、液压式和机械式三种。其中气压式和液压式制动开关一般装于制动管路中，工作情况都是利用气压或液压使开关中两接柱相连，从而寻通制动信号灯电路，这两种开关经常在载货汽车上使用。小型轿车经常使用机械式开关，一般安装于制动踏板下方，当踩下制动踏板时，制动开关内的活动触点便将两接柱接通，使制动灯点亮；当松开踏板后，断开制动灯电路。

六、倒车灯与倒车蜂鸣器

倒车灯为一独立的电路，灯色为白色，倒车灯由装在变速器上的倒车灯开关控制，当变速杆拨至倒档时，倒车信号开关将倒车信号电路接通，倒车灯点亮，如图4-19所示。有的倒车灯电路上装有蜂鸣器，以警告车后的行人和汽车，其电路见全车电路图册11-2。

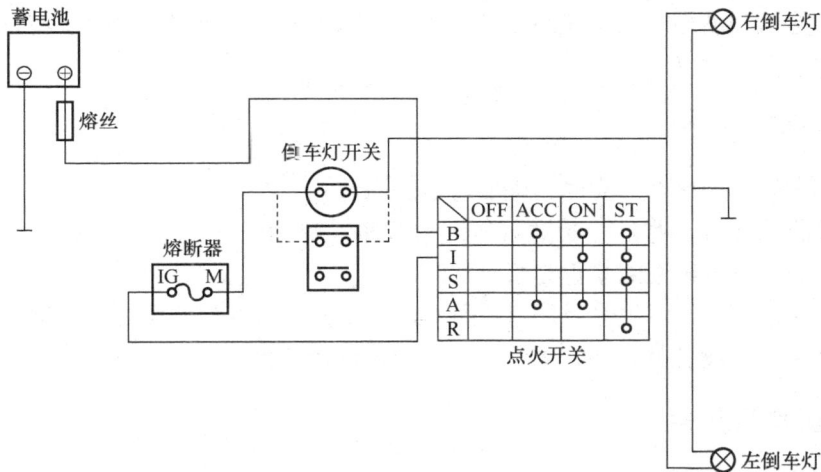

图4-19　倒车灯简单电路

七、内部照明灯

内部照明灯包括车顶灯、踏步灯、阅读灯、行李箱灯、仪表板灯等。

车顶灯又称车内灯或室内灯，装在车顶的中央，如图4-20所示。其开关通常有三个位置："OFF"为灯熄灭；"ON"为灯一直亮着；"DOOR"为在车门打开时灯才亮，车门关闭后灯熄灭。现代汽车利用定时器电路在车门关闭后使车顶灯持续点亮10~15s才熄灭，以方便驾驶人及乘客。一般车顶灯的电路，其灯泡功率为10W。

踏步灯由灯光开关和门控开关控制，当开启车门时，踏步灯照亮车子内部，其电源直接从接蓄电池的熔丝得到，踏步灯也可以用灯光开关点亮。有些汽车的仪表板灯，其熔断器装在前照灯开关之后，对于这样的电路，当用试灯或数字万用表检查熔断器时，必须接通灯光开关。

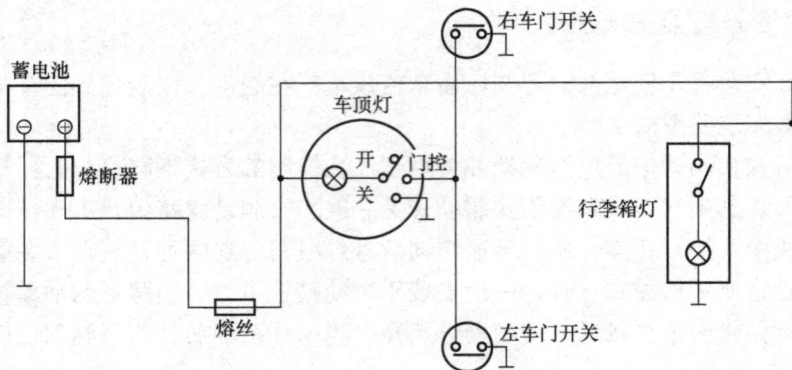

图 4-20　车顶灯简单电路

行李箱灯在掀背式车或三厢车上，只要打开行李箱，行李箱照明灯就会点亮。

八、示宽灯与尾灯

这两种都是低强度灯，用于夜间给其他车辆指示车辆位置与宽度。位于前方的称为示宽灯，位于后方的称为尾灯。

九、牌照灯

照亮尾部车牌，当尾灯点亮时，牌照灯也点亮。

目前，多将前照灯、雾灯、示宽灯等组合起来，称为组合前灯；将尾灯、后转向信号灯、制动灯、倒车灯等组合起来称为组合后灯。

以上装置中前照灯、示宽灯及尾灯、倒车灯、转向信号灯、牌照灯、制动灯等都是强制安装使用，其他灯光设备是在一定条件下强制安装或选装。

十、检测灯系元件

1. 检测熔丝及电源线路

1）拔下熔断丝，用万用表检查熔丝是否损坏，如果损坏则更换。

2）插上完好的熔丝，然后将点火开关置于"ON"位置，用万用表测量熔丝两端电压，应为蓄电池电压。如果无电压或电压值不符合规定，检查供电线路。

2. 检测供电与灯泡之间的线路

断开前照灯线束插接器，操纵前照灯开关，用万用表测量前照灯插接器各端子，具体测量方法见表 4-2。如果测量结果与标准值不符，则说明供电线路与灯泡之间线路存在故障。

表 4-2　供电线路与灯泡之间线路检查表

测量端子	测量条件	规定值	测量端子	测量条件	规定值
3—搭铁	Head（万用表直流 20V 档）	蓄电池电压	1—搭铁	Head/Low（万用表 200Ω 档）	小于 1Ω
2—搭铁	Head/High（万用表 200Ω 档）	小于 1Ω			

3. 检测灯泡

断开前照灯线束插接器，用万用表根据表4-3的内容检查前照灯灯泡。如果检查结果与标准值不相符，则更换灯泡。

表4-3　前照灯灯泡检查表

测量端子	测量条件	规定值	测量端子	测量条件	规定值
3—1	万用表200Ω档	导通	1—2	万用表200Ω档	不导通
3—2	万用表200Ω档	导通			

4. 检测前照灯开关

拆下前照灯开关，用万用表检查，如图4-21所示，前照灯开关各端子具体检查方法见表4-4。如果检查结果与标准值不符，则更换前照灯开关。

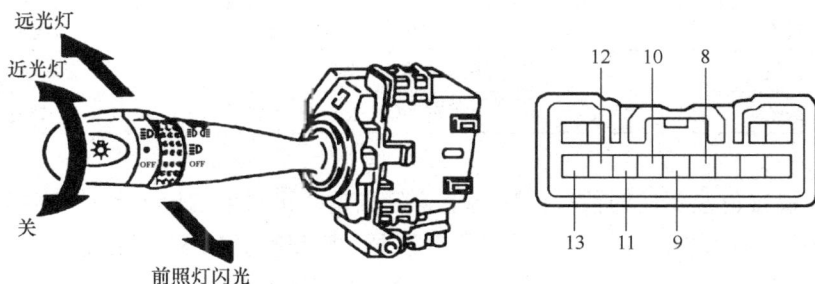

图4-21　前照灯开关及端子连接情况

表4-4　前照灯开关检查表

开关动作	测试端子	规定状态	开关动作	测试端子	规定状态
OFF	10-11，12-13	不导通	FLASH	9-11	导通
TAIL	10-13	导通	LOWBEAM	8-11	导通
HEAD	10-13，11-12	导通	HIBEAM	9-11	导通

5. 检测前照灯继电器

拆下前照灯继电器，前照灯继电器各端子如图4-22所示，用万用表检查继电器的工作情况，具体检查方法见表4-5。

表4-5　前照灯继电器检查表

测量端子	测量条件	规定值
3—5	在端子1—2间不加电压	10kΩ或更大
3—5	在端子1—2间加电压	小于1Ω

6. 检测转向信号闪光器

断开转向信号闪光器插接器，其线束端子如图4-23所示，用万用表检测插接器各端子，具体检测方法见表4-6。如果测量结果与规定状态不相符，则说明转向信号线路有故障。

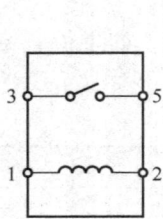

图 4-22　前照灯继电器端子示意图　　　　图 4-23　转向信号闪光器端子示意图

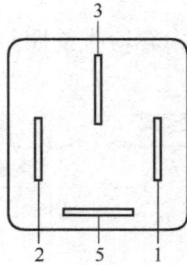

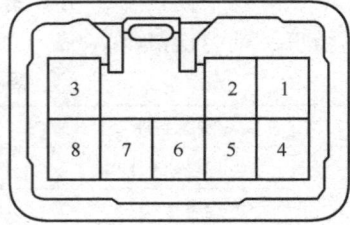

表 4-6　转向信号闪光器线束检测

测 量 端 子	测 量 条 件	规 定 状 态
1—搭铁	点火开关 ON(万用表直流 20V 档)	蓄电池电压
2—搭铁	点火开关 OFF(万用表直流 20V 档)	没有电压
4—搭铁	万用表直流 20V 档	蓄电池电压
7—搭铁	万用表 200Ω 档	导通

将线束插接器连接到转向信号闪光器上，从线束插接器后端检查各端子的状态，具体检测方法见表 4-7。如果测量结果与规定状态不相符，则更换转向信号闪光器。

表 4-7　转向信号闪光器检测

测 量 端 子	测 量 条 件	规 定 状 态
2—搭铁	危险警告灯开关 OFF→ON	0V→0 ~ 9V(60 ~ 120 次/min)
2—搭铁	转向信号开关(右转)OFF→ON	0V→0 ~ 9V(60 ~ 120 次/min)
3—搭铁	危险警告灯开关 OFF→ON	0V→0 ~ 9V(60 ~ 120 次/min)
3—搭铁	转向信号开关(左转)OFF→ON	0V→0 ~ 9V(60 ~ 120 次/min)
5—搭铁	转向信号开关(左转)OFF→ON	大于 9V→0V
6—搭铁	转向信号开关(右转)OFF→ON	大于 9V→0V
8—搭铁	危险警告灯开关 OFF→ON	大于 9V→0V

7. 检测转向灯开关

转向灯开关及端子连接情况如图 4-24 所示，用万用表测量其端子导通情况，具体检测方法见表 4-8。如果测量结果与规定状态不相符，则更换转向灯开关。

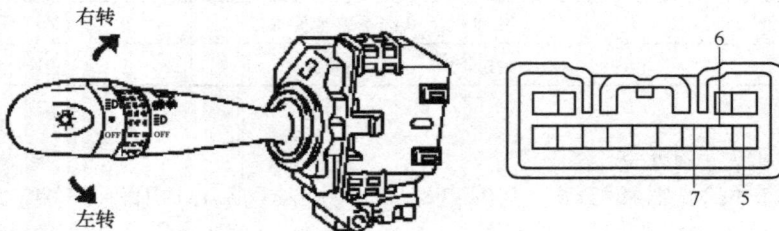

图 4-24　转向灯开关端子示意图

表4-8　转向灯开关检测

测量端子	开关位置	规定状态	测量端子	开关位置	规定状态
6—7	右转	导通	6—5	左转	导通
5、6、7 之间	空位	不导通			

8. 检测危险警告灯开关

拆下危险警告灯开关，用万用表测量危险警告灯开关两端子的导通情况，具体检测方法见表4-9。

表4-9　危险警告灯开关检测

测量端子	开关状态	规定值
1—2	ON	小于1Ω
	OFF	大于10kΩ或更大

十一、汽车灯系的故障检修

汽车灯系种类繁多，作用各不相同，但从形式上，它们之间又有一定的交叉和联系。由于供电线路交织在一起，电器设备配线都采用电线束，所以发生故障时，较难一下子作出分析与判断。因此，检修故障时，对电路图的分析尤为重要。

诊断原则：

如果多个灯系故障同时出现，则故障一定在多个灯系的公共电路上；如果单个灯出现故障，则故障一定是在该灯的单独电路上，而且多是由该灯灯丝烧断引起的。

汽车灯系的故障不外乎两类：一类是元件本身的故障；另一类是线路存在的故障。我们应先检查元件本身的故障，如没有，应按各系统的线路逐级检查，认真查明出现故障的原因及可能存在的隐患，正确地加以排除。在处理故障时，一般应重点检查以下两项内容：一是是否有短路、接线柱接触不良处（断路）；二是熔丝是否熔断，在车上均可采用试灯法和万用表进行检查。

汽车灯光的常见故障一般有灯光不亮、灯光亮度低、灯泡频繁烧坏等。

（一）灯光不亮

引起灯光不亮的原因主要有灯泡损坏、熔丝熔断、灯光开关或继电器损坏及线路短路或断路故障等。在进行故障诊断时，应根据电路图对电路进行检查，判断出故障的部位。

1. 灯泡或熔断器损坏

如果一只灯不亮一般为灯丝烧断，将灯泡拆下后检查，若灯泡损坏，则更换新灯泡。如果几只灯都不亮，按喇叭，喇叭不响，则可能是总熔断器熔断；若同属一个熔丝的灯泡都不亮，则可能是熔丝熔断。处理这两类故障时，在将总熔断器复位或更换新的熔丝之前，应查找超负荷的原因，具体方法：将熔丝所接各灯的接线从灯座拔掉，用万用表电阻档测量灯端与搭铁之间的电阻，若电阻较小或为0，则可断定线路中有搭铁故障，排除故障后，再把熔断器复位或更换新的熔丝。

2. 灯光开关、继电器及线路的检查

1）继电器的检查。将继电器线圈直接供电，检查继电器是否能正常工作，如不能正常

工作，应更换继电器。

2）灯光开关的检查。可用万用表检查开关各档位的通断情况，若与要求不符，应更换灯光开关。

3）线路的检查。在检查时可用万用表或试灯逐段检查线路，找出短路或断路故障的部位。

（二）亮度下降

若灯光亮度不够，多为蓄电池电量不足或发电机及调节器故障所引起。另外，导线接头松动或接触不良，导线过细或搭铁不良，散光镜坏或反射镜有尘垢，灯泡玻璃表面发黑或功率过低及灯丝没有位于反射镜焦点上，均可导致灯光暗淡。

检查时，首先检查蓄电池和发电机的工作状态。若不符合要求，应先恢复电源系统的正常工作电压，在电源正常的状态下，检查线路的连接情况及灯具是否良好。

（三）灯泡频繁烧坏

灯泡频繁烧坏一般是电压调节器不当或失调，使发电机输出电压过高造成的，应重新将工作电压调整到正常工作范围。此外，灯具的接触不良也有可能造成灯泡的频繁损坏，检查时也应注意这方面的情况。

（四）信号灯光常见故障及排除

汽车上的灯光信号大体上有两种：一是闪烁信号；二是持续信号。常见故障是信号灯不亮和信号灯不能正常工作。信号灯不亮可按前面所述故障排除办法检修。闪光信号其他故障与排除方法见表4-10。

表4-10　信号灯工作不正常的原因及排除方法

故 障 现 象	原 　 因	排 除 方 法
两侧转向灯同时亮	转向开关失效	检查转向开关
两侧转向灯闪烁频率不同	（1）两侧灯泡的功率不等 （2）有灯泡坏	检查灯泡型号
转向灯常亮不闪	（1）闪光器损坏 （2）接线错误	检查闪光器及电路接线
闪频过高或过低	（1）灯泡功率不当 （2）闪光器工作不良，触点间隙过大或过小 （3）电源电压过高或过低	检查灯泡 更换闪光器，调整触点 调整电压调节器

十二、更换灯泡的注意事项

1）由于卤素灯泡比普通灯泡更容易发热，如果有润滑油等油脂沾在其表面，灯泡寿命会缩短。

2）人体汗液内所含盐分会污染石英，因此，更换灯泡时，避免手指接触灯泡。

3）由于卤素灯泡（前照灯和雾灯）内部的压力很高，要小心操作，一旦灯泡掉落会造成爆炸，玻璃碎片会飞溅起来。

4）如果车灯玻璃和灯泡一起被拆下很长一段时间，玻璃会被灰尘和水蒸气弄脏。所以在更换灯泡时要随手准备一块新的玻璃。

5）更换时，始终采用相同功率的灯泡。

6）安装好灯泡后，要插紧插座。否则，玻璃会产生模糊或者有水蒸气泄漏。

十三、灯光不全故障实例

故障：远光灯不亮。

1. 车辆信息

1）车型：A426L7。

2）里程数：10 万 km。

3）故障码：无

4）故障现象：故障车远光灯不亮（图 4-25）。正常车的远光灯如图 4-26 所示。

图 4-25　故障车无远光

图 4-26　正常车的远光灯

2. 故障诊断

1）首先用 VAS6150 检测系统，无故障码（图 4-27）。

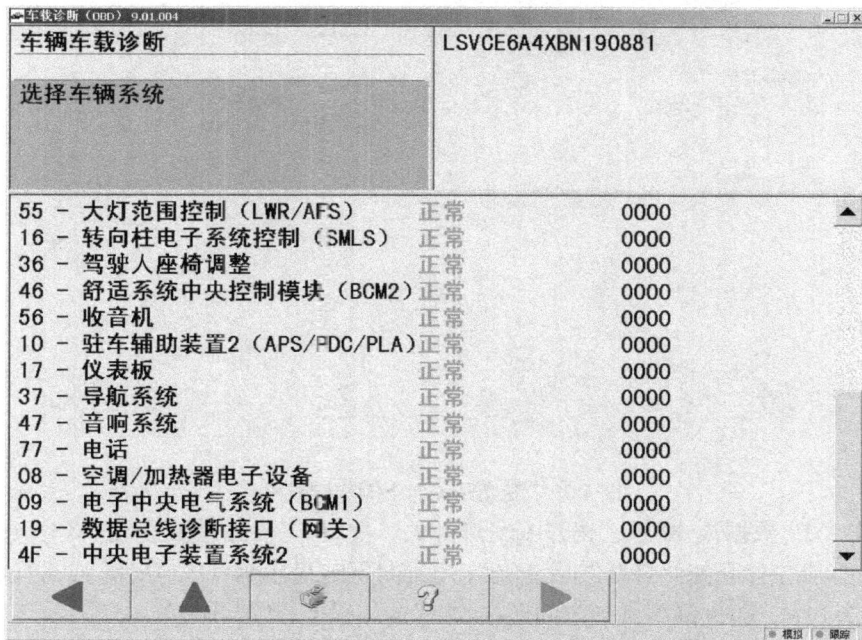

图 4-27　检测系统

2）根据电路图检查了前照灯线路及搭铁正常。

3）检查了 J527 的数据流，通过操作变光灯开关确定变光灯开关正常（图 4-28 ~ 图 4-30）。

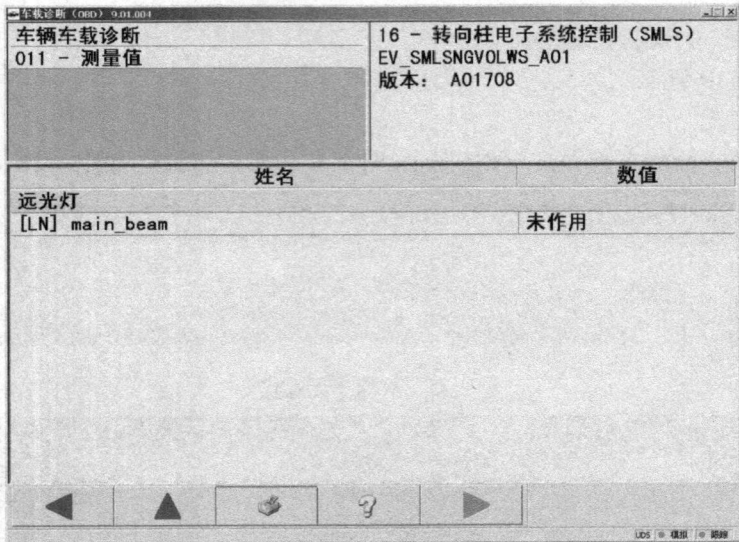

图 4-28　变光开关未操作时显示

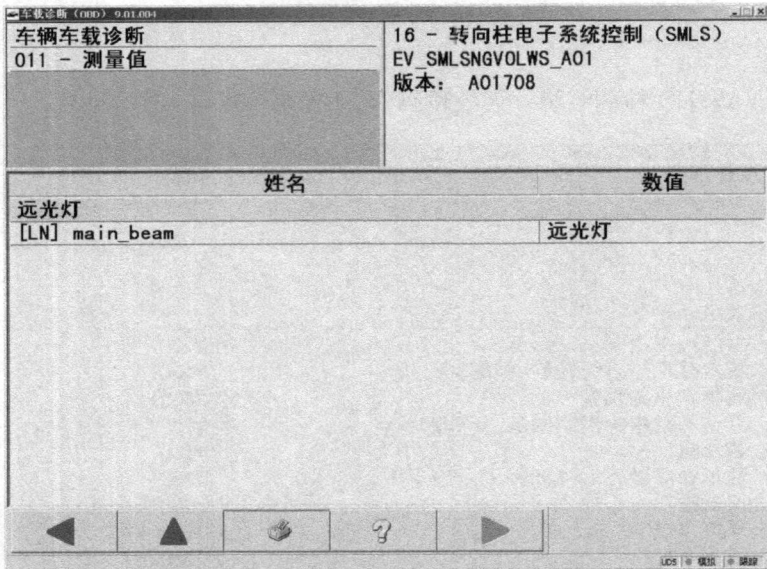

图 4-29　变光开关向下操作时显示

4）检查 J519 数据流 40 组，操作变光灯开关，发现 3、4 区域数据流不对，正常情况下 3、4 区域数据流在打开前照灯开关后变光灯开关向下时显示为 99% 并保持，而该车显示为 99% 后显示为 0%，通过该测试确定问题在 J519 的编码上（图 4-31、图 4-32）。

5）检查 J519 编码，与新车进行了对比，发现最后两组编码与新车不一致，按新车编码

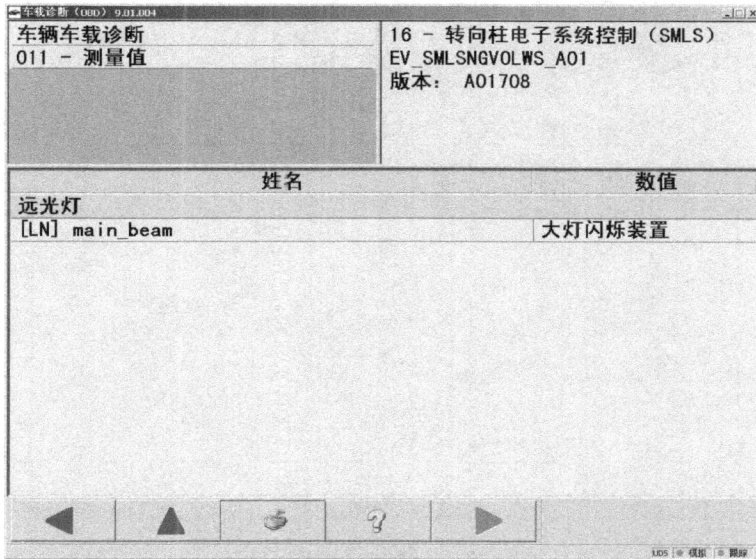

图 4-30　变光开关向上操作时显示

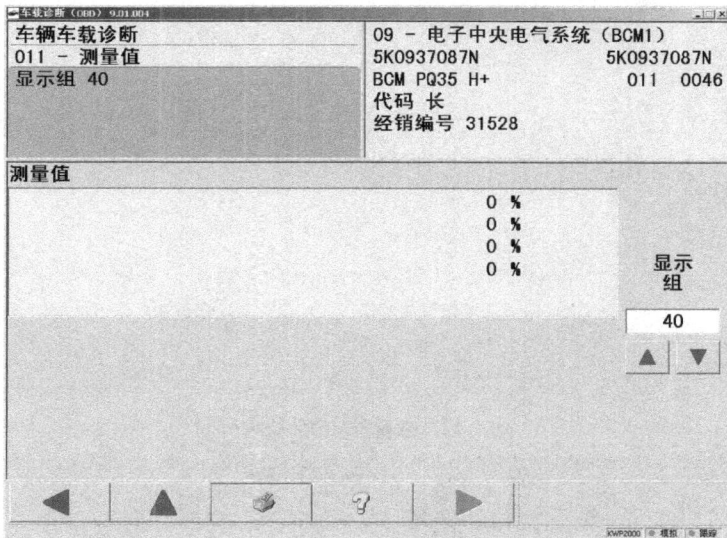

图 4-31　远光灯没有打开时的显示

给该车编码后问题解决（图 4-33、图 4-34）。

3. 故障分析

车辆长时间放电后控制单元里的数据会丢失，导致控制单元编码错误，使远光灯不亮。重新对 J519 控制单元编码后故障排除。

4. 经验交流

对于该故障在维修时需要根据相关的数据流，检查硬件是没有故障，最后通过软件确定故障。

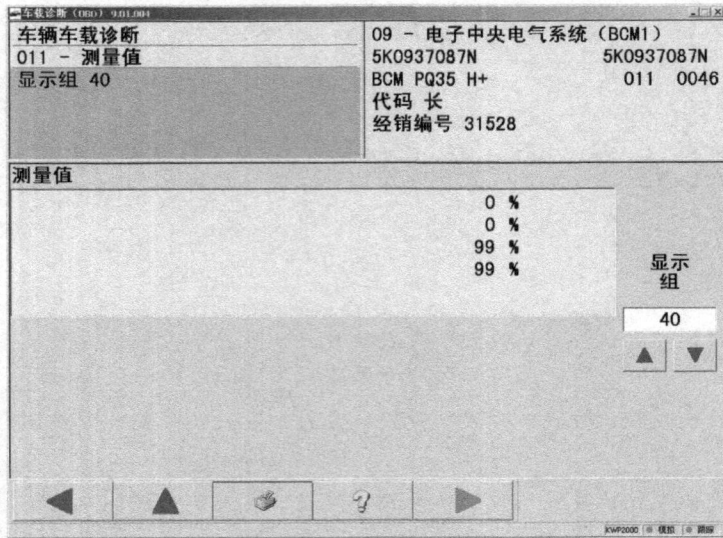

图 4-32　远光灯打开时的显示

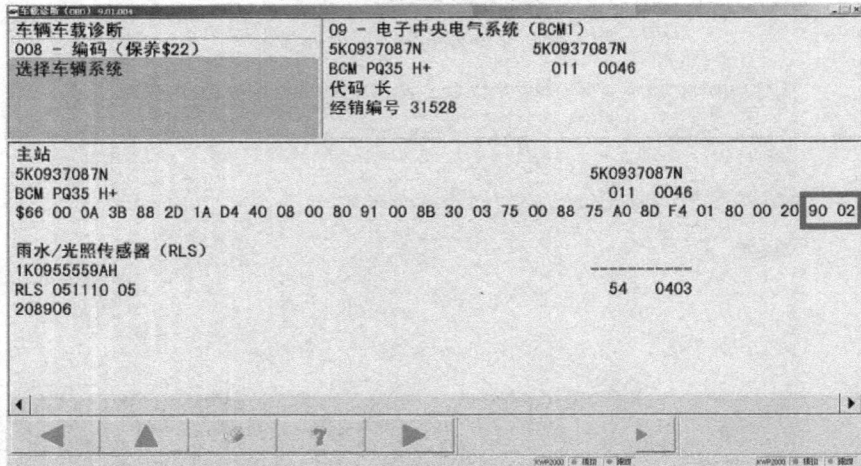

图 4-33　故障车 J519 长编码

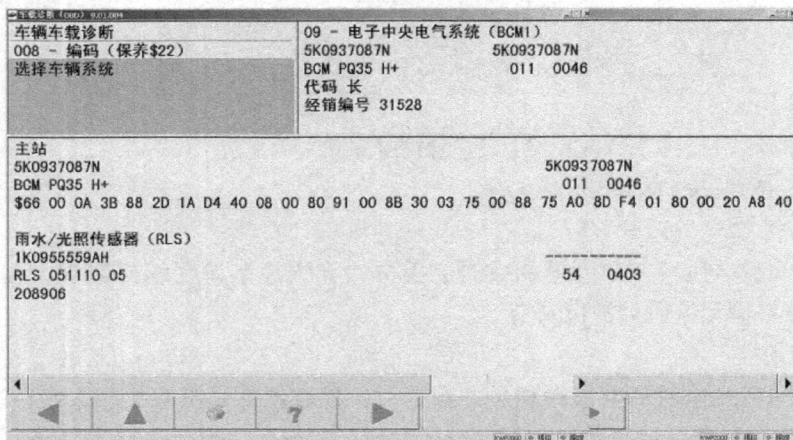

图 4-34　正常车 J519 长编码

学习任务五　根据故障灯的提示进行故障检修

任务要求：

完成本学习任务后，你应该能够：

1）认识仪表板上的各种警告灯图形标志。

2）正确描述汽车警告灯的作用和工作条件。

3）正确使用故障诊断仪读取故障码和数据流及清除故障码。

4）准确分析汽车警告灯点亮时的所有可能故障原因。

5）梳理诊断思路，制订工作方案。

6）根据工作方案和警告灯的提示，利用故障诊断仪诊断汽车发动机电控系统、底盘电控系统和防盗系统，排除故障。

7）用企业标准验收任务完成情况，评价和反馈工作过程，完成学习拓展任务及任务工单5.1~5.3。

建议学时：6 学时

任务引入：

1）一辆丰田威驰轿车，行驶总里程10万 km，发现该车在行驶中发动机故障警告灯点亮。

2）一辆丰田威驰轿车，行驶总里程10万 km，发现该车在行驶中 ABS 系统警告灯点亮。

3）一辆丰田威驰轿车，行驶总里程10万 km，发现该车在行驶中防盗系统警告灯点亮。

任务分析：

1）初步诊断，确认故障现象。

2）查找资讯，学习相关知识，分析故障可能原因，分解成三个子任务。

① 发动机电控系统根据警告灯提示进行故障检修。

② 底盘电控系统根据警告灯提示进行故障检修。

③ 防盗系统根据警告灯提示进行故障检修。

3）制订工作计划，分析故障诊断思路。

4）根据故障现象和任务要求，确定所需要的检测仪器设备、工具，并对小组成员进行合理分工，制订详细的、可实施的故障诊断与排除工作方案。

5）实施试验进行检测，利用故障诊断仪对汽车的各个电控系统进行检测，确定故障原因并维修更换排除故障。

6）总结故障结论，写诊断报告。

7）用企业标准验收任务完成情况，评价工作过程，完成任务工单 5.1~5.3。

资讯和相关知识：

一、认识汽车警告灯

为了保证行驶安全和提高车辆的可靠性，也为了使驾驶人随时掌握车辆的各种状况，并及时发现和排除潜在的故障，汽车上在驾驶人座位前方的仪表板上装有各种测量仪表和报警装置。报警装置由警告灯、指示灯组成。警告灯与指示灯通常安装在仪表板上，如图 5-1 所示，一般采用 1~4W 小功率灯泡，也有的采用发光二极管。

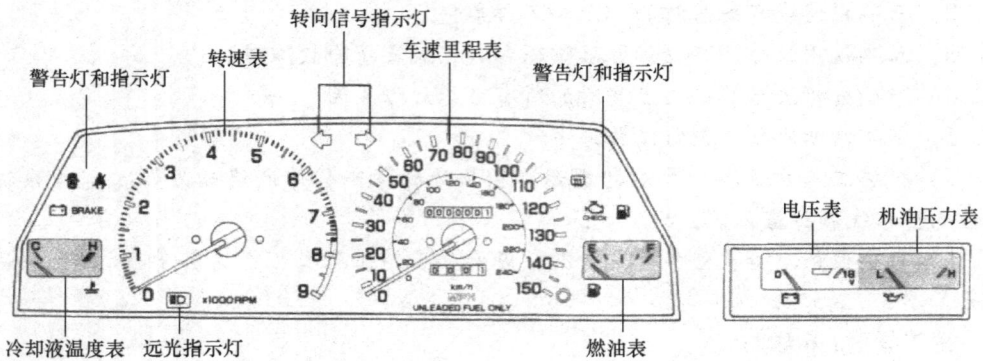

图 5-1　仪表板总成

常见的警告灯图形符号见表 5-1。

表 5-1　警告灯

图形符号	名　称	符号说明	图形符号	名　称	符号说明
	机油压力过低警告灯	发动机机油压力在 30kPa 以下时，灯亮		制动系统故障警告灯	驻车制动未完全放松或制动液不足时，灯亮
	放电(充电)警告灯	发电机不发电时，灯亮		安全气囊故障警告灯	安全气囊电子控制系统有故障时，灯亮
	冷却液温度警告灯	发动机过热时，灯亮		发动机故障警告灯	发动机电控系统有故障时，灯亮
	制动防抱死系统故障警告灯	ABS 电子控制系统有故障时，灯亮		燃油量过少警告灯	燃油余量不足时，灯亮
	驻车制动警告灯	驻车制动起作用时，灯亮		车门打开警告灯	车门未关严时，灯亮

二、故障警告灯

1. 机油压力警告灯

机油压力警告灯是当润滑系统机油压力降低一定值时，警告灯亮起，用于提醒驾驶人注意发动机的机油压力异常低。它是由装在发动机主油道的弹簧管式传感器（也叫报警开关）和装在仪表板上的警告灯两部分组成的。弹簧管式机油压力报警开关如图 5-2 所示。

弹簧管式机油压力传感器为盒式，内有一管形弹簧，一端与接头相连，另一端与动触点相连，静触点与接线柱经接触片与接线柱相连。当机油压力低于 0.05 ~ 0.09MPa 时，管形弹簧变形很小（几乎无变形），动触点和静触点闭合，电路接通，警告灯点亮；当机油压力高于 0.05 ~ 0.09MPa 时，管形弹簧变形较大，动触点和静触点分开，电路断开，警告灯熄灭。

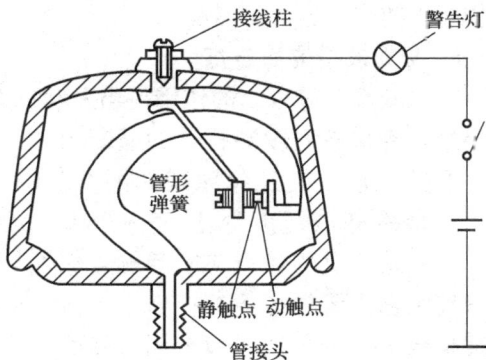

图 5-2　弹簧管式机油压力报警开关

2. 放电警告灯

蓄电池放电时，也就是发动机不能给蓄电池正常充电时，该警告灯点亮；当发电机的电压达到正常充电电压时，该警告灯熄灭。如果在正常行驶时该警告灯亮，可以提醒驾驶人充电系统功能有故障。

3. 燃油油位警告灯

用于指示燃油剩余量不足，其结构原理如图 5-3 所示。

该装置是由负温度系数的热敏电阻式燃油油量传感器和警告灯组成的。当油箱内油量较多时，热敏电阻元件浸没在燃油中，散热快，温度较低，电阻值较大，因此电路中电流很小，警告灯不亮；当燃油减少到规定值以下时，热敏电阻元件露出油面，散热慢，温度较高，电阻值较小，因此电路中电流增大，警告灯点亮。

4. 制动系统监测警告灯

指示已使用驻车制动器或制动液不足，结构如图 5-4 所示。

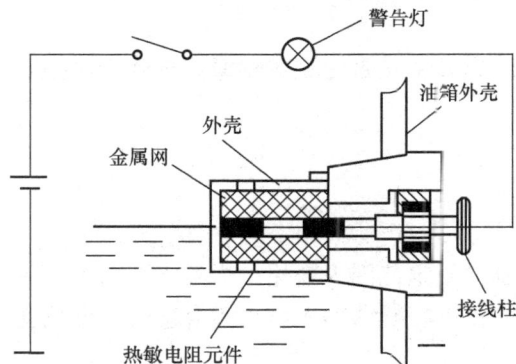

图 5-3　燃油油位警告灯电路

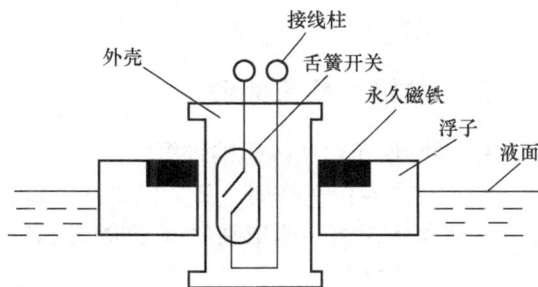

图 5-4　制动液面报警开关

制动液面警告灯开关装在制动主缸的储液罐内，外壳的外面套装着浮子，浮子上固定有永久磁铁，外壳内部装有舌形开关，舌形开关的两个接线柱与警告灯和电源相连，当制动液面在规定值以上时，浮子浮在靠上的位置，永久磁铁的吸力不足，舌形开关在自身的弹力作用下保持断开的状态；当制动液面下降到一定值时，浮子位置下降，舌形开关在永久磁铁吸力作用下闭合，警告灯点亮。

5. 冷却液温度警告灯

冷却液温度警告灯的作用是当发动机冷却液温度高到一定程度时，警告灯自动点亮，以示警报。冷却液温度警告灯的通断由温度开关控制，其工作原理如图 5-5 所示。当冷却液温度低于 95～98℃时，双金属片上的触点与固定触点保持分离状态，警告灯不亮；当冷却液温度高至 95～98℃时，双金属片受热变形向下弯曲程度变大，使触点和触点接触，将警告灯电路接通，警告灯点亮，提醒驾驶人注意。

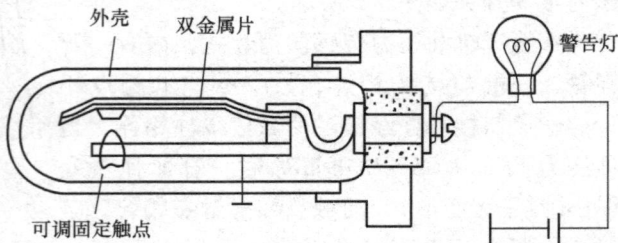

图 5-5　温度开关

驾驶室内还有其他一些警告灯与指示灯，例如远光指示灯、转向信号灯、危险警告灯、车门未关指示灯以及与空调和刮水除霜装置相关的指示灯等，其很多指示灯都是和相关的电路连接在一起，由电路控制的。

三、汽车报警装置常见故障检修

1. 故障现象

汽车在行驶中，故障警告灯闪烁点亮。

2. 故障原因

1）警告灯代表系统的传感器故障。

2）警告灯代表系统的执行元件故障。

3）警告灯代表系统的控制单元故障。

4）警告灯代表系统的电路断路或短路故障。

3. 维修思路

首先要用故障诊断仪调取故障码，然后围绕故障码确认是否为真实故障。再逐个电控系统逐一检测排查。

四、故障诊断仪的使用

1. 电控单元确认故障的依据

电子控制系统工作时，正常的输入、输出信号都在规定范围内变化。当某一电路出现信号异常或送入微机不能识别的信号时，或者专设的检测电路确认输入信号不合理时，微机就可判定为发生故障。

1）信号不在规定范围内。

2）信号在一段时间内不发生应该发生的变化。

3）ECU 未收到执行器的反馈信号。

只有不正确信号持续一定时间或多次出现时，ECU 才会判断为故障。

例：点火确认信号（IGf），连续 3～5 次收不到反馈信号，ECU 则判断点火系统有故障。

2. 故障诊断仪读取故障码

到目前为止，读取故障码来诊断电控系统故障是最常用的自诊断测试方法。电控发动机中，只要蓄电池正、负极桩未拆下，电脑中存储的故障码就能长期保存。将故障码从电脑中读出，即可知道故障部位或故障原因，为诊断与排除控制系统故障提供可靠依据。

读取故障码的方法有两种：一种利用电脑检测仪读取，另一种是利用人工方法读取。

3. 故障诊断仪读取数据流

在汽车电脑检测仪与故障诊断插座连接的情况下，当发动机运转时，将电脑内部的计算结果、控制参数和控制模式等数值，以数据表和串行输出方式在检测仪屏幕上一一显示出来。将传输数据与标准比较，来判断故障。

4. 监控执行器

在发动机熄火状态下或运转过程中，通过电脑检测仪向各执行器发出强制驱动或强制停止指令来监测执行器动作情况，用以判断该执行器及其控制电路有无故障。例如：在发动机熄火情况下，控制电动燃油泵运转、控制某只电磁阀或继电器工作，当发出相应的指令后，若燃油泵不转（听不到运转声）、电磁阀不工作（用手触摸时没有振动感），说明该执行器或控制电路有故障。

5. 故障诊断仪对防盗系统匹配

在打开点火开关，故障诊断仪连接完好的情况下，进入防盗系统菜单，按照操作提示进入防盗系统钥匙匹配程序，等待程序结束。

五、故障实例

故障 1：途观 2.0TSI AT 四驱带随动前照灯（ASF）组合仪表灯光故障警告灯闪烁

1. 故障信息

1）车型：途观 2.0TSI，AT，四驱，顶配。

2）行驶里程数：12821 km。

3）发动机代号：CGM 023080。

4）故障现象：用户抱怨组合仪表中的灯泡故障警告灯闪烁，夜间行驶时，只有近光灯，没有远光灯，没有前雾灯。

2. 维修情况

1）验证故障现象。

说明：维修人员在对该车故障进行维修时，发现有如下问题不能解决：

① 随动前照灯控制单元不能进行正确的编码。

② 储存在故障存储器中的故障码不能被清除掉。

于是，对故障车的现象进行再次验证，其结果是用户抱怨故障现象属实。同时，还发现了一个新的问题，即两个前雾灯在开关开启时也不亮。

2）故障检修步骤。

① 使用 VAS505X 检测仪，进入车辆自诊断程序（图 5-6），选择地址码 55（图 5-7）。

图 5-6 进入车辆自诊断程序

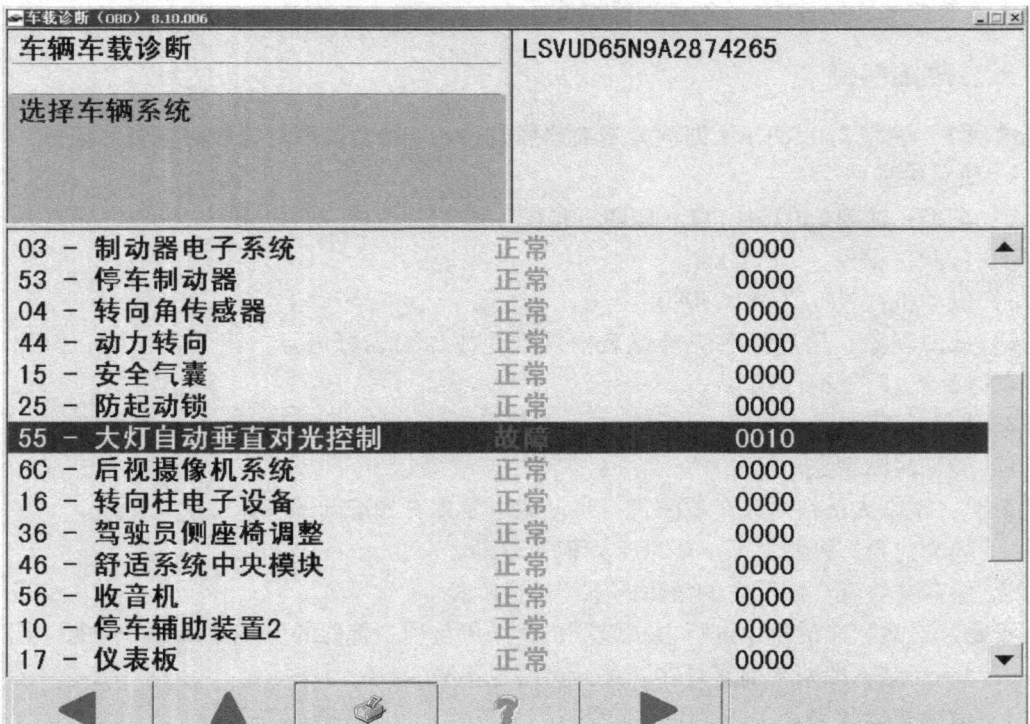

图 5-7 选择地址码 55

② 选择诊断功能中的 004 故障代码存储器内容，并点击后进入（图 5-8）；选择故障码存储器内容中的 004.01-检查故障码存储器，点击进入（图 5-9）。

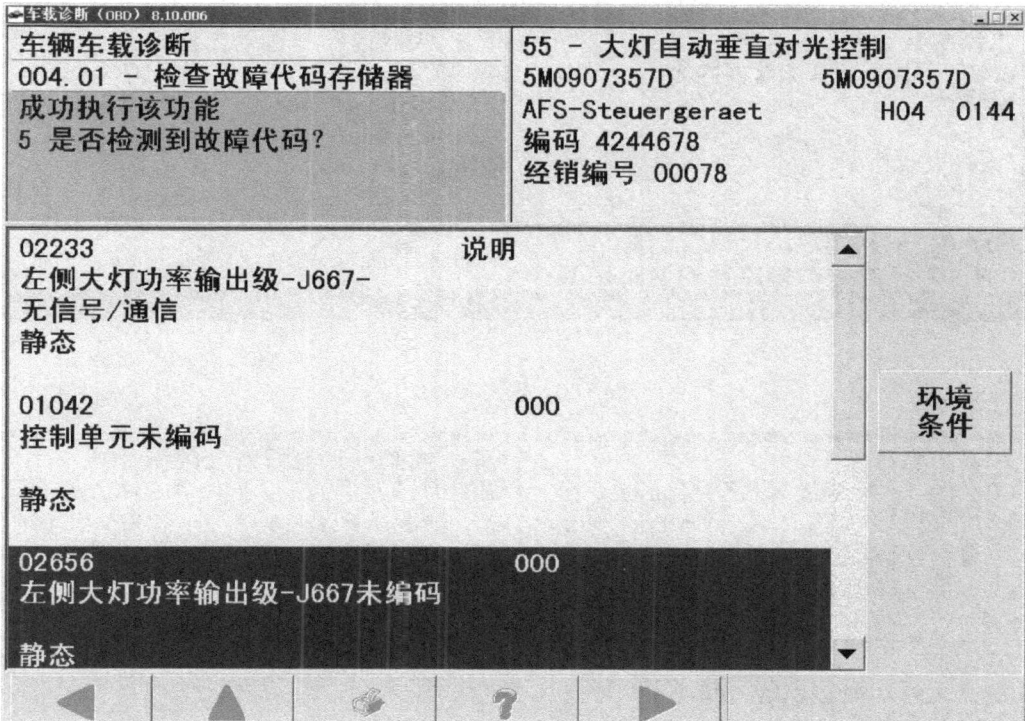

图 5-8　选择 004

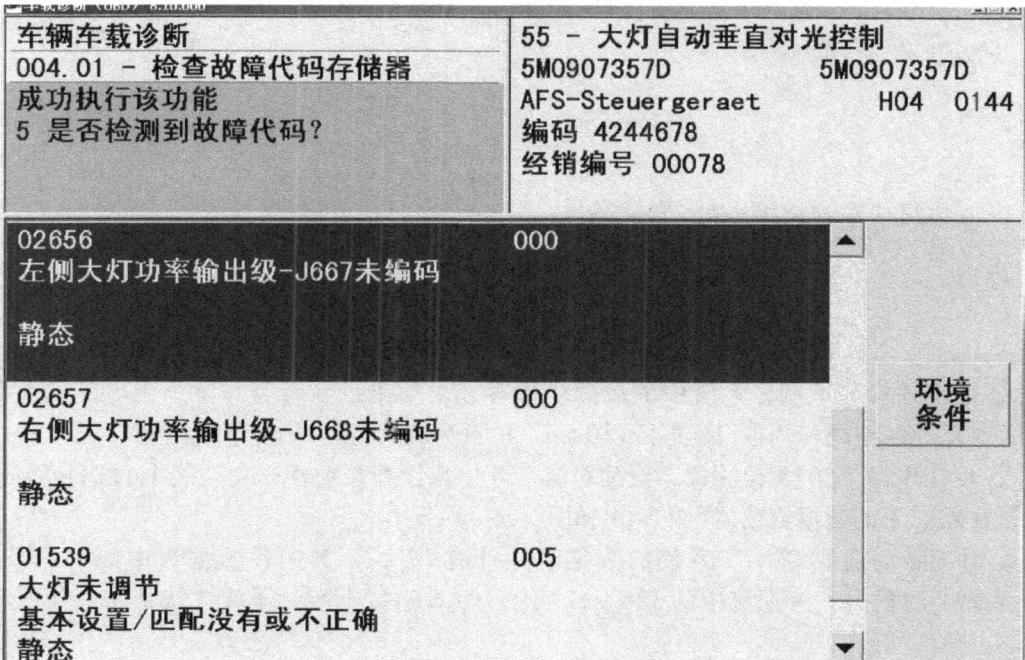

图 5-9　选择 004.01

③ 选择故障码存储器内容中的 004.10-清除故障码存储器(图 5-10),并再次查询故障码存储器(图 5-11),结果是故障码不能被清除掉,详见图中所示。

车载诊断(OBD) B.10.006

车辆车载诊断	55 - 大灯自动垂直对光控制
004 - 故障代码存储器内容	5M0907357D 5M0907357D
选择诊断功能	AFS-Steuergeraet H04 0144
	编码 4244678
	经销编号 00078

004.01 - 检查故障代码存储器
004.02 - 全部故障路径的诊断状态
004.10 - 清除故障代码存储器

图 5-10 选择 004.10

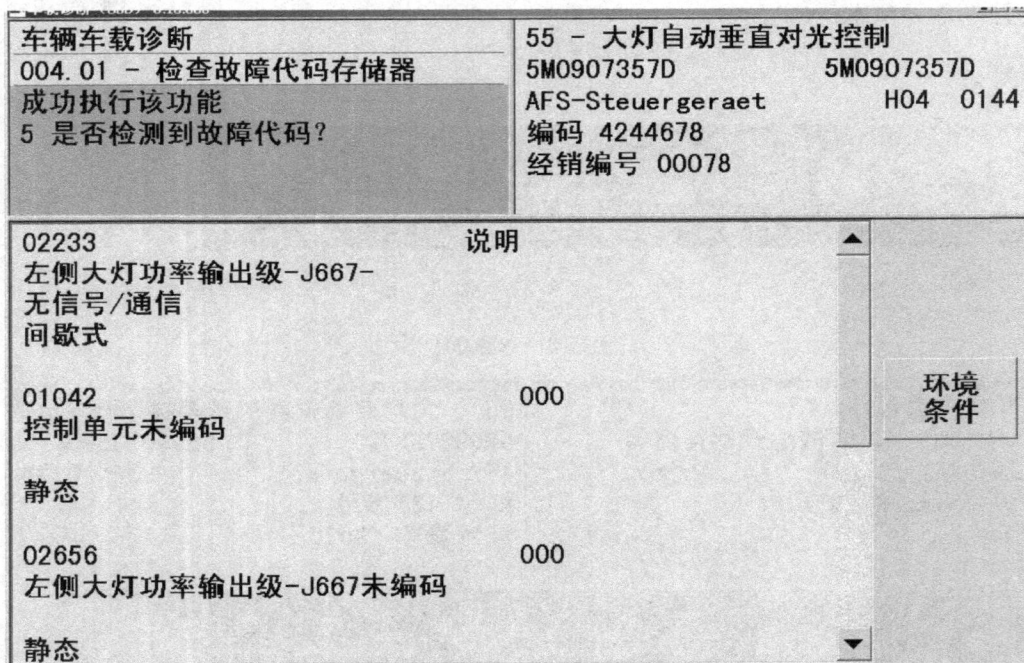

车载诊断(OBD) B.10.006

车辆车载诊断	55 - 大灯自动垂直对光控制
004.01 - 检查故障代码存储器	5M0907357D 5M0907357D
成功执行该功能	AFS-Steuergeraet H04 0144
5 是否检测到故障代码?	编码 4244678
	经销编号 00078

02233   说明
左侧大灯功率输出级-J667-
无信号/通信
间歇式

01042   000
控制单元未编码

静态

02656   000
左侧大灯功率输出级-J667未编码

静态

环境
条件

图 5-11 查询故障码存储器

④ 由上述检测说明,系统中的故障仍旧存在。如果没有将其排除,则对随动前照灯 AFS 控制单元的编码和基本设定匹配(图 5-12 和图 5-13),就会不能够被执行。

⑤ 使用 V. A. S505X 检测仪,继续对该车进行自诊断,选择诊断功能中的 011-测量值,读取故障状态下的数据流数值(图 5-14 和图 5-15)。

a. 对于随动前照灯 AFS 系统的数据流共计有 13 组,其中:数据流中的 1 ~ 10 组:显示系统中的数据;数据流中的 125 ~ 127 组:CAN 总线上控制单元连接状态,如图 5-16 所示。

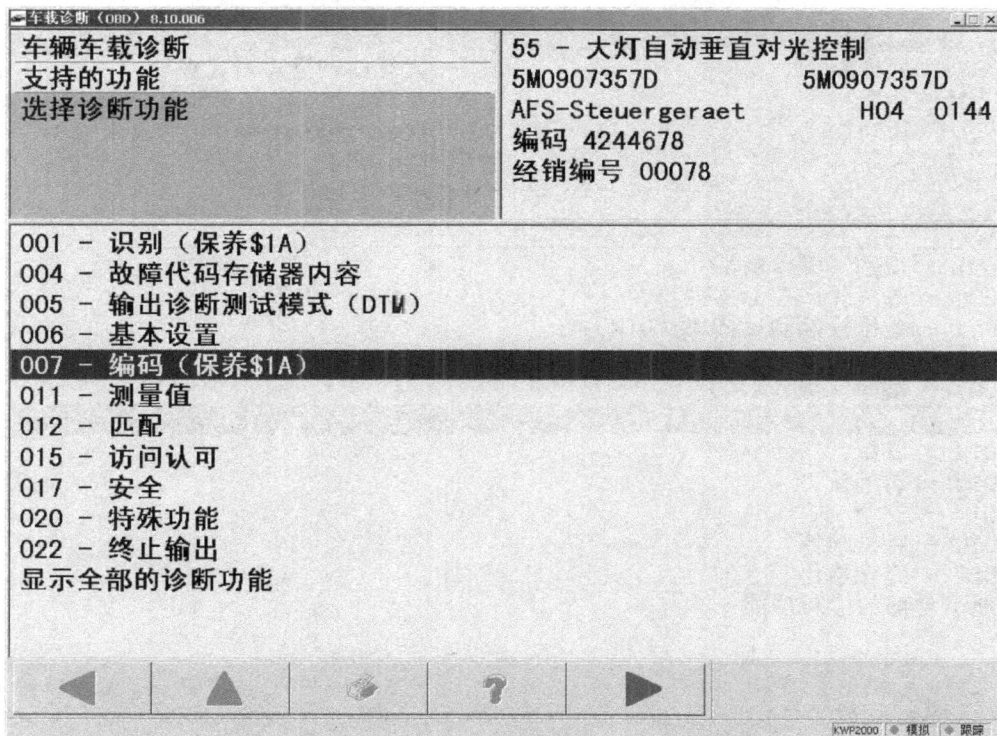

图 5-12　选择编码

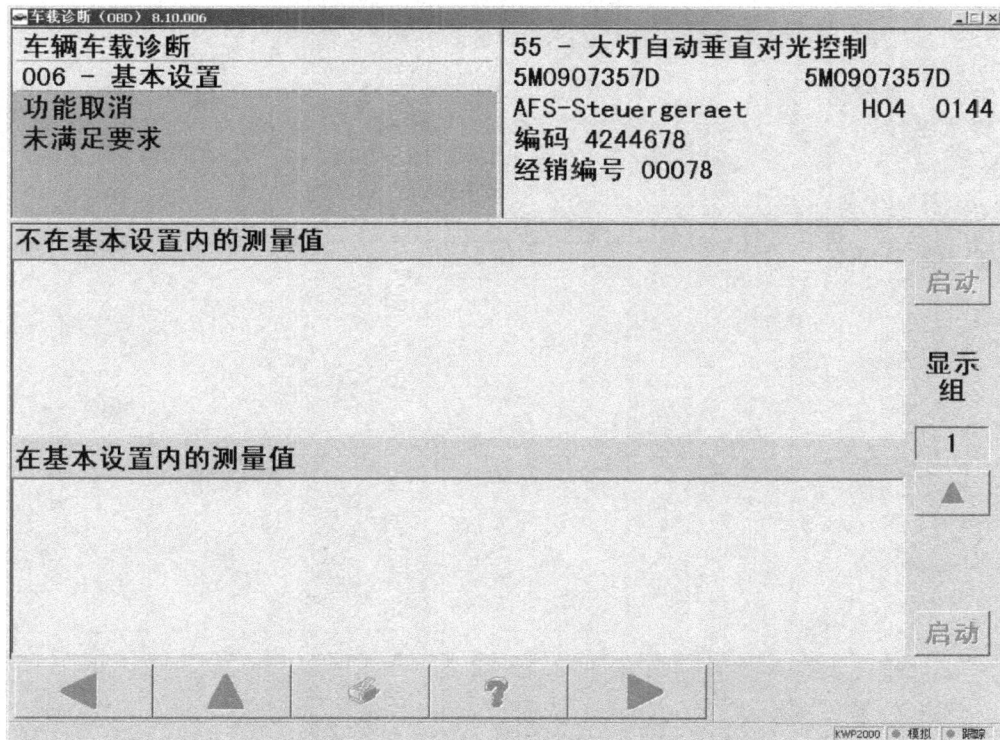

图 5-13　选择基本设置

车载诊断（OBD）8.10.006

车辆车载诊断
支持的功能
选择诊断功能

55 - 大灯自动垂直对光控制
5M0907357C   5M0907357C
AFS-Steuergeraet   H04 0142
编码 1361094
经销编号 05290

001 - 识别（保养$1A）
004 - 故障代码存储器内容
005 - 输出诊断测试模式（DTM）
006 - 基本设置
007 - 编码（保养$1A）
011 - 测量值
012 - 匹配
015 - 访问认可
017 - 安全
020 - 特殊功能
022 - 终止输出
显示全部的诊断功能

KWP2000 ● 模拟 ● 跟踪

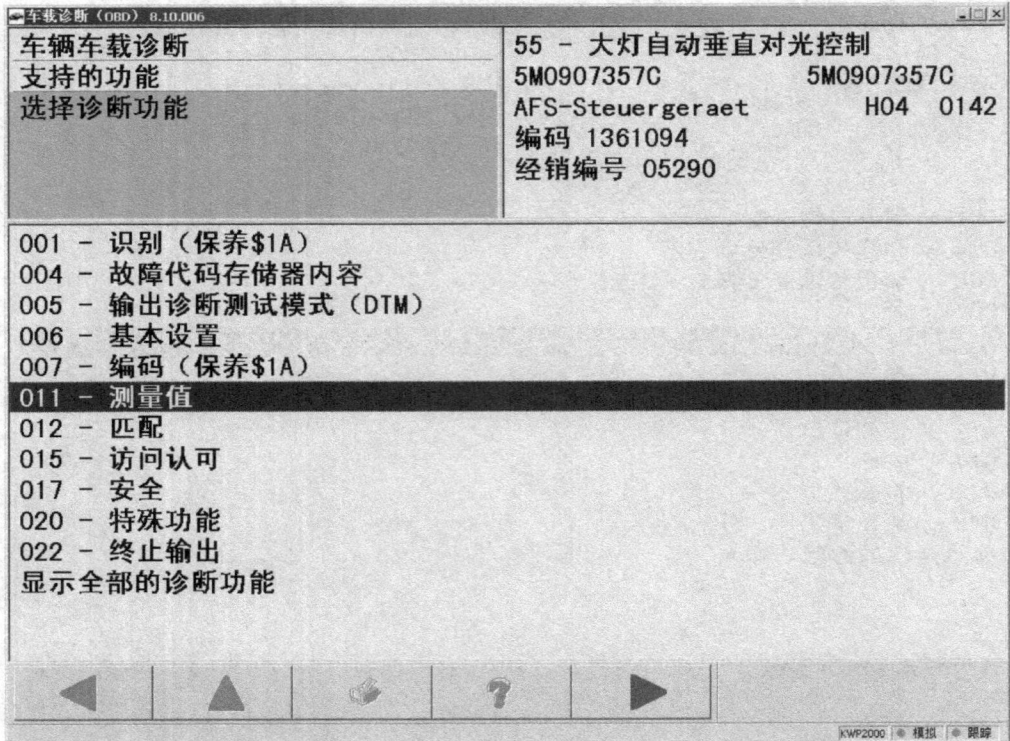

图 5-14 选择测量值

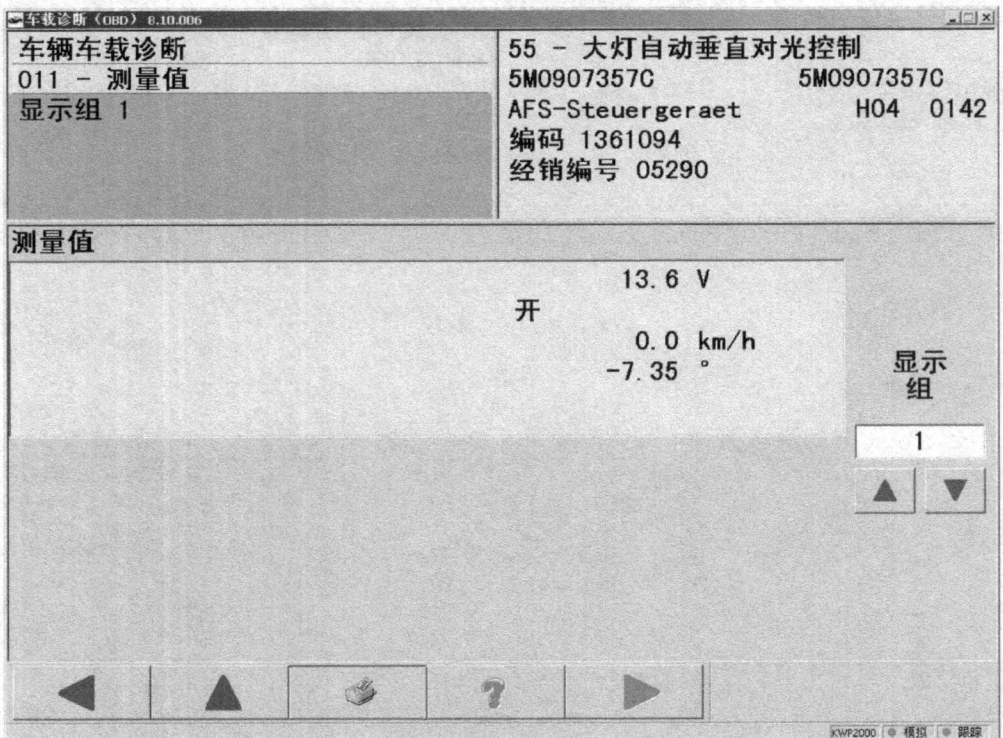

车载诊断（OBD）8.10.006

车辆车载诊断
011 - 测量值
显示组 1

55 - 大灯自动垂直对光控制
5M0907357C   5M0907357C
AFS-Steuergeraet   H04 0142
编码 1361094
经销编号 05290

测量值

13.6 V

开

0.0 km/h
-7.35 °

显示
组

1

KWP2000 ● 模拟 ● 跟踪

图 5-15 显示组 1

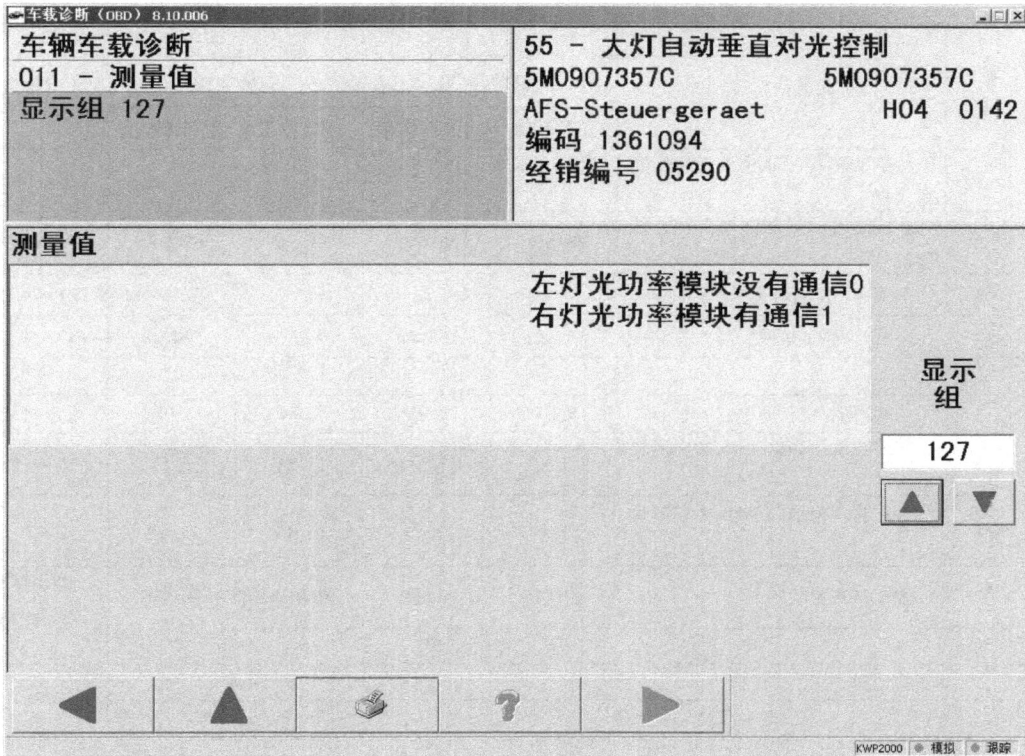

车载诊断（OBD）8.10.006

车辆车载诊断	55 - 大灯自动垂直对光控制
011 - 测量值	5M0907357C　　　　5M0907357C
显示组 127	AFS-Steuergeraet　　　HO4　0142
	编码 1361094
	经销编号 05290

测量值

左灯光功率模块没有通信0
右灯光功率模块有通信1

显示组

127

KWP2000　模拟　跟踪

图 5-16　显示组 127

b. 为了便于分析故障需要，将所读取的数据流列表如下（表5-2）。

表 5-2　途观 2.0TSI＿AT＿四驱车随动前照灯装置正常与不正常数据流对比表

数据块	显示区	测量值含义	发动机怠速运转（未打转向盘）		发动机怠速运转（打转向盘）		规定值
			正常数值	非正常数值	正常数值	非正常数值	
1	1	电压（接线柱 15）	13.6V	13.6V	13.6V	13.6V	9~15V
	2	灯光（接线柱 56b）	开	开	开	开	开启/关闭
	3	车速	0.0km/h	0.0km/h	0.0km/h	0.0km/h	0~255km/h
	4	转向角度	0.00°	0.00°	-193~193°	-193°	-510°~+510°
2	1	前部驻车雷达传感器信号					0~100%
	2	后部驻车雷达传感器信号	64.0%	64.0%	64.0%	64.0%	0~100%
	3	左侧随动前照灯步进电动机位置	59.2%	无显示值	59.2%	无显示值	0~100%
	4	右侧随动前照灯步进电动机位置	59.2%	59.2%	59.2%	59.2%	0~100%
3	1	左侧静态随动前照灯调光值	0.0%	0.0%	92.8%	0.0%	0~100%
	2	右侧静态随动前照灯调光值	0.0%	0.0%	92.8%	92.8%	0~100%
	3	左侧动态随动前照灯	50.0%	无显示值	50.0%	无显示值	0~100%
	4	右侧动态随动前照灯	50.0%	102.0%	50.0%	102.0%	0~100%

（续）

数据块	显示区	测量值含义	发动机怠速运转（未打转向盘）		发动机怠速运转（打转向盘）		规定值
			正常数值	非正常数值	正常数值	非正常数值	
4	1	在校准时的前部驻车雷达传感器信号					0~100%
	2	在校准时的后部驻车雷达传感器信号	63.6%	63.6%	63.6%	63.6%	0~100%
	3	左前与NN的偏差					−127~+128mm
	4	左后与NN的偏差	−3mm	−4mm	−3mm	−4mm	−127~+128mm
5	1						
	2	传感器的电压	5.0V	5.0V	5.0V	5.0V	4.8~5.2V
	3	左前随动前照灯AFS功率模块电压	13.5V	无显示值	13.5V	无显示值	0~15V
	4	右前随动前照灯AFS功率模块电压	13.4V	13.4V	13.4V	13.4V	0~15V
6	1	倒车灯开关状态	倒档否	倒档否	倒档否	倒档否	倒车灯开关是/否
	2		否	否	否	否	是/否
	3						
	4						

⑥ 针对系统当前存在的故障，按照随动前照灯 AFS 系统的电路图（图 5-17 ~ 图 5-23），

带气体放电前照灯的前照灯照射范围控制电路图

说明
信息

◆ 继电器位置分配和熔丝位置分配
◆ 多针脚插头连接
◆ 控制单元和继电器
◆ 搭铁点

=> 注意在一览中的安装位置！

仪表板左侧下方5位置继电器支架
15 总线端15供电继电器-J329（643继电器）

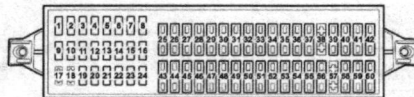

发动机舱内左侧电控箱顶面熔丝架
F7 SB7-熔丝7，40A
F16 SB16-熔丝16，30A
F26 SB26-熔丝26，30A

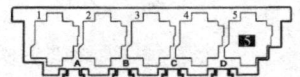

仪表板左侧下方熔丝支架
12 SC12-熔丝12，10A
14 SC14-熔丝14，10A
15 SC15-熔丝15，10A
16 SC16-熔丝16，10A
23 SC23-熔丝23，10A

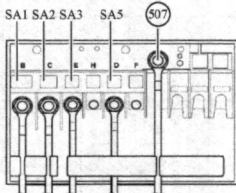

发动机舱内左侧电控箱前面保丝架
D 仪表板左侧下方熔丝盒内30号总线供电熔丝-SA5，80A
507 -正极螺栓连接点(30)

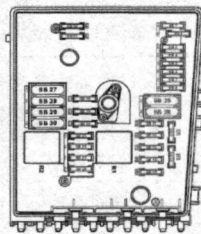

图 5-17 带气体放电前照灯的前照灯照射范围控制电路图（一）

并对照电路图中的相关说明和提示，熟悉和挑选出各个可以被利用的节点，以便从中选择可以用于排除该车故障的最佳切入点。

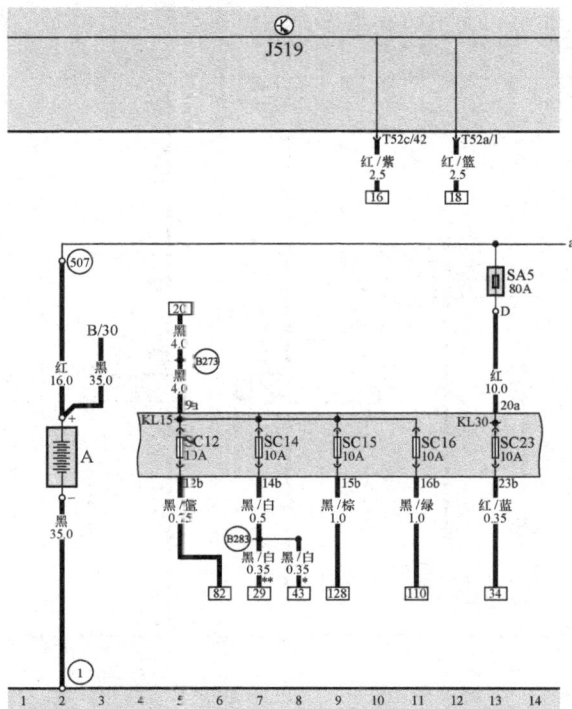

图 5-18　带气体放电前照灯的前照灯照射范围控制电路图（二）

BCM 车身控制单元、蓄电池

A—蓄电池　B—起动机，在发动机舱左侧变速器上　J519—BCM 车身控制单元，在仪表板左侧下方　SA5—熔丝 5.80A，仪表板左侧下方熔丝盒内 30 号总线供电熔丝，在发动机舱内左侧电控箱前面熔丝架上 D 号位　SC12—熔丝 12，10A，左侧前照灯电源模块熔丝，在仪表板左侧下方熔丝支架上　SC14—熔丝 14，10A，ABS控制单元、车灯开关、制动灯开关、变速杆档 D 位锁止开关、发动机控制单元、转向辅助控制单元，数据总线诊断接口、组合仪表中带显示单元的控制单元熔丝，在仪表板左侧下方熔丝支架上　SC15—熔丝 15、10A，电动驻车和手制动器控制单元、空气质量计、自诊断接口、转向灯和前照灯照明距离调节控制单元熔丝，在仪表板左侧下方熔丝支架上　SC16—熔丝 16，10A，右侧前照灯电源模块熔丝，在仪表板左侧下方熔丝支架上　SC23—熔丝 23，10A，电动机械式驻车制动指示灯、倒车摄像系统控制单元、磁场传感器、车灯开关、自诊断接口、雨天与光线识别传感器熔丝，在仪表板左侧下方熔丝支架上　T52a—52 针插头，黑色，在 BCM 车身控制单元上 A 号位　T52c—52 针插头，棕色，在 BCM 车身控制单元上 C 号位　①—搭铁点，蓄电池-车身，在横隔板上左侧　⑤⑦—正极螺栓连接点（30），在发动机舱内侧电控箱前面熔丝架上　⑧②⑦③—正极连接线（15），在主导线束中　⑧②⑧③—正极连接线（15a），在主导线束中　*—用于装备无专用行驶灯光开关的车型　**—用于装备带"到家提示"的专用行驶灯光开关的车型

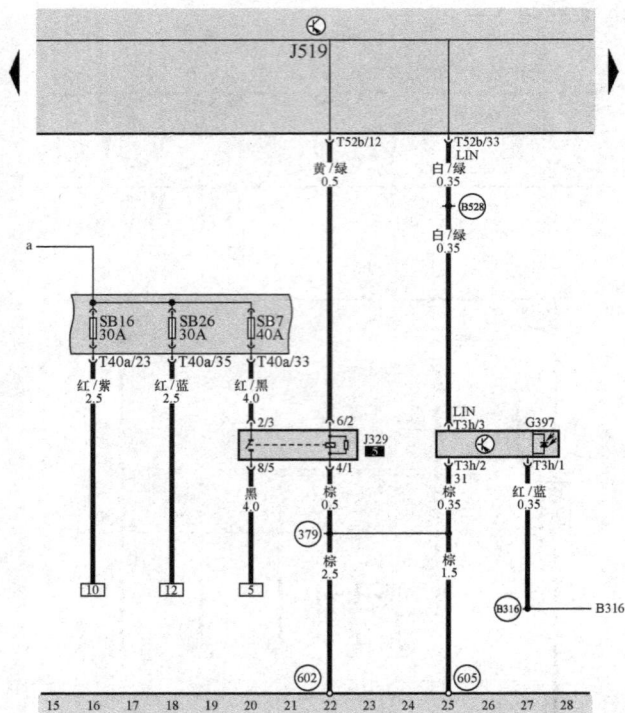

图 5-19　带气体放电前照灯的前照灯照射范围控制电路图（三）

　　BCM 车身控制单元、总线端 15 供电继电器、雨量与光线识别传感器
　　G397—雨量与光线识别传感器，在前风窗玻璃中间　　J329—总线端
15 供电继电器，在仪表板左侧下方 5 位置继电器支架上 5 号位（643
继电器）　　J519—BCM 车身控制单元，在仪表板左侧下方　　SB7—熔
丝 7，40A，总线端 15 供电继电器熔丝，在发动机舱内左侧电控箱
顶面熔丝架上　　SB16—熔丝 16，30A，左侧停车灯灯泡、右侧近光
灯灯泡、右侧远光灯灯泡、右前转向信号灯灯泡、右侧前雾灯灯泡、
右侧倒车灯、左侧后雾灯灯泡、左后转向信号灯灯泡、牌照灯、左
侧制动灯和尾灯灯泡右半部、右侧制动灯和尾灯灯泡右半部熔丝，
在发动机舱内左侧电控箱顶面熔丝架上　　SB26—熔丝 26，30A，右
侧停车灯灯泡、左侧近光灯灯泡、左侧远光灯灯泡、左前转向信号
灯灯泡、左侧前雾灯灯泡、左侧倒车灯、右后转向信号灯灯泡、高
位制动灯灯泡、左侧尾灯灯泡、左侧制动灯和尾灯灯泡左半部、右
侧尾灯灯泡、右侧制动灯和尾灯灯泡左半部熔丝，在发动机舱内左
侧电控箱顶面熔丝架上　　T3h—3 针插头，黑色，雨天与光线识别传
感器插头　　T40a—40 针插头，黑色，在发动机舱内左侧电控箱下面
　　T52b—52 针插头，白色，在 BCM 车身控制单元上 B 号位　379—搭
铁连接线，在主导线束中　602—搭铁点，在左前门槛板中间　605—
搭铁点，在转向柱中部　B316—连接线，在主导线束中　B528—连接线
（LIN 总线），在主导线束中

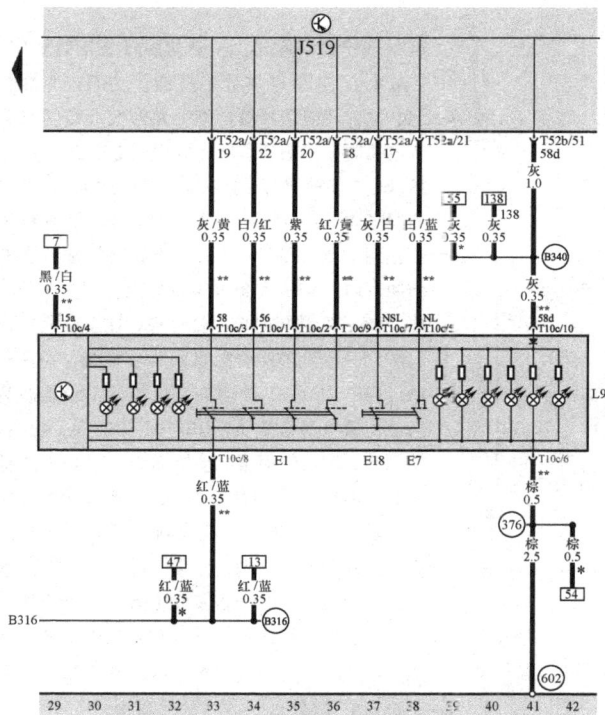

图 5-20　带气体放电前照灯的前照灯
照射范围控制电路图（四）

BCM 车身控制单元、车灯开关、雾灯开关、车灯开关照明灯泡

E1—车灯开关，在仪表板左侧出风口下方

E7—前雾灯开关，在仪表板左侧出风口下方

E18—后雾灯开关，在仪表板左侧出风口下方

　L9—车灯开关照明灯泡　J519—BCM 车身控制单元，在仪表板左侧下方　T10c—10 针插头，黑色，车灯开关插头　T52a—52 针插头，黑色，在 BCM 车身控制单元上 A 号位　T52b—52 针插头，白色，在 BCM 车身控制单元上 B 号位　376—搭铁连接线，在主导线束中　602—搭铁点，在左前门槛板中间　B316—连接线，在主导线束中　B340—连接线（58d），在主导线束中　*—用于装备无专用行驶灯光开关的车型　**—用于装备带"到家提示"的专用行驶灯光开关的车型

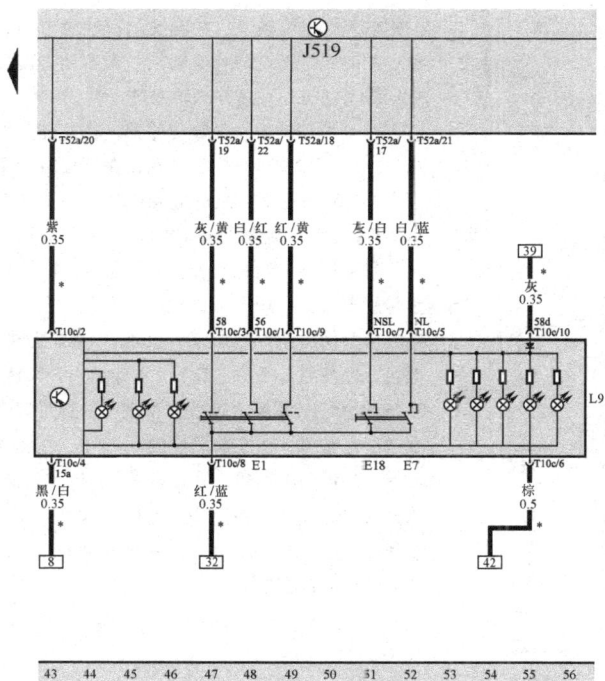

图 5-21　带气体放电前照灯的前照灯
照射范围控制电路图（五）

BCM 车身控制单元、车灯开关、雾灯开关、车灯开关照明灯泡

E1—车灯开关，在仪表板左侧出风口下方

E7—前雾灯开关，在仪表板左侧出风口下方

E18—后雾灯开关，在仪表板左侧出风口下方

J519—BCM 车身控制单元，在仪表板左侧下方　L9—车灯开关照明灯泡　T10c—10 针插头，黑色，车灯开关插头　T52a—52 针插头，黑色，在 BCM 车身控制单元上 A 号位　376—搭铁连接线，在主导线束中　602—搭铁点，在左前门槛板中间　B316—连接线，在主导线束中　*—用于装备无专用行驶灯光开关的车型

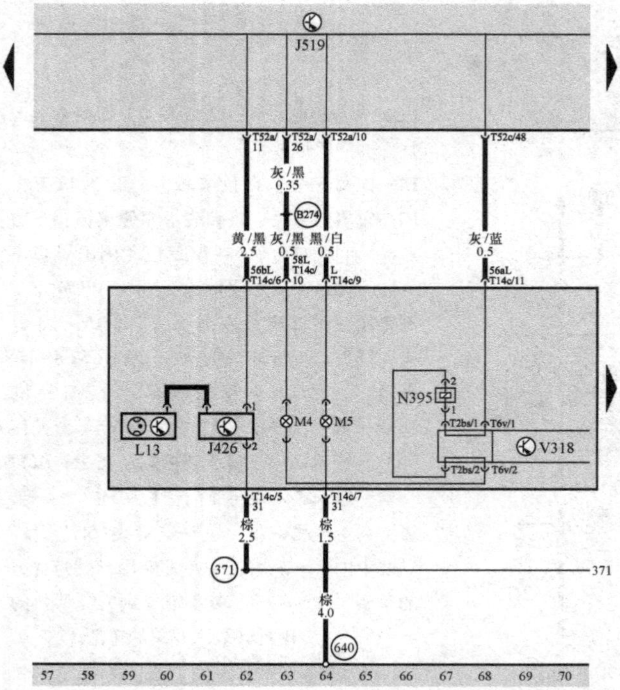

图 5-22　带气体放电前照灯的前照灯
照射范围控制电路图（六）

BCM 车身控制单元、左侧前照灯预接装置（气体放电）、左侧气体放电灯泡、左侧停车灯灯泡、左前转向信号灯灯泡、左侧前照灯眩目调节电磁阀、左侧动态转向灯伺服电动机

J426—左侧前照灯预接装置（气体放电），在左前照灯内　J519—BCM 车身控制单元，在仪表板左侧下方　L13—左侧气体放电灯泡，在左前照灯内　M1—左侧停车灯灯泡，在左前照灯内　M5—左前转向信号灯灯泡，在左前照灯内　N395—左侧前照灯眩目调节电磁阀，在左前照灯内　T2bs—2 针插头，白色，左侧动态转向灯伺服电动机插头　T6v—6 针插头，白色，左侧动态转向灯伺服电动机插头　T14c—14 针插头，黑色，左前照灯插头　T52a—52 针插头，黑色，在 BCM 车身控制单元上 A 号位　T52c—52 针插头，棕色，在 BCM 车身控制单元上 C 号位　V318—左侧动态转向灯伺服电动机，在左前照灯内　⑰—搭铁连接线，在主导线束中　⑭—搭铁点，在左前轮罩前部　B274—正极连接线（58L），在主导线束中

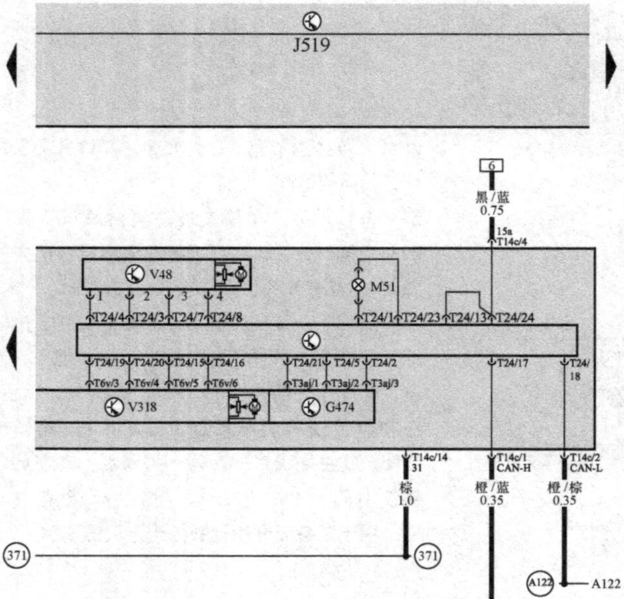

图 5-23　带气体放电前照灯的前照灯照
射范围控制电路图（七）

左侧前照灯电源模块、左侧摆动模块位置传感器、左前照灯光线调节电动机、左侧动态转向灯伺服电动机、左侧静态转向灯

G474—左侧摆动模块位置传感器，在左前照灯内　J519—BCM 车身控制单元，在仪表板左侧下方　J667—左侧前照灯电源模块，在左前照灯下面　M51—左侧静态转向灯，在左前照灯内　T3aj—3 针插头，白色，左侧摆动模块位置传感器插头　T6v—6 针插头，白色，左侧动态转向灯伺服电动机插头　T14c—14 针插头，黑色，左前照灯插头　T24—24 针插头，黑色，左侧前照灯电源模块插头　V48—左前照灯光线调节电动机，在左前照灯内　V318—左侧动态转向灯伺服电动机，在左前照灯内　⑰—搭铁连接线，在主导线束中　A122—连接线（高速总线），在主导线束中　A121—连接线（低速总线），在主导线束中

维修注意：

1）在排除电气故障时，熟悉和阅读相关的电路图非常重要。

2）切莫轻视了这一步，而习惯用经验来取代，结果会适得其反，使排除原本简单的电气故障变得复杂化。

3）如果操作不当，有时还会增加一些人为导致的故障，甚至还会损坏电气元件。

学习前雾灯控制电路图（图5-24～图5-26），以便用于分析和判断故障。

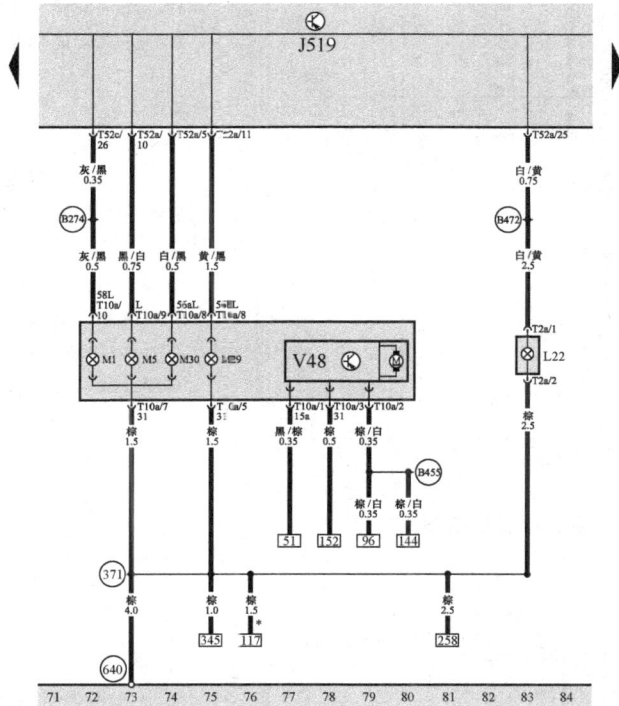

图5-24　基本配置电路图（一）

BCM车身控制单元、左侧前雾灯灯泡、左侧停车灯灯泡、左前转向信号灯灯泡、左侧近光灯灯泡、左侧远光灯灯泡、左前照灯光线调节电动机

J519—BCM车身控制单元，在仪表板左侧下方　L22—左侧前雾灯灯泡，在前保险杠前部左侧　M1—左侧停车灯灯泡，在左前照灯内　M5—左前转向信号灯灯泡，在左前照灯内　M29—左侧近光灯灯泡，在左前照灯内　M30—左侧远光灯灯泡，在左前照灯内　T2a—2针插头，黑色，左侧前雾灯灯泡插头　T10a—10针插头，黑色，左前照灯插头　T52a—52针插头，黑色，在BCM车身控制单元上A号位　T52c—52针插头，棕色，在BCM车身控制单元上C号位　V48—左前照灯光线调节电动机，在左前照灯内　⑨—搭铁连接线，在主导线束中　⑳—搭铁点，在左前轮罩前部　B274—正极连接线（58L），在主导线束中　B455—连接线，在主导线束中　B472—连接线，在主导线束中　＊—用于装备前照灯洗涤装置的车型

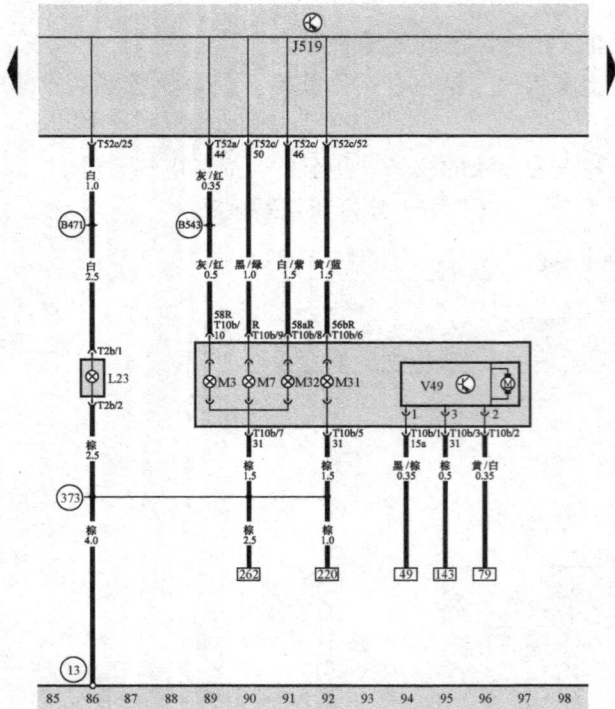

图 5-25　基本配置电路图(二)

BCM 车身控制单元、右侧前雾灯灯泡、右侧停车灯灯泡、右前转向信号灯灯泡、右侧近光灯灯泡、右侧远光灯灯泡、右前照灯光线调节电动机

J519—BCM 车身控制单元,在仪表板左侧下方
L23—右侧前雾灯灯泡,在前保险杠前部右侧　M3—右侧停车灯灯泡,在右前照灯内
M7—右前转向信号灯灯泡,在右前照灯内
M31—右侧近光灯灯泡,在右前照灯内
M32—右侧远光灯灯泡,在右前照灯内
T2b—2 针插头,黑色,右侧前雾灯灯泡插头
T10b—10 针插头,黑色,右前照灯插头
T52a—52 针插头,黑色,在 BCM 车身控制单元上 A 号位　T52c—52 针插头,棕色,在 BCM 车身控制单元上 C 号位　V49—右前照灯光线调节电动机,在右前照灯内　⑬—搭铁点,在右前轮罩前部　㊌—搭铁连接线,在主导线束中　B471—连接线,在主导线束中　B543—正极连接线(58R),在主导线束中

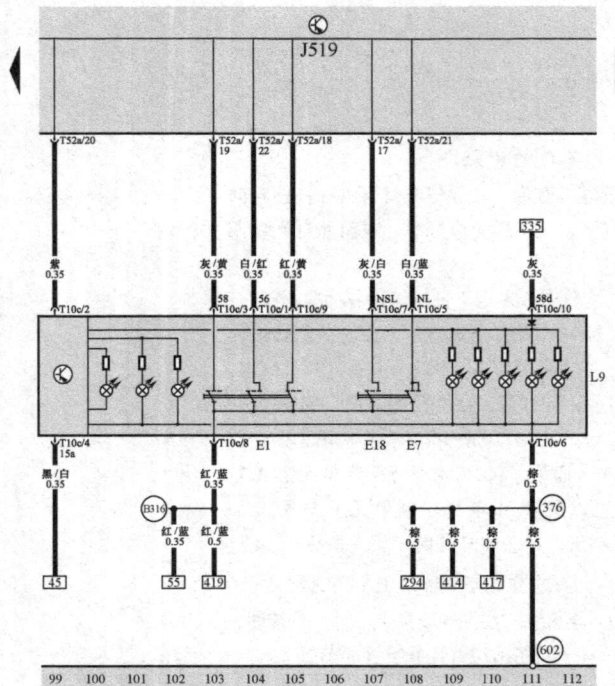

图 5-26　基本配置电路图(三)

BCM 车身控制单元、车灯开关、雾灯开关、车灯开关照明灯泡

E1—车灯开关,在仪表板左侧出风口下方
E7—前雾灯开关,在仪表板左侧出风口下方
E18—后雾灯开关,在仪表板左侧出风口下方　J519—BCM 车身控制单元,在仪表板左侧下方　L9—车灯开关照明灯泡　T10c—10 针插头,黑色,车灯开关插头　T52a—52 针插头,黑色,在 BCM 车身控制单元上 A 号位
㊌—搭铁连接线,在主导线束中　602—搭铁点,在左前门槛板中间　B319—连接线,在主导线束中

　　按照故障码和电路图的提示，仔细检查了下列部位：搭铁点 640、搭铁点 13 和搭铁点 602，均未发现异常；检查相关元件的线路和插头，结果发现设置在前保险杠上的左、右前雾灯线束插头，竟然未插装在灯座上（后经询问用户得知，此前，该车曾经在非 4S 店进行过肇事车的修理）。将左、右前雾灯线束插头插装在灯座上之后，开灯试验，左、右前雾灯可以被正常点亮，故障现象被消除。

　　使用 V. A. S505X 检测仪，清除在 09-电子中央电子装置故障存储器中的故障码（图 5-27 ~ 图 5-29）。关闭点火开关，起动发动机后，设置在组合仪表中的灯光故障警告灯熄灭。至此，该车的所有故障均被排除。

图 5-27　清除故障码

图 5-28　故障码已清除

图 5-29　重新读取故障码

3. 维修经验体会

1）在排除此类电气故障时，一定要按照程序操作。

2）在分析和排除故障时，一定要充分利用故障码、数据流和电路图。

3）随动前照灯 AFS 系统只有在确实没有故障存在时，才可以顺利完成如下操作：

① 控制单元编码。

② 对随动前照灯进行基本设定。

4）在给随动前照灯控制单元编码时，一定要按照车辆的实际配置和控制单元的配件号，选择正确的编码。

故障2：途安安全带警告灯亮

1. 故障信息

1）车型：途安1.8T。

2）行驶里程数：267km。

3）发动机代号：CFU。

4）故障现象：安全带警告灯长亮。

2. 维修情况

（1）初步故障分析

1）安全带开关E24损坏。

2）相关线路故障。

3）安全气囊控制单元损坏。

4）其他原因。

（2）分析故障原因

1）安全带开关电路处于闭合状态，安全带指示灯亮。

2）控制电路对搭铁短路。

3）控制单元损坏。

（3）测量数据

1）E24驾驶人侧安全带开关内部电阻1.2Ω。

2）T2ac/1白/黄线电压0.2V，电阻22.9Ω。

3）T2ac/2白/棕线对搭铁电阻∞。

4）T2ac/1至T75/61之间电阻∞。

（4）故障点 新车在安装驾驶人侧座椅固定螺栓时干涉安全带开关线路，造成开关负极线断路，正极线对搭铁短路（图5-30）。

3. 维修经验体会

这是新车在生产线上产生的故障。因为安全带警告灯的特殊性和检验的不规范（不系安全带），让人误以为是正常情况，只有在行驶过程中才会发现问题的存在。

安全带开关E24工作原理：未系上安全带的情况下，安全带开关处于闭合状态，在气囊控制单元接收到车速信号后，点亮安全带指示灯；当系上安全带后，安全带开关处于打开状态，气囊控制单元接收车速信号控制安全指示灯不点亮。

故障3：斯柯达明锐1.8TSi轿车，发动机故障警告灯点亮，加速轻微犯闯

1. 故障信息

1）车型：明锐1.8TSi。

2）行驶里程数：300km。

3）故障现象：发动机故障警告灯点亮，加速轻微犯闯。

4）故障码：01295，第三缸断火故障，偶发。

2. 维修情况

连接故障诊断仪对发动机控制系统进行检测，设备提示"第3缸断火故障，偶发"。观

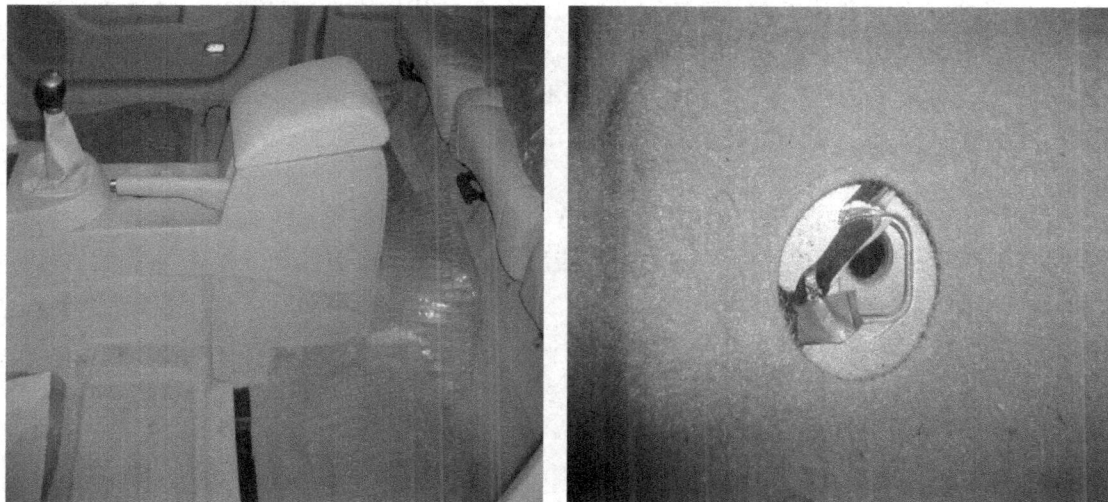

图5-30　故障部位

察发动机怠速运转平稳，读数据块01—08—015，数据块显示无断火，燃油压力、喷油时间、进气量及氧传感器调节等数据块均正常。

清除故障码后试车发现，当车速超过60 km/h时，车辆偶尔会轻微犯闯。回站检查，设备仍然提示相同的故障码。随后我们更换了第2缸的点火线圈、火花塞试车，设备还是提示第3缸存在断火。测量4个气缸的压力，各缸压力值都在1.2MPa左右。

一般情况下，导致气缸断火的原因很多，如点火正时不对、火花塞跳火不正常、喷油器喷油不正常、缸压异常、进气效率低、排气效率低及重要电子元件损坏等。但考虑到此车是单缸断火，所以怀疑喷油器喷油不正常或是电路连接不实可能性较大。

鉴于此车是新车，加之拆装喷油器的工作量较大，所以决定先进一步做火花塞跳火波形分析。在对发动机第3缸点火线圈的波形（图5-31）进行分析后发现，火花塞放电时间为

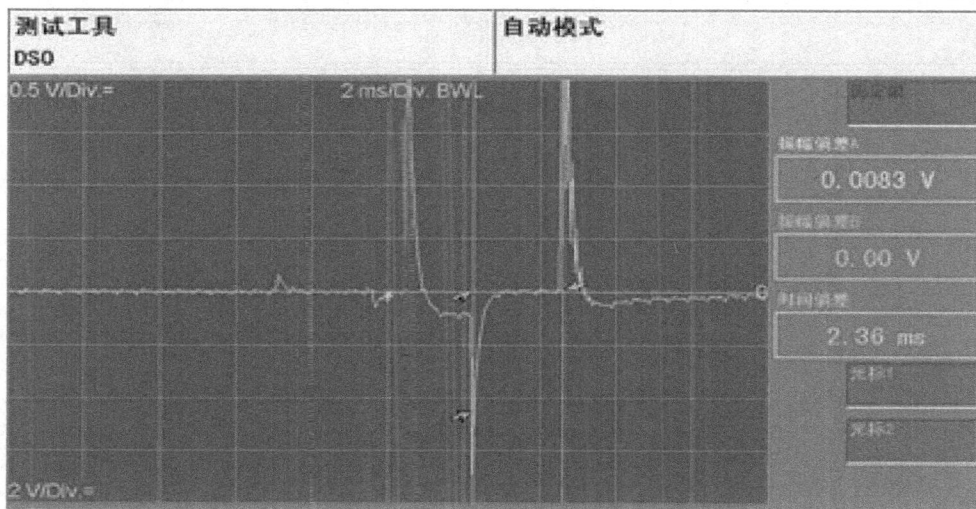

图5-31　点火波形

2.36 ms。由于此数值维修手册上找不到，所以将其与其他气缸进行了对比。第 2 缸波形中的放电时间为 2.04 ms，与第 1、4 缸基本一样。由波形来看，发动机第 3 缸的混合气比其他气缸偏浓，但与其他同型号车辆相比，差距并不大。因该车的故障是在车速 60 km/h 以上急加速时才会偶尔出现，我们很难捕捉到故障点。加之测量气缸压力正常，那么气门机械故障的原因被排除。

最后，我们拆下进气歧管，对换了第 2、3 缸的喷油器进行路试。连接故障诊断仪检测故障为 2 缸断火，看来的确是第 3 缸的喷油器出现了问题。在更换第 3 缸喷油器后，故障排除。

学习任务六　中控门锁失效的故障诊断与排除

任务要求：

完成本学习任务后，你应该能够：

1）正确描述汽车中控门锁系统的组成和工作原理。

2）正确描述汽车中控门锁系统的各部件尤其是控制开关的结构特点和作用。

3）识读和正确分析汽车中控门锁系统的电路图。

4）准确分析汽车中控门锁失效的所有可能原因。

5）梳理诊断思路，制订排除汽车中控门锁系统失效故障的工作方案。

6）根据工作方案，利用万用表检测汽车中控门锁系统的电动机、控制开关和电路元件，诊断和排除故障。

7）用企业标准验收任务完成情况，评价和反馈工作过程，完成学习拓展任务及任务工单6。

建议学时：6 学时

任务引入：

一辆丰田威驰轿车，行驶总里程5万km，发现该车右前门用遥控器无法锁车，其他门锁均正常。

任务分析：

1）初步诊断，确认故障现象。

2）查找资讯，学习相关知识，分析故障可能原因。

3）制订工作计划，分析故障诊断思路。

4）根据故障现象和任务要求，确定所需要的检测仪器设备、工具，并对小组成员进行合理分工，制订详细的、可实施的故障诊断与排除工作方案。

5）实施试验，利用故障诊断仪、万用表、测试线对中控门锁及其电路元件进行检测，确定故障原因并维修更换排除故障。

6）总结故障结论，写诊断报告。

7）用企业标准验收任务完成情况，评价工作过程，完成任务工单6。

资讯和相关知识：

为了方便驾驶人和乘客开关车门，现在大部分轿车中都安装了中央控制门锁系统。安装了中控门锁后，驾驶人可以在锁住或打开自己车门的同时锁住或打开其他的车门，而除了中控门锁控制外，乘客还可以利用各车门的机械式弹簧锁来开关车门。

一、中控门锁的组成

中控门锁系统一般包括门锁控制开关、钥匙控制开关、门锁总成、行李箱开启器及门锁控制器等。图 6-1 为典型的中央门锁控制系统及其组件的安装位置。

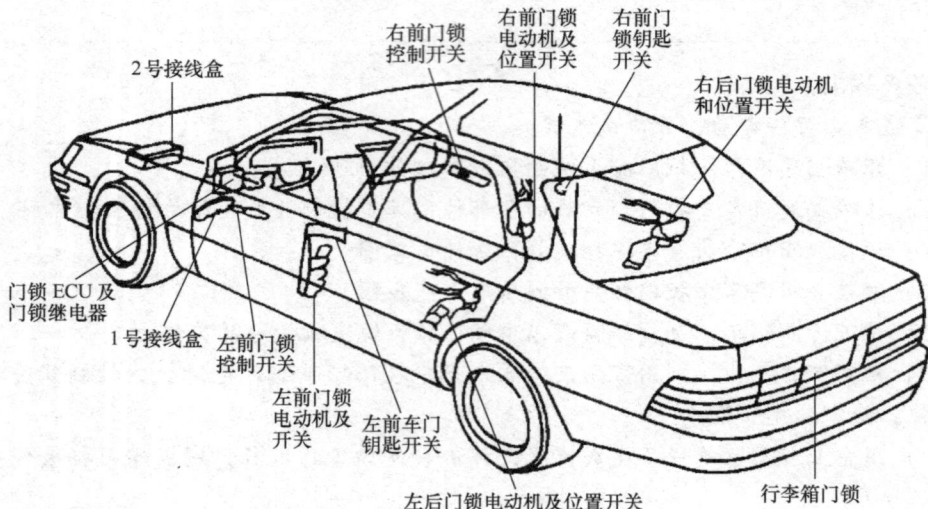

图 6-1　中控门锁控制系统各部件的安装位置

1. 门锁控制开关

门锁控制开关一般安装在驾驶人侧前门内的扶手上，通过门锁控制开关可以同时锁上或打开所有的车门，将开关推向前门是锁门，推向后门是开门。图 6-2 所示为丰田轿车门锁控制开关的位置图。

位置 \ 端子	1	3	4	6	8
向上	○			○	
		○			○
关闭	○	○			
		○			○
向下	○	○			
		○	○		

图 6-2　门锁控制开关的位置

2. 门锁总成

门锁总成主要由门锁传动机构、门锁位置开关、外壳等组成，结构示意图如图 6-3 所示。

门锁传动机构主要由门锁电动机、蜗轮蜗杆组等组成，如图 6-4 所示。门锁电动机是门锁的执行器，当门锁电动机转动时，蜗杆带动蜗轮转动，蜗轮推动锁杆，车门被锁上或打

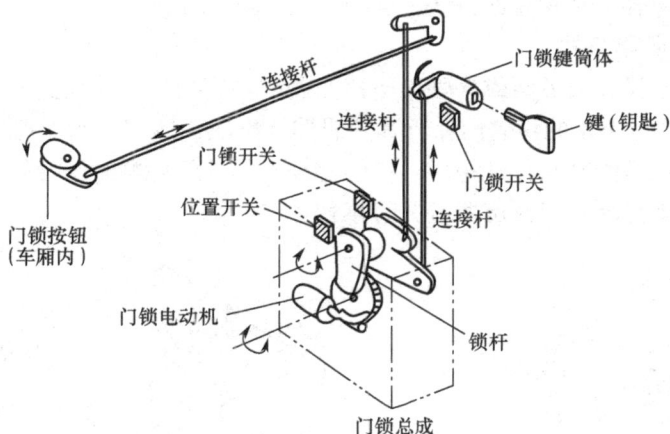

图 6-3　门锁机构示意图

开，然后蜗轮在回位弹簧的作用下返回原位置，防止操纵门锁钮时电动机工作。

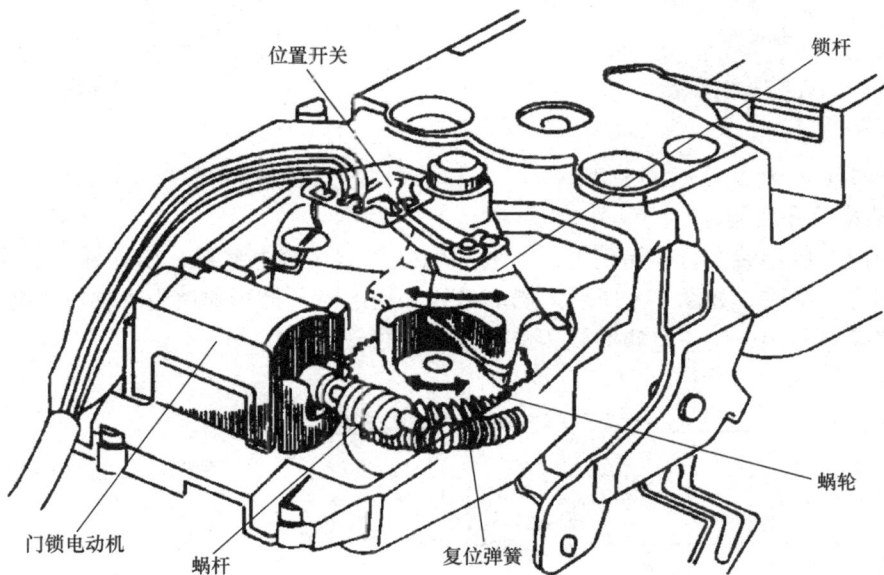

图 6-4　门锁的传动机构

门锁位置开关位于门锁总成内，用来检测车门的锁紧状态，它由一个触点片和一个开关底座组成。当锁杆推向锁门位置时，位置开关断开，推向开门位置时接通。即当车门关闭时，此开关断开，当车门打开时，此开关接通（图6-5）。

3. 钥匙控制开关

钥匙控制开关安装在左前门和右前门的外侧门锁上，当从外面用钥匙开门和锁门时，钥匙控制开关便发出开门或锁门的信号给门锁

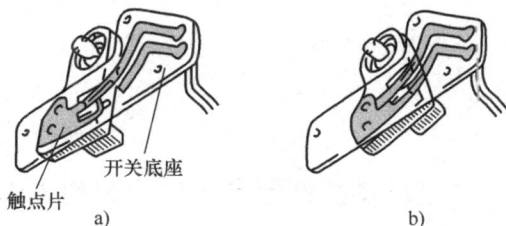

图 6-5　门锁位置开关的工作情况
a）锁紧（断开）　b）未锁（接通）

ECU 或门锁控制继电器。钥匙操纵开关的位置如图6-6所示。

4. 行李箱门开启器开关

一般该开关位于仪表板下面或驾驶人座椅左侧车厢底板上，拉动此开关便能打开行李箱门，如图6-7所示。行李箱的钥匙门靠近其开启器，推压钥匙门，断开行李箱内主开关，此时再拉开启器开关也不能打开行李箱门。将钥匙插进钥匙门内顺时针旋转打开钥匙门，主开关接通，这样便可用行李箱门开启器打开行李箱。

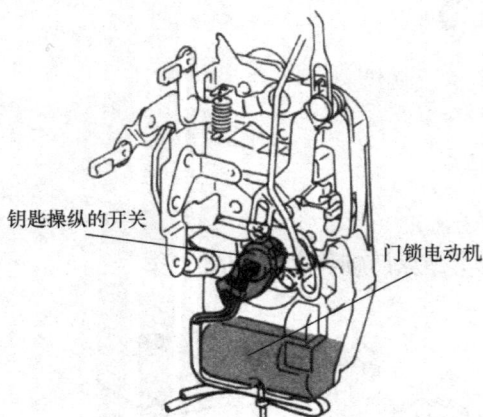

图6-6　钥匙操纵开关的位置

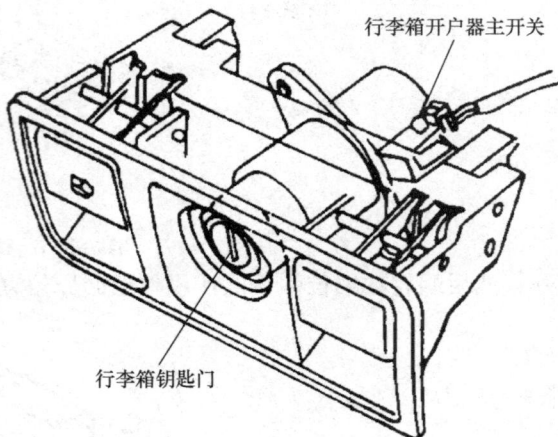

图6-7　行李箱门开启器开关

5. 行李箱门开启器

行李箱门开启器装在行李箱门上，一般用电磁线圈代替电动机，由轭铁、插棒式铁心、电磁线圈和支架组成，如图6-8所示。当电磁线圈通电时，插棒式铁心将轴拉入并打开行李箱门。电路断路器用以防止电磁线圈因电流过大而过热。

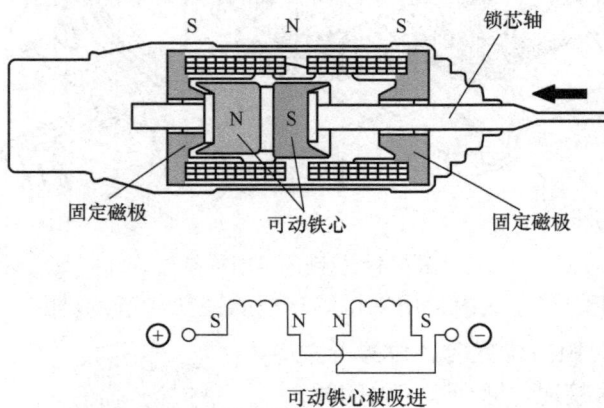

图6-8　行李箱门开启器

二、门锁控制器及中控门锁的工作原理

门锁控制器的形式比较多，常见的有继电器式、集成电路(IC)-继电器式、电脑(ECU)控制式等。

1. 继电器控制的中控门锁控制系统

图6-9所示为使用门锁继电器的中控门锁控制电路。

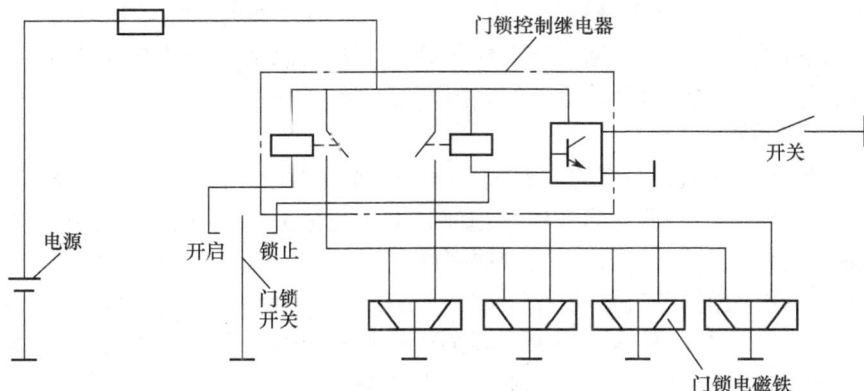

图6-9 门锁继电器控制的中控门锁电路

当用钥匙转动锁芯，门锁开关中的"开启"触点闭合时，这样电流便经过蓄电池的正极、熔丝、开锁继电器线圈后经门锁开关搭铁，开锁继电器开关闭合，电流经过门锁电动机或门锁电磁线圈搭铁，四个车门同时打开。当用钥匙转动锁芯，门锁开关中的"锁止"触点闭合时，锁止继电器通电使其开关闭合，四个车门同时锁住。开关受车速的控制，可以实现自动闭锁。

2. 集成电路(IC)-继电器控制的中控门锁系统

图6-10所示为集成电路(IC)-继电器控制的中控门锁系统电路。门锁控制器由一块集成电路(IC)和两个继电器组成，IC电路可以根据各种开关发出的信号来控制两个继电器的工作情况。此电路中的D和P分别代表驾驶人侧和前排乘员侧。

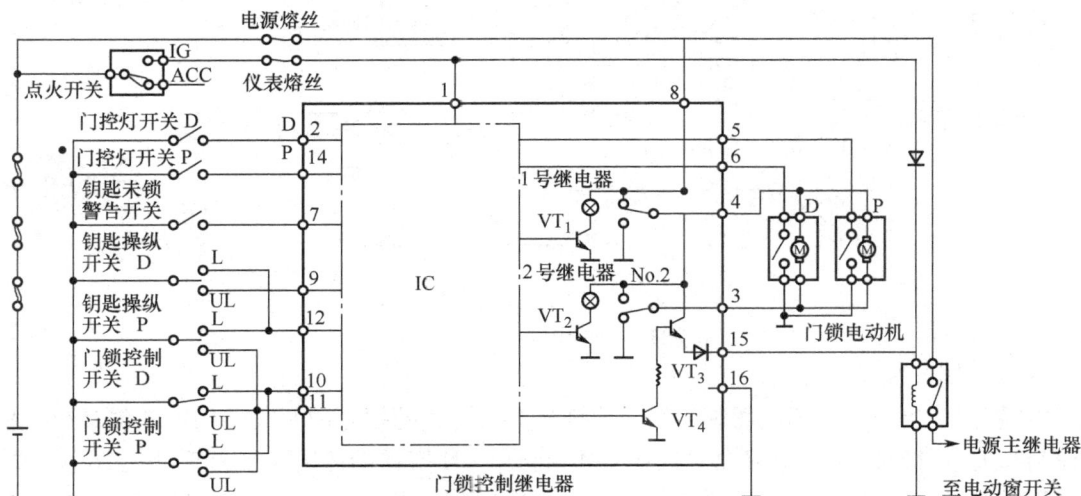

图6-10 集成电路(IC)-继电器控制的中控门锁控制电路

（1）用门锁控制开关锁门和开锁

1）锁门。将门锁控制开关推向"锁门"（LOCK）一侧时，门锁继电器的端子10通过门锁控制开关搭铁,将 VT_1 导通。当 VT_1 导通时,电流流至 1 号继电器线圈,1 号继电器开关闭合,电流流至门锁电动机,所有车门均被锁住。

2)开锁。将门锁控制开关推向"开锁"(UNLOCK)一侧时,门锁继电器的端子 11 通过门锁控制开关搭铁,将 VT_2 导通。当 VT_2 导通时,电流流至 2 号继电器线圈,2 号继电器开关闭合,电流反向通过门锁电动机,所有的车门打开。

(2)用钥匙操纵开关锁门和开锁

1)锁门。将钥匙操纵开关转向"锁门"(LOCK)一侧时,门锁继电器的端子 12 通过门锁控制开关搭铁,将 VT_1 导通。当 VT_1 导通时,电流流至 1 号继电器线圈,1 号继电器开关闭合,电流流至门锁电动机,所有车门均被锁住。

2)开锁。将钥匙操纵开关推向"开锁"(UNLOCK)一侧时,门锁继电器的端子 9 通过门锁控制开关搭铁,将 VT_2 导通。当 VT_2 导通时,电流流至 2 号继电器线圈,2 号继电器开关闭合,电流反向通过门锁电动机,所有的车门打开。

3. 电脑(ECU)控制的中控门锁系统

如图 6-11 所示为使用了防盗和中控门锁 ECU 的控制电路,下面分析其工作过程和基本工作原理。

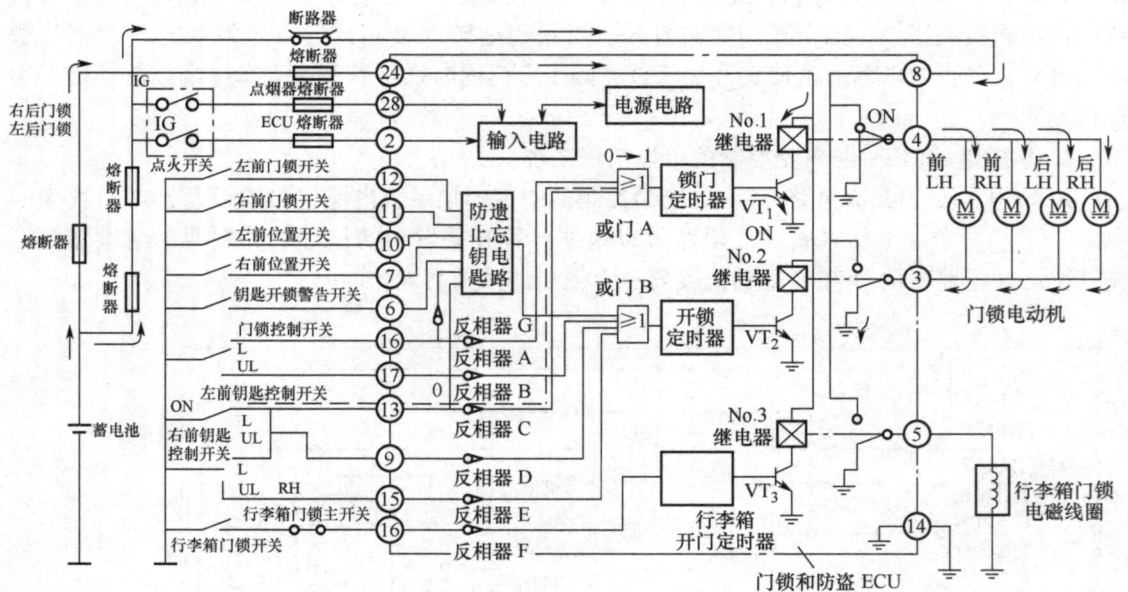

图 6-11　汽车中控门锁系统电路

(1)用钥匙锁门和开锁

1)锁门。当把钥匙插入驾驶人侧或前排乘员侧门锁的锁芯内并向锁门方向转动时,钥匙控制开关 16 将锁门侧(L)接通,这样 ECU 端子 13 和搭铁端接通,相当于开关 16 向 ECU 输入锁门信号。此信号经过反相器 C、或门 A、锁门定时器,使晶体管 VT_1(起开关作用)导通,从而使继电器 NO.1 通电。电流通过继电器线圈的电路为蓄电池 1-熔断器 3-熔断器 6-ECU 的 24 号端子-继电器 NO.1 的电磁线圈-晶体管 VT_1-搭铁。

继电器 NO.1 号通电使其触点闭合,接通了门锁电动机电路。电路为蓄电池 1-熔断器 2、

4-断路器 5-ECU 的 8 号端子-继电器 NO.1 接通的触点-ECU 的 4 号端子-门锁电动机 21、22、23 和 24-ECU 的 3 号端子-继电器 NO.2 搭铁点-搭铁-蓄电池负极。门锁电动机转动，将四个门锁全部锁上。

2）开锁。当将钥匙插入驾驶人侧或前排乘员侧门锁锁芯内并向开锁方向转动时，钥匙控制开关 16 向开门（UNLOCK）侧接通，防盗和门锁 ECU20 的 9 号端子与搭铁之间接通，即开关 16 向 ECU 输入一个开锁请求信号。此信号经过反相器 D、或门 B、开锁定时器，使晶体管 VT$_2$ 导通。

继电器 NO.2 通电使其触点闭合，接通了门锁电动机电路。电路为蓄电池 1-熔断器 2、4-断路器 5-ECU 的 8 号端子-继电器 NO.2 接通的触点-ECU 的 3 号端子-门锁电动机 21、22、23 和 24-ECU 的 4 号端子-继电器 NO.1 搭铁点-搭铁-蓄电池负极。门锁电动机反向转动，全部开锁。

（2）用门锁控制开关锁门和开锁

1）锁门。把驾驶人侧或前排乘员侧门锁控制开关 15 推向锁门（LOCK）位置时，防盗和门锁 ECU20 的 16 号端子与搭铁之间接通，即开关 15 向 ECU 输入一个锁门请求信号。此信号经过反相器 A、或门 A、锁门定时器，使晶体管 VT$_1$（起开关作用）导通，从而使继电器 NO.1 通电。电流通过继电器线圈的电路为蓄电池 1-熔断器 3-熔断器 6-ECU 的 24 号端子-继电器 NO.1 电磁线圈-晶体管 VT$_1$—搭铁。

继电器 NO.1 通电使其触点闭合，接通了门锁电动机电路。电路为蓄电池 1—熔断器 2、4—断路器 5—ECU 的 8 号端子—继电器 NO.2 搭铁点—搭铁—蓄电池负极。门锁电动机转动，将四个门锁全部锁上。

2）开锁。当把驾驶人侧或前排乘员侧门锁控制开关 15 推向开锁（UNLOCK）位置时，防盗和门锁 ECU20 的 17 号端子与搭铁之间接通，即开关 15 向 ECU 输入一个开锁请求信号。此信号经过反相器 B、或门 B、开锁定时器，使晶体管 VT$_2$（起开关作用）导通，从而使继电器 NO.2 通电，电流通过继电器线圈的电路为蓄电池 1-熔断器 3-熔断器 6-ECU 的 24 号端子-继电器 NO.2-晶体管 VT$_2$-搭铁。

蓄电池 NO.2 通电使其触点闭合，接通了门锁电动机电路。电路为蓄电池 1-熔断器 2、4-断路器 5-ECU 的 8 号端子-继电器 NO.2 接通的触点-ECU 的 3 号端子-门锁电动机 21、22、23 和 24-ECU 的 4 号端子-继电器 NO.1 搭铁点-搭铁-蓄电池负极。门锁电动机反向转动，将四个门锁全部开锁。

（3）行李箱锁的控制　当主开关 19 和行李箱锁开关的 18 接通时，防盗和门锁 ECU20 的 18 号端子与搭铁之间接通，即向 ECU 输入一个行李箱开锁请求信号。此信号经过反相器 F 和行李箱开锁定时器，使晶体管 VT$_3$（起开关作用）导通，从而使继电器 NO.3 电磁线圈通电。电流通过继电器线圈的电路为蓄电池 1-熔断器 3-熔断器 6-ECU 的 24 号端子-继电器 NO.3 的电磁线圈-晶体管 VT$_3$-搭铁。

继电器 NO.3 通电使其触点闭合，接通了行李箱锁电磁线圈的电路。电路为蓄电池 1-熔断器 2、4-断路器 5-ECU 的 8 号端子-继电器 NO.3 接通的触点-ECU 的 5 号端子-行李箱锁电磁线圈 25-搭铁-蓄电池负极，从而使行李箱锁打开。

（4）防止点火钥匙锁入车内　若驾驶人未从点火开关中拔出点火钥匙便打开前车门，准备离开，由于前车门打开和点火钥匙未拔出，门锁开关 10 和钥匙警告开关 14 均保持接通状态，并将信号送给 ECU 的防止钥匙遗忘电路。此时，当按下门锁按钮（或门锁控制开关）锁门时，门立刻被锁上。但位置开关 12（或门锁控制开关）经 ECU 的 10 号（或 16 号）端子，将一信号送给防止钥匙遗忘电路，再经反向器 D、或门 B、开锁定时器到晶体管 VT_2，使 VT_2 导通，继电器 NO.2 电磁线圈通电，因而使所有门锁开锁。

三、遥控门锁系统

为了便于操作，现在很多汽车的中控门锁系统均配备了遥控发射器来实现锁门和开门等功能。

遥控门锁的基本原理是通过遥控门锁的发射器发出微弱电波，此电波由汽车天线接收后送至中控门锁系统中的 ECU 进行识别对比，若识别对比后的代码一致，ECU 将把信号送至执行器来完成相应的动作，其工作过程如图 6-12 所示。

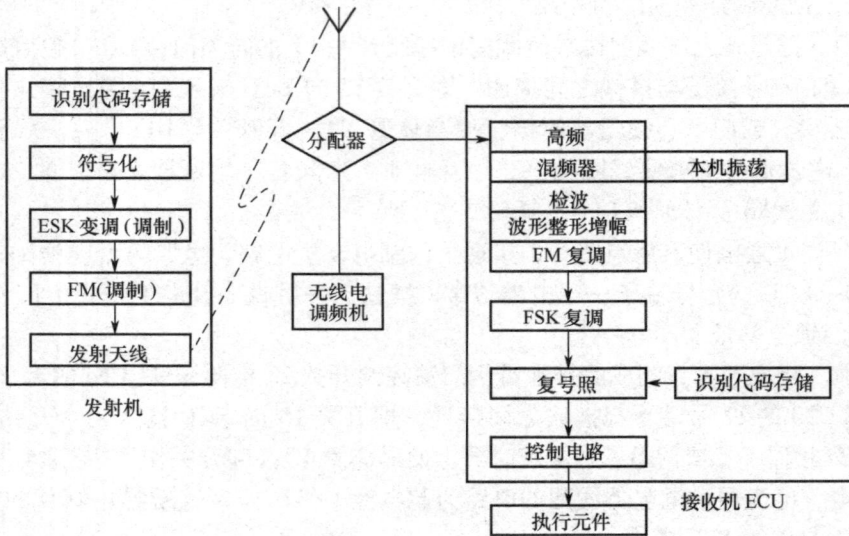

图 6-12　遥控门锁工作示意图

四、中控门锁的检修

各个车型的中控门锁电路区别较大，因此在进行检修时要结合具体的维修手册进行，但检修的方法和检修部位基本相似。下面结合丰田威驰轿车的中控门锁系统分析中控门锁的检修过程。图 6-13 所示为丰田威驰轿车中控门锁系统的电路图。

1. 中控门锁系统自诊断

（1）检查 DTC

1）将智能检测仪连接到 DLC3。

2）将点火开关置于 ON 位置。

3）按检测仪提示检查 DTC。

（2）清除 DTC

1）将智能检测仪连接到 DLC3。

2）将点火开关置于 ON 位置。

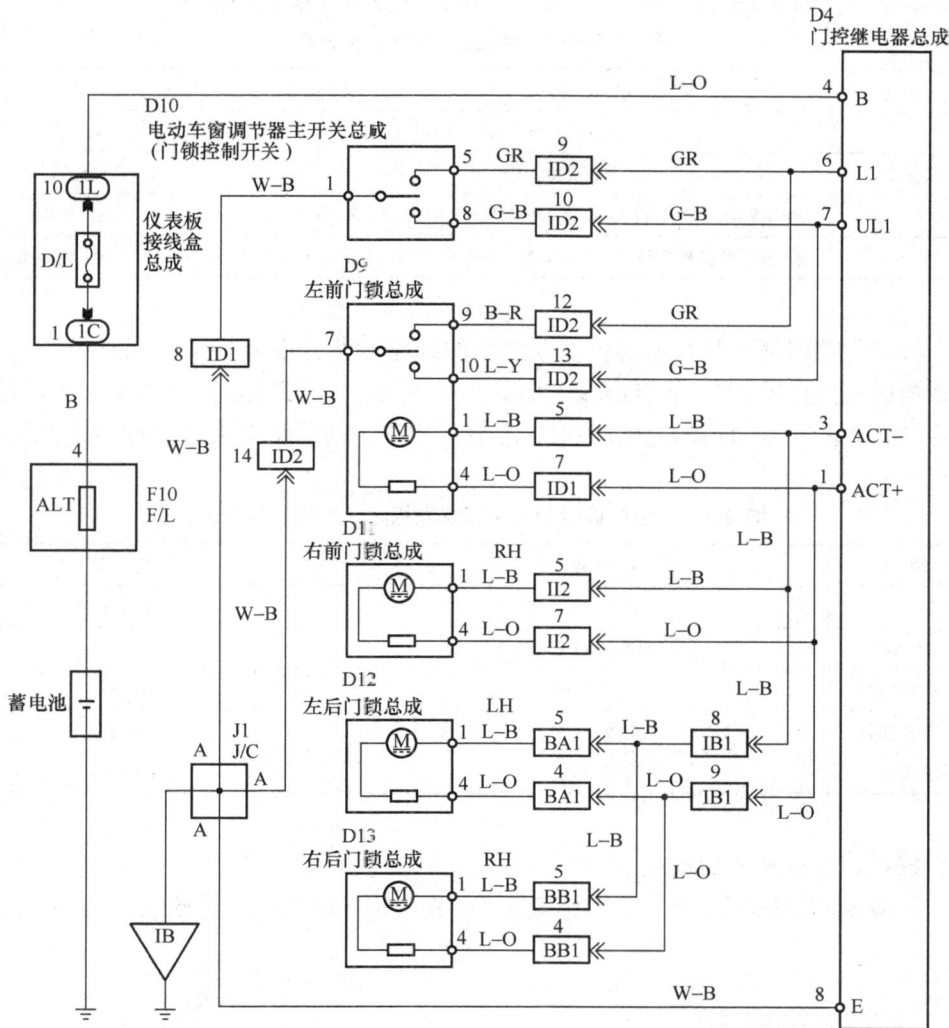

图6-13　丰田威驰轿车中控门锁电路

3）按检测仪提示清除 DTC。

4）检查并确认检测仪显示"DTCS are clear"。

2. 检测中控门锁系统线路

对中控门锁系统进行线路检查时，可按以下步骤进行。

（1）检查熔丝及电源线路

1）拔下熔丝，用万用表检查熔丝是否损坏，如果损坏则更换。

2）插上完好的熔丝，然后将点火开关置于 ON 位置，用万用表测量熔丝两端电压，均应为蓄电池电压。如果无电压或电压值不符合规定，更换熔丝或检查供电线路。

（2）检查中控门锁控制开关线路　断开中控门锁控制开关线束插接器 I3，其端子如图6-14 所示。根据表6-1 的

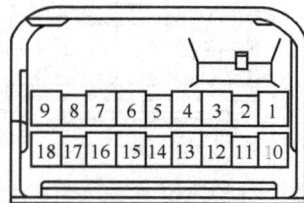

图6-14　中控门锁主开关
线束端子示意图

内容测量各端子，如果测量结果与规定值不相符，则说明线束侧存在故障。

表 6-1　中控门锁主开关线束检查表

测 量 端 子	测 量 条 件	规 定 值
6—1	万用表直流 20V 档	11～14V
1—车身搭铁	万用表 200Ω 档	小于 1Ω
2—1	使用钥匙操作驾驶人侧门锁锁芯 LOCK→UNLOCK	小于 1Ω→10kΩ 或更大
9—1	使用钥匙操作驾驶人侧门锁锁芯 LOCK→UNLOCK	小于 1Ω→10kΩ 或更大

（3）检测中控门锁控制开关与仪表板之间的线路　断开中控门锁控制开关线束插接器 I3 和仪表板线束插接器 2H，插接器端子如图 6-15 所示。用万用表测量各端子的连接情况，具体测量方法见表 6-2。如果测量结果与规定值不相符，则说明中控门锁控制开关线路存在故障。

表 6-2　中控门锁控制开关与仪表板之间的线路检查表

测 量 端 子	测 量 条 件	规 定 值
I3-2—2H-13	万用表 200Ω 档	小于 1Ω
I3-9—2H-14	万用表 200Ω 档	小于 1Ω
I3-1—车身搭铁	万用表 200Ω 档	小于 1Ω
2H-13—车身搭铁	万用表 200Ω 档	10kΩ 或更大
2H-14—车身搭铁	万用表 200Ω 档	10kΩ 或更大

3. 中控门锁控制开关的检查

如图 6-16 所示，拆下主开关，结合表 6-3 检查门锁控制开关的导通性。

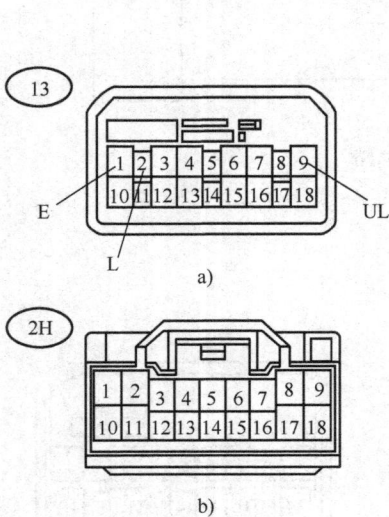

图 6-15　中控门锁控制开关与仪
表板之间线束端子示意图
a）中控门锁控制开关线束端子
b）仪表板线束端子

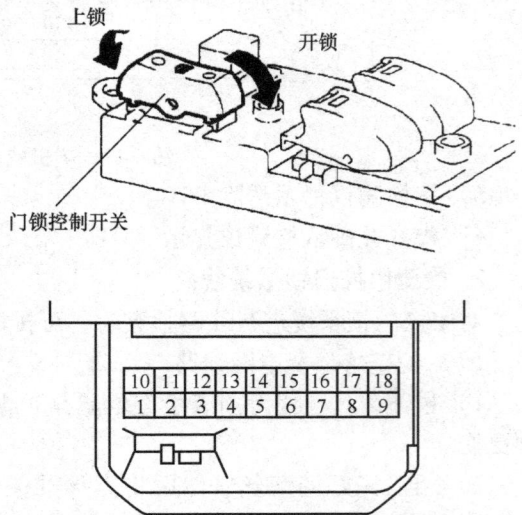

图 6-16　门锁控制开关示意图和端子号

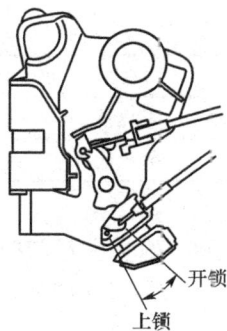

表6-3　门锁开关端子检查

端 子 号	开 关 位 置	标 准 状 态
1—5	LOCK	导通
所有端子	OFF	不导通
1—8	UNLOCK	导通

4. 检查左前门门锁总成

如图6-17所示，用蓄电池的正负极直接连接端子4和端子1，检查门锁电动机的工作情况。具体的标准结合表6-4所示。

表6-4　左前门锁端子的检查

测 量 条 件	标 准 状 态
蓄电池"＋"—端子4；蓄电池"－"—端子1	上锁
蓄电池"＋"—端子1；蓄电池"－"—端子4	开锁

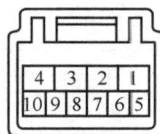

图6-17　左前门锁电动机的检查

检查门锁在开锁和锁门时开关的导通情况。如图6-18和表6-5所示。

表6-5　门锁总成端子的检查

端 子 号	门 锁 位 置	标 准 状 态
7—9	上锁	导通
所有端子	OFF	不导通
7—10	开锁	导通
7—8	二锁	不导通
	开锁	导通

5. 检查右前门门锁总成

如图6-19和表6-6所示。

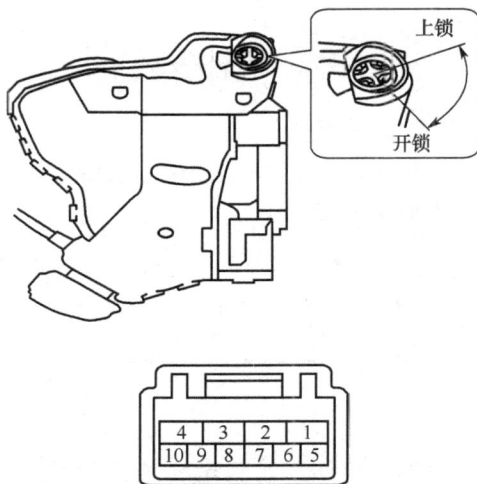

图6-18　门锁总成端子和开关的检查

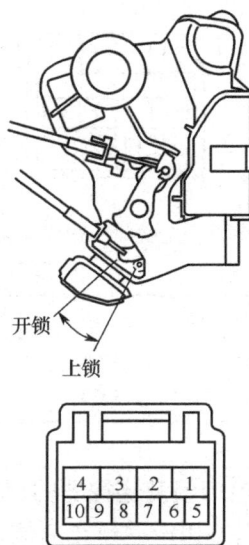

图6-19　右前门锁电动机的检查

表 6-6　右前门锁电动机的检查

测 量 条 件	标 准 状 态
蓄电池"＋"—端子4；蓄电池"－"—端子1	上 锁
蓄电池"＋"—端子1；蓄电池"－"—端子4	开 锁

6. 检查左后门门锁总成

如图 6-20 和表 6-7 所示。

表 6-7　左后门门锁电动机的检查

测 量 条 件	标 准 状 态
蓄电池"＋"—端子4；蓄电池"－"—端子1	上 锁
蓄电池"＋"—端子1；蓄电池"－"—端子4	开 锁

7. 检查右后门门锁总成

如图 6-21 和表 6-8 所示。

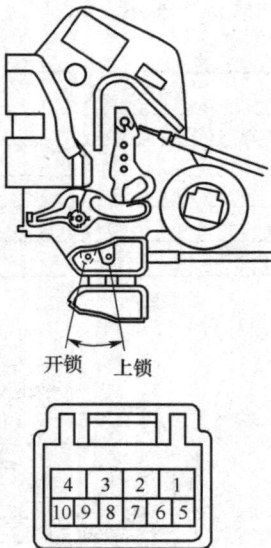

图 6-20　左后门门锁电动机的检查　　　　图 6-21　右后门门锁电动机的检查

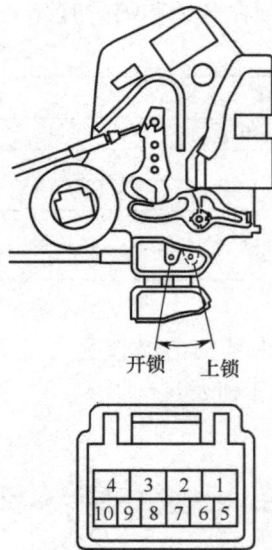

表 6-8　右后门门锁电动机的检查

测 量 条 件	标 准 状 态	测 量 条 件	标 准 状 态
蓄电池"＋"—端子4 蓄电池"－"—端子1	上 锁	蓄电池"＋"—端子1 蓄电池"－"—端子4	开 锁

8. 遥控门锁及遥控器的检修

下面以丰田威驰轿车为例说明遥控门锁及遥控器的检修，如图 6-22 所示为带有遥控的门锁电路图。检查遥控门锁的工作情况时注意以下问题：

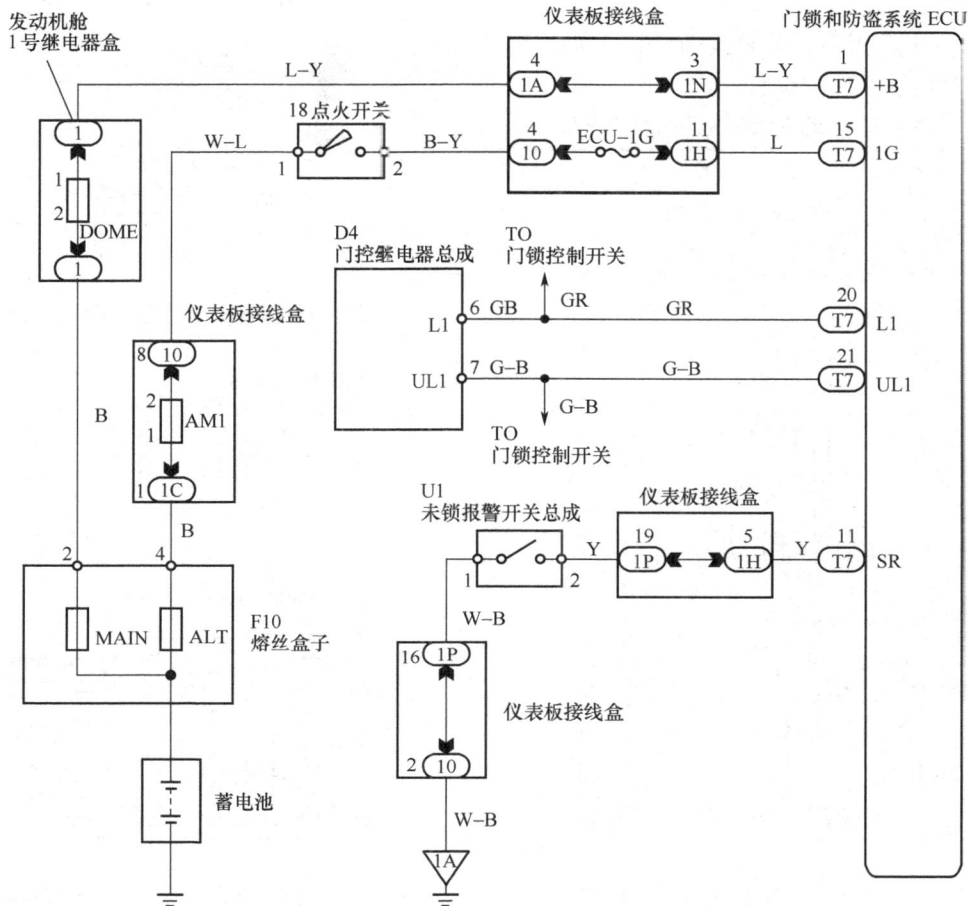

图 6-22　带有遥控的中控门锁电路

1）电动门锁系统工作正常。

2）所有的车门均关闭。若有任意一个门开着，则其他的车门无法锁上。

3）点火开关钥匙孔里没有钥匙。

（1）遥控器基本功能的检查

1）当钥匙上任何开关按 3 次时，检查发射器的发光二极管是否亮 3 次。若发光二极管没有闪烁，说明遥控器缺电，应按着图 6-23 所示进行电池的更换。

2）检查能否用遥控器锁上和打开所有的车门。

3）按下 LOCK 开关时，检查警告灯应该闪烁一次，同时锁上所有的车门。

4）按下 UNLOCK 开关时，检查警告灯应该闪烁两次，同时打开所有的车门。

5）按下 PANIC 开关不少于 1.5s 时，检查防盗警报器应该鸣叫，警告灯开始闪烁，再次按下 UNLOCK 开关或 PANIC 开关时，声音和闪烁应

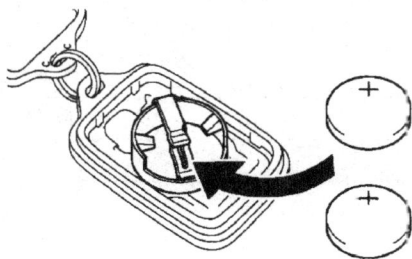

图 6-23　遥控器电池的检查和更换

停止。

（2）未锁报警开关总成的检查　如图6-24、图6-25和表6-9、表6-10所示。

表6-9　检查未锁报警开关的导通情况

端 子 号	开 关 动 作	标 准 状 态
1—2	开关松开（拔出钥匙）	不导通
	开关压下（插入钥匙）	导通

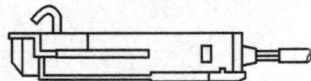
松开（拔出钥匙）

压下（插入钥匙）

图 6-24　检查未锁报警开关的导通情况

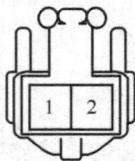
U1
未锁报警开关

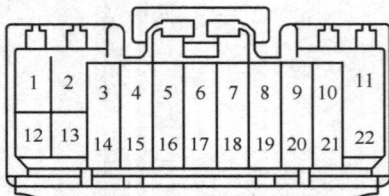
T7
门锁和防盗 ECU

图 6-25　检查未锁报警开关的搭铁情况

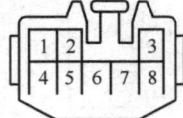
L1D4
门控继电器总成

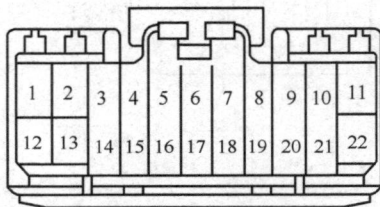
T7
门锁和防盗 ECU

图 6-26　门锁控制继电器总成——门锁和防盗系统 ECU 连接状况检查

表6-10　检查未锁报警开关连接端子之间的导通情况

端 子 号	标 准 状 态	端 子 号	标 准 状 态
U1-2—T7-11	导通	U1-1—搭铁	导通

（3）门锁控制继电器总成——门锁和防盗系统 ECU 连接状况检查　如图6-26和表6-11所示。

表6-11　检查连接端子之间的导通情况

端 子 号	标 准 状 态	端 子 号	标 准 状 态
L1 D4-6—T7-20	导通	UL1 D4-7—T7-21	导通

五、中控门锁失效故障实例

故障1：途观遥控器偶尔不工作

1. 故障信息

1）车型：途观 1.8TSI。

2）行驶里程数：300km。

3）发动机代号：CEA614333。

4）故障现象：用户报修用遥控器开门时，遥控器偶尔不工作。

5）故障码：没有故障存储。

2. 维修情况

首先接车检查，经检查未发现故障现象，与客户沟通得知此故障一般2~3天出现一次，当出现故障时，遥控器开锁闭锁均无反应，遥控器上红色指示灯亮，但应急灯不亮。通过左前门机械锁把门打开后一切正常。随即用V. A. S5051检查BCM有"中控锁过热保护故障"，经反复测试故障一直未能重现。由于未见故障现象，与客户沟通先清除故障码，待故障再次出现后到现场进行检查。

两天后，用户来电故障再次出现。到达现场后，用遥控钥匙开锁、闭锁，车门及行李箱锁中控锁均无反应，遥控器指示灯亮，应急灯不亮。用钥匙打开左前门后（未听到中控锁动作声音）其他三门均无反应，打开车门顶灯点亮，用V. A. S5051进行诊断但所有控制单元均无法通信。打开点火开关，能听到中控锁动作的声音，进行自诊断，所有控制单元正常，无故障存储。打开过一次点火开关后再使用遥控时一切正常。随即将车开至维修站进行进一步检查。

分析遥控不能正常工作的原因：

1）发射器故障：包括电池无电、遥控器损坏、未与控制器进行匹配等。

2）控制器故障：包括控制器本身故障、电路故障（供电/搭铁）等。

对于中控锁不工作的原因，包括左前门锁故障、左前门控制单元故障、CAN线故障、BCM故障等进行分析验证如下。

1）使用V. A. S5051进入BCM，读取数据块91组，检查遥控器状态。

查阅电路图，BCM控制器一共有4根30线供电（SB3、SB16、SB26、SC49）、3根搭铁线。通过试验证明，只要有一根30线供电正常，遥控时中控锁都能正常工作。逐一检查后均正常。

2）检查中控部分。用V. A. S5051进入左前门控单元，读取控制单元编码，正常。

读取门锁信号正常，且就算左前门开关信号异常，用遥控开门时两侧转向灯灯也应该亮，电动机会有动作。由于是偶发故障，正常情况下读取点火开关信号，S端子能正常断开。进入J533，数据总线通信正常、且正常情况下断开J533遥控器也能正常工作。

检查门控单元通信状态，通信正常。

经过以上检查步骤，未发现故障点。经与客户沟通后，对BCM、左前门锁和遥控器更换试用。三天后，客户来电称故障六解决，且出现了点火钥匙不能插入点火开关的情况，随即将车开回维修站。这次重点对点火开关进行了检查，经反复试验后，出现了点火开关不能插入的情况，且有时拔出钥匙后收放机不能关闭，读取S端子信号，发现S端子有时不能正常断开。最后确定为点火锁芯损坏。

3. 维修经验体会

该车故障主要是因为S端子未断开引起。通过该车的维修，意识到维修该类偶发性故障，一方面必须通过反复试车，验证故障现象，并对车辆系统要熟悉；另一方面，与客户沟通，得到客户的理解、认同，更便于判断故障。

故障 2：朗逸开关左前门时行李箱盖自动打开

1. 故障信息

1）车型：181EH3。

2）行驶里程数：48km。

3）发动机代号：CFB075696。

4）故障现象：打开或关闭左前门时行李箱盖自动打开。

5）故障码：无。

2. 维修情况

拆装修理左门板行李箱开关（图 6-27）。

图 6-27　开关内部的金属片

3. 维修案例经验体会

客户到维修站报修开关左前门时后行李箱盖自动打开，经测试故障属实，接到委托书后根据电路（图 6-28）进行分析：

1）开关有故障。

2）控制线故障。

3）BCM 控制单元故障。

4）电动机电源线与正极有短路。

拆出左门板检查电路未发现有短路，用螺钉旋具敲打行李箱开关时时行李箱自动打开，拆出行李箱盖开关后行李箱接上新的开关测试，一切正常。接下来将开关分解开，发现在开关内部有一小铁片，将铁片取出后装回开关，再次测试，故障不再出现，说明故障排除。

故障 3：波罗点火开关打开后四门自动上锁

1. 故障信息

1）车型：波罗 1.6 手动变速器。

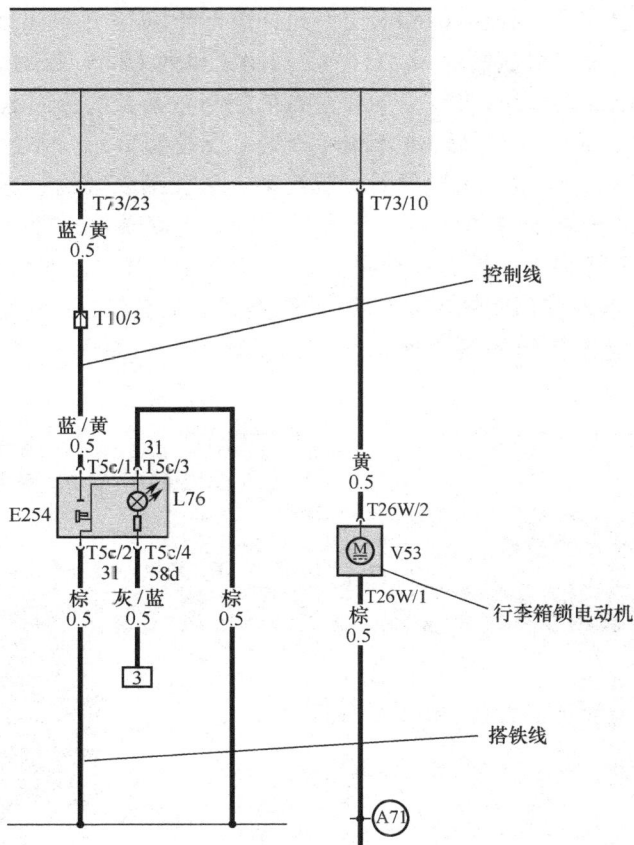

图6-28　行李箱锁电路

2）行驶里程数：12302km。

3）发动机代号：CDD。

4）故障现象：客户反映偶尔上车打开点火开关或在行驶的过程中，会突然出现四门自动上锁，这时左前门的中控按钮不起作用，而天窗也无法进行关闭或打开。只有拔下点火钥匙用遥控钥匙进行解锁，才能将车门打开，而且这时中控锁和天窗都恢复到正常状态。最近该故障现象出现得比较频繁。

2. 维修情况

通过该客户反映的故障现象，首先上车对该故障现象进行验证。当时重复开闭点火开关多次后，才出现该故障现象，在车门自动锁门后，左前门上的中控按钮不起任何作用，用手去扭动天窗开关，天窗没有任何反应。针对该故障进行分析，要使四门中控上锁，就要经过以下操作方式：①用遥控进行闭锁；②左前门钥匙开关扭动到闭锁位置；③按左前门中控锁按钮的闭锁键；④将行李箱盖机械锁扭动到闭锁位置（后经过试验，新款波罗车没有该功能，老款波罗车具有该功能）。而出现该故障的同时，左前门的中控按钮不起作用，天窗也不能进行任何操作；当上述故障消失后，中控按钮和天窗又都起作用。在上述操作中，只有将左前门钥匙扭动到闭锁位置后进行中控锁门，这种操作方式会使天窗和左前门中控按钮都不会起作用（虽然点火开关打开，但钥匙从外面进行闭锁，左前门控制单元给各控制单元传递的信息是车辆处于锁止安全状态,因此车门和天窗不允许被打开,防止车辆出现不安全的因素)。

该操作方式出现故障的可能性原因:①左前门闭锁单元 F220 及线路引起的故障;②左前门控制单元 J386 及线路引起的故障;③舒适系统控制单元及线路引起的故障。接下来首先用 V. A. S5052 对舒适系统控制单元进行故障查询,但控制单元内并无故障存储。读取数据块 08-007 组(图 6-29),当故障出现的同时观察第一区、第二区的数据,没有产生任何变化。接着检查左前门 A 柱插头是否进水,从而导致线束短路致使故障产生,然而将插头拔下后,检查插头都非常干净,并无腐蚀现象。这时打开点火开关,四门又自动上锁,说明左前门控制单元 J386 及左前门闭锁单元 F220 及线路都不是引起故障的原因。这时发现在故障出现的同时,数据组第 7 组的第二区,右前门钥匙开关,瞬间从"未操作"变成"已操作"。

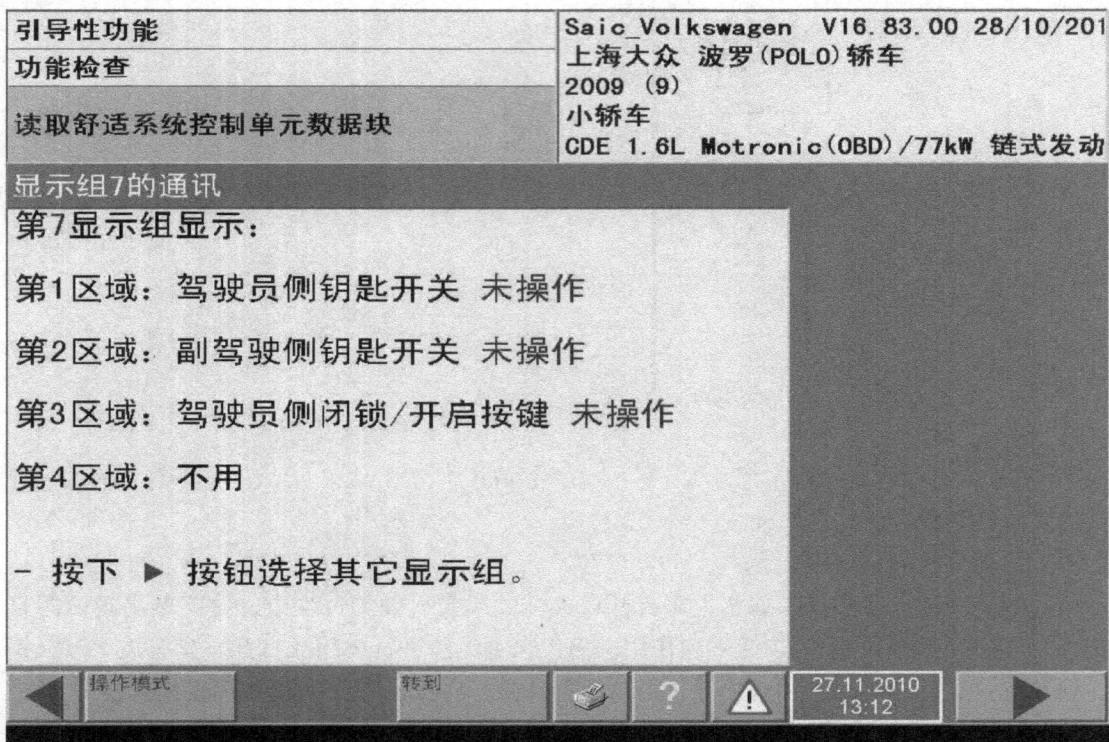

引导性功能	Saic_Volkswagen V16.83.00 28/10/201
功能检查	上海大众 波罗(POLO)轿车
	2009 (9)
读取舒适系统控制单元数据块	小轿车
	CDE 1.6L Motronic(OBD)/77kW 链式发动

显示组7的通讯

第7显示组显示:

第1区域: 驾驶员侧钥匙开关 未操作

第2区域: 副驾驶侧钥匙开关 未操作

第3区域: 驾驶员侧闭锁/开启按键 未操作

第4区域: 不用

- 按下 ▶ 按钮选择其它显示组。

| 操作模式 | 转到 | | ? | ⚠ | 27.11.2010 13:12 | ▶ |

图 6-29　观察数据组

经过反复试验,在出现故障的同时第二区的数值有时候瞬间会从"未操作"变成"已操作",但有时候故障出现的同时数值又不会产生变化。这时考虑到,右前门上没有钥匙开关,怎么可能使数据产生变化? 后查阅电路图(图 6-30),发现电路图上标明有"右前门钥匙开关",只是不能从车外用钥匙开闭车门,但"钥匙开关"还是存在。于是将右前 A 柱的连接线插头拔掉,检查发现没有进水腐蚀。随后反复进行试验,故障始终没有出现,接着将插头重新连上,多次试验后故障现象又重新出现,这时可以肯定故障点就出现在右前门上,于是将右前门饰板拆下,依照电路图对右前门闭锁单元及右前门控制单元的线路进行检查,测量的结果是线路中并无短线的现象。于是将万用表连接到右前门控制单元的 T8AK/4 的针脚上,当故障出现的同时万用表的数值没有出现 9~12V 的电压变化(正常的情况下,将钥匙开关转到闭锁位置时,T8AK/4 的针脚的电压为 12V,将钥匙开关转到开锁位置时,T8AK/4 的针脚的电压为 9V),由此,判断右前门闭锁单元 F221 是正常的,那么故障应该就是由右前门控制单元 J387 产生的。更换右前门控制单元 J387,经过反复试验,故障没有出现(后来一个星期后客户也没有回来,说明故障彻底排除)。

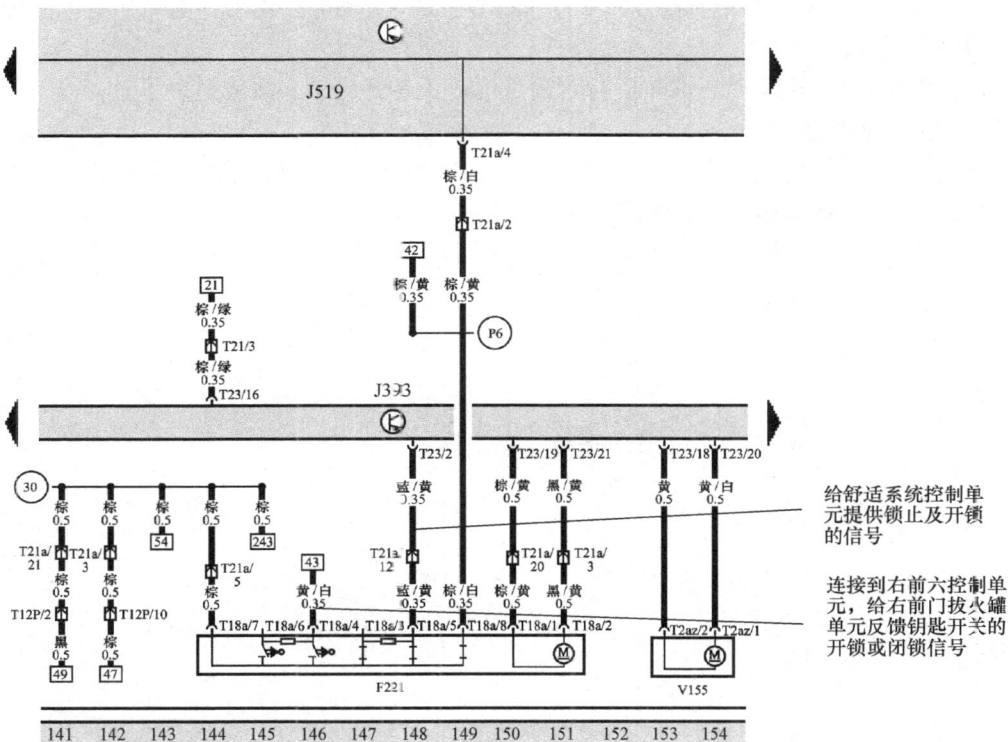

图 6-30　舒适系统电子装置电路图

3. 维修案例经验体会

在维修任何车辆的故障之前一定要弄懂该车辆的结构特点(如该车辆右前门上虽然没有钥匙孔,但确有钥匙开关),在动手之前一定要首先去思考有哪些地方可以引起该故障的产生,然后再去逐步检查,另外一定要熟悉该车辆的功能特点,避免多走弯路。

故障 4:昊锐行李箱盖无法开启

1. 故障信息

1)车型:昊锐。

2)行驶里程数:3278km。

3)发动机代号:CEA511237。

4)故障现象:事故维修后行李箱盖打不开。

5)故障码:无。

2. 维修情况

1)该车是一辆事故车,事故情况是,车身后部被严重追尾后,车头也被撞击了。

2)事故维修完毕以后,发现行李箱盖打不开。

3）检查行李箱熔丝已经熔断了。

4）电脑查询09，没有与行李箱盖不能开启有关的故障码。

检查行李箱盖供电电源，发现 SC14 熔丝已经熔断。更换了一个新熔丝，行李箱盖还是不能开启。

1）测量行李箱盖开启电动机 V53 到 J519 的电路，发现电路正常，电路自身电阻值和对搭铁没有异常情况。

2）更换了一个 BCM 后，试车后行李箱盖可以正常开启了。故障解决了。

3. 维修经验体会

在行李箱盖左侧的线束中，开启电动机 V53 的控制线。线束绝缘皮给擦破了，可能曾经在事故后，开启行李箱盖引起短路，烧坏 ECM。

学习任务七 电动车窗失效的故障诊断与排除

任务要求：

完成本学习任务后，你应该能够：

1）正确描述汽车电动车窗的组成和工作原理。

2）正确描述汽车电动车窗的各部件结构特点和作用。

3）识读和正确分析电动车窗的电路图。

4）准确分析汽车电动车窗失效的所有可能原因。

5）梳理诊断思路，制订排除汽车电动车窗失效故障的工作方案。

6）根据工作方案，利用万用表检测汽车电动车窗电动机、控制开关和电路元件，诊断和排除故障。

7）用企业标准验收任务完成情况，评价和反馈工作过程，完成学习拓展任务及任务工单7.1和7.2。

建议学时：8 学时

任务引入：

1）一辆丰田威驰轿车，行驶总里程10万km，发现该车所有车窗用总开关控制均无法升降，但是用分开关控制可以升降。

2）一辆丰田威驰轿车，行驶总里程10万km，发现该车右后车窗无法升降；而其他三个车窗工作正常。

任务分析：

1）初步诊断，确认故障现象。

2）查找资讯，学习相关知识，分析故障可能原因，分解成两个子任务。

① 电动车窗全部失效故障诊断与排除。

② 电动车窗部分失效故障诊断与排除。

3）制订工作计划，分析故障诊断思路。

4）根据故障现象和任务要求，确定所需要的检测仪器设备、工具，并对小组成员进行合理分工，制订详细的、可实施的故障诊断与排除工作方案。

5）实施试验进行检测，利用故障诊断仪、万用表对电动车窗的电动机、控制开关和电路元件进行检测，确定故障原因并维修更换，诊断和排除故障。

6）总结故障结论，写诊断报告。

7）用企业标准验收任务完成情况，评价工作过程，完成任务工单7.1和7.2。

资讯和相关知识：

一、电动车窗的组成

现代轿车中普遍安装了电动车窗，以使车窗的升降更加方便。电动车窗主要由车窗玻璃、车窗玻璃升降器、电动机和控制开关等组成。车窗电动机、控制开关及车窗继电器在车上的布置如图 7-1 所示。

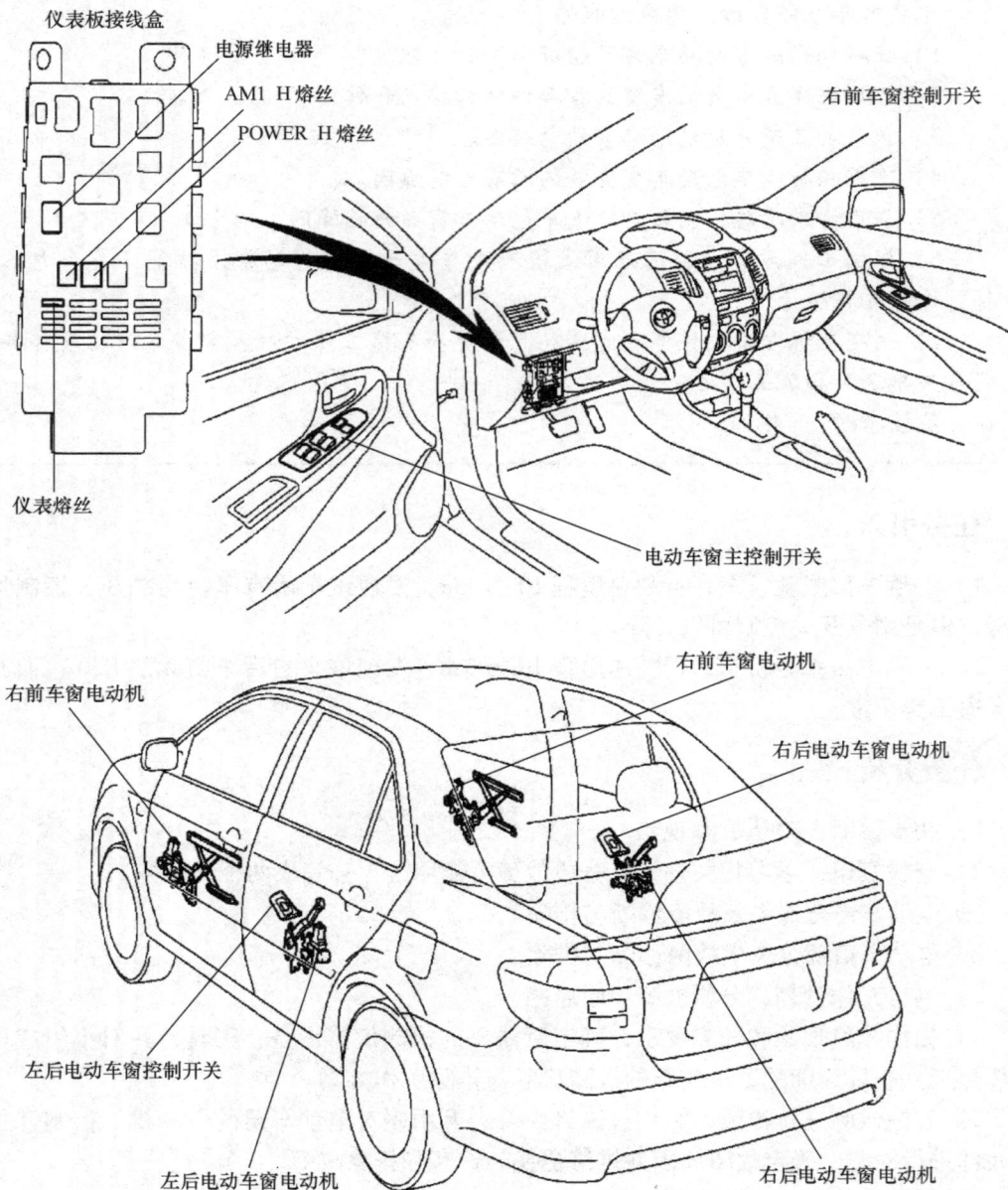

图 7-1　电动车窗部件在车上的布置

1. 车窗电动机

电动车窗上的电动机是双向的，有永磁式的，也有双绕组串励式的。每个车门各有一个电动机，通过开关控制电动机中的电流方向，从而控制玻璃的升降。

2. 开关

控制开关用来接通车窗电动机的电路，以控制电动机的旋转方向。一般有两套，一套为总开关，装在仪表板或右前侧的车门上，这样驾驶人就可以控制每个车窗玻璃的升降。另一套为分开关，分别安装在每个车窗上，这样乘客也可以对各个车窗进行升降控制。由于所有车窗的电动机都要通过总开关搭铁，所以如果总开关断开，分开关就不能起作用。

锁止开关即儿童锁开关，安装在左前侧车门，可以控制各车门分开关，当锁止开关处于锁止状态时，各分开关将失去控制作用，只能通过左前侧主开关控制各车窗的开启和关闭。

3. 玻璃升降器

常见的电动车窗升降机构有绳轮式、交臂式和软轴式等几种，其中图7-2所示为交臂式的升降机构，图7-3、图7-4所示分别为绳轮式和软轴式的升降机构，其中绳轮式和交臂式电动车窗升降机构使用较为广泛。

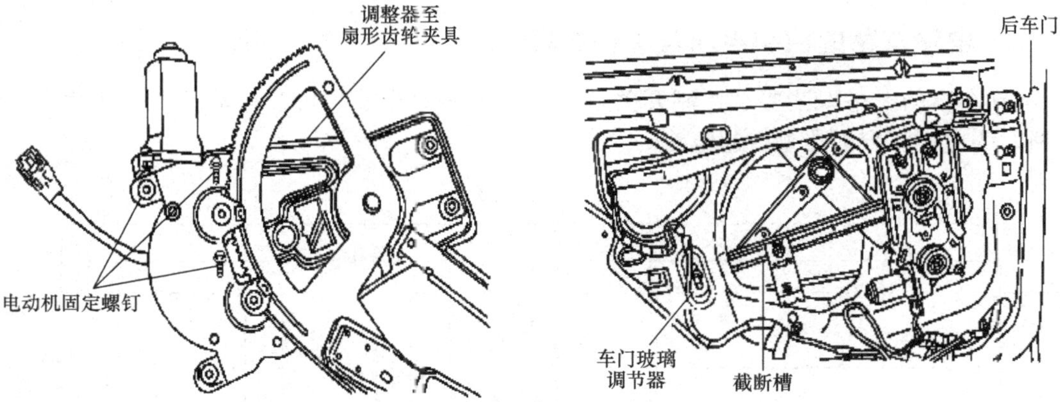

图 7-2　交臂式玻璃升降机构

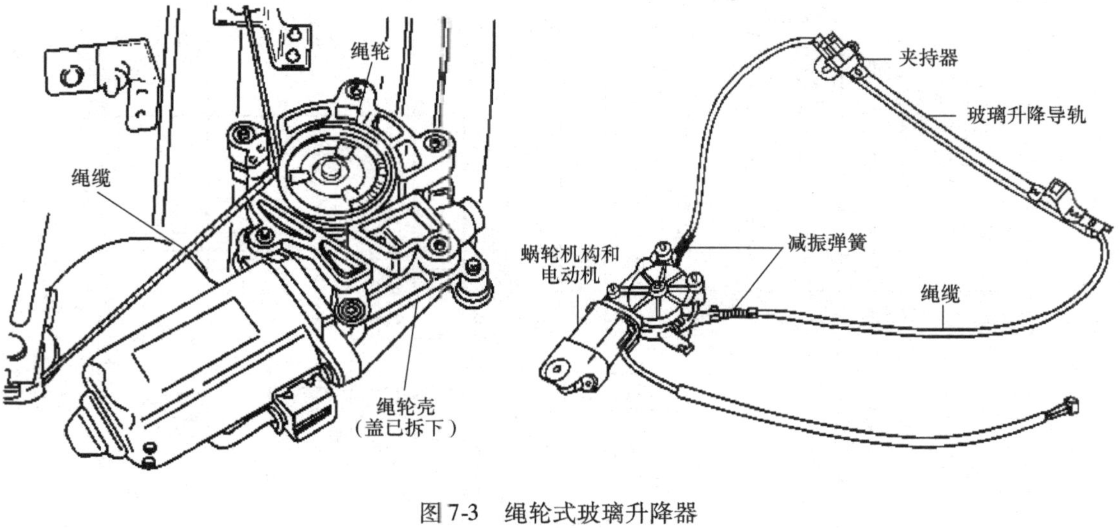

图 7-3　绳轮式玻璃升降器

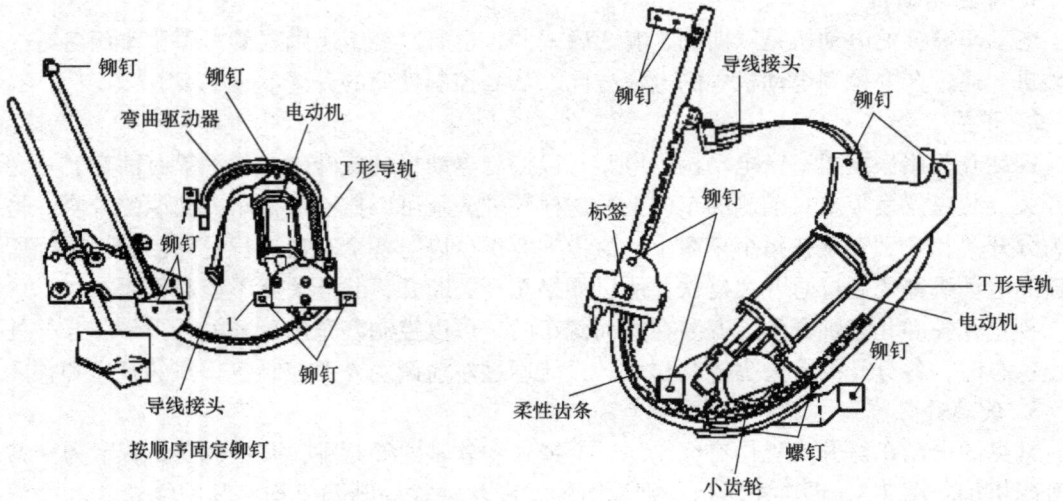

图 7-4　软轴式玻璃升降机构

二、电动车窗的控制电路及工作原理

电动车窗的电路识读要从控制开关入手，注意图中开关的状态都是不升不降状态。图 7-5 所示为电动车窗的典型控制电路。

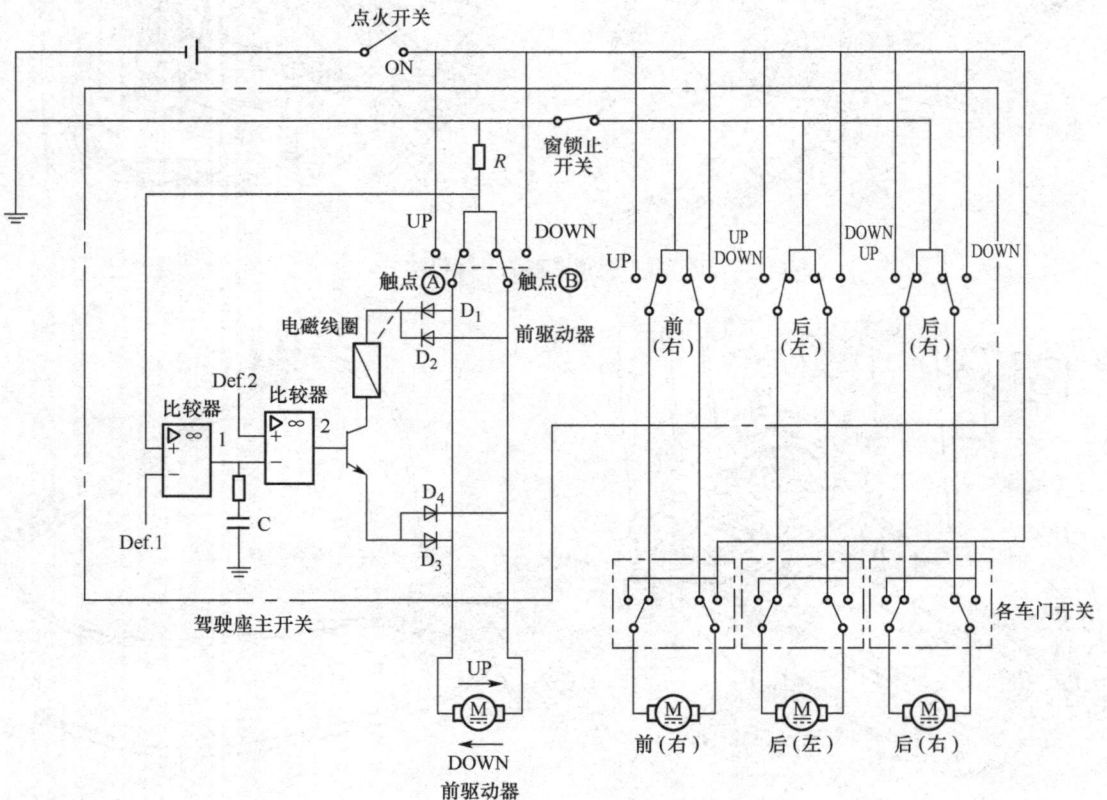

图 7-5　电动车窗控制电路

1. 车窗上升的工作过程

（1）总开关控制左前车窗上升　当总开关拨向"UP"时，电路流程为蓄电池正极→点火开关→车窗总开关 UP 触点→触点 A→左前车窗电动机→触点 B→车窗总开关 DOWN 触点→搭铁。接通左前车窗电动机电路，电动机正向旋转，使左前车窗玻璃上升。

（2）总开关控制右前、左后、右后三个车窗上升　当总开关拨向"UP"时，电路流程为蓄电池正极→点火开关→车窗总开关 UP 触点→车窗分开关 UP 触点→车窗电动机→车窗分开关 DOWN 触点→车窗总开关 DOWN 触点→搭铁。接通除左前车窗之外的三个车窗电动机的相应电路，电动机正向旋转，使单个车窗玻璃上升。

（3）分开关控制车窗上升　当将任一车窗分开关拨向"UP"时，电路流程为蓄电池正极→点火开关→车窗分开关 UP 触点→车窗电动机→车窗分开关 DOWN 触点→车窗总开关 DOWN 触点→搭铁。此时，接通相应车窗电动机电路，电动机正向旋转，使单个车窗玻璃上升。

2. 车窗下降的工作过程

（1）总开关控制左前车窗下降　当总开关拨向"DOWN"时，电路流程为蓄电池正极→点火开关→车窗主开关 DOWN 触点→触点 B→车窗分开关 DOWN 触点→电动机→车窗分开关 UP 触点→触点 A→车窗总开关 UP 触点→搭铁。接通左前车窗电动机电路，流过电动机的电流方向与车窗上升时方向相反，电动机反向旋转，使左前车窗玻璃下降。

（2）总开关控制右前、左后、右后三个车窗下降　当总开关拨向"DOWN"时，电路流程为蓄电池正极→点火开关→车窗总开关 DOWN 触点→车窗分开关 DOWN 触点→车窗电动机→车窗分开关 UP 触点→车窗总开关 UP 触点→搭铁。接通相应车窗电动机电路，流过电动机的电流方向与车窗上升时方向相反，电动机反向旋转，使相应车窗玻璃下降。

（3）分开关控制车窗下降　当将任一车窗分开关拨向"DOWN"时，控制电路为蓄电池正极→点火开关→车窗分开关 DOWN 触点→车窗电动机→车窗分开关 UP 触点→车窗总开关 UP 触点→搭铁。此时，接通相应车窗电动机电路，流过电动机的电流方向与车窗上升时方向相反，电动机反向旋转，使单个车窗玻璃下降。

3. 电动车窗保护装置

驾驶人通过操纵开关控制电动车窗升降到极限位置后仍然没有释放开关或由于卡滞导致车窗不能自由运动时，如果继续接通开关使电动机通电，会造成电动机过载而烧毁。因此为了防止电路过载，电路或电动机内装有一个或多个 PTC（正温度系数）断路器，用以控制电流。当电动机过载时，即使开关没有断开，PTC 断路器也会自动切断电路。

4. 锁止保护

当不想让儿童随便升降车窗玻璃，或其他原因想锁止除了左前车窗的三个车窗时，只需把图 7-5 中的锁止开关断开，其他三个车窗的搭铁回路即被断开，三个车窗电动机无法运转，导致三个车窗无法升降。

5. 电动车窗电路应用实例

丰田威驰轿车的电动车窗电路图具体见全车电路图册，该电动车窗的基本组成和基本的工作原理与图 7-5 中电路的工作情况基本相同，此处以左前电动机为例进行分析。电动门窗中的主开关用虚线框标识，主开关位于驾驶人侧（左前车门）。两个开关之间的虚线表示操作时总开关内部是联动关系。

（1）手动控制玻璃升降　当点火开关位于 ACC 或 ON 的位置时，电流便经过电动门窗继电器的电磁线圈，通过 ETACM（时间和信息系统控制模块）搭铁，门窗继电器的开关闭合。

此时若使车窗向下运动，按下左前门窗的 DOWN 按钮，此时电流的流向为电源 +B→电动门窗熔丝→电动门窗继电器开关→左前门窗开关中右侧的 DOWN 端子→电动门窗主开关端子 6→左前电动机端子 2→左前电动机端子 1→电动门窗主开关端子 5→左前门窗开关中左侧的 DOWN 端子→电动门窗主开关端子 10→搭铁。此时电动机工作，门窗玻璃向下运动。玻璃上升时的电流流向此处不再重复，此时电动机中电流方向相反，其运动方向也相反。车窗上升或下降的中途若松开开关，开关就自动回到 OFF 位置，电动机也停止工作。

（2）自动控制玻璃升降　按下自动按钮后，自动升降控制装置起作用，自动升降控制装置内部工作情况和图 7-4 与图 7-5 中所示的情况类似，此时再按下升/降按钮后，开关便不能自动断开，电动机中电流的流动情况和手动控制玻璃升降时相同，此处不再重复。

三、电动车窗的检修及故障诊断

以丰田威驰轿车为例，介绍电动车窗常见的故障及其原因，见表 7-1。

表 7-1　电动车窗常见故障及原因

常 见 故 障	故 障 原 因	诊 断 思 路
某个车窗只能向一个方向运动	分开关故障或分开关至主开关可能出现断路	检查分开关导通情况及分开关至主开关控制导线导通情况
某个车窗两个方向都不能运动	传动机构卡住 车窗电动机损坏 分开关至电动机断路	检查传动机构是否卡住 测试电动机工作情况，包括断路、短路及搭铁情况检查 查分开关至电动机电路导通情况
所有车窗均不能升降或偶尔不能升降	熔丝被烧断 搭铁不实	检查熔丝 检查、清洁、紧固搭铁点
两个后车窗分开关不起作用	总开关出现故障	检查总开关导通情况

1. 电动车窗自诊断

（1）检查 DTC

1）将智能检测仪连接到 DLC3。

2）将点火开关置于"ON"位置。

3）按检测仪提示检查 DTC（表 7-2）。

表 7-2　电动车窗 DTC

DTC	检 测 项 目	DTC	检 测 项 目
B2311	左前车门电动机故障	B2313	玻璃位置初始化未完成
B2312	左前车门主开关故障	B2321	左前车门 ECU 通信终止

（2）清除 DTC

1）将智能检测仪连接到 DLC3。

2）将点火开关置于 ON 位置。

3）按检测仪提示清除 DTC。

4）检查并确认检测仪显示"DTCS are clear"。

2. 检测电动车窗线路

（1）检测熔丝及电源线路

1）拔下熔丝，用万用表检查熔丝是否损坏，如果损坏则更换。

2）插上完好的熔丝，然后将点火开关置于 ON 位置，用万用表测量熔丝两端电压，均应为蓄电池电压。如果无电压或电压值不符合规定，检查供电线路。

（2）检测总开关线路　拆卸总开关，断开总开关连接线束插头，各插头端子如图 7-6 所示。用万用表测连接线束插头，具体测量方法见表 7-3。如果测量结果不符合规定值，则说明总开关线路故障。

表 7-3　电动车窗总开关线束测量表

测　量　端　子	测　量　条　件	规　定　值
3—车身搭铁 1—车身搭铁	万用表 200Ω 档	小于 1Ω
6—车身搭铁	点火开关置于 ON 位置（万用表直流 20V 档）	11 ~ 14V
	点火开关置于 OFF 位置（万用表直流 20V 档）	低于 1V

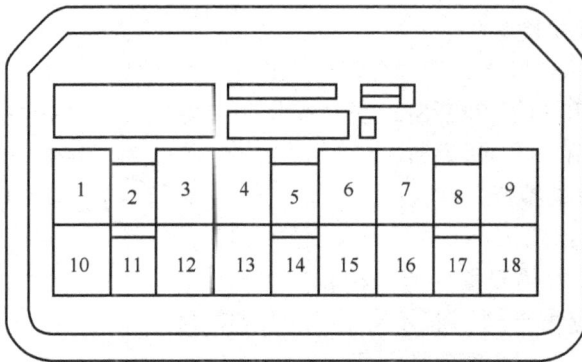

图 7-6　电动车窗总开关端子

3. 电动车窗总开关的检修

1）从左前车门装饰板上拆下电动车窗主控开关（丰田威驰轿车的电动车窗主控开关和中控门锁主控开关是一体的）。

2）用万用表的电阻档按顺序检查总开关在车窗处于上升、下降和关闭状态时各个端子的导通情况，具体见表 7-4。若测得结果和标准不相符，说明车窗总开关损坏，要进行更换。

表 7-4　电动车窗总开关测量表

测量端子	测量条件	规定值
6—4 9—1	手动 UP（左前）	小于 1Ω
6—9 4—1	手动 DOWN（左前）	小于 1Ω
6—18 15—1	UP（右前）	小于 1Ω
6—15 18—1	DOWN（右前）	小于 1Ω
6—12 13—1	UP（左后）	小于 1Ω
6—13 12—1	DOWN（左后）	小于 1Ω
6—10 16—1	UP（右后）	小于 1Ω
6—16 10—1	DOWN（右后）	小于 1Ω
蓄电池正极（＋）接端子 3 蓄电池负极（－）接端子 1		照明灯亮起

4. 电动车窗闭锁开关检查

见电路图中的 LOCK 和 UNLOCK 开关。当开关位于 LOCK 位置时，端子 1 和 11 之间断路；当开关位于 UN-LOCK 位置时，端子 1 和 11 之间导通。

5. 电动车窗继电器的检修

车窗继电器的端子如图 7-7 所示。

（1）静态检查　将万用表置于 $R \times 200$ 档，测量端子 85 和端子 86 之间应为导通，若不导通说明线圈烧坏。测量端子 30 和端子 87 应为断路，若导通说明开关触点烧结或常闭，应更换。

（2）工作状况检查　用蓄电池的正负极分别接端子 85 和 86，然后用万用表测量端子 30 和 87 应导通。否则应更换。

6. 电动车窗分开关及车窗电动机的检查

（1）电动车窗分开关工作情况检查　用万用表的电阻档检查分开关在车窗处于上升、下降和关闭状态时各个端子的导通情况。电动车窗分开关端子如图 7-8 所示，具体测量见表 7-5。

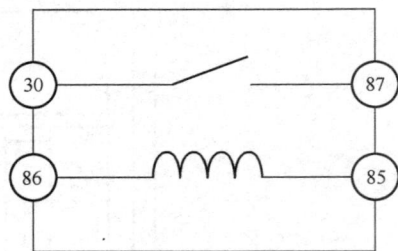

图 7-7　车窗继电器的检查

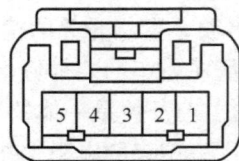

图 7-8　电动车窗分开关端子

表7-5　电动车窗分开关测量表

开 关 位 置	测 量 端 子	规 定 状 态
UP	1—2	导通
	3—4	
OFF	1—2	导通
	3—5	
DOWN	3—5	导通
	1—4	

（2）车窗电动机的检测

方法一：用万用表200Ω档测量车窗电动机的电阻值，应该符合修理手册要求。如果无穷大，说明电动机内部有断路故障；如果小于规定值，说明电动机内部有短路故障。

方法二：把蓄电池的正、负极分别接在车窗电动机的两个端子上并互换一次，电动机能够正转、反转，且转速平稳。否则说明电动机有故障，应进行更换。

注意：在进行车窗电动机的测试时，若电动机停止转动，要立刻断开端子引线，否则会烧坏电动机。

四、电动车窗失效故障实例

故障：朗逸四门升降器功能时有时无

1. 故障信息

1）车型：朗逸手动舒适型。

2）行驶里程数：5210km。

3）发动机代号：CDE。

4）故障现象：四门升降器功能时有时无。

2. 维修情况

首先确认故障现象，车辆停放一段时间后，不定期出现四个门升降器不能正常升降的故障，早上凉车时故障出现的频率较高。平时行驶中也出现过。经过与用户的简单沟通和对该车故障的反复试验，确认故障现象的确存在。

从用户和服务顾问处可得知，该故障是存在的，再次对该车进行维修之前，先对该车的四门玻璃升降的工作原理进行了简单的分析。朗逸轿车的舒适系统与上海大众其他轿车相比，结构有了较大的变化，取消了舒适系统控制单元，设置了车身控制单元（BCM）。BCM是集车载网络控制单元和舒适系统控制单元，管理与控制功能于一体的控制器。BCM代号为J519，自诊断地址为09，中控锁也是BCM控制，但在管理上功能是分开的。

朗逸车的左前门玻璃由J387控制升降。右前门控制原理是由左前门主开关板上的开关（右）前E81信号传输给J386（门控制单元），再经Lin总线（0.5紫/白）传输到J519（车载网络控制单元），J519将右前门电动车窗的指令经Lin传输给J386，执行右前门电动窗升降，也可用右前门升降器开关来控制。但是右前门信号是由J386接受后才能执行升降的。

由电路图可知，两个后门没有控制器，是单纯由电动机控制升降的。可是它由J386控制，因为左前门电动窗开关内加设有一个供电的小继电器，当点火开关置于ON时，J386输出的 12V 电压加在继电器的吸引线圈，就形成了电磁场，继电器常开触点吸合。30 电源经供电继电器触点到后车门电动窗安全开关锁 E39，E39 为后电动窗供电，当 E39 闭合时，后窗控制开关上的指示灯亮，点火开关位于 OFF 位置，只要车门未开启，电动车窗的操作仍可延后一段时间。

用 V. A. S5052 电脑诊断仪，诊断检测发现 09 中有故障存储，故障为数据总线无通信，偶发，利用数据流功能检查右前门 E81 信号正常，左前门 E40 信号正常，左后门和右后门也接收到数据正常。这说明各个开关都已接收到数据。对于诊断仪的故障信息，首先用万用表检查了电源的供电和搭铁线，正常。再检查通信线 Lin 线，通信线异常，电阻过大，表明 Lin 线到 BCM 之间有故障。拆开左前发动机盖拉手下的内饰板（因为左 A 柱下方有连接插头），发现其中有三个插头都有不同程度的浅绿色物质，其中有一个插头较为严重，检查这个插头正好是 Lin 线到 BCM 之间的通信线。清除通信线和其他插头的腐蚀物，连接好插头，恢复其他连接线和插头，清除，诊断仪上的故障码，对升降器做升降试验，一切正常，留下用户电话号码对该车跟踪一周，故障再无出现，到此该故障彻底排除。

3. 维修经验体会

该故障原因很简单，是由于线束插头的进水氧化、腐蚀，导致接触不良，致使升降器工作不正常。在此需要说明的一点是，由于朗逸轿车左右车窗上的控制单元线束在车门中间有点偏高，下雨时车窗玻璃的水刚好流到该线束上，通过连接导线流到 A 柱左右下方连接插头上，出现氧化。所以希望大家在维修时注意 A 柱左右两侧下方的连接插头。把左右前门内饰板拆掉，把左右前门控制单元上的线束向下固定，使玻璃上的流水可以通过线束的最低点流到门的排水孔，以免发生类似的故障。

学习任务八　电动天窗失效故障诊断与排除

> **任务要求：**
> 完成本学习任务后，你应该能够：
> 1) 正确描述汽车电动天窗的组成和工作原理。
> 2) 正确描述汽车电动天窗的各部件结构特点和作用。
> 3) 识读和正确分析电动天窗的电路图。
> 4) 准确分析汽车电动天窗失效的所有可能原因。
> 5) 梳理诊断思路，制订排除汽车电动天窗失效故障的工作方案。
> 6) 根据工作方案，利用万用表检测汽车电动天窗电动机、控制开关和电路元件，诊断和排除故障。
> 7) 用企业标准验收任务完成情况，评价和反馈工作过程，完成学习拓展任务及任务工单8.1和8.2。
> **建议学时：6 学时**

任务引入：

1) 一辆丰田威驰轿车，行驶总里程10万km，发现该车天窗既不能升起打开，也不能降下关闭。

2) 一辆丰田威驰轿车，行驶总里程10万km，发现该车天窗只能升起打开而无法降下关闭。

任务分析：

1) 初步诊断，确认故障现象。

2) 查找资讯，学习相关知识，分析故障可能原因，分解成两个子任务。

① 电动天窗两个方向全部失效故障诊断与排除。

② 电动天窗单个方向部分失效故障诊断与排除。

3) 制订工作计划，分析故障诊断思路。

4) 根据故障现象和任务要求，确定所需要的检测仪器设备、工具，并对小组成员进行合理分工，制订详细的、可实施的故障诊断与排除工作方案。

5) 实施试验进行检测，利用故障诊断仪、万用表对电动天窗的电动机、控制开关和电路元件进行检测，确定故障原因并维修更换，诊断和排除故障。

6) 总结故障结论，写诊断报告。

7) 用企业标准验收任务完成情况，评价工作过程，完成任务工单8.1和8.2。

资讯和相关知识：

一、电动天窗的组成

轿车为了提高整车的透气性和乘坐舒适性，安装了电动天窗系统，电动天窗系统具有自动打开和关闭、手动上倾和下倾、自动上倾和下倾、防夹、钥匙关闭操作和电动天窗开启警告等功能。

电动天窗系统主要由控制开关、电动天窗控制器、天窗控制电动机等组成。操纵天窗控制开关，通过控制装置驱动天窗控制电动机，带动天窗连杆机构使天窗打开或关闭。电动天窗系统零部件在车上的布置如图8-1所示。

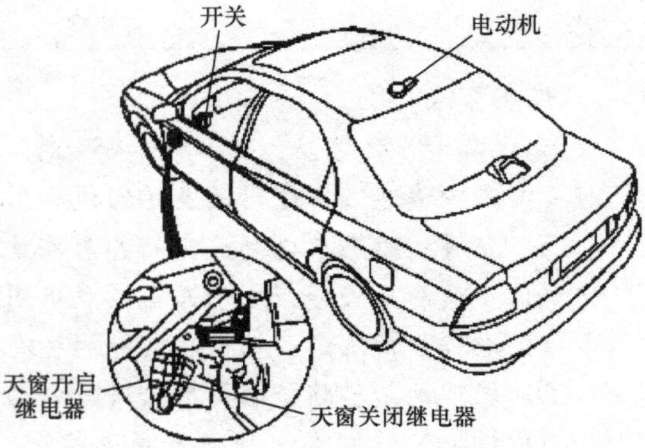

图8-1 电动天窗系统零部件在车上的布置

二、电动天窗的控制电路及工作过程

电动天窗系统控制电路如图8-2所示，主要由电源电路、继电器、控制开关、天窗控制

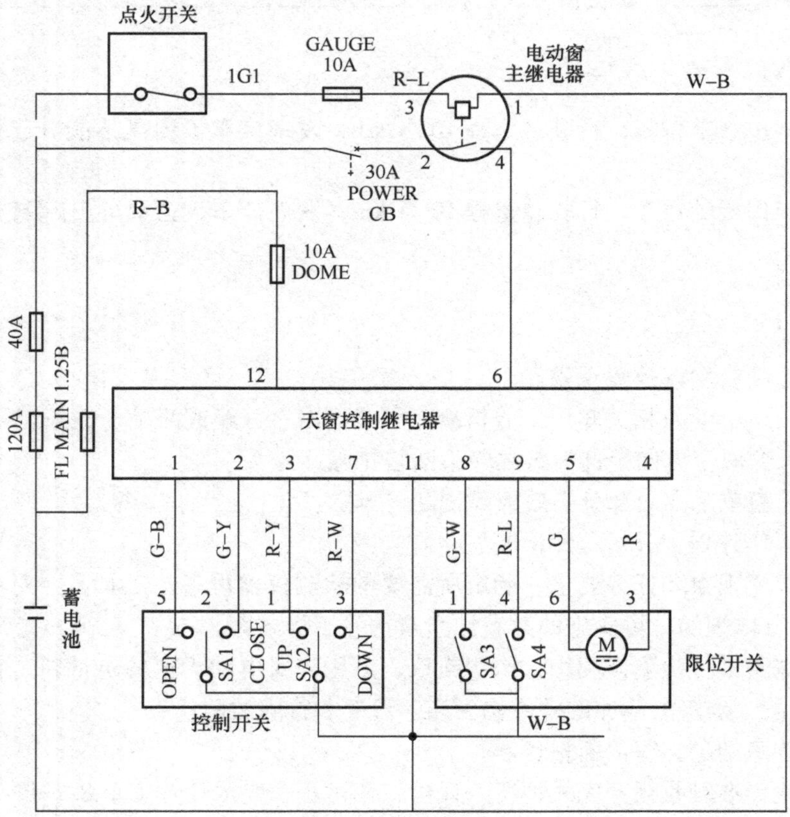

图8-2 电动天窗系统控制电路

器和天窗电动机组成。

电动天窗的工作过程如下：

1. 电源电路

电动天窗的供电电路流程：蓄电池正极→FLMAIN1.25B 熔断器→DOME10A 熔断器→天窗控制继电器的 12 端子。

当将点火开关转至 ON 位置（IG1）时，电路流程：蓄电池正极→120A 熔断器→40A 熔断器→点火开关闭合的触点→GAUGE 10A 熔断器→电动窗主继电器线圈→搭铁→蓄电池负极。

这一电路流程使电动窗主继电器内常开触点闭合，从而形成了以下的电路流程：蓄电池正极→120A 熔断器→40A 熔断器→POWERCB30A 熔断器→电动窗主继电器触点 2 与 4 端子间闭合的触点→天窗控制继电器 6 端子，使天窗电动机的直流供电形成，只要进一步操作相应开关，就可对天窗进行调节了。

2. 打开天窗

如果按下天窗控制开关 SA1 至 OPEN 侧，就是将天窗控制继电器的 1 端子搭铁，相当于将天窗继电器的 6 端子与 5 端子、4 端子与 11 端子接通，由此就形成了如下的电路流程：蓄电池正极→120A 熔断器→40A 熔断器→POWER CB 30A 熔断器→电动天窗主继电器 2 与 4 端子间闭合的触点→天窗控制继电器 6 端子和 5 端子→天窗电动机→天窗控制继电器 4 端子和 11 端子→搭铁→蓄电池负极。这一电流通路使天窗电动机正向运转，从而使天窗打开。

3. 关闭天窗

如果按下天窗控制开关 SA1 至 CLOSE 侧，就是将天窗控制继电器的 2 端子搭铁，相当于将天窗继电器的 6 端子与 4 端子、5 端子与 11 端子接通，由此就形成了如下的电路流程：蓄电池正极→120A 熔断器→40A 熔断器→POWER CB 30A 熔断器→电动窗主继电器闭合的 2 与 4 端子间闭合的触点→天窗控制继电器 6 端子和 4 端子→天窗电动机→天窗控制继电器 5 端子和 11 端子→搭铁→蓄电池负极。这一电流通路使天窗电动机反向运转，天窗向关闭方向滑移。当天窗滑移 200mm 左右但不到全关位置时，限位开关 SA3 由 ON 转为 OFF，使天窗控制继电器 8 端子与搭铁断开，随即天窗停止滑移。

4. 天窗上倾

如果将控制开关 SA2 拨至 UP 侧，就是将天窗控制继电器的 3 端子搭铁，相当于将天窗控制继电器的 6 端子与 4 端子、5 端子与 11 端子接通，由此就形成了如下的电路流程：蓄电池正极→120A 熔断器→40A 熔断器→30A 熔断器→天窗控制继电器 6 端子和 4 端子→天窗电动机→天窗控制继电器 5 端子和 11 端子→搭铁→蓄电池负极。这一电流通路使电动机开始运转，使天窗上倾。

5. 天窗下倾

如果将控制开关 SA2 拨至 DOWN 位置时，就是将天窗控制继电器的 7 端子搭铁，相当于将天窗控制继电器的 6 端子与 5 端子、4 端子与 11 端子接通，由此就形成了如下电路流程：蓄电池正极→120A 熔断器→40A 熔断器→30A 熔断器→天窗控制继电器 6 端子和 5 端子→天窗电动机→天窗控制继电器 4 端子和 11 端子→搭铁→蓄电池负极。这一电流通路使电动机按与上述相反方向转动，使天窗下倾。

6. 保护指示

在电动天窗仍处于向上倾斜位置且两只限位开关在 OFF 状态时，如将点火开关转至

ACC 或 OFF 位置，则会发出蜂鸣声，提醒驾驶人注意电动天窗仍处于向上倾斜位置。如果移动了导轨，机械调节器失效或者更换了电动天窗电动机，那么必须通过以下步骤来调节系统：按下滑动开关，完全关闭天窗；暂时松开开关，并再次按下，持续大约 13s；在听到"咚咚"声之后（找到机械锁死位置），再次松开滑动开关，在 5s 之内重新按下，并保持在按下状态；现在，天窗会自动完全打开和关闭，完成初始化操作。

三、电动车窗的检修及故障诊断

1. 电动天窗自诊断

（1）检查 DTC

1）将智能检测仪连接到 DLC3。

2）将点火开关置于 ON 位置。

3）按检测仪提示：Body/SlidingRoof/DTC，检查 DTC（表 8-1）。

表 8-1　电动天窗 DTC

DTC	检测项目	DTC	检测项目
B1273	电动天窗 ECU 通信终止	B2341	电动机故障
B2343	位置初始化未完成	B2342	开关故障

（2）清除 DTC

1）将智能检测仪连接到 DLC3。

2）将点火开关置于 ON 位置。

3）按检测仪提示清除 DTC。

4）检查并确认检测仪显示"Body/SlidingRoof/DTC/Clear"。

2. 检测电动车窗线路

（1）检测熔丝及电源线路

1）从仪表板接线盒上拆下 SUNROOF 和 ECU-IGNO. 2 熔丝，用万用表检查熔丝是否损坏，如果损坏则更换。

2）插上完好的熔丝，然后将点火开关置于"ON"位置，用万用表测量熔丝两端电压，均应为蓄电池电压。如果无电压或电压值不符合规定，检查供电线路。

（2）检测电动天窗控制 ECU 与电动天窗控制开关之间的线束　断开电动天窗 ECU 与电动天窗控制开关的线束插接器，插接器各端子如图 8-3 所示。用万用表检查电动天窗 ECU

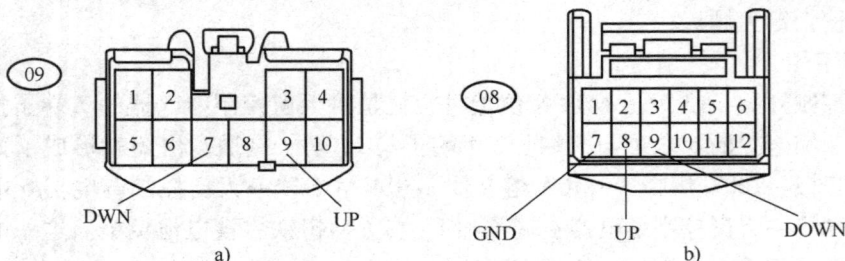

图 8-3　电动天窗控制 ECU 与电动天窗控制开关线束端子示意图
a）电动天窗控制 ECU 线束端子　b）电动天窗控制开关线束端子

与电动天窗控制开关之间的线束连接，具体检查方法见表8-2。如果检查结果与规定值不相符，则更换线束或插接器。

表8-2　电动天窗控制ECU与电动天窗控制开关线束检查表

测量端子	测量条件	规　定　值
09-7—08-9	万用表200Ω档	小于1Ω
09-9—08-8	万用表200Ω档	小于1Ω
08-7—车身搭铁	万用表200Ω档	小于1Ω
09-7—车身搭铁	万用表2MΩ档	大于10kΩ或更大
09-9—车身搭铁	万用表2MΩ档	大于10kΩ或更大

3. 检测电动天窗控制开关

拆下电动天窗控制开关，断开插接器08，用万用表检查图8-4所示的开关各端子，具体检查方法见表8-3。如果检查结果与规定值不相符，则更换电动天窗控制开关。

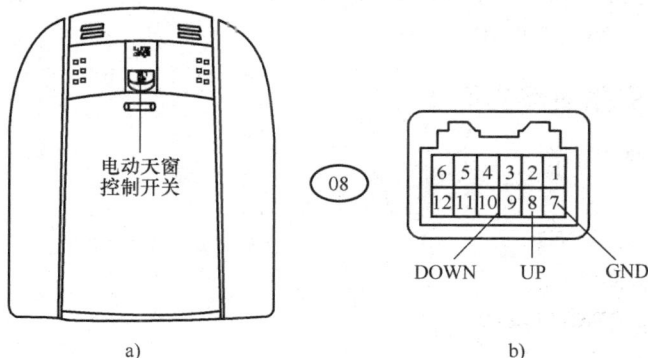

图8-4　电动天窗开关端子示意图

a）顶置接线盒　b）电动天窗开关端子

表8-3　电动天窗控制开关的检查表

测量端子	测量条件	规定值
8—7	按下TILTUP开关	小于1Ω
8—7	未按下TILTUP开关	10kΩ或更大
9—7	按下SLIDE OPEN开关	小于1Ω
9—7	未按下SLIDE OPEN开关	10kΩ或更大

4. 检测电动天窗控制ECU

拆下电动天窗控制ECU，用万用表测量插接器09（图8-5）中各端子电压，具体测量方法见表8-4。如果检查结果与规定值不相符，则更换电动天窗控制ECU。

表8-4　电动天窗控制ECU检查表

测量端子	测量条件	规定值
7—2	点火开关置于ON位置，电动天窗关闭，SLIDEOPEN开关置于OFF位置	11～14V
7—2	点火开关置于ON位置，电动天窗打开，SLIDEOPEN开关置于ON位置	低于1V

（续）

测量端子	测量条件	规定值
9—2	点火开关置于 ON 位置，电动天窗打开，TILTUP 开关置于 OFF 位置	11 ~ 14V
	点火开关置于 ON 位置，电动天窗关闭，TILTUP 开关置于 ON 位置	低于 1V

5. 检测天窗电动机

方法一：用万用表 200Ω 档测量天窗电动机的电阻值，应该符合修理手册要求。如果无穷大，说明电动机内部有断路故障；如果小于规定值，说明电动机内部有短路故障。

方法二：把蓄电池的正、负极分别接在天窗电动机的两个端子上并互换一次，电动机能够正转、反转，且转速平稳。否则说明电动机有故障，应进行更换。

注意：在进行天窗电动机的测试时，若电动机停止转动，要立刻断开端子引线，否则会烧坏电动机。

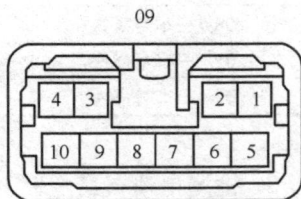

图 8-5　电动天窗控制 ECU
线束端子示意图

四、电动天窗失效故障实例

故障 1：朗逸天窗不工作

1. 故障信息

1）车型：朗逸　181DN2。

2）行驶里程数：3867km。

3）发动机代号：CFN044447。

4）故障现象：天窗不工作。

5）故障码：无。

2. 维修情况

验证故障现象，天窗开关无论在哪个位置，天窗都不动作。维修工用 V. A. S5052 读取故障码，BCM 中没有故障码存在。按照电路图（图 8-6）检查电路，天窗控制单元 J245T6W/430 电源正常，搭铁正常。T6W/2 无电压（15 电源）。检查 BCMT73a/48 至 J245T6W/2 之间的线路（灰色）正常，无断路和短路。怀疑是 BCM 出了问题，因为配件仓库没有 BCM，为了确定故障，找了同型号的车，拆下 BCM 装在故障车上，天窗能正常工作。于是让配件仓库订货。等配件到货后，安装好，根据更换 BCM 的流程全部做好，但是天窗还是不能工作。

维修工没了方向，按照维修工的诊断流程，故障原因应该就是 BCM 出了问题。但已经更换了新的 BCM 了，会不会是编码出了问题？询问后得知，维修工是直接把编码复制到新的 BCM 中，没有看长编码。用 V. A. S5052 进入 09 中检查长编码，果然是长编码出了问题（图 8-7）。BCM 长编码中 02 字节应该是是否配置天窗，带天窗的对应的十六进制数是 CA，故障车是 4A。重新手动编码后，天窗工作正常，故障排除。那么新车这个编码怎么会变呢？和用户沟通后得知，刚提车后天窗功能正常。使用一个月后中控出了问题，就到购车的 4S 店去维修。之后天窗就出现了故障。可能在维修中控的过程中误操作导致编码的改变。

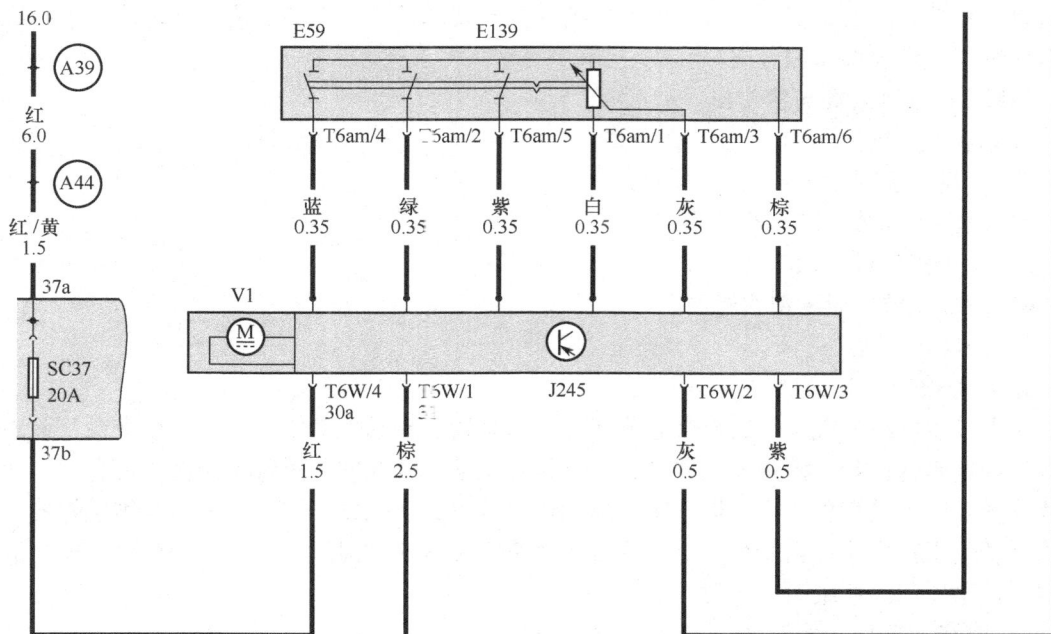

图 8-6　电动天窗电路图

图 8-7　长编码

3. 维修经验体会

　　本案例的故障原因很简单，就是编码改变使天窗功能取消。控制单元编码对于维修工作来说是非常重要的。特别是长编码，每个字节都代表不同的功能。但往往在实际维修中可能忽略对编码的检查，导致多走弯路，使原本简单的问题变得复杂。在日常维修中，与用户的沟通也非常重要。因为从用户口中可以得到故障出现的条件、频率等信息，这些信息给诊断故障提供了一定的思路和方向。

故障 2：途观天窗窗帘卷曲

1. 故障信息

1）车型：途观。

2）行驶里程数：1500km。

3）发动机代号：CGM。

4）故障现象：天窗窗帘卷曲。

5）故障码：无。

2. 维修情况

该车车主反映途观车天窗窗帘卷曲无法前后移动。起动发动机后按动天窗窗帘开关，听见有钢丝绷紧的声音，窗帘无法移动，初步估计电动机是好的，故障是天窗窗帘卷曲卡死而无法移动。拆下该车顶棚后，拆下窗帘电动机，拆下驱动钢索盖板，拆下窗帘固定螺栓，小心将驱动钢索往后拉，稍微撬大点儿窗帘导槽将窗帘两侧的滑块拉出，发现窗帘已经从滑块的定位销中脱出。仔细研究该滑块发现：

1）窗帘两侧用滑块定位。

2）滑块的侧面有一缺口，与驱动钢索相连，钢索与窗帘电动机相连，用于驱动窗帘前后移动。

3）窗帘顶端的铜片卡在滑块的上方定位销中，用于窗帘的展开和关闭。

由于窗帘是被卷曲在窗帘盒中，所以安装时需要两个人配合，同时将驱动钢索的凸块卡在滑块的侧面凹槽中，窗帘顶端的铜片卡在滑块的上方定位销中，小心地撬大点儿滑块导槽后将滑块推进去，固定窗帘盒，安装钢索盖板，安装窗帘电动机，安装顶棚。

窗帘电动机的自学习：打开点火开关，将窗帘向车辆前方驱动，等到窗帘运行到最前端后继续按住窗帘关闭开关，此时窗帘会再向后运行大约 200mm 后再次关闭，松开窗帘开关，完成自学习。

滑块形状如图 8-8 所示。

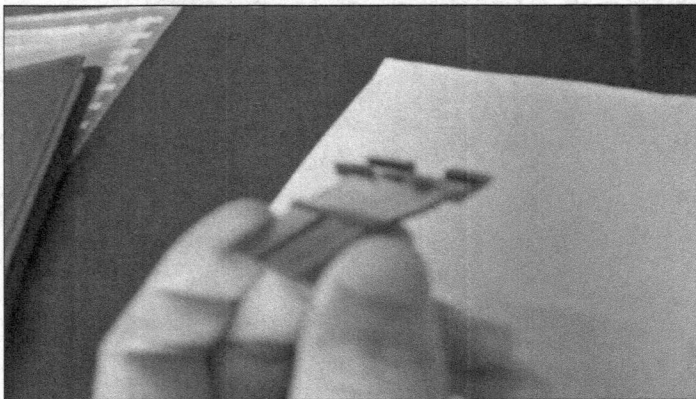

图 8-8　天窗窗帘滑块

学习任务九　汽车电动座椅系统失效的故障诊断与排除

任务要求:

完成本学习任务后, 你应该能够:

1) 正确描述汽车电动座椅系统的组成和工作原理。
2) 正确描述汽车电动座椅系统的各部件结构特点和作用。
3) 识读和正确分析汽车电动座椅系统的电路图。
4) 准确分析汽车电动座椅系统失效故障的所有可能原因。
5) 梳理诊断思路, 制订排除汽车电动座椅系统失效故障的工作方案。
6) 根据工作方案, 利用故障诊断仪、万用表, 检测汽车电动座椅系统的基本元件、控制元件和电路元件, 诊断和排除故障。
7) 用企业标准验收任务完成情况, 评价和反馈工作过程, 完成学习拓展任务及任务工单9.1和9.2。

建议学时: 8 学时

任务引入:

1) 一辆丰田卡罗拉轿车, 行驶总里程10万km, 发现该车电动座椅前后都不能移动。
2) 一辆丰田卡罗拉轿车, 行驶总里程10万km, 发现该车电动座椅靠背只能前移而不能后移。

任务分析:

1) 初步诊断, 确认故障现象。
2) 查找资讯, 学习相关知识, 分析故障可能原因, 分解成两个子任务。
① 汽车电动座椅双向失效的故障诊断与排除。
② 汽车电动座椅单向失效的故障诊断与排除。
3) 制订工作计划, 分析故障诊断思路。
4) 根据故障现象和任务要求, 确定所需要的检测仪器设备、工具, 并对小组成员进行合理分工, 制订详细的、可实施的故障诊断与排除工作方案。
5) 实施试验进行检测, 利用故障诊断仪和万用表对电动座椅及其电路元件进行检测, 确定故障原因并维修更换, 诊断和排除故障。
6) 总结故障结论, 写诊断报告。
7) 用企业标准验收任务完成情况, 评价工作过程, 完成任务工单9.1和9.2。

资讯和相关知识：

为了给不同的乘客提供不易疲劳、安全舒适的乘坐位置，现在很多汽车中都安装了座椅调节装置。装有电动座椅系统的车辆，驾驶人可通过操纵电动座椅控制开关，实现座椅位置及角度的调整，为驾驶人提供舒适、安全的驾驶位置，操作安全、方便。电动座椅一般具有前后移动、前后端升降、靠背倾角调节、腰部支撑等功能。

一、普通电动座椅

1. 基本组成

为了实现座椅位置的调节，普通电动座椅包括若干个双向电动机、传动装置和控制电路（包括控制开关）这三个主要部分。双向电动机产生动力，传动装置可以把动力传至座椅，通过控制开关实现座椅不同位置的调节。其结构和电动机的安装位置如图 9-1 和图 9-2 所示。

（1）电动机　电动座椅中使用的电动机一般为永磁式双向直流电动机，通过控制开关来改变流经电动机内部的电流方向，从而实现转动方向的改变。

（2）传动装置　电动座椅的传动装置主要包括变速机构、联轴节、软轴及齿轮传动机构等。变速机构的作用是降速增矩。电动机轴与软轴相连，软轴再和变速机构的输入轴相连，动力经过变速机构的降速增矩以后，从变速机构的输出轴输出，变速机构的输出轴与蜗杆轴或齿轮轴相连，最终蜗轮蜗杆或齿轮齿条带动座椅支架产生位移。

（3）控制电路　控制电路通过操纵座椅控制开关，接通相应座椅调节电动机的电路，使电动机转动，带动座椅支架移动，以实现对座椅调整的控制。

2. 控制电路和工作过程

（1）控制电路　如图 9-3 所示为典型电动座椅的控制电路。该电动座椅包括滑动电动机、前垂直电动机、倾斜电动机、后垂直电动机和腰垫电动机，可以实现座椅的前后移动、前部高度调节、靠背倾斜程度调节、后部高度调节及腰垫前后调节。

（2）工作过程

1）座椅前后调节。当电动座椅调整开关往前推时，即端子 11 置于左位时，接通了滑动电动机电路。其电路流程为蓄电池正极→FLALT→FLAM1→DOOR CB→端子 14→（前后调整开关"前"）端子 11→滑动电动机 1(2) 端子→滑动电动机 2(1) 端子→端子 12→端子 13→搭铁，如图 9-4 所示，前后移动电动机开始运转，变速机构内的齿轮随之转动，使螺杆也跟随旋转，因滑动螺母是固定在上端滑动器上，因此电动机与螺杆的转动，使固定在上端滑动器的座椅整个往前移动。当电动座椅调整开关往后推时，即端子 12 置于右位时，流过滑动电动机电流的方向与上述相反，电动机反转，使整个座椅向后移动。

2）座椅前端升降。当电动座椅调整开关前端向上拉时，即端子 9 置于左位时，接通前垂直电动机电路。其电路流程为蓄电池正极→FLALT→FLAM1→DOOR CB→端子 14→（前端垂直调整开关"向上"）端子 9→前垂直电动机 1(2) 端子→前垂直电动机 2(1) 端子→端子 10→端子 13→搭铁。此时，前垂直电动机开始运转，变速机构内的齿轮随之转动，使螺杆（A）向后移动。装在螺杆（A）上的连杆沿着支点向前转动，使装在座椅骨架上的连杆及椅垫前端升高。当电动座椅调整开关前端向下压时，即端子 10 置于右位时，流过前垂直电动机电流的方向与上述相反，电动机反转，使椅垫前端下降。

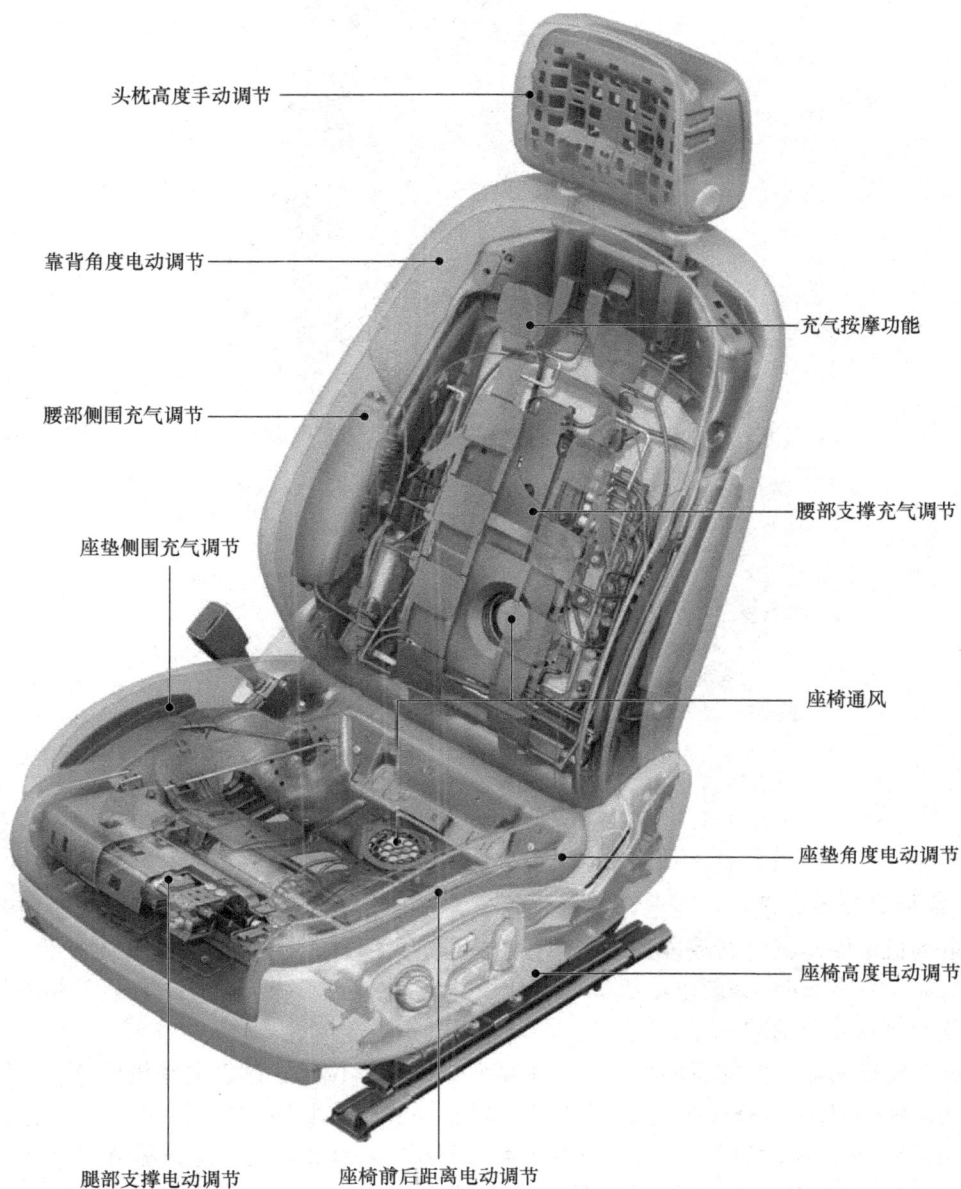

图 9-1 典型电动座椅的结构

头枕高度手动调节

靠背角度电动调节

腰部侧围充气调节

座垫侧围充气调节

充气按摩功能

腰部支撑充气调节

座椅通风

座垫角度电动调节

座椅高度电动调节

腿部支撑电动调节

座椅前后距离电动调节

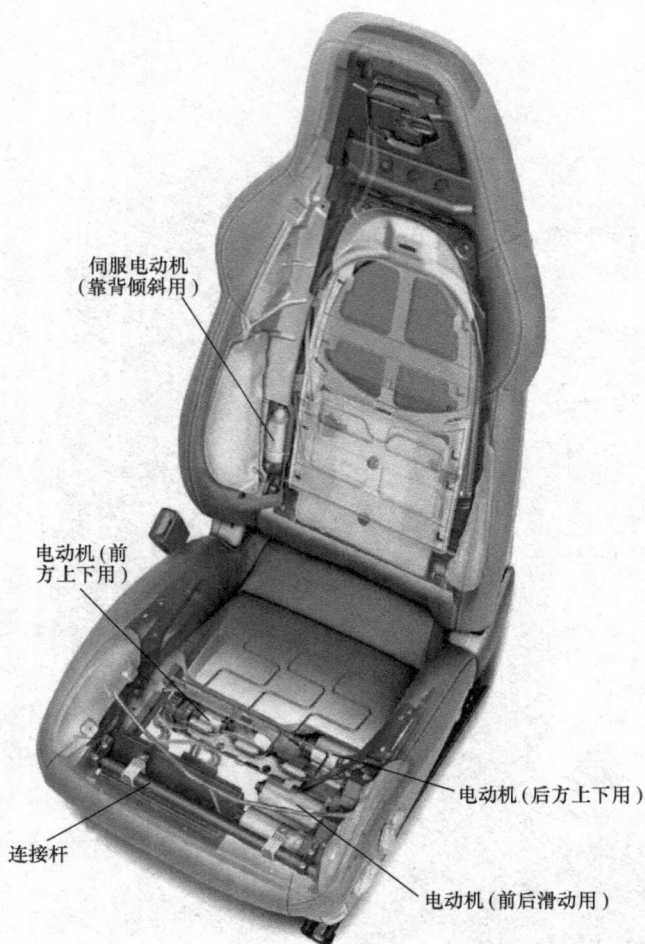

伺服电动机
(靠背倾斜用)

电动机(前
方上下用)

电动机(后方上下用)

连接杆

电动机(前后滑动用)

图 9-2　座椅电动机的安装位置

3) 座椅靠背前后倾斜。当电动座椅调整开关靠背向前拉时，即端子 4 置于左位时，接通倾斜电动机电路。其电路流程为蓄电池正极→FLALT→FLAM1→DOOR CB→端子 14→(倾斜开关"前")→端子 4→倾斜电动机 1(2)端子→倾斜电动机 2(1)端子→端子 3→端子 13→搭铁。此时座椅靠背前移。

当电动座椅调整开关靠背向后压时，即端子 3 置于右位时，倾斜电动机反转。电路流程为蓄电池正极→FLALT→FLAM1→DOORCB→端子 14→(倾斜开关"后")→端子 3→倾斜电动机 2(1)端子→倾斜电动机 1(2)端子→端子 4→端子 13→搭铁。此时座椅靠背后移。

4) 座椅后端升降。当电动座椅调整开关后端向上拉时，即端子 5 置于左位时，接通了后垂直电动机电路。其电路流程为蓄电池正极→FLALT→FLAM1→DOOR CB→端子 14→(后端垂直调整开关"向上")端子 5→后垂直电动机端子 2(1)→后垂直电动机 1(2)端子→端子 5→端子 6→搭铁。此时，后垂直电动机开始运转，变速机构内的齿轮随之转动，使螺杆(B)向前移动。装在螺杆(B)上的连杆向前移动，且装在座椅骨架上的连杆沿着支点向前转动，使连杆及座椅后端升高。当电动座椅调整开关后端向下压时，即端子 6 置于右位时，流过后

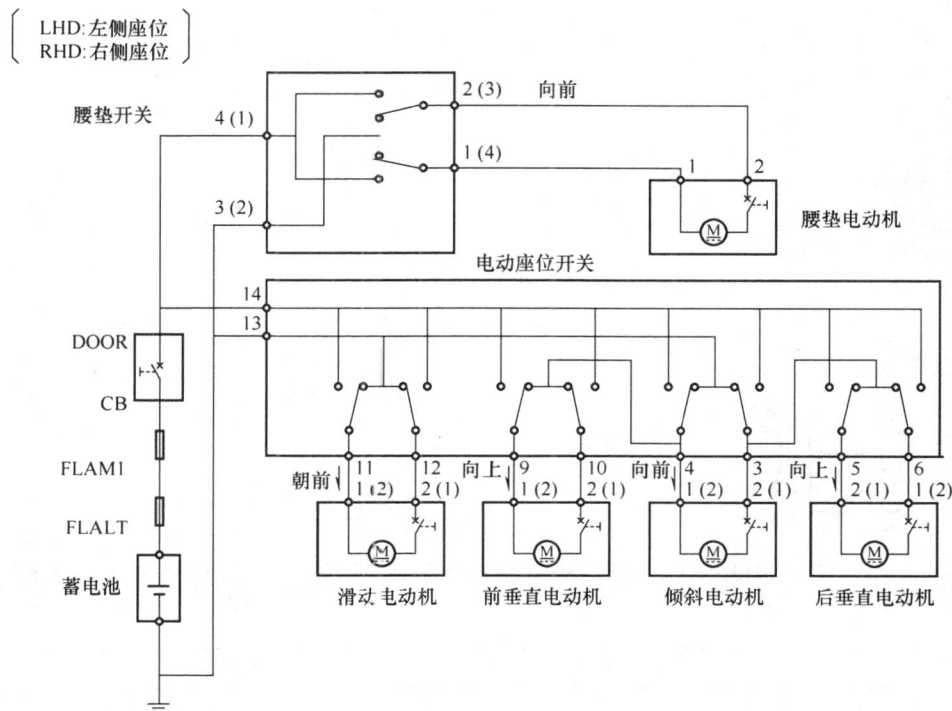

图 9-3　电动座椅的控制电路

垂直电动机的电流方向相反，电动机反转，使座椅后端下降。

3. 卡罗拉电动座椅电路图

丰田卡罗拉轿车电动座椅控制电路如图 9-5 和图 9-6 所示。电路流程与上述相同。

二、汽车自动座椅

自动座椅的基本结构及驱动方式与普通的电动座椅相似，只是在普通电动座椅的基础上增加了一套具有存储记忆功能的电子控制系统。电子控制系统中可以存储不同驾驶人或乘客的座椅位置，当不同的驾驶人或乘客可以通过一个按钮调出自己的座椅位置，使得座椅的调整更加方便快捷。

1. 基本组成

该控制系统有两套控制装置，一套是手动的，包括电动座椅开关、腰垫电动机及开关和一组座椅位置调整电动机等。驾驶人或

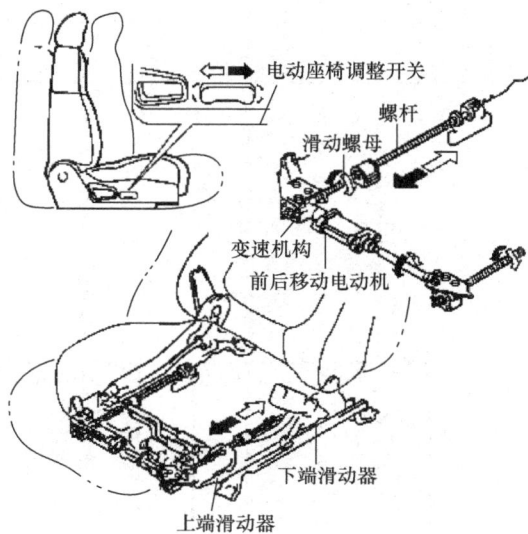

图 9-4　电动座椅的前后移动

乘客可以根据自身需要通过相应的座椅开关和腰垫开关来调整，它的控制方式和普通电动座椅完全相同。另一套是自动的，包括座椅位置传感器、存储和复位开关、ECU 及与手动控

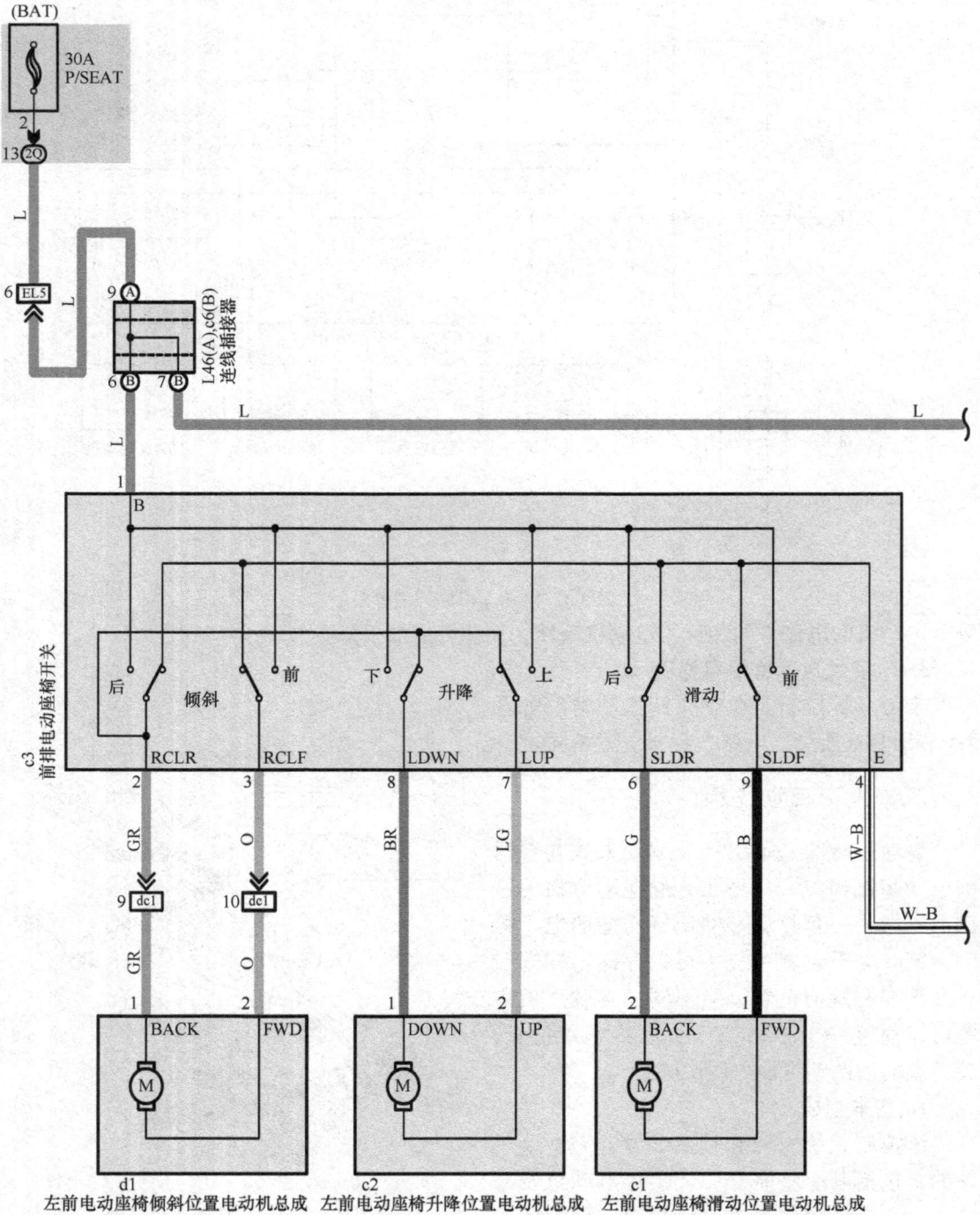

图 9-5　卡罗拉电动座椅控制电路图(一)

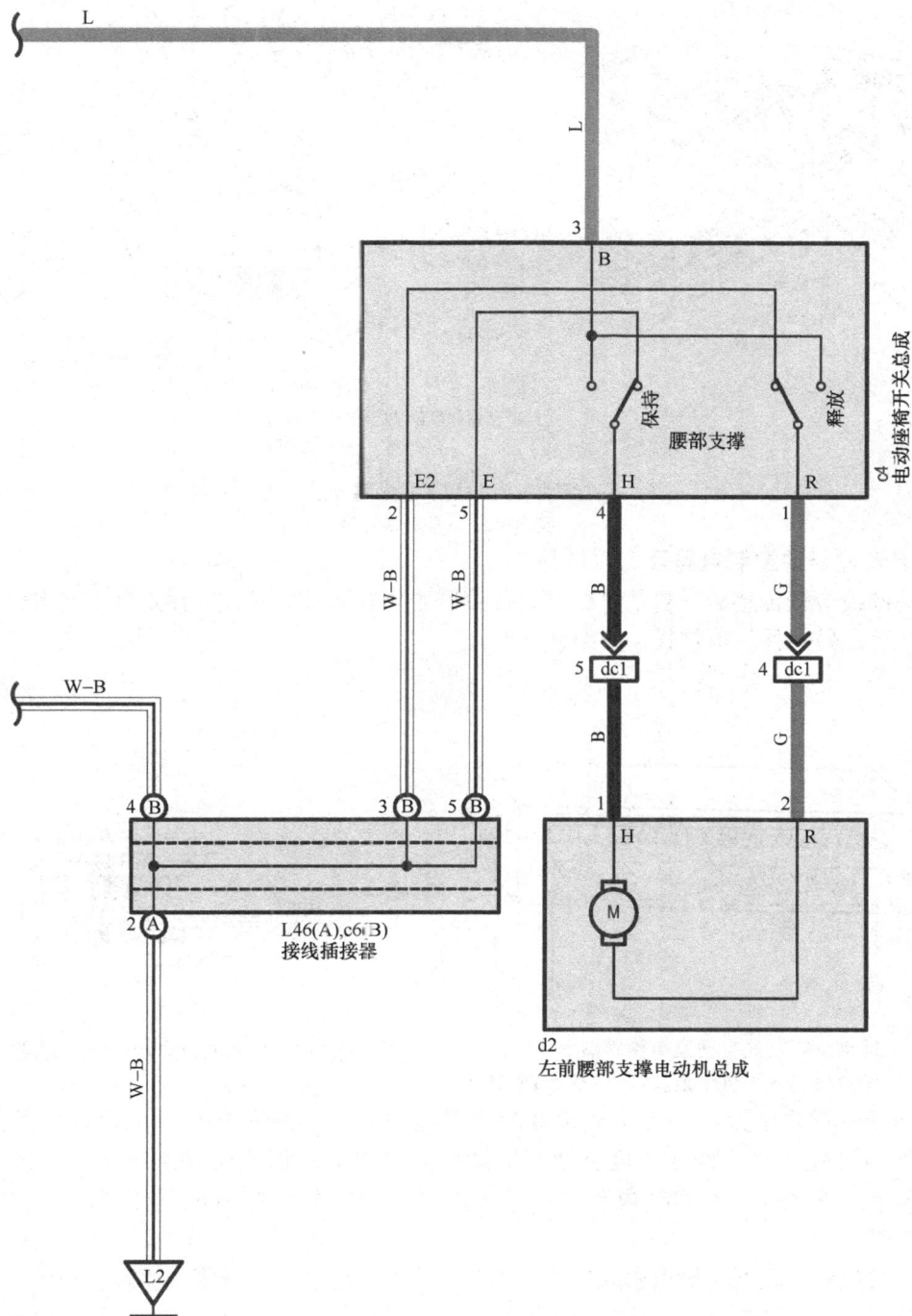

图 9-6　卡罗拉电动座椅控制电路图(二)

制系统共用的一组调整电动机。图 9-7 所示为其基本组成和安装位置示意图。

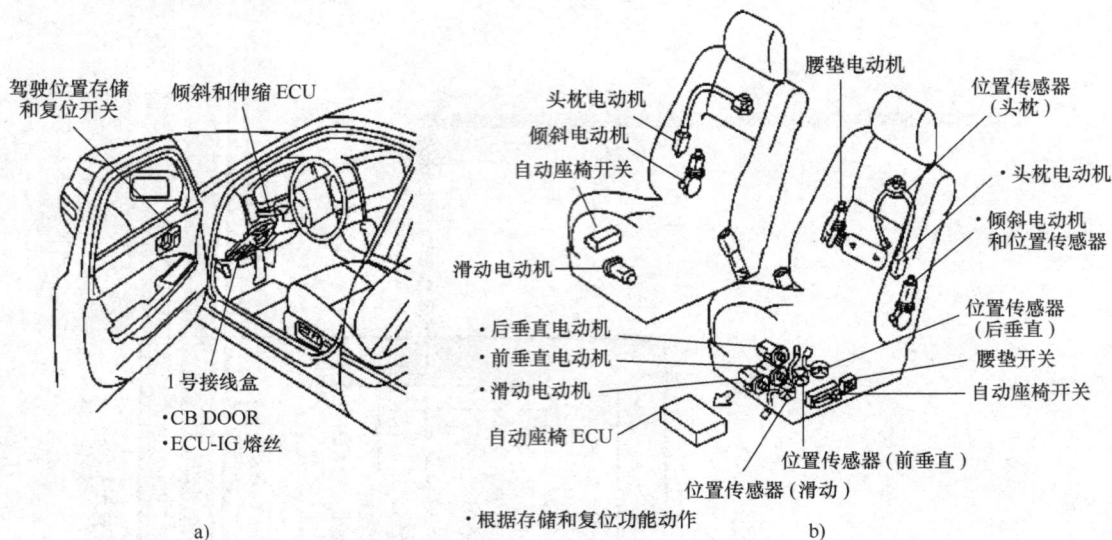

图 9-7 自动座椅的基本组成和安装位置

a）基本组成 b）安装位置

2. 自动座椅的控制电路及工作过程

自动座椅位置传感器 自动座椅位置传感器主要有两种形式，一种是滑动变阻器式，如图 9-8 所示；另一种是霍尔式，如图 9-9 所示。

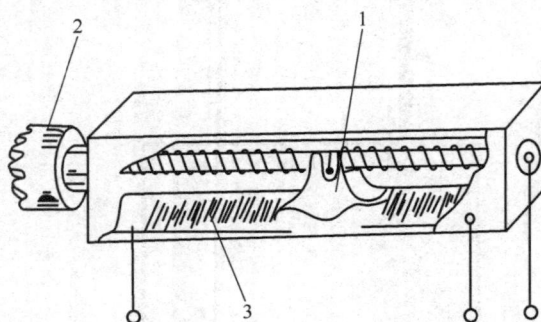

图 9-8 滑动变阻器式自动座椅传感器示意图

1—齿条式传动机构 2—电动机输出轴 3—滑动变阻器

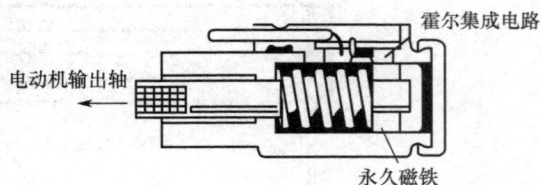

图 9-9 霍尔式位置传感器示意图

滑动变阻器式位置传感器主要由座椅电动机驱动的齿轮和螺杆、电阻丝以及能在螺杆上滑动的滑块组成。当电动机驱动座椅的同时，也驱动齿轮带动螺杆，驱动滑块在电阻丝上滑动，相当于一个可变电阻，通过电阻阻值的变化将座椅位置信号转变成电压信号输给 ECU。

霍尔式位置传感器主要由永久磁铁和霍尔集成电路组成。根据霍尔原理，霍尔元件中磁通量变化时会产生霍尔电压。永久磁铁安装在由电动机驱动的轴上，由于转轴上磁铁的转动引起通过霍尔元件中磁通量的变化，霍尔元件产生霍尔电压，再经霍尔集成电路进行放大并处理，然后取出旋钮的脉冲信号输给 ECU。

3. 控制电路与工作原理

如图9-10所示是自动座椅典型控制电路。5个自动座椅位置传感器给自动座椅ECU提供座椅位置信号，ECU把接收到的位置信号与内存中的标准模式（或理想模式）进行对比判断，如果需要调整，就输出信号给相应的自动座椅电动机，使其正转或反转，调节位置到标准状态。

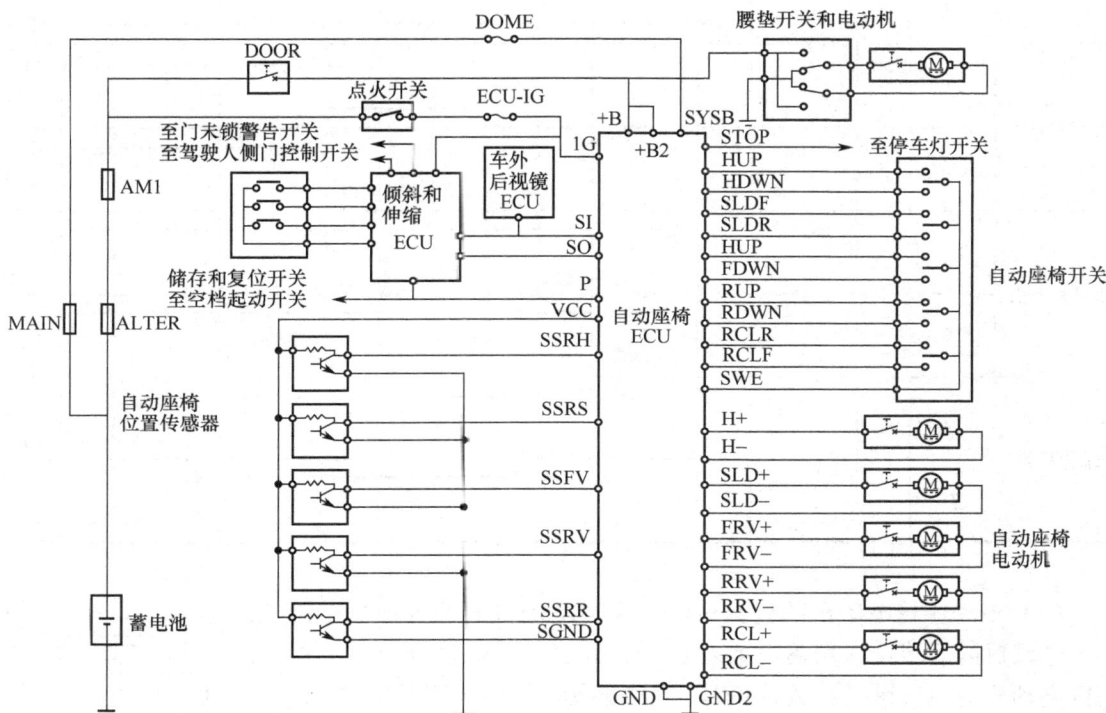

图9-10 自动座椅控制电路

三、电动座椅的检修

1. 普通电动座椅的检测与维修

以现代索纳塔轿车为例，其电动座椅检修方法如下。

若电动机运转，但是座椅不动，首先检查座椅是否已达到极限位置。如果不是，则检查电动机与变速机构和相关的传动部分是否磨损过大或卡住，必要时要进行更换。

若电动机不转，应该检查电路中是否有断路，熔丝是否烧毁，搭铁情况是否良好，然后进行以下单件的检查。

（1）电动座椅控制开关的检查 首先拔出控制开关的连接器，如图9-11所示为控制开关和插接器的端子图。然后按着表9-1检查各端子的导通情况，如果不导通，要更换控制开关。

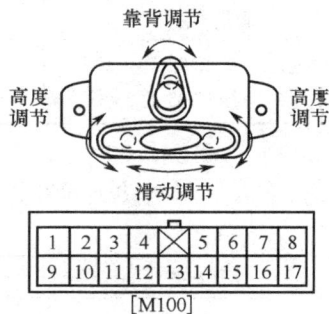

图9-11 电动座椅开关及
插接器端子图

表 9-1　电动座椅控制开关的检查

开关位置	端子号	1	2	3	4	5	6	7	8	9	10	11	12	13	14	15	16	17
滑动开关	前	○——		○——	—○													○
滑动开关	后		○—	—○		○————												○
前高度开关	UP									○——		○————	○					○
前高度开关	DOWN									○	○—	—○						○
后高度开关	UP					○————	○—	—○										○
后高度开关	DOWN					○————	○								○			○
靠背开关	前								○————						○	○—	—○	
靠背开关	后								○————					○	○—	—○		

（2）电动座椅电动机的检查　电动座椅电动机的检查基本思路是，拆下电动机的插接器，用蓄电池的正负极分别接某电动机的两个端子，观察电动机的运转情况；然后颠倒正负极的接法，再观察反转的情况。

注意：电动机停止转动时要立刻断开电源，以免烧坏电动机。

1）前后滑动电动机的检查。滑动电动机的插接器端子如图 9-12 所示，检查表见表 9-2。

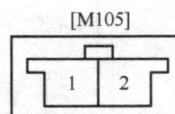

[M105]

1	2

图 9-12　滑动电动机插接器端子图

表 9-2　前后滑动电动机的检查表

测量条件	运转方向	测量条件	运转方向
蓄电池（+）接 M105 的 1 端子 蓄电池（-）接 M105 的 2 端子	前移	蓄电池（+）接 M105 的 2 端子 蓄电池（-）接 M105 的 1 端子	后移

2）靠背倾斜电动机的检查。靠背电动机的插接器端子如图 9-13 所示，检查表见表 9-3。

表 9-3　靠背倾斜电动机的检查表

测量条件	运转方向	测量条件	运转方向
蓄电池（+）接 M101 的 1 端子 蓄电池（-）接 M101 的 2 端子	前倾	蓄电池（+）接 M101 的 2 端子 蓄电池（-）接 M101 的 1 端子	后仰

3）高度调节电动机的检查。前、后高度调节电动机的插接器端子分别如图 9-14、

图9-15所示，检查表见表9-4。

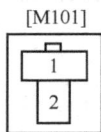

图9-13　靠背电动机插接
器端子图

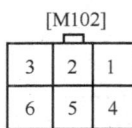

图9-14　前高度调节电动机
插接器端子图

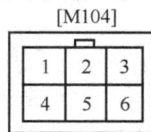

图9-15　后高度调节电动机
插接器端子图

表9-4　高度调节电动机的检查表

电动机类型	测量条件	运转方向	电动机类型	测量条件	运转方向
前端高度升降电动机	蓄电池（+）接 M102 的 1 端子 蓄电池（−）接 M102 的 2 端子	向上	后端高度升降电动机	蓄电池（+）接 M104 的 1 端子 蓄电池（−）接 M104 的 2 端子	向上
	蓄电池（+）接 M102 的 2 端子 蓄电池（−）接 M102 的 1 端子	向下		蓄电池（+）接 M104 的 2 端子 蓄电池（−）接 M104 的 1 端子	向下

在以上检查中，若电动机不转，应该进行相应更换。

2. 自动座椅的检修

以雷克萨斯 LS400 轿车为例，其自动座椅检修方法如下。

若电动机运转而座椅不动，同样首先看是否已到极限位置，然后检查电动机与变速机构之间的相关传动部分是否磨损过大或损坏，必要时应更换。

若电动机不工作，应检查电源线路、开关线路、电动机控制线路是否断路，搭铁是否牢固，然后进行如下单件检测。

（1）自动座椅开关检查　检查各端子之间的导通状况，见表9-5。若导通状况不符合规定要求，应更换开关。

表9-5　自动座椅开关的检查表

开关位置		3	4	5	6	9	10	11	12	13	14	15	16
滑动开关	向前(FRONT)							○———————○	○———○				
	关断(OFF)							○———○					
	向后(BACK)								○———————○				
前垂直开关	向上(UP)					○———○				○———○			
	关断(OFF)						○—————————○						
	向下(DOWN)						○———————————○						
后垂直开关	向上(UP)			○———○						○———○			
	关断(OFF)			○—————————————○									
	向下(DOWN)			○———————————————○									

（续）

端子 开关位置		3	4	5	6	9	10	11	12	13	14	15	16
倾斜 开关	向前倾斜 （FORWARD RECLINING）	○	○							○	○		
	关断（OFF）	○	○										
	向后倾斜 （REAR RECLINING）	○	○							○	○		
头枕 开关	向上（UP）									○	○	○	○
	关断（OFF）									○		○	
	向下（DOWN）										○		○

（2）腰垫开关的检测　腰垫开关共四个接线端子，如图 9-16 所示，各端子间的导通状况见表 9-6。

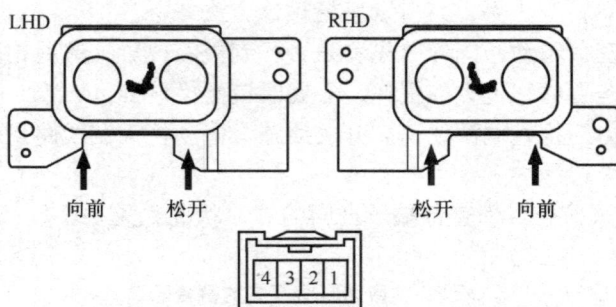

图 9-16　腰垫开关示意图

表 9-6　腰垫开关的检查表

端子 开关位置	1 (4)	2 (3)	3 (2)	4 (1)
向前 （FORWARD）	○	○	○	○
关断 （OFF）	○	○	○	
松开 （RELEASE）	○	○	○	○

若导通状况不符合规定要求，应更换腰垫开关。

（3）座椅位置传感器检测

1）拆下驾驶人座椅。

2）拆下前垂直调节器上的螺栓并将座垫略微抬高。座垫不宜抬得过高，否则线束会被拉出，夹箍可能会松动。

3）随插接器一起从座垫下面的固定处拆下电动座椅ECU。

4）把电动座椅ECU的端子CHK连接车身搭铁，使ECU进入检查状态，如图9-17所示。

5）测量电动座椅ECU的端子SO与车身搭铁间的电压（采用指针式电压表）。

6）检查应输出图示"已准备好"代码，如图9-17左下图所示。

7）分别打开电动座椅手动开关并检查座椅各向移动时的电压变化。

8）输入信号正常和不正常时，输出电压的变化如图9-17右下图所示。

9）当座椅移动到极限位置时，电压应从正常码变为不正常码，当证实其他系统功能完好，并通过对电压表指针的摆动量比较，确认正常和不正常码后，再进行分析处理。

四、电动座椅失效故障实例

故障： 帕萨特V6车型（带座椅记忆功能）驾驶人座椅及外后视镜的记忆功能设置与调用。

1. 设定步骤

（1）记忆正常驾驶时的驾驶人座椅和外后视镜位置

1）将点火开关打开。

2）将驾驶人座椅左侧的"Memory Off"红色按钮压下。

3）调节驾驶人座椅及外后视镜到最适合的位置，压下驾驶人座椅左侧一个记忆按钮（建议从第一个按钮开始）并保持，直到听见"咚"的提示音表明设置完毕（重复此步骤可以设置另外两个记忆按钮）。

4）驾驶人座椅上的记忆按钮设定完成后，立即断开点火开关并拔出点火钥匙，在5s内按住钥匙上的开启按钮不放，直到听见"咚"的提示音，钥匙的记忆设置完毕（重复3和4步骤可以将设定好的位置记忆在另外的钥匙中，备用钥匙无遥控功能则不能设定）。

（2）设置和记忆预调好的倒车时外后视镜位置

1）在驾驶人座椅上的记忆按钮设定完成后，将外后视镜调节旋钮切换到右外后视镜调节位置。

2）将变速杆放入倒档位置，调整右外后视镜位置（使驾驶人在倒车时能从车内看到车辆后侧及地面情况）。

3）压下驾驶人座椅左侧上某一记忆按钮并保持，直到听见"咚"的提示音表明设置完毕，设置的位置被相应记忆按钮记忆（在调用预调好的倒车时外后视镜位置时，外后视镜调节旋钮应先切换到右外后视镜调节位置）。

2. 调用预先设置好的记忆位置

1）在驾驶人车门未关闭的情况下，按压一下驾驶人座椅上已设定好的记忆按钮，驾驶人座椅和外后视镜会自动运行到预先设置好的位置。

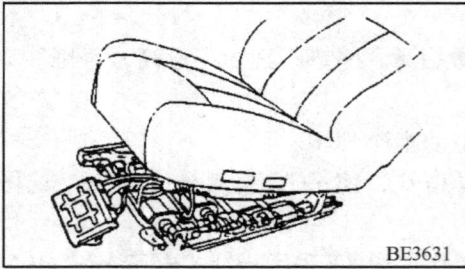

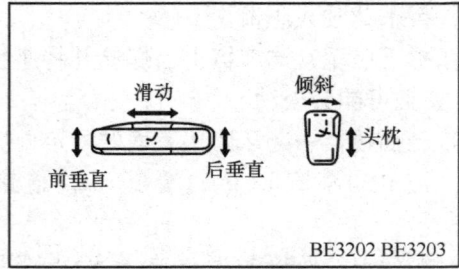

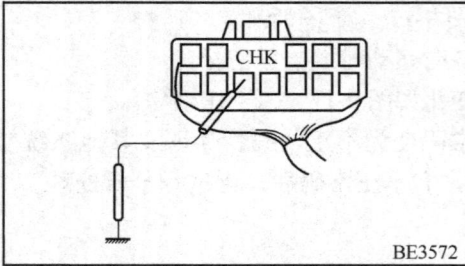

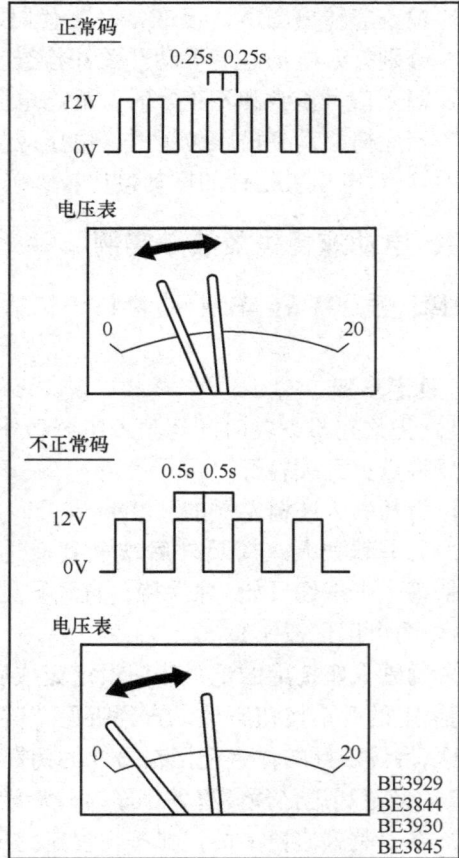

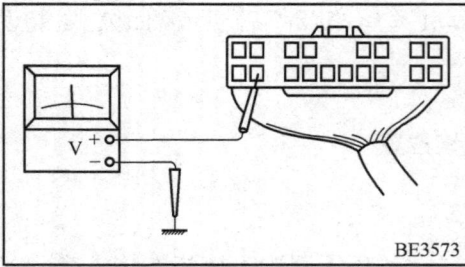

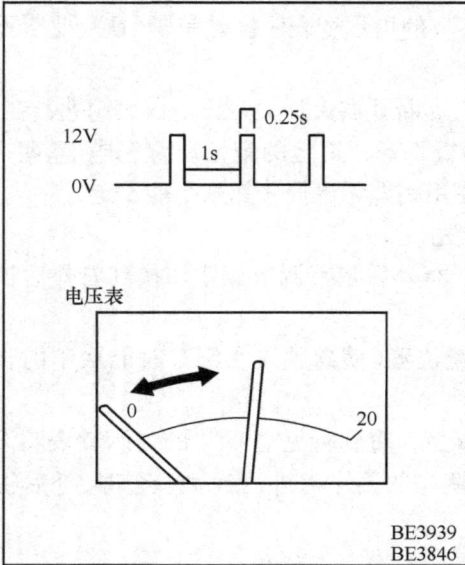

图 9-17　座椅位置传感器信号图

2）在驾驶人车门已关闭的情况下，按住驾驶人座椅上已设定好的记忆按钮不放，直到驾驶人座椅和外后视镜自动调整到预先设置好的位置。

3）在驾驶人车门已关闭的情况下，按下遥控钥匙的开启按钮，打开驾驶人侧车门，驾驶人座椅会自动调节到此钥匙所记忆的位置（两把主钥匙可以记忆两个位置。只有在点火开关断开，而且将"Memory Off"红色开关压下，才可以调用预先设置好的记忆位置）。

学习任务十　汽车座椅加热系统失效的故障诊断与排除

任务要求：

完成本学习任务后，你应该能够：

1）正确描述汽车电动座椅加热系统的组成和工作原理。

2）正确描述汽车电动座椅加热系统的各部件结构特点和作用。

3）识读和正确分析汽车电动座椅加热系统的电路图。

4）准确分析汽车电动座椅加热系统失效故障的所有可能原因。

5）梳理诊断思路，制订排除汽车电动座椅加热系统失效故障的工作方案。

6）根据工作方案，利用故障诊断仪和万用表，检测汽车电动座椅加热系统的基本元件、控制元件和电路元件，诊断和排除故障。

7）用企业标准验收任务完成情况，评价和反馈工作过程，完成学习拓展任务及任务工单 10.1 和 10.2。

建议学时：6 学时

任务引入：

1）一辆本田雅阁轿车，行驶总里程 10 万 km，发现该车电动座椅无论是高位加热还是低位加热，加热系统完全失效。

2）一辆本田雅阁轿车，行驶总里程 10 万 km，发现该车电动座椅高位加热系统失效，而低位加热系统工作正常。

任务分析：

1）初步诊断，确认故障现象。

2）查找资讯，学习相关知识，分析故障可能原因，分解成两个子任务。

① 汽车电动座椅加热系统全部失效的故障诊断与排除。

② 汽车电动座椅加热系统高位加热失效或低位加热失效故障诊断与排除。

3）制订工作计划，分析故障诊断思路。

4）根据故障现象和任务要求，确定所需要的检测仪器设备、工具，并对小组成员进行合理分工，制订详细的、可实施的故障诊断与排除工作方案。

5）实施试验进行检测，利用故障诊断仪和万用表对电动座椅加热系统及其电路元件进行检测，确定故障原因并维修更换，诊断和排除故障。

6）总结故障结论，写诊断报告。

7）用企业标准验收任务完成情况，评价工作过程，完成任务工单 10.1 和 10.2。

资讯和相关知识：

座椅加热系统(图10-1)可以对驾驶人和乘客的座椅进行加热，使乘坐更加舒适。有些汽车座椅的加热速度可以调节，有些不可以调节。

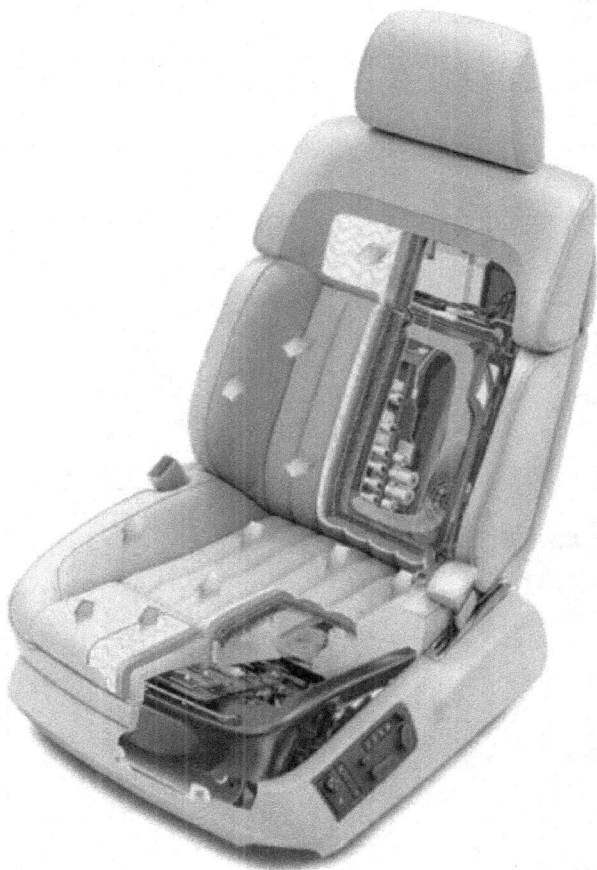

图 10-1　座椅加热系统内部结构图

一、加热速度不可调式座椅加热系统

以北京现代索纳塔轿车为例，图10-2所示为其控制电路图。该电路可以对驾驶人座椅(左前)和前排乘员座椅(右前)同时进行加热，也可以分别加热。其中座椅加热线圈和靠背加热线圈是串联的。其工作过程如下：

1) 若只需对左前座椅进行加热，只闭合左前座椅加热开关。电路流程为电源→熔丝15→端子12→端子M21→加热开关→端子4→恒温器开关→座椅加热丝→靠背加热丝→搭铁。此时只对左前座椅进行加热，同时左前座椅加热指示灯(IND)点亮。单独对右前座椅加热时的电路分析相同。

2) 若要对两个座椅同时加热，则两座椅的加热开关同时闭合，此时，两座椅的座椅加热丝和靠背加热丝串联以后再并联，两指示灯同时点亮，电路分析不再赘述。

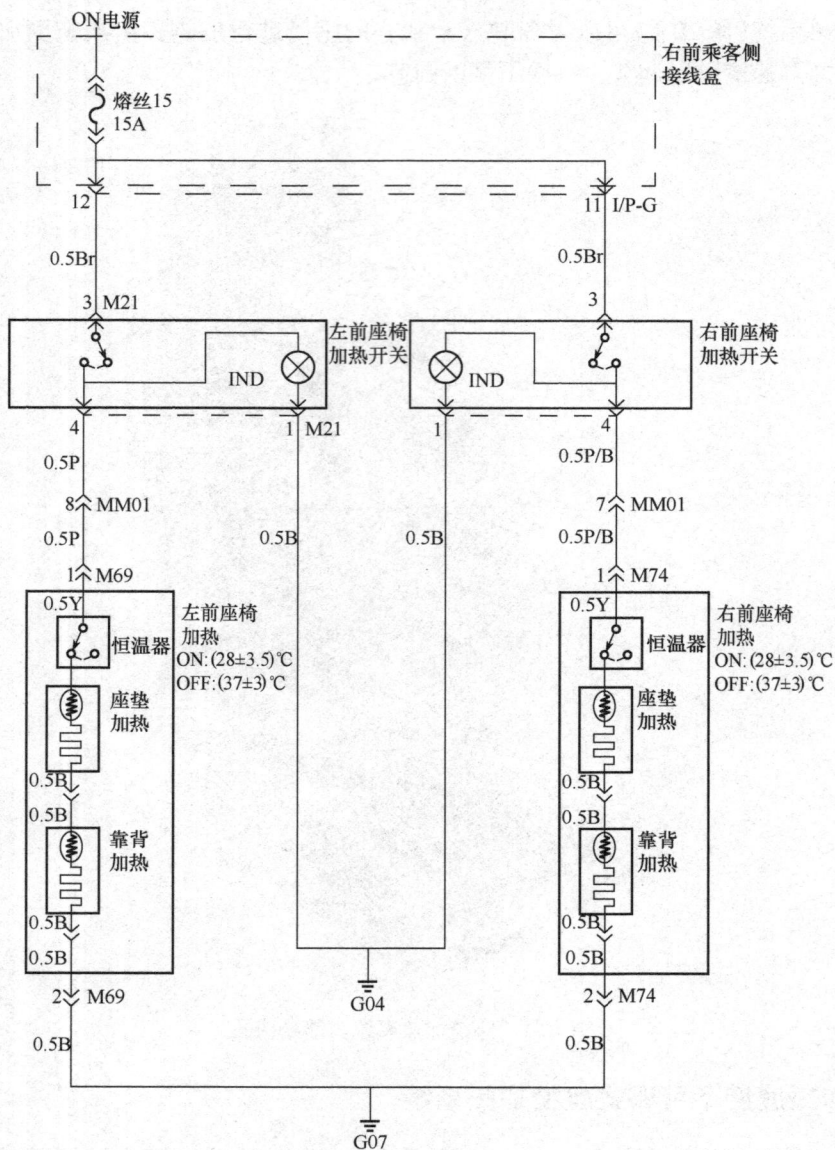

图 10-2   北京现代索纳塔轿车电动座椅加热电路

二、加热速度可调节座椅加热系统

如图 10-3 所示为本田雅阁轿车座椅加热器开关和继电器的安装位置。

图 10-4 所示为其电路。此座椅加热器的加热速度可以调节。驾驶人和前排乘员座椅的加热器和加热控制开关相同。其中 HI 表示高位加热，LO 表示低位加热。该座椅加热系统可以单独对驾驶人侧或前排乘员侧的座椅进行加热，也可以同时对两座椅进行加热。下面以驾驶人侧的座椅加热器为例，分析其工作过程。

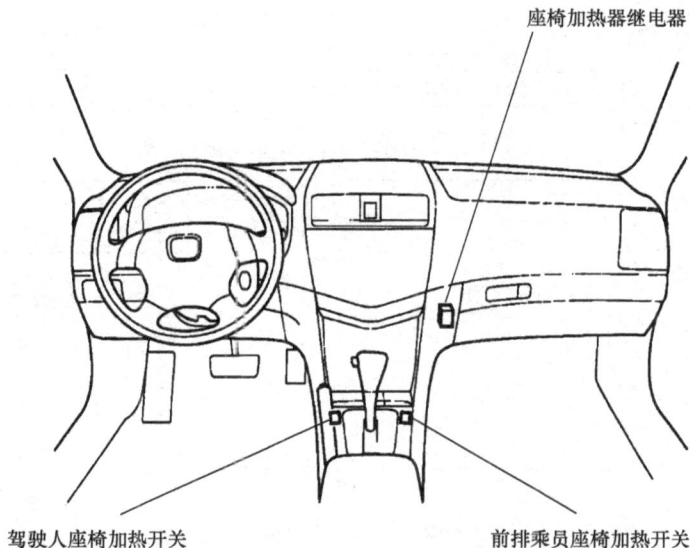

图 10-3　本田雅阁轿车座椅加热器开关和继电器的安装位置

1）当加热器开关断开时，加热系统不工作。

2）当加热器开关处于"HI"位置时，电流首先经过点火开关给座椅加热器的继电器线圈通电，线圈产生磁场使继电器开关闭合。此时加热器的电路流程为蓄电池"＋"→熔丝→继电器开关→加热器开关端子5，然后电流分为三个支路。一路经指示灯→继电器端子4→搭铁，指示灯点亮；另一路经加热器开关端子6→加热器端子A1→节温器→断路器→靠背线圈→搭铁；还有一路经加热器开关端子6→加热器端子A1→节温器→断路器→座垫线圈→加热器端子A2→加热器开关端子3→加热器端子开关4→搭铁。此时靠背线圈和座垫线圈并联加热，加热速度较快。

3）当加热器开关处于LO位置时，电路流程为蓄电池"＋"→熔丝→继电器开关端子5，然后分为两个支路。一路经指示灯→加热器端子4→搭铁，低位指示灯点亮；另一路经加热器开关端子3→加热器端子A2→加热器座垫线圈→加热器靠背线圈→搭铁。此时靠背线圈和座垫线圈串联加热，电路中电流较小，因此加热的速度较慢。

三、座椅加热器的检查

1. 检测座椅加热器

座椅加热器就是加热线圈，检测时断开加热器线束，用万用表的电阻档检测加热器线圈两端电阻。阻值应符合修理手册要求，若不符则加热器有故障，需要更换。

2. 检测座椅加热器开关

座椅加热器开关插接器端子如图 10-5 所示，开关的检查见表 10-1。要检查端子之间的导通情况，如不正常，需要更换加热器的开关。

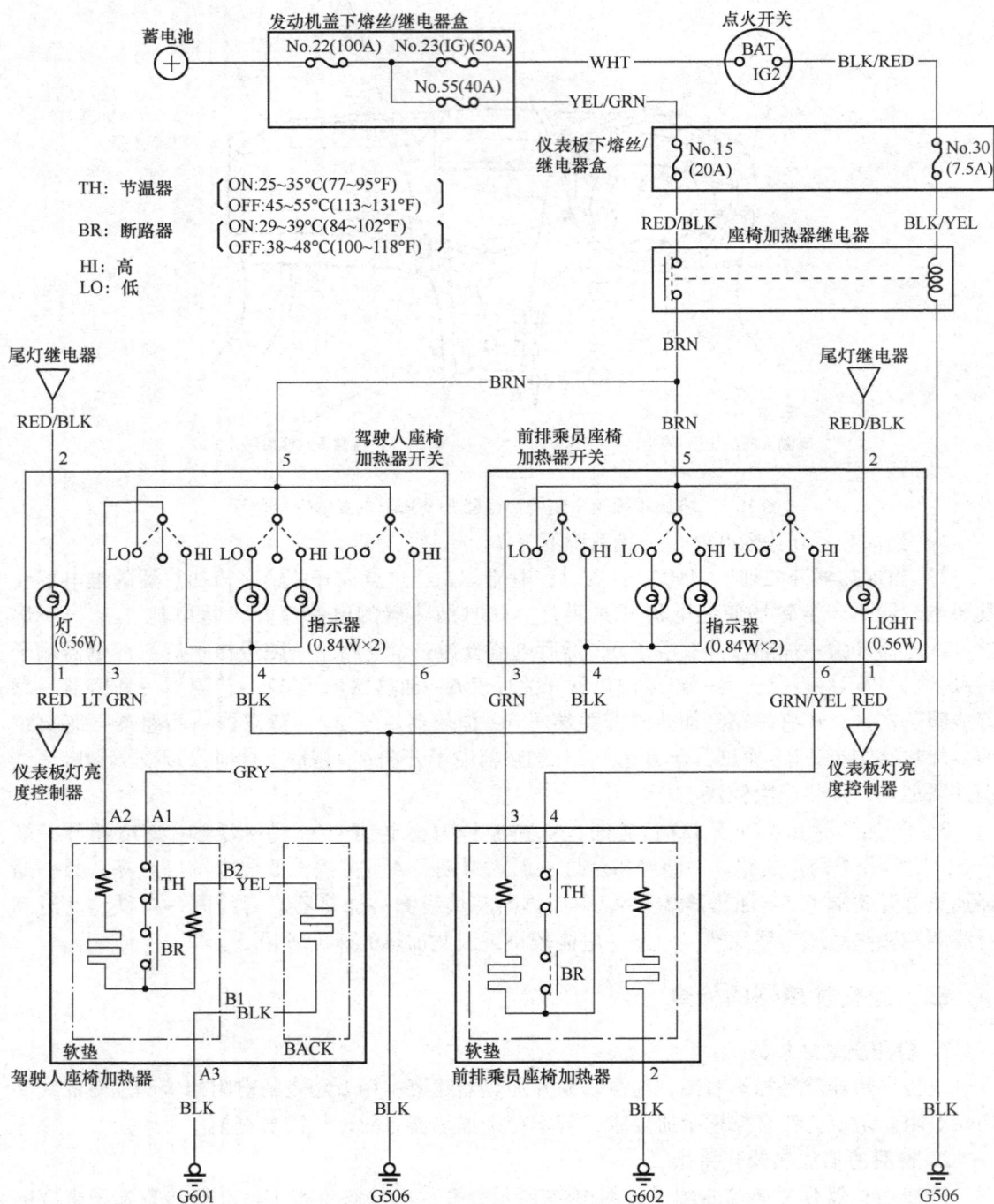

图 10-4　本田雅阁轿车座椅加热系统电路

[左: M21/右: M17]

1		2
3	4	5	6

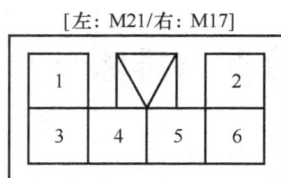

图 10-5　座椅加热器开关
　　　　　插接器端子图

表 10-1　座椅加热器开关的检查

位置＼端子	2	5	1	4	3
ON	○	○(W夹)	○—W—○	○
OFF					

四、座椅加热系统故障实例

故障现象：一辆上海通用别克新君越轿车，驾驶人座椅加热功能不起作用。

检查分析：接车后，经试车，发现按压驾驶人座椅加热按钮后，系统在工作约 3min 后，指示灯熄灭，电加热功能失效。首先连接故障诊断仪 GDS 对系统进行检测，设备显示系统内存储了"B2425-0D——驾驶人座垫加热器电阻过大"的故障码。接车后，维修人员先对座椅加热座垫进行了替换，试车故障依旧。之后，维修人员又对座椅靠垫进行了更换，试车故障依然存在。最后，维修人员更换了加热控制单元，但结果依然令人失望。至此，维修工作陷入僵局，笔者介入该车的维修。

分析该车座椅加热工作原理可知，当按下加热型座椅开关时，通过开关触点和加热型座椅开关信号电路向车身控制单元提供变化的参考电压，以指令加热座椅。车身控制单元作为网关，通过串行数据线路将该信息传送至后排座椅加热控制单元。为响应该信息，后排座椅加热控制单元通过元件电源电压电路向相应的座椅加热元件提供蓄电池正极电压。然后，后排座椅加热控制单元将串行数据信息发送回车身控制单元，以点亮或熄灭加热型座椅指示灯。系统每 10s 检测 1 次输出座椅加热元件的电流与电压，座椅控制单元计算加热元件的电阻，当超过允许的最大阻值时，将设置故障码，同时加热功能被禁用。

用万用表检测座椅加热线圈阻值，在规定范围之内。然后根据电路图逐一排查高电阻现象，在检测座椅加热器至搭铁点之间的电阻值时，电阻异常高，故障就在这条线上。更换后，故障排除。

学习任务十一　电动后视镜失效的故障诊断与排除

> **任务要求：**
>
> 完成本学习任务后，你应该能够：
>
> 1）正确描述汽车电动后视镜的组成和工作原理。
>
> 2）正确描述汽车电动后视镜的各部件结构特点和作用。
>
> 3）识读和正确分析汽车电动后视镜的电路图。
>
> 4）准确分析汽车电动后视镜失效故障的所有可能原因。
>
> 5）梳理诊断思路，制订排除汽车电动后视镜失效故障的工作方案。
>
> 6）根据工作方案，利用万用表，检测汽车电动后视镜的基本元件、控制元件和电路元件，诊断和排除故障。
>
> 7）用企业标准验收任务完成情况，评价和反馈工作过程，完成学习拓展任务及任务工单 11.1～11.3。
>
> **建议学时：8 学时**

任务引入：

1）一辆丰田威驰轿车，行驶总里程 12.5 万 km，发现该车电动后视镜所有方向都不能调整，完全失效。

2）一辆丰田威驰轿车，行驶总里程 12.5 万 km，发现该车电动后视镜左右调整均失效，但是上下调整没有问题。

3）一辆丰田威驰轿车，行驶总里程 12.5 万 km，发现该车电动后视镜只能向上调整，不能向下调整，其他方向均没有问题。

任务分析：

1）初步诊断，确认故障现象。

2）查找资讯，学习相关知识，分析故障可能原因，分解成三个子任务。

① 汽车电动后视镜全部失效的故障诊断与排除。

② 汽车电动后视镜双向失效的故障诊断与排除。

③ 汽车电动后视镜单向失效的故障诊断与排除。

3）制订工作计划，分析故障诊断思路。

4）根据故障现象和任务要求，确定所需要的检测仪器设备、工具，并对小组成员进行合理分工，制订详细的、可实施的故障诊断与排除工作方案。

5）实施试验进行检测，利用万用表对电动后视镜及其电路元件进行检测，确定故障原因并维修更换，诊断和排除故障。

6）总结故障结论，写诊断报告。

7）用企业标准验收任务完成情况，评价工作过程，完成任务工单 11.1～11.3。

资讯和相关知识：

驾驶人调整后视镜的位置比较困难，特别是右前车门侧的后视镜。装有电动后视镜系统的汽车，驾驶人可通过操纵安装在驾驶人位置的电动后视镜开关，能够方便地调节后视镜的位置，获得理想的后视镜位置。

一、电动后视镜的组成

电动后视镜系统由电动后视镜、控制电路和操纵开关等组成。

1. 电动后视镜

汽车的电动后视镜一般由镜片、驱动电动机、后视镜壳体等组成，如图 11-1 所示。后视镜电动机为永磁式直流电动机，安装在后视镜壳体里。在每个后视镜镜片的背后都有两个可逆电动机，可操纵其上下及左右运动。通常垂直方向的倾斜运动由一个永磁电动机控制，水平方向的倾斜运动由另一个永磁电动机控制。有些电动后视镜系统还装有用于隐藏后视镜用的电动机。

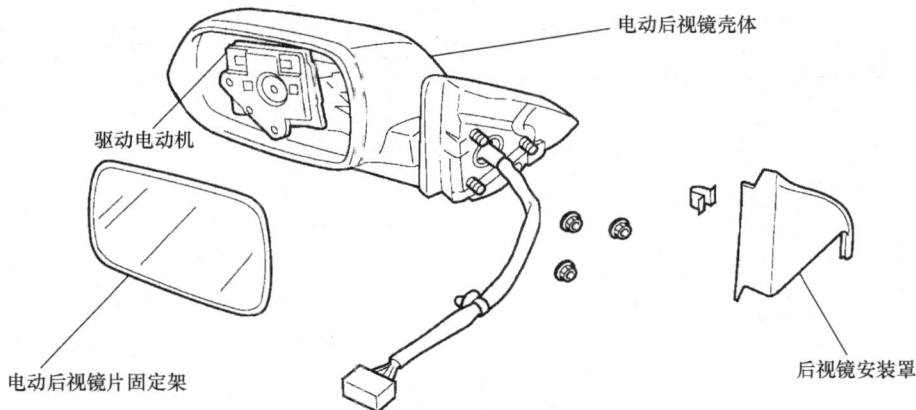

图 11-1　电动后视镜的结构

2. 操纵开关

电动后视镜操纵开关结构和安装位置如图 11-2 所示，主要作用用来选择需要调节的后视镜及控制接通相应电动机电路，以控制相应的后视镜按驾驶人选定的方向调整。

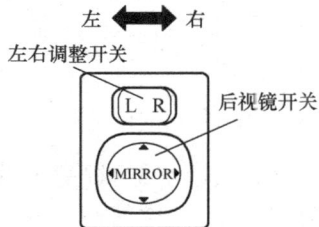

图 11-2　电动后视镜操纵开关

二、电动后视镜的控制电路及工作原理

1. 现代索纳塔轿车电动后视镜控制电路

图 11-3 所示为现代索纳塔轿车电动后视镜的控制电路，图 11-4 所示为其电动后视镜的开关及其插接器的端子图。每个后视镜都用一个独立的开关控制。操纵开关能使一个电动机单独工作，也可使两个电动机同时

工作。电动后视镜开关中用实线框和虚线框分别表示操作时总开关内部的联动情况。

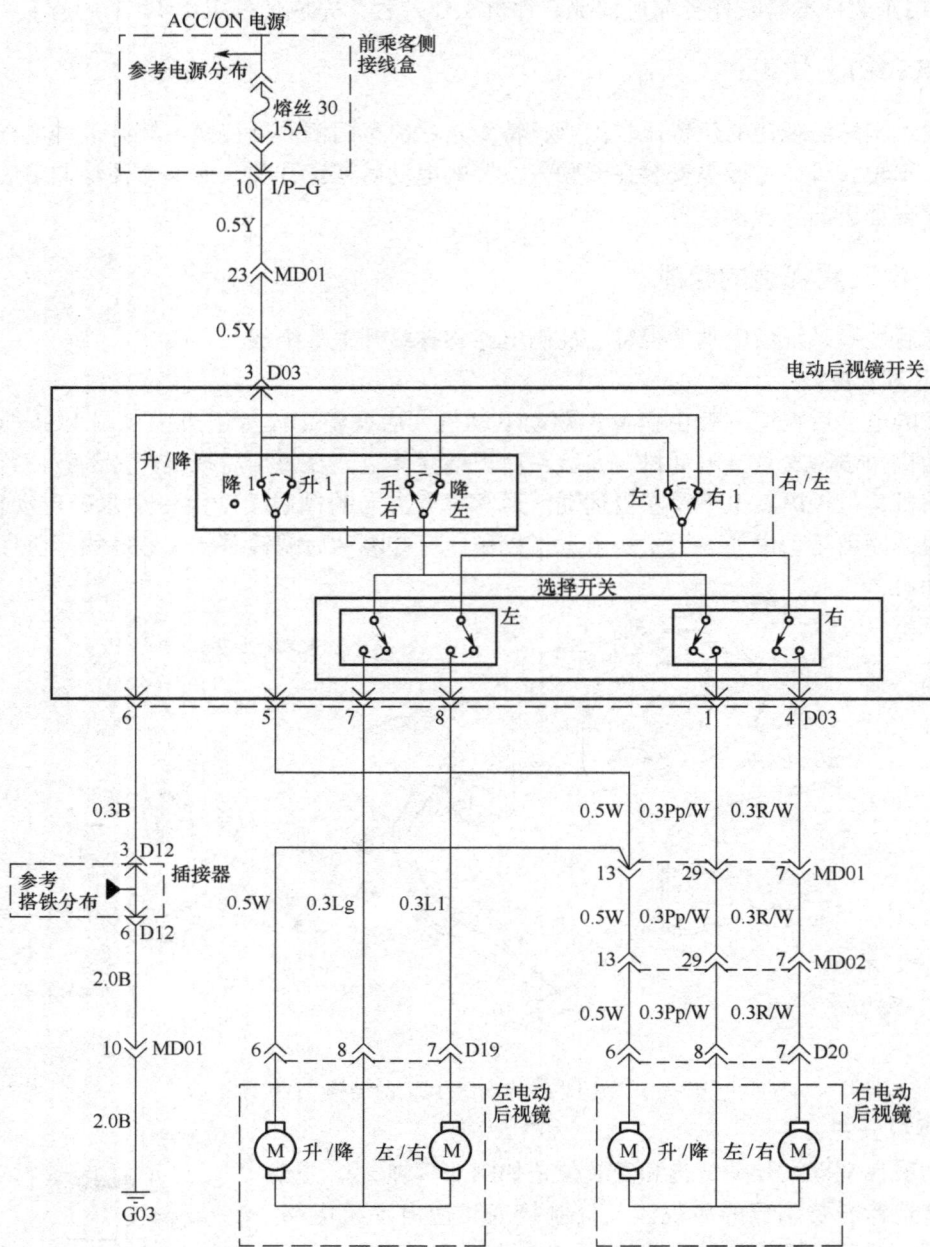

图 11-3 现代索纳塔轿车电动后视镜电路

（1）左电动后视镜"升"的工作过程 当按下"升降"开关"升"按钮时，实线框"升/降"开关中的箭头开关均和"升"接通，此时电路流程为电源→熔丝30→开关端子3→"升右"端子→选择开关中的"左"→端子7→左电动后视镜连接端子8→"升/降"电动机→端子6→开关端子5→升1→开关端子6→搭铁，形成回路，这时左后视镜向上旋转倾斜。

（2）左电动后视镜"降"的工作过程 当按下"升降"开关"降"按钮时，实线框

"升/降"开关中的箭头开关均和"降"接通，此时的电路流程为电源→熔丝30→开关端子3→降1→开关端子5→左电动后视镜连接端子6→"升/降"电动机→左电动后视镜连接端子8→开关端子7→选择开关中的"左"→"降左"端子→开关端子6→搭铁，形成回路，此时左后视镜向下旋转倾斜。

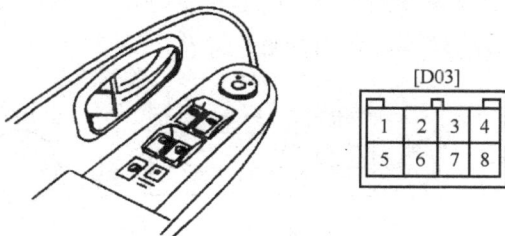

电动后视镜的左右运动的电路分析与此类似，此处不再赘述。

图11-4　电动后视镜开关及其插接器的端子图

2. 本田雅阁轿车电动后视镜控制电路

图11-5所示为本田雅阁轿车电动后视镜的控制电路。此电动后视镜开关中上面的四个开关为共用的后视镜方向调节开关，下面两个开关为控制左侧或右侧电动后视镜的联动分开关。

（1）左侧后视镜向下旋转　当电动后视镜开关中下面的联动分开关按至"左"位置，然后按下"下"，此时电路流程为蓄电池+→熔丝22和23→点火开关→熔丝30→电动后视镜开关端子6→联动开关"下"的左端→左侧后视镜开关→电动后视镜开关端子9→左电动后视镜"上下"调节电动机→电动后视镜开关端子2→左侧后视镜开关→联动开关"下"的右端→搭铁，左侧后视镜实现向下倾斜旋转。

（2）左侧电动后视镜向上旋转　当电动后视镜开关中下面的联动开关依然在"左"的位置，按下"上"，此时电路流程为蓄电池+→熔丝22和23→点火开关→熔丝30→电动后视镜开关端子6→联动开关"上"的右端→左侧后视镜开关→电动后视镜开关端子2→左电动后视镜"上下"调节电动机→电动后视镜开关端子9→左侧后视镜开关→联动开关"上"的右端→搭铁，左侧后视镜实现向上倾斜旋转。

电动后视镜的左右运动的电路分析与此类似，此处不再赘述。

3. 卡罗拉电动后视镜控制电路

如图11-6所示为卡罗拉电动后视镜控制电路。

三、电动后视镜的新型结构

1. 带雨点清除装置的电动后视镜

如图11-7所示为带有超声波雨点清除装置的后视镜。在镜面内侧的压电振动子振动使雨点雾化，而加热板加热后除去镜面上的小雨点，保持后视镜表面光滑清晰。

2. 防眩目电动后视镜

图11-8所示是防眩目电动后视镜。为防止后视镜在后方车辆前照灯的照射下炫目，妨碍驾驶人对后方的观察，采用防眩目后视镜，利用镀铬材料，感知周围亮度与后方灯光的亮度，通过后视镜中EC元件的电化学反应，使后视镜表面着色，以控制后视镜的反射率。

四、电动后视镜的检修

当电动后视镜出现故障时，首先检查熔丝、电路连接和搭铁情况，若仍不能排除故障，

则应检查开关和电动机是否良好。出现故障时要结合电路和故障现象排除故障。参考表11-1
来分析故障的原因和解决方法。

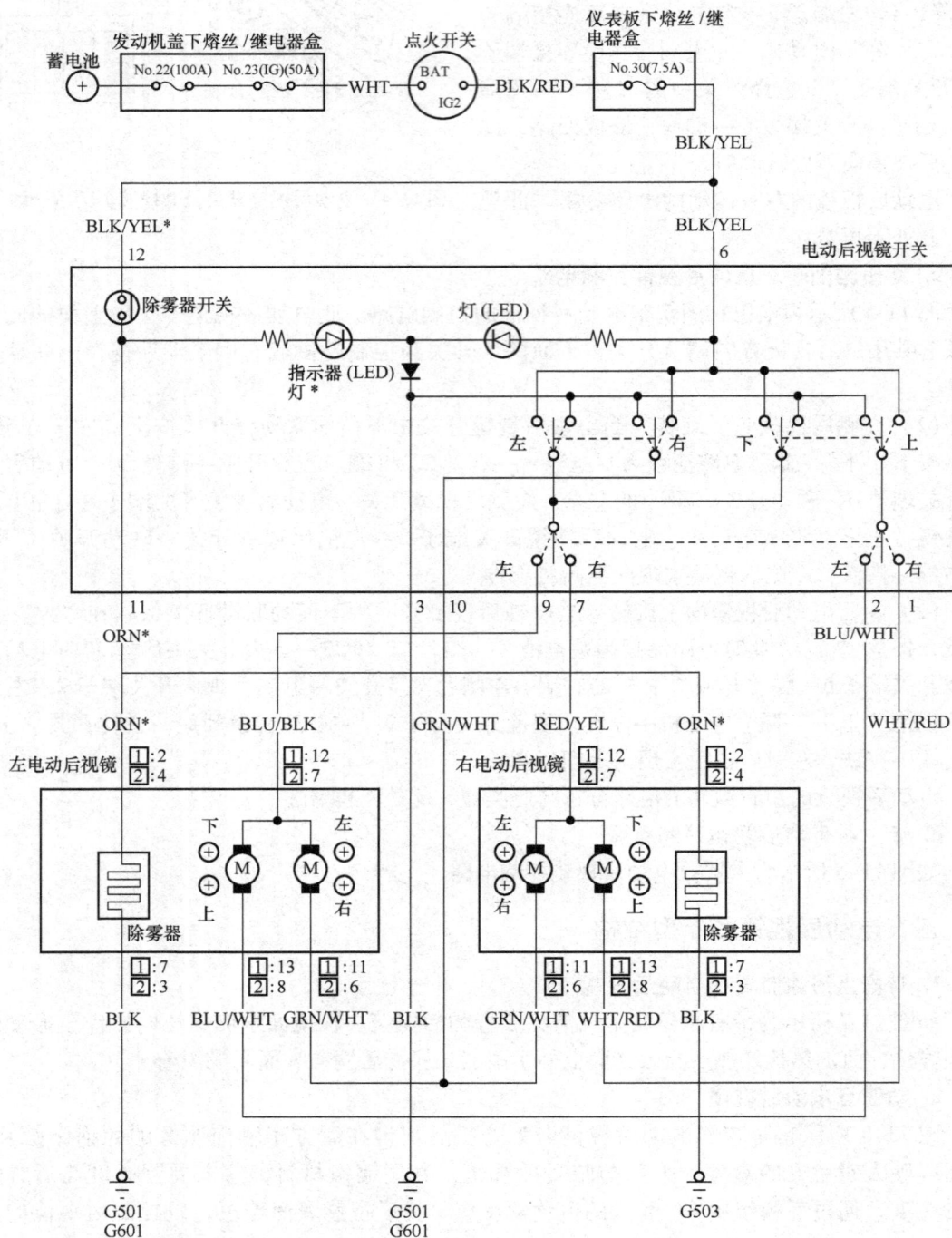

图 11-5　本田雅阁轿车电动后视镜电路

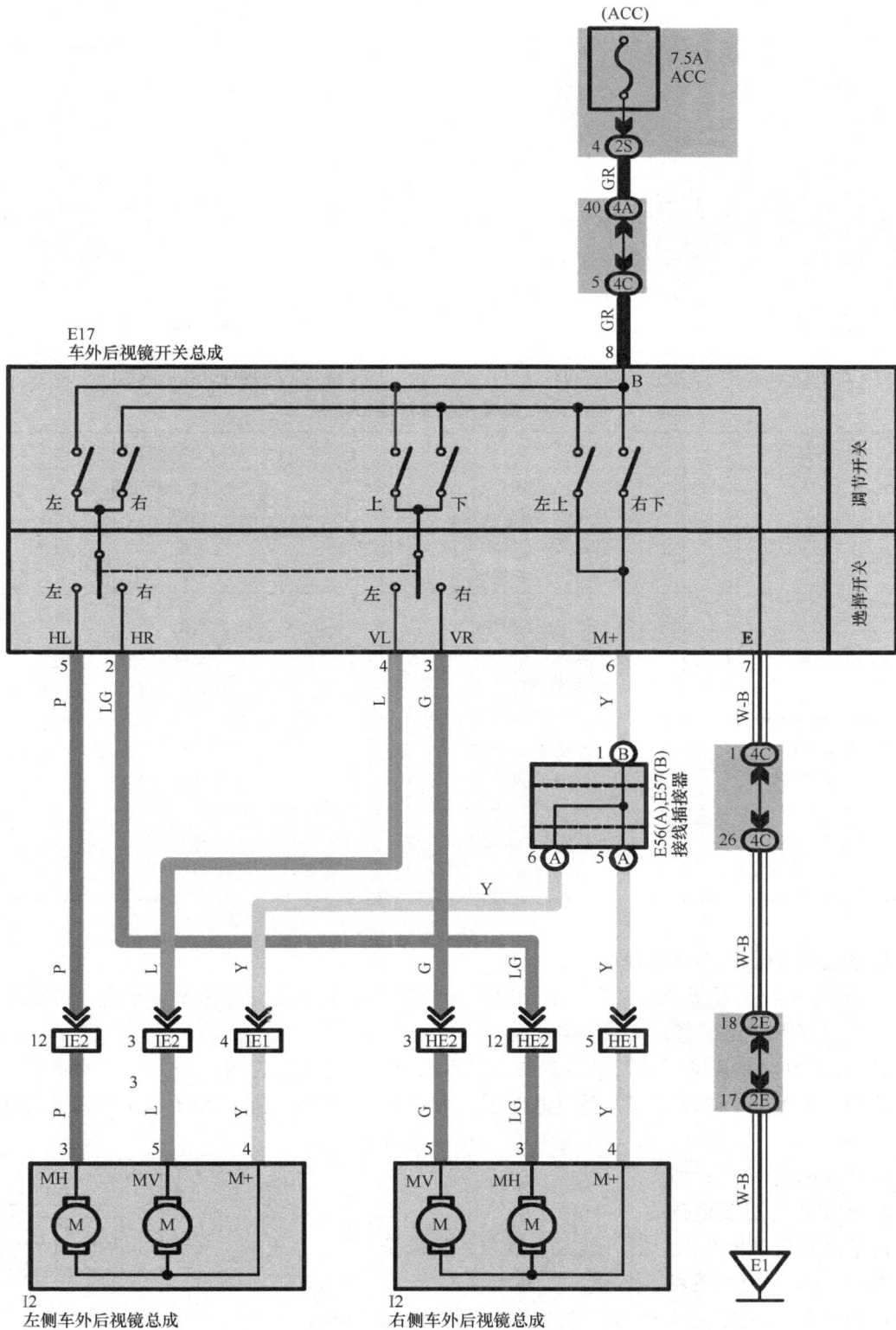

图 11-6　丰田卡罗拉轿车电动后视镜控制电路

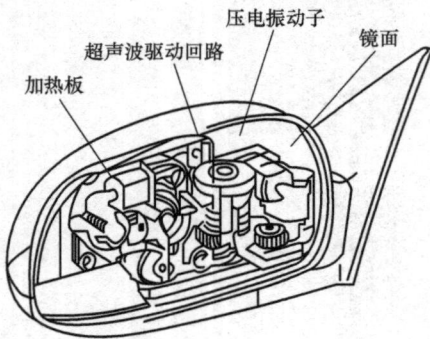

图 11-7　带有超声波雨点清除装置的后视镜　　　　图 11-8　防眩目电动后视镜

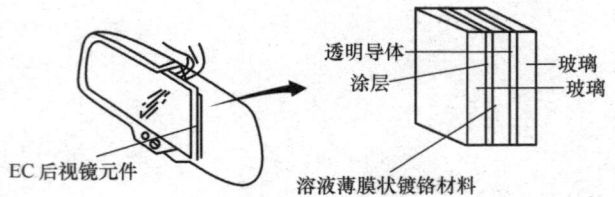

表 11-1　电动后视镜故障诊断表

故障现象	故障原因	故障排除方法
电动后视镜均不能动	熔丝熔断	检查确认熔断后更换
	搭铁不良	修理
	后视镜开关损坏	更换
	后视镜电动机损坏	更换
一侧电动后视镜不能动	后视镜开关损坏	更换
	电动机损坏	更换
	搭铁不良	修理
一侧电动后视镜 上下方向不能动	上下调整电动机损坏	更换
	搭铁不良	修理
一侧电动后视镜 左右方向不能动	左右调整电动机损坏	更换
	搭铁不良	修理

1. 检测电动后视镜供电线路

1）将点火开关置于 ON 位置，用万用表测量熔丝两端电压，应为蓄电池电压。如果无电压或电压值不符合规定，检查供电线路。

2）拆下电动后视镜开关线束插接器，将点火开关置于 ON 位置，用万用表测量线束插接器的相应供电端子电压，应为蓄电池电压。用万用表测量相应搭铁端子与车身搭铁之间电阻，应小于 1Ω。如果测量值与规定值不相符，则说明电动后视镜线束存在故障。

2. 检测电动后视镜开关

拆下电动后视镜开关，断开线束插接器，其端子如图 11-9 所示。用万用表根据表 11-2 检测导通情况。如果检查结果与规定值不相符，则更换电动后视镜开关。

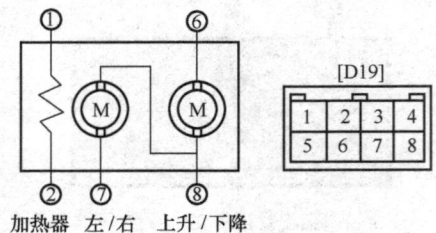

图 11-9　电动后视镜电动机的插接器端子

表 11-2　电动后视镜开关总成

后视镜	动作 ＼ 端子号	1	2	3	4	5	6	7	8
左	UP			○		○──○		○──	──○
	DOWN			○──		──○	○	──○	○
	OFF			○──		──○	○──	──○	──○
	LEFT			○──		──○	○──	──○	○
	RIGHT			○──		──○	○──	──○	
右	UP	○──		──○	──○	○──○			
	DOWN	○──			──○	──○			○
	OFF	○──		──○	──○	○──			
	LEFT	○──		──○	──○				
	RIGHT	○──		──○	○──	──○			

3. 电动后视镜电动机的检查

电动后视镜检查的基本思路是，把蓄电池的正、负极分别接至电动后视镜电动机插接器端子，端子如图 11-9 所示，检查时按表 11-3 所示，把蓄电池正负极分别接在各端子之间，检查电动机的工作情况。图 11-10 所示为接线及检查示意图。

表 11-3　电动后视镜电动机的检查

端子 ＼ 位置	6	7	8	端子 ＼ 位置	6	7	8
UP	−	+	+	LEFT	−	+	−
DOWN	+	−	−	RIGHT	+	−	+

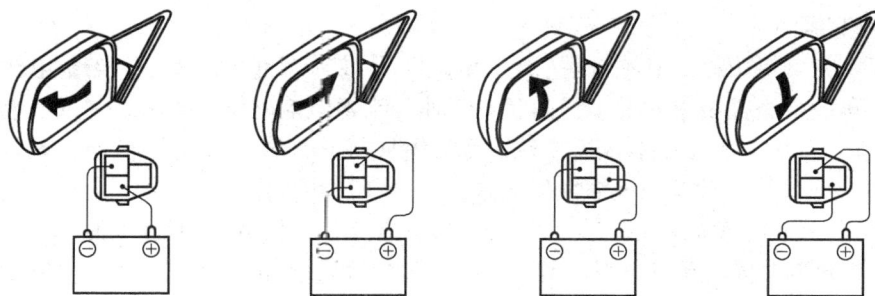

图 11-10　电动后视镜电动机的检查示意图

4. 检测电动后视镜加热器

1）检测电阻。用万用表根据表11-4的内容检查电动后视镜加热器电阻值。如果测量值与规定值不相符，则更换电动后视镜总成。

表11-4　电动后视镜加热器电阻检查表

测量端子	测量条件	规定值
1—2	25℃	7.6 ~ 11.4Ω

2）工作情况检查。将蓄电池正极接端子1，负极接端子2，检查后视镜是否变暖。如果不变暖，则更换电动后视镜总成。

五、电动后视镜故障实例

故障：朗逸后视镜加热异常

1. 车辆信息

1）车型：朗逸1.6。

2）行驶里程：56725km。

2. 故障诊断

1）故障现象。着车打开后视镜加热开关，驾驶人侧熔丝盒发出"喀嗒喀嗒"的连续声响；着车按后风窗加热开关，指示灯亮一下就灭了，后风窗加热器不工作。

2）故障诊断。判断声音是BCM内继电器反复吸合发出的，开后视镜加热器连续响，开后风窗加热器只响一下。读BCM无故障码，读数据流：电源电压着车时13.7V，开关信号正常。

3）故障分析。可能是加热电流过大，BCM启动了保护功能切断用电设备；BCM电源管理功能非正常启动，电源电压供给达不到理论值。

4）故障排除

① 检查控制单元熔丝及搭铁正常，断开后视镜加热电阻和后风窗加热电阻着车，故障现象无变化。

② 测量相关线路未发现异常。

③ 更换BCM控制单元、后视镜开关、空调控制单元，故障现象无变化。

④ 通过询问得知车辆发生过事故，检查发现前部的发电机线路修理过，由于插头T4n损坏将发电机的两根导线接反（图11-11）。恢复线路，故障排除。

3. 经验交流

1）BCM的重要功能：电源管理（点火开关打开，交流发电机启动），当蓄电池电压低于12.7V时，车载网络控制单元要求提高怠速转速；当蓄电池电压低于12.2V时，将关闭座椅加热器（此车没有）、后风窗加热器、车外后视镜加热器，降低和关闭自动空调，预先警告和关闭信息娱乐系统。此车的电源电压正常（13.7V），电源管理未启动。由于励磁线反馈给BCM的电压由原来的发电电压（13.7V）变成了占空比信号（用万用表可测得8V左右的电压），干扰了BCM的管理（发电量不够），要求切断后风窗加热功能，因后视镜加热器的功率较小，发生反复切断又闭合的形象。

2）维修线路时，不能依经验将颜色相近的导线直接连接（插头两端的导线颜色有时差异很大），一定要详细看电路图。

3）车辆虽发电量正常，但打开开关不着车时，仪表的蓄电池充电指示灯不亮。检查有遗漏，要认真仔细。

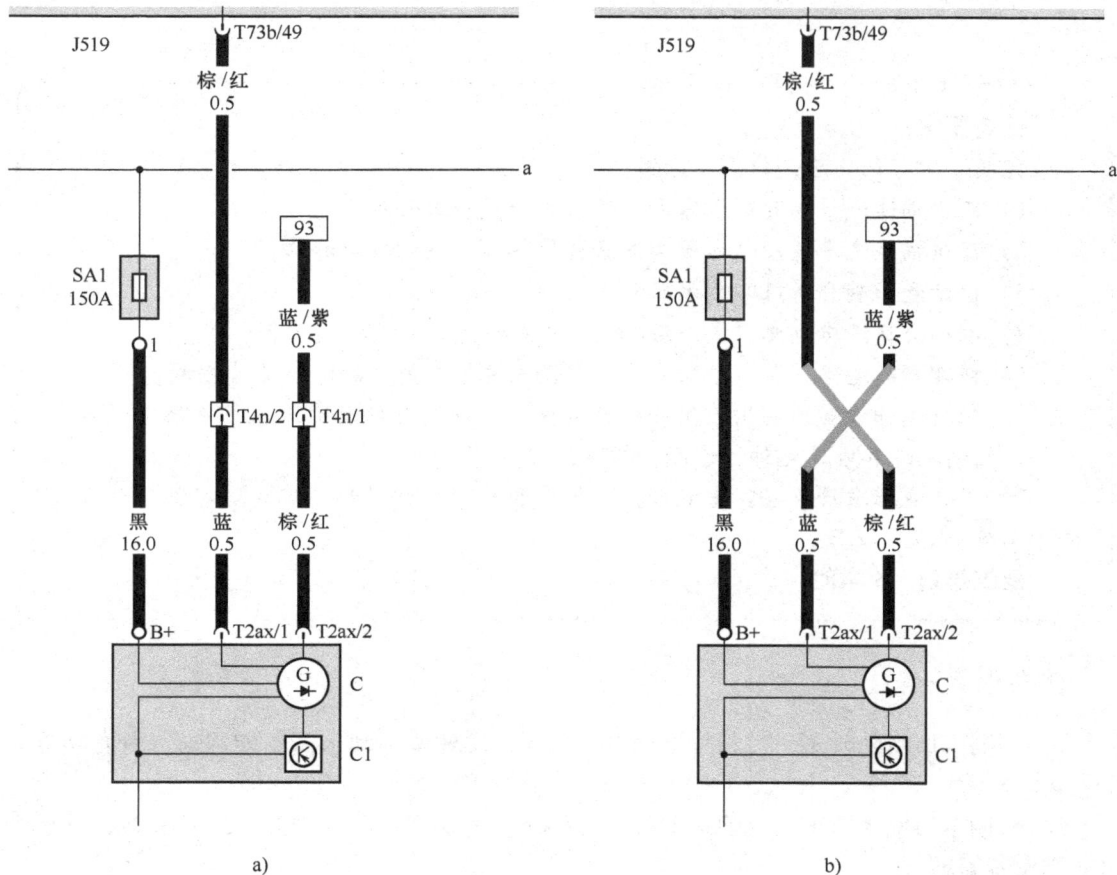

图 11-11　发电机接线图

a）正确接法　　b）错误接法

学习任务十二　刮水器和洗涤器失效的故障诊断与排除

任务要求：

完成本学习任务后，你应该能够：

1）正确描述汽车电动刮水器和洗涤器的组成和工作原理。

2）正确描述汽车电动刮水器和洗涤器的各部件结构特点和作用。

3）识读和正确分析汽车刮水器和洗涤器的电路图。

4）准确分析汽车刮水器或洗涤器系统失效故障的所有可能原因。

5）梳理诊断思路，制订排除汽车刮水器或洗涤器失效故障的工作方案。

6）根据工作方案，利用万用表和测试线，检测汽车电动刮水器或洗涤器的基本元件、控制元件和电路元件，诊断和排除故障。

7）用企业标准验收任务完成情况，评价和反馈工作过程，完成学习拓展任务及任务工单 12.1～12.3。

建议学时：8 学时

任务引入：

1）一辆丰田威驰轿车，行驶总里程 10 万 km，发现该车刮水器不能转动，所有功能完全失效。

2）一辆丰田威驰轿车，行驶总里程 10 万 km，发现该车刮水器高速刮水失效，其他刮水功能没有问题。

3）一辆丰田威驰轿车，行驶总里程 10 万 km，发现该车洗涤器不喷水，完全失效。

任务分析：

1）初步诊断，确认故障现象。

2）查找资讯，学习相关知识，分析故障可能原因，分解成三个子任务。

① 汽车刮水器所有功能完全失效的故障诊断与排除。

② 汽车刮水器某个功能部分失效的故障诊断与排除。

③ 汽车洗涤器失效的故障诊断与排除。

3）制订工作计划，分析故障诊断思路。

4）根据故障现象和任务要求，确定所需要的检测仪器设备、工具，并对小组成员进行合理分工，制订详细的、可实施的故障诊断与排除工作方案。

5）实施试验进行检测，利用万用表，对电动刮水器、洗涤器及其电路元件进行检测，确定故障原因并维修更换，诊断和排除故障。

6）总结故障结论，写诊断报告。

7）用企业标准验收任务完成情况，评价工作过程，完成任务工单 12.1～12.3。

资讯和相关知识：

刮水器的作用是清除风窗玻璃上的雨水、雪或尘土，以确保驾驶人有良好的视野。在行驶中，由于泥土的飞溅或其他原因污染风窗玻璃，所以刮水器还设有洗涤装置。有些轿车还装备有前照灯冲洗系统。电动刮水器和洗涤器系统在车上的布置如图 12-1 所示。

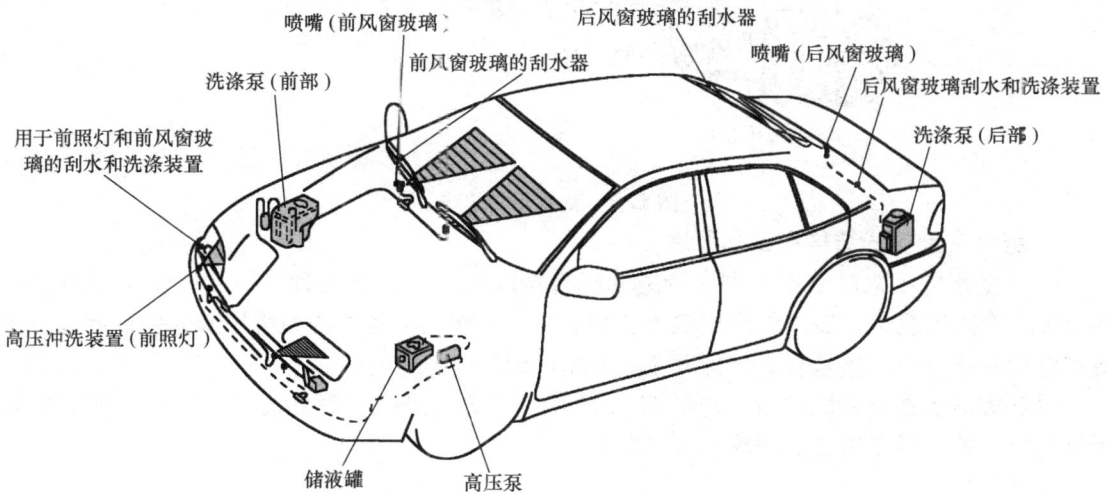

图 12-1　刮水器和洗涤器系统在车上的布置

一、风窗刮水器

1. 刮水器类型

现代汽车均使用电动机驱动刮水器，这样可以保持一定速度摆动，不受发动机转速与负荷变动的影响，且可以随驾驶人需要，视雨势大小调整摆动速度。电动刮水器可以做每 1s 一次至 30s 一次间歇摆动的无级变速调整。根据刮水片的联动方式，刮水器可分为如下几种形式。

1）平行联动式：一般小型车采用最多，如图 12-2a 所示。

2）对向联动式：大型车采用，如图 12-2b 所示。

3）单臂式：部分小型车采用，如图 12-2c 所示。

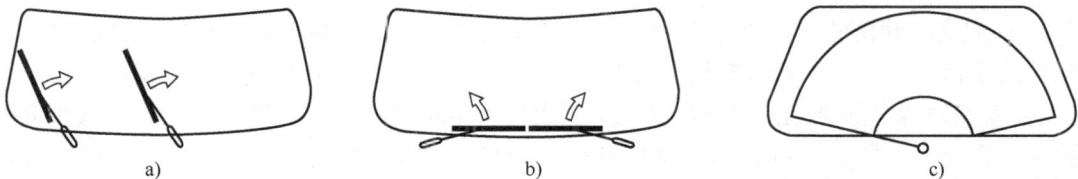

a)　　　　　　　　　　b)　　　　　　　　　　c)

图 12-2　刮水片联动方式

a）平行联动式　b）对向联动式　c）单臂式

目前使用的刮水器多数是平行连动式。

2. 刮水器组成

电动刮水器主要由直流电动机、蜗轮、曲柄、连杆、摆杆、摆臂和刮水片等组成，如

图 12-3 所示。一般电动机和蜗杆结合成一体组成刮水器电动机总成。曲柄、连杆和摆杆等杆件可以把蜗轮的旋转运动转变为摆臂的往复摆动，使摆臂上的刮水片实现刮水动作。

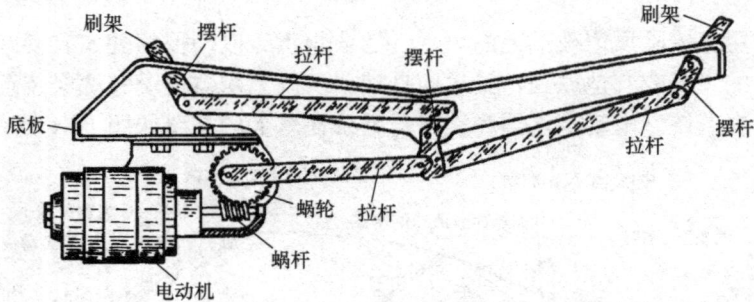

图 12-3　刮水器的组成

3. 刮水电动机的结构和工作原理

（1）刮水电动机的结构　刮水器电动机有绕线式和永磁式两种。绕线式刮水器电动机的磁极绕有励磁绕组，通电时产生磁场；而永磁式刮水器电动机的磁极用永久磁铁制成。永磁式电动机体积小，质量轻、结构简单，使用广泛。

永磁式刮水器电动机的结构如图 12-4 所示，主要由外壳及磁铁总成、电枢、电刷安装板及复位开关、输出齿轮及蜗轮、输出臂等组成。

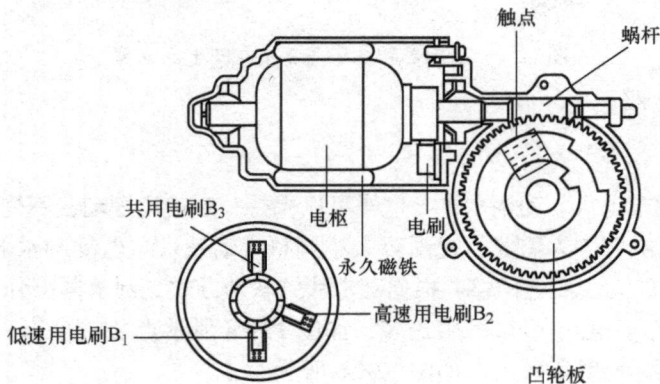

图 12-4　永磁式刮水器电动机的结构

（2）刮水电动机的工作原理　为了满足实际的使用需要，刮水电动机有低速刮水和高速刮水两个档位，且在任意时刻刮水结束后刮水片应能自动回到风窗玻璃最下端。

1）变速原理。永磁式刮水器电动机是利用三个电刷来改变正、负电刷之间串联线圈的个数实现变速的，如图 12-5 所示。其原理是，刮水电动机工作时，在电枢内同时产生反电势，其方向与电枢电流的方向相反。如要使电枢旋转，外加电压必须克服反电势的作用。当电动机转速升高时，反电势增高，只有当外加电压等于反电势时，电枢的转速才能稳定。

三刷永磁式刮水电动机工作时，电枢绕组产生的反电势的方向如图中箭头所示。当将刮水器开关 K 拨向 L(低速)时，如图 12-5a 所示，电源电压 U 加在电刷 B_1 和 B_3 之间。在电刷 B_1 和 B_3 之间的两条并联支路中，每条支路中各有 4 个串联绕组，反电势的大小与支路中反电势的大小相等。由于外加电压需要平衡 4 个绕组所产生的反电势，故电动机转速较低。

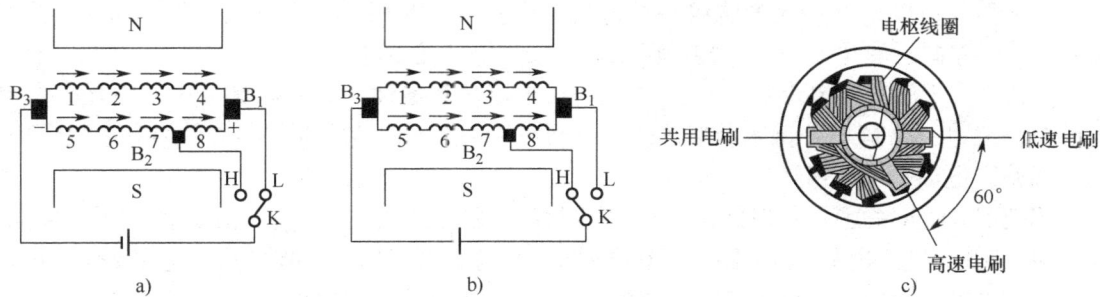

图 12-5　永磁式刮水器电动机的变速原理

a) 低速旋转　b) 高速旋转　c) 电刷的布置

当将刮水器开关 K 拨向 H (高速) 时, 如图 12-5b 所示, 电源电压 U 加在电刷 B_2 和 B_3 之间。绕组 1、2、3、4、8 同在一条支路中, 其中绕组 8 与绕组 1、2、3、4 的反电势方向相反, 相互抵消后, 使每条支路变为 3 个绕组, 由于电动机内部的磁场方向和电枢的旋转方向没有变化, 所以各绕组内反电势的方向与低速时相同。但是外加电压只需平衡 3 个绕组所产生的反电势, 因此, 电动机的转速增高。

2) 自动复位原理。刮水器自动复位控制电路及自动复位装置结构如图 12-6 所示。刮水器的开关有三个档位, 它可以控制刮水器的速度和自动复位。四个接线柱分别接复位装置、电动机低速电刷、搭铁、电动机高速电刷。0 档为复位档, Ⅰ 档为低速档, Ⅱ 档为高速档。复位装置在减速蜗轮 (由塑料或尼龙材料制成) 上, 嵌有铜环。此铜环分为两部分, 其中一部分铜环与电动机外壳相连 (为搭铁)。触点臂一端分别铆有两个触点。由于触点臂具有一定的弹性, 因此在蜗轮转动时, 触点与蜗轮的端面和铜环保持接触。

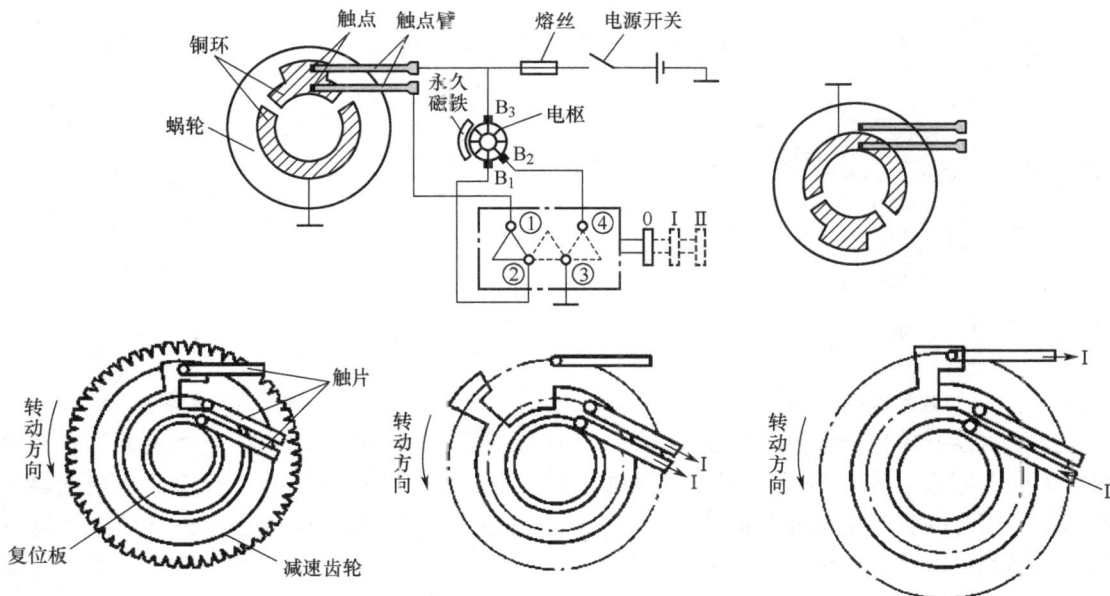

图 12-6　刮水器自动复位装置

当接通电源开关, 并把刮水器开关拉出到 Ⅰ 档 (低速) 位置时, 电流从蓄电池正极→电源开关→熔丝→电刷 B_3→电枢绕组→电刷 B_1→刮水器开关接线柱②→接触片→刮水器开关接线柱③→搭铁→蓄电池负极，构成回路，电动机以低速运转。

把刮水器开关拉出到Ⅱ档（高速）位置时，电流从蓄电池正极→电源开关→熔丝→电刷 B_3→电枢绕组→电刷 B_2→刮水器接线柱④→接触片→刮水器接线柱③→搭铁→蓄电池负极，构成回路，电动机以高速运转。

当把刮水器开关退回到 0 档时，如果刮水片没有停止到规定的位置，由于触点与铜环相接触，则电流继续流入电枢，其电路为蓄电池正极→电源开关→熔丝→电刷 B_3→电枢绕组→电刷 B_1→接线柱②→接触片→接线柱①→触点臂→铜环→搭铁→蓄电池的负极。由此可以看出，电动机仍以低速运转直至蜗轮旋转到特定位置，电路中断。由于电枢的运动惯性，电动机不能立即停止转动，此时电动机以发电机方式运行。因此时电枢绕组通过触点臂与铜环接通而短路，电枢绕组将产生强大的制动力矩，电动机迅速停止运转，使刮水片复位到风窗玻璃的下部。

图 12-7 所示为一种凸轮式刮水器自动复位装置，其控制原理主要是由与蜗轮联动的凸轮驱动复位开关动作来实现的。

3）间歇刮水原理。现代汽车刮水器上都加装了电子间歇控制系统，使刮水器能按照一定的周期静止和刮水，这样汽车在小雨或雾天中行驶时，玻璃上不至于形成发粘的表面，从而使驾驶人获得更好的视线。

汽车刮水器的间歇控制一般是利用自动复位装置和电子振荡电路或集成电路实现的，刮水器的间歇控制按照间歇时间是否可调分为可调节型和不可调节型。

① 不可调节间歇刮水控制原理。刮水器的间歇控制一般是利用自动复位置装置和电子振荡电路或集成电路实现的，图 12-8 所示为同步间歇刮水器内部控制电路。

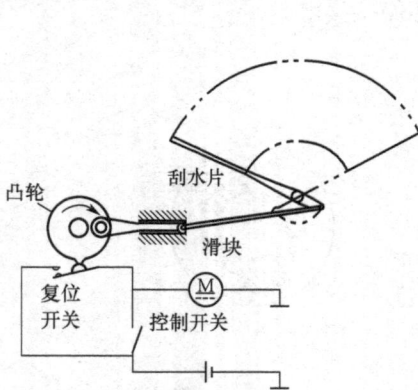

图 12-7　凸轮式刮水器自动复位装置

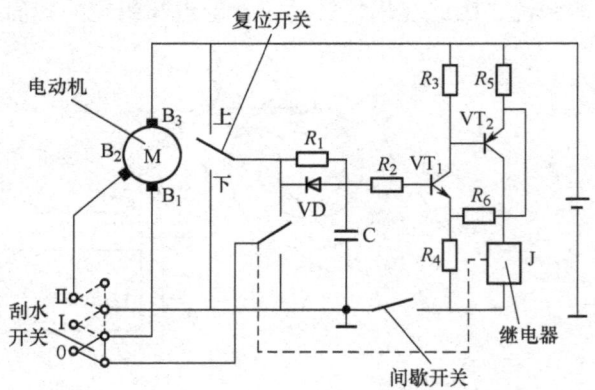

图 12-8　同步间歇振内部电路

当刮水器开关置于间歇档位置（开关处于 0 位,且间歇开关闭合）时，电源将通过自动复位开关向电容器 C 充电，随着充电时间的增长，电容器两端的电压逐渐升高。当电容器 C 两端的电压升高到一定值时，晶体管 VT_1 和 VT_2 先后相继由截止转为导通，从而接通继电器励磁线圈的电路，在电磁吸力的作用下，继电器常闭触点打开，常开触点闭合，从而接通了刮水器电动机的电路，此时电动机将低速旋转。

当复位装置将自动复位开关的常开触点（下）接通时，电容器 C 通过二极管 VD、自动复位装置常开触点迅速放电，此时刮水器电动机的通电回路不变，电动机继续转动。随着放电时间的增长，VT_1 和 VT_2 由导通转为截止，从而切断了继电器励磁线圈的电路，继电器复位，常开触点打开，常闭触点闭合。此时由于自动复位开关的常开触点处于闭合状态，电动机仍将继续转动，只有当刮水片回到原位（不影响驾驶人视线位置），自动复位开关的常开触点打开，常闭触点闭合时，电动机方能停止转动。继而电源将再次向电容器 C 充电，重复以上过程。如此反复，实现刮水片的间歇动作，其间歇时间的长短取决于 R、C 电路充电时间的常数的大小。

② 可调节间歇刮水控制原理。所谓可调节间歇控制是指刮水器的控制电路根据雨量大小自动开闭，并自动调节间歇时间。图 12-9 所示为刮水自动开关与调速控制电路。电路中 S_1、S_2 和 S_3 是安装在风窗玻璃上的流量检测电极，雨水落在两检测电极之间，使其阻值减小，水流量越大，其阻值越小。

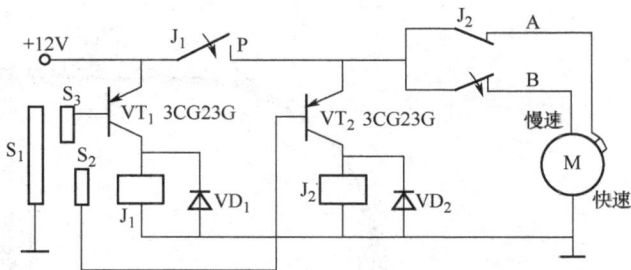

图 12-9　刮水自动开关与调速控制电路

S_1 与 S_3 之间的距离较近（约 2.5cm），因此，晶体管 VT_1 首先导通，继电器 J_1 通电，在电磁吸力的作用下，P 点闭合，刮水电动机低速旋转。当雨量增大时，S_1 与 S_2 之间的电阻减小到使晶体管 VT_2 也导通，于是继电器 J_2 通电，在电磁吸力的作用下，A 点断开，B 点接通，刮水电动机转为高速旋转。雨停时，检测电阻之间的阻值均增大，晶体管 VT_1、VT_2 截止，继电器复位，刮水电动机自动停止工作。

③ 刮水器的电子调速器。如图 12-10 所示为刮水器的电子调速器，该调速器可根据雨量的大小或雾天的实际情况，自动调节刮水片的摆动速度，使风窗玻璃的清晰度提高，且能自动接通或关闭刮水器以达到无级调速的目的。其中的传感器 M 是用镀铜板（尺寸为 6.5cm×6.5cm）制成的两个间隔很近但互不相通的电极，是比较先进的雨滴传感器，它能获得刮水的最佳时间。

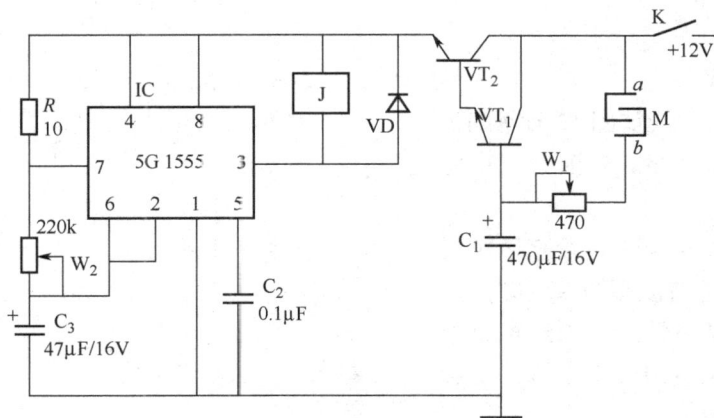

图 12-10　刮水器电子调速电路

4. 柔性刮水器

图 12-11 所示为新型柔性齿条传动刮水器，这种刮水器与一般拉杆传动式刮水器相比，

具有体积小、噪声低等优点，而且可将刮水电动机总成安装在空间较大的地方，便于维修。

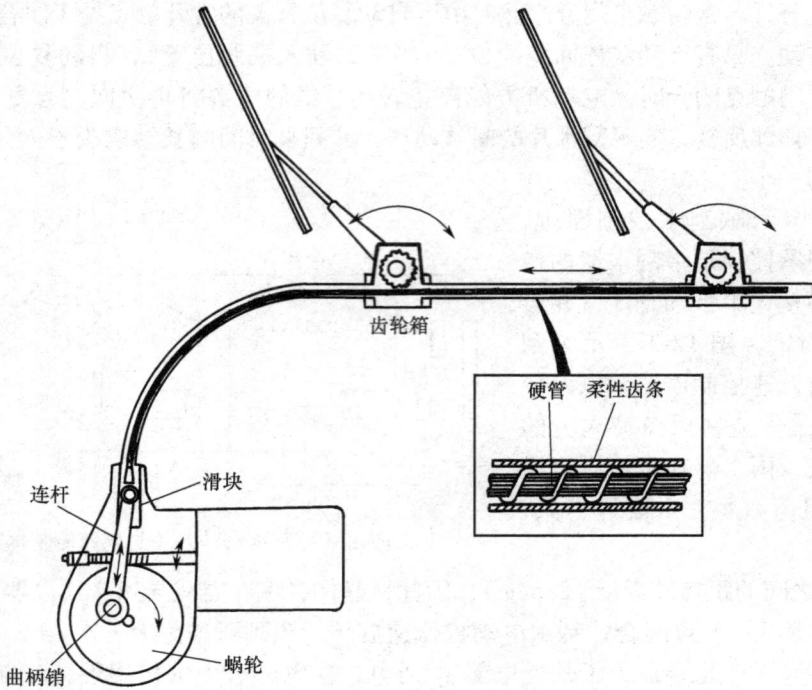

图 12-11 柔性齿条传动刮水器

电动机驱动的蜗轮轴上有一个曲柄销，它驱动连杆机构，而连杆和一个装在硬管里的柔性齿条连接，因此，在连杆运转时，齿条则会作往复运动，齿条的往复运动带动齿轮箱中的小齿轮往复运动，从而驱动刮水片往复摆动。

二、风窗洗涤器

风窗玻璃洗涤器与刮水器配合使用，可以使汽车风窗刮水器更好地完成刮水工作并获得更好的刮水效果。

洗涤器的组成

风窗洗涤器的组成如图 12-12 所示，主要由储液罐、洗涤泵、输液管、喷嘴等组成。

（1）洗涤泵　洗涤泵一般直接安装在储液罐上，但也有安装在管路内的，在进口处设置有滤清器。由永磁直流电动机和离心叶片泵组装成为一体，喷射压力可达 70 ~ 88kPa。

洗涤泵喷嘴安装在风窗玻璃的下面，其喷嘴方向可以根据使用情况调整，喷水直径一般为 0.8 ~ 1.0mm，能

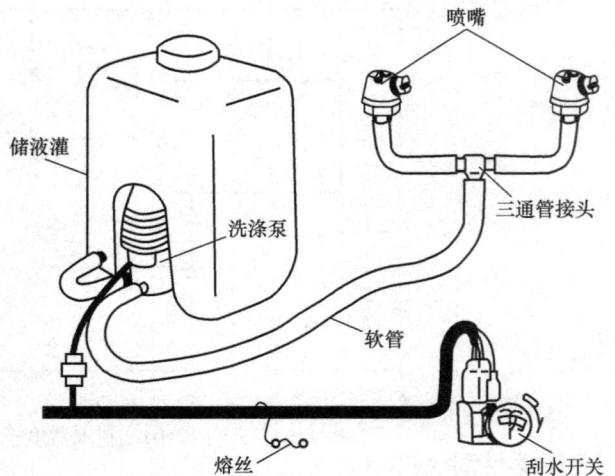

图 12-12 风窗洗涤器

够使洗涤液喷射在风窗玻璃的适当位置。

　　洗涤泵的连续工作时间不应超过 1min。对于刮水和洗涤分别控制的汽车，应先开洗涤泵，再接通刮水器。喷水停止后，刮水器应继续刮动 3～5 次，以便达到良好的清洁效果。

　　(2) 洗涤液　常用的洗涤液是硬度不超过 205×10^{-6} 的清水。为了能刮掉风窗玻璃上的油、蜡等物，可在水中添加少量的去垢剂和防锈剂。强效洗涤液的去垢效果好，但会使风窗密封条和刮片胶条变质，还会引起车身喷漆变色以及储液罐、喷嘴等塑料件的开裂。冬季使用洗涤器时，为了防止洗涤液的冻结，应添加甲醇、异丙醇、甘醇等防冻剂，再加少量的去垢剂和防锈剂，即成为低温洗涤液，可使凝固温度下降到-20℃以下。如冬季不用洗涤器时，应将洗涤管中的水倒掉。

三、风窗刮水器和洗涤器的控制电路和工作过程

1. 桑塔纳轿车刮水器和洗涤器控制电路

　　图 12-13 所示为桑塔纳轿车风窗刮水器和洗涤器控制电路，从图中可以看出，刮水器控制开关有 5 个档位，分别为复位停止档、间歇档、低速档、高速档和点动档。j 档为间歇刮水档，"1" 档为低速刮水档，"2" 档为高速刮水档。

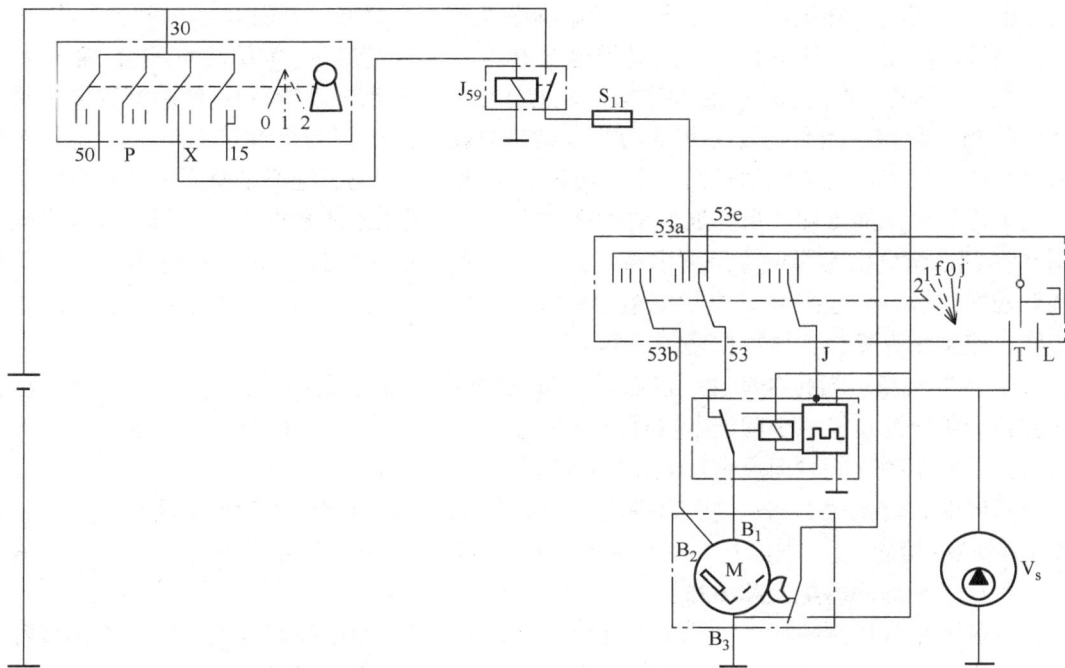

图 12-13　桑塔纳汽车风窗刮水器和洗涤器控制电路

　　当点火开关置于 ON 时，电路流程为蓄电池正极→点火开关 "30" 接柱→点火开关 "X" 接柱→中间继电器 J_{59} 线圈→搭铁。在电磁吸力的作用下，中间继电器 J_{59} 触点闭合，为刮水电动机的工作做好准备。

　　(1) 低速刮水　当将刮水器开关拨到 "1" 档(低速档)时，电路流程为蓄电池正极→中间继电器 J_{59} 触点→熔丝 S_{11}→刮水器开关 "53a" 接柱→刮水器开关 "53" 接柱→间歇继

电器常闭触点→电刷 B_1→电刷 B_3→搭铁（放电回路与点动时相同），电动机以 $42\sim52r/min$ 的转速低速运转。

（2）高速刮水　当将刮水器开关拨到"2"档（高速档）时，电路流程为蓄电池正极→中间继电器 J_{59} 触点→熔丝 S_{11}→刮水器开关"53a"接柱→刮水器开关"53b"接柱→电刷 B_2→电刷 B_3→搭铁，此时电动机以 $62\sim80r/min$ 的转速高速运转。

（3）点动刮水　当刮水器开关拨到"f"档（即点动档）时，电路流程为蓄电池正极→中间继电器 J_{59} 触点→熔丝 S_{11}→刮水器开关"53a"接柱→刮水器开关"53"接柱→间歇继电器常闭触点→电刷 B_1→电刷 B_3→搭铁，此时电动机以低速运转。当手离开刮水器开关时，开关将自动回到"0"位，如果此时刮水片处在影响驾驶人视线的位置上，自动复位装置的常闭触点打开，常开触点闭合，刮水电动机电枢内继续有电流通过，其电流为蓄电池正极→中间继电器 J_{59} 触点→熔丝 S_{11}→复位装置的常开触点→刮水器开关"53e"接柱→刮水器开关"53"接柱→间歇继电器常闭触点→电刷 B_1→电刷 B_3→搭铁，故电动机仍以低速运转，只有当自动复位装置处在图示位置时，刮水电动机方可停止运转。

（4）间歇刮水　当将刮水器开关拨到"j"（间歇）位置时，电子式间歇继电器投入工作，使其触点不断地开闭。当间歇继电器的常闭触点打开，常开触点闭合时，电路流程为蓄电池正极→中间继电器触点→熔丝 S_{11}→间歇继电器的常开触点→电刷 B_1→电刷 B_3→搭铁→蓄电池负极，电动机低速运转。当间歇继电器断电，其触点复位（常闭触点闭合，常开触点打开）时，电动机将停止运转。在间歇继电器的作用下，刮水电动机每 6s 使曲柄旋转一周。

（5）自动复位　当自动复位装置切断电动机电路，由于旋转惯性使电动机不能立即停下来时，电动机将以发电机运行而发电，由楞次定理可知，电枢绕组中所产生的感应电动势的方向与外加电压的方向相反，通过刮水器开关、自动复位常闭触点构成回路，电路流程为电刷 B_1→间歇继电器常闭触点→刮水器开关"53"接柱→刮水器开关"53e"接柱→自动复位装置的常闭触点→电刷 B_3，电枢绕组中即会产生反电磁力矩（制动力矩），电动机迅速停止运转，使刮水片复位到风窗玻璃的下部。

（6）风窗洗涤　当将洗涤开关接通时（将刮水器开关向上扳动），洗涤泵控制电路接通，电路流程为蓄电池正极→中间继电器触点→熔丝 S_{11}→洗涤开关→洗涤泵 V_s→搭铁。位于发动机盖上的两个喷嘴同时向风窗玻璃喷射清洗液。

与此同时，也接通了刮水器间歇继电器的控制电路，其电路流程为蓄电池正极→中间继电器 J_{59} 触点→熔丝 S_{11}→洗涤开关→刮水器间歇继电器→搭铁，于是刮水电动机工作，驱动刮水片刮掉已经湿润的尘土和污物。

当驾驶人松开控制手柄时，开关将自动复位，切断洗涤泵的控制电路，喷嘴停止喷射清洗液，刮水电动机在自动复位开关起作用后，将刮水片停靠在风窗玻璃的下方。

2. 丰田轿车风窗刮水器电路

图 12-14 所示为丰田轿车风窗刮水器和洗涤器控制电路，其控制开关有 5 个档位，分别是低速档（LO）、高速档（HI）、停止复位档（OFF）、间歇刮水档（INT）和喷洗器档。

（1）低速刮水　当刮水开关在低速（LO）位置时，电路流程为蓄电池正极→继电器端子 18→刮水器控制开关"LOW/MIST"触点→继电器端子 7→刮水器电动机低速电刷 LO→公共电刷→搭铁，此时电动机低速运转。

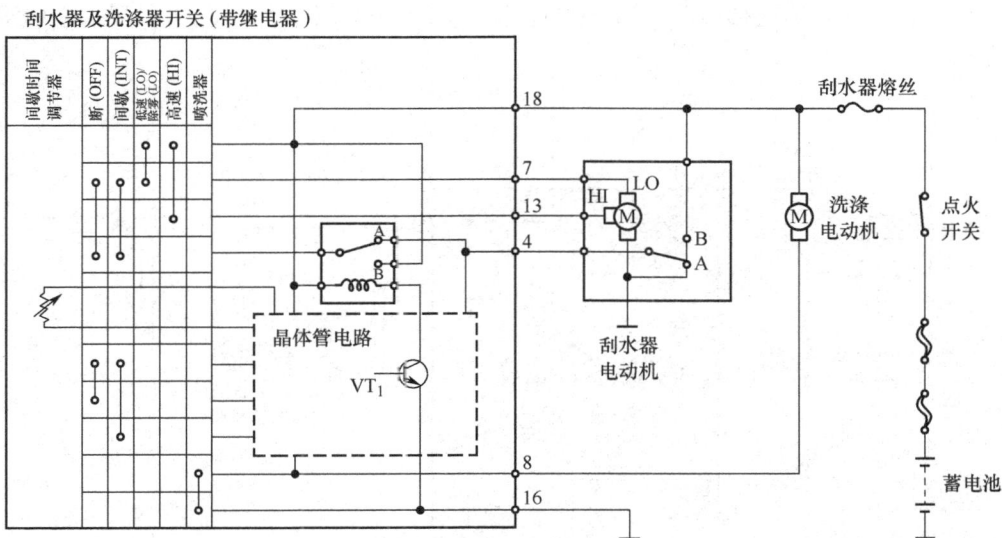

图 12-14　丰田轿车风窗刮水器和洗涤器控制电路

（2）高速刮水　当刮水开关在高速（HI）位置时，电路流程为蓄电池正极 →继电器端子18→刮水器控制开关"HIGH"触点→继电器端子13→刮水电动机高速电刷 HI→公共电刷→搭铁，此时电机高速运转。

（3）间歇刮水　当刮水开关在间歇刮水（INT）位置时，晶体管电路 VT_1 先短暂导通，电路流程为：蓄电池正极 →继电器端子18→继电器线圈→晶体管 VT_1 →继电器端子16→搭铁。继电器线圈中产生磁场，使得继电器常闭触点 A 打开，常开触点 B 关闭。电路流程为蓄电池正极 →继电器端子18→继电器触点 B→刮水器开关"INT"触点→继电器端子7→刮水器电动机低速电刷 LO→公共电刷→搭铁，此时电动机低速运转。

然后晶体管 VT_1 截止，继电器的触点 B 断开，触点 A 闭合，电动机转动时，凸轮开关的触点 A 断开，B 闭合，所以电流继续流至电动机的低速电刷，电动机低速运转。此时电路流程为蓄电池正极 →凸轮开关触点 B→继电器端子4→继电器触点 A→刮水器开关"INT"触点→继电器端子7→刮水器电动机低速电刷 LO→公共电刷→搭铁。当刮水器转至停止位置时，凸轮开关 B 断开，A 接通，电动机停止运转。

刮水电动机停止运转一段时间以后，晶体管电路 VT_1 再次短暂导通，刮水器重复间歇动作。其中的间歇时间调节器可以调节间歇的时间长短。

（4）风窗洗涤　洗涤器开关接通时，在洗涤器电动机运转时，晶体管电路 VT_1 在预定的时间内接通，使刮水器低速运转 1～2 次。洗涤泵的电路为蓄电池正极 →洗涤器电动机→继电器端子8→洗涤器开关端子→继电器端子16→搭铁。与此同时，刮水器的低速刮水电路也被接通：蓄电池正极 →继电器端子18→继电器触点 B→刮水器开关"INT"触点→继电器端子7→刮水器电动机低速电刷 LO→公共电刷→搭铁。这样就边喷洗边间歇刮水。

3. 丰田卡罗拉轿车风窗刮水器和洗涤器控制电路

丰田卡罗拉轿车风窗刮水器和洗涤器控制电路如图 12-15 和图 12-16 所示。其控制开关有 5 个档位,分别是低速档(LO)、高速档(HI)、停止复位档(OFF)、间歇刮水档(INT)和喷洗器档。

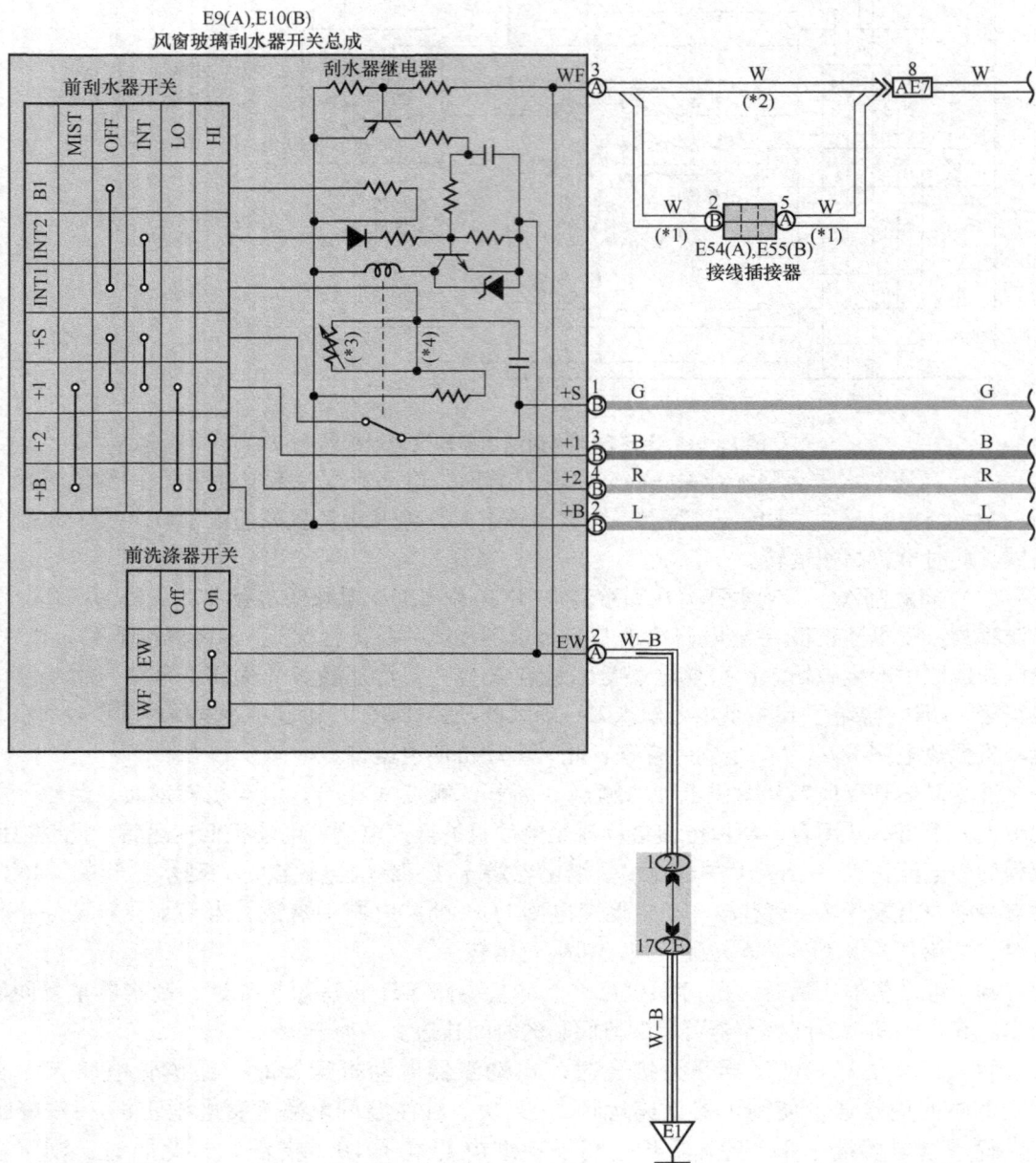

图 12-15 丰田卡罗拉轿车风窗刮水器和洗涤器控制电路图(一)

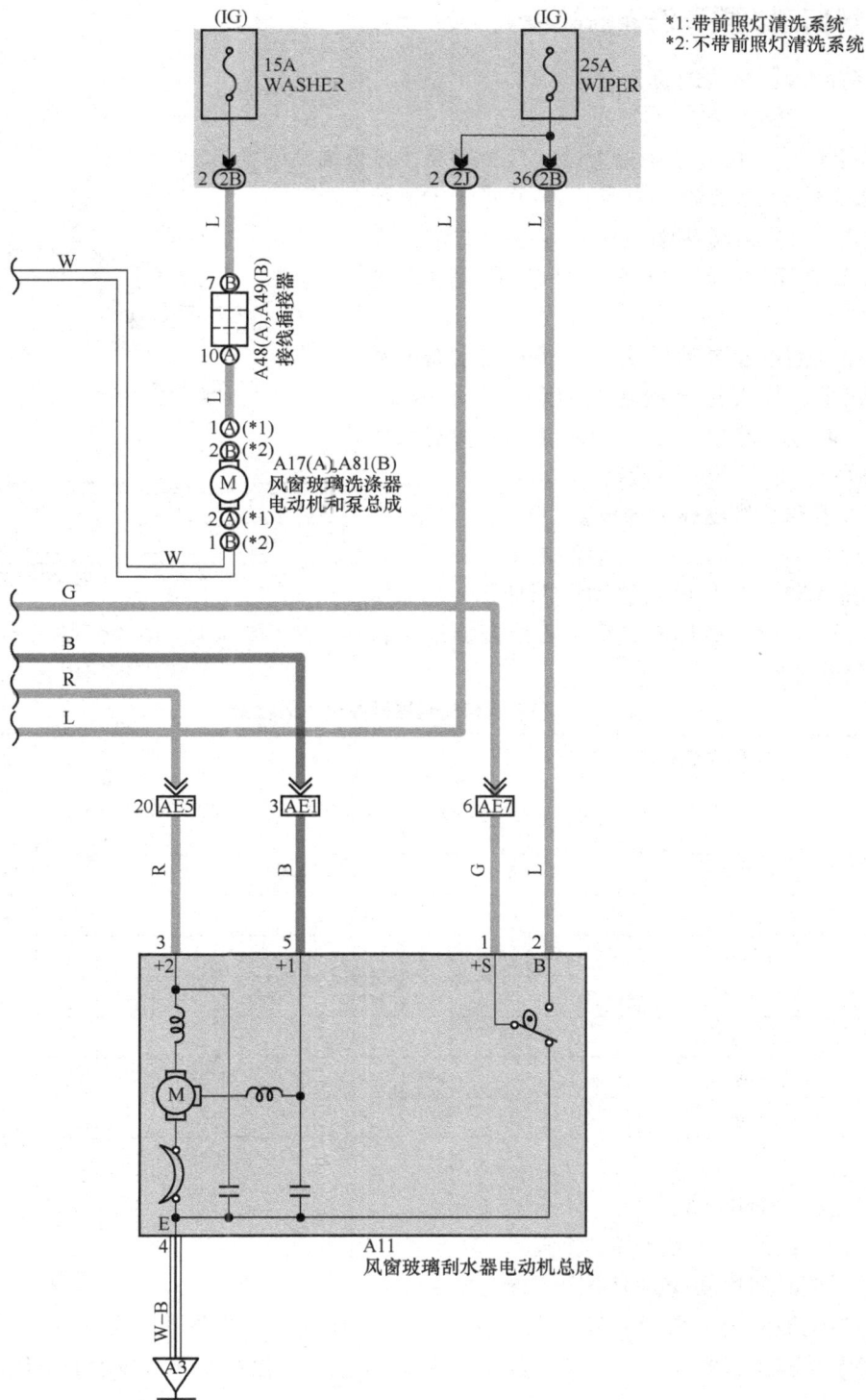

图 12-16　丰田卡罗拉轿车风窗刮水器和洗涤器控制电路图（二）

四、风窗刮水器和洗涤器的检查与维修

1. 电动刮水器线路的检查

（1）供电线路的检查

1）拔下熔丝，用万用表检查熔丝是否损坏，如果损坏则更换。

2）插上完好的熔丝，将点火开关置于 ON 位置，用万用表测量熔丝两端电压，均应为蓄电池电压。如果无电压或电压值不符合规定，检查供电线路。

（2）检查刮水器电动机线束　断开刮水器电动机线束插接器，用万用表测量线束各端子的电压。如果测量结果与规定值不相符，则说明电动刮水器电路存在故障，进行下一步检查。

2. 刮水器和洗涤器开关的检查

（1）检查端子导通情况　电路如图 12-14 所示，刮水器和洗涤器开关及插接器端子图如图 12-17 所示，检查时按表 12-1 的标准进行。若检查结果不符合标准，应进行更换。

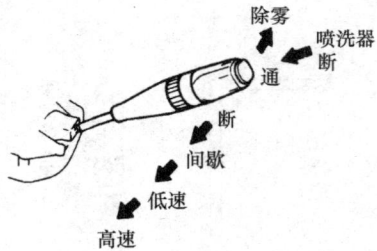

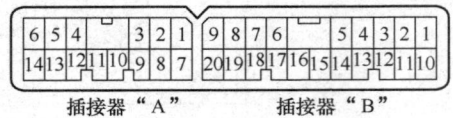

图 12-17　刮水器和洗涤器
开关及插接器端子图

表 12-1　刮水器和洗涤器开关端子的检查

开关位置	端子（颜色）	B-4 (L-R)	B-7 (L-B)	B-13 (L-O)	B-18 (L-W)	B-8 (L)	B-16 (B)
刮水器	MIST(除雾)		◯		◯		
	OFF(断)	◯―――◯					
	INT(间歇)	◯	◯				
	LO(低速)		◯――――――◯				
	HI(高速)			◯―――◯			
洗涤器	OFF(断)						
	ON(通)					◯―――◯	

（2）检查间歇性动作

1）将刮水器的开关旋至 INT 位置。

2）将间歇时间控制开关旋至 FAST 位置。

3）将蓄电池的正极和端子 18 相连，负极和端子 16 相连，如图 12-18a 所示。

4）将电压表正极和端子 7 相连，负极和端子 16 相连，检查电压表显示的电压应该为蓄电池电压。

5）将端子 4 与端子 18 连接后再和端子 16 相连，如图 12-18b 所示，然后对照表 12-2 检查标准，在规定的时间内，电压应该从 0V 上升至蓄电池电压。

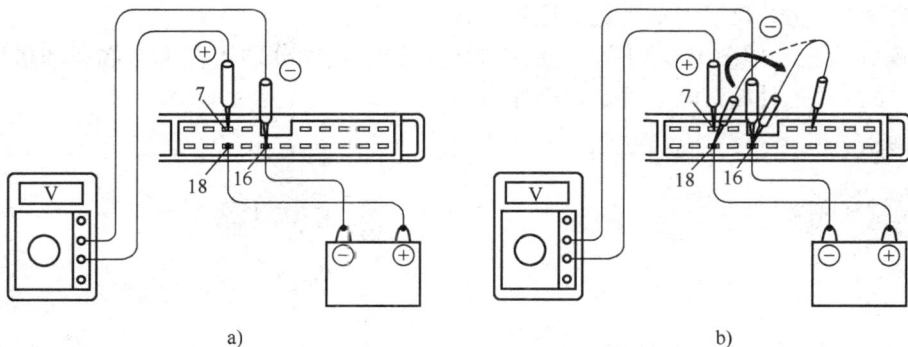

a)　　　　　　　　　　　　　　b)

图 12-18　间歇性检查方法

表 12-2　间歇性检查标准

间歇时间控制开关位置	电　　压
FAST(快速)	1.6±1s　蓄电池电压　0V
SLOW(慢速)	1.07±5s　蓄电池电压　0V
Non – Varible(不可变型)	3.3±1s　蓄电池电压　0V

（3）检查洗涤器联动开关　如图 12-19 所示。

1）将蓄电池的正极和端子 18 相连，负极和端子 16 相连。

2）将电压表正极和端子 7 相连，负极和端子 16 相连。

3）打开洗涤器开关，检查电压应按着图 12-20 的标准变化。

3. 刮水器电动机的检查

断开刮水器电动机线束插接器，检查刮水器电动机的工作情况。

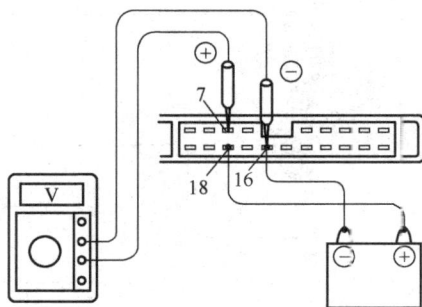

图 12-19　洗涤器联动检查

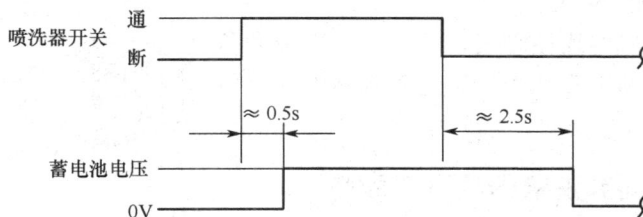

图 12-20　洗涤器联动检查标准

（1）低速检查　如图 12-21 所示，把蓄电池正极和负极分别接在 2 号端子和搭铁端（即低速电刷之间），此时观察电动机是否低速运转。

（2）高速检查　如图 12-22 所示，把蓄电池正极和负极分别接在 1 号端子和搭铁端（即高速电刷之间），此时观察电动机是否高速运转。

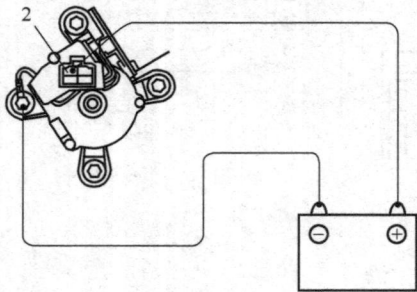

图 12-21　刮水器电动机低速检查

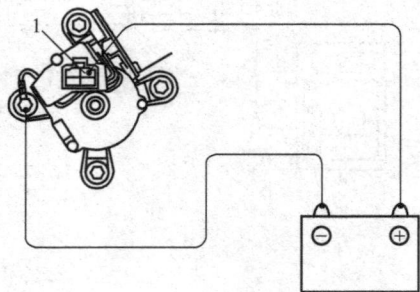

图 12-22　刮水器电动机高速检查

（3）自动复位检查

1）首先让刮水器电动机低速转动。

2）拆下刮水器电动机导线连接器，让电动机停在除了停止时的任意一个位置，如图 12-23 所示。

3）用导线连接 2 号端子和 3 号端子，把蓄电池"＋"极和"-"分别接在 4 号端子和搭铁端。

4）刮水器电动机应自动回到原位并停止，如图 12-24 所示。

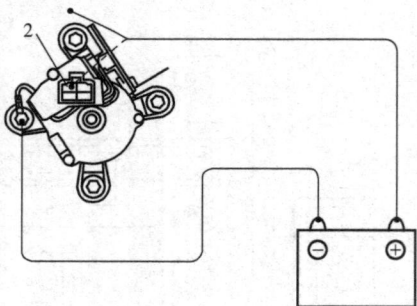

图 12-23　刮水器电动机自动
复位检查步骤（一）

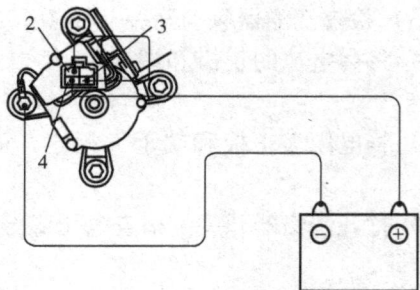

图 12-24　刮水器电动机自动
复位检查步骤（二）

4. 洗涤泵电动机的检查

断开洗涤泵电动机的连接导线，把蓄电池正极和负极分别接在 2 号端子和 1 号端子上，此时观察电动机应该运转且喷嘴开始喷水，如图 12-25 所示。

五、风窗刮水器和洗涤器的常见故障

1. 风窗刮水器的常见故障

在对风窗刮水器系统的故障进行检修之前，首先要确定是电路故障还是机械故障。最简单的方法就是从电

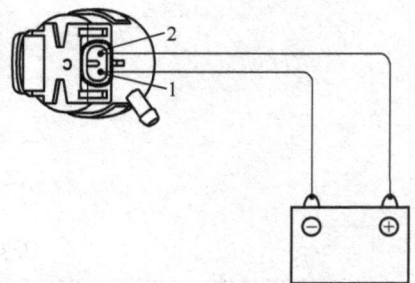

图 12-25　洗涤泵电动机的检查

动机上拆下连接刮水片的机械臂，接通刮水器系统，观察电动机的运行。如果电动机工作正常，则是机械问题。

风窗刮水器系统常见的故障有刮水器不工作、间断性工作、持续操作不停及刮水片不能复位等。下面以桑塔纳轿车为例，分析风窗刮水器系统的故障诊断方法。

（1）刮水器不工作　如果刮水器在所有档位都不工作，按照图12-26所示的方法步骤进行检查。

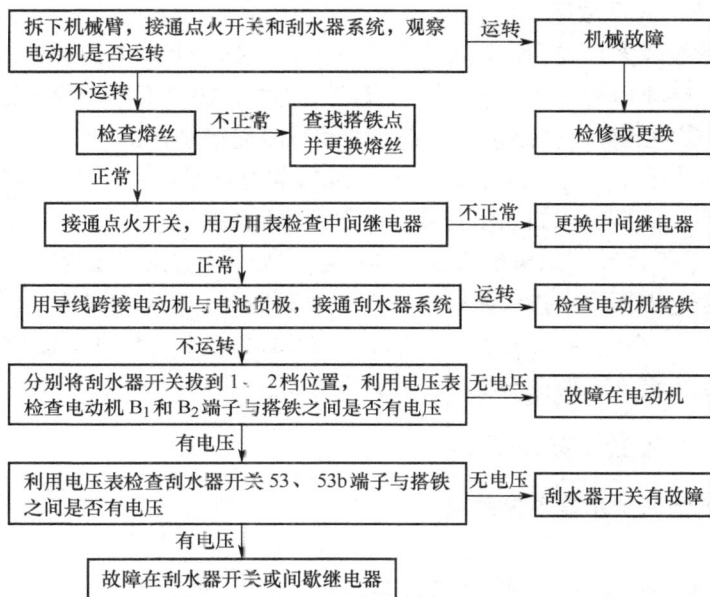

图 12-26　刮水器所有档位均不工作的检查步骤

1）电路部分故障的主要原因

① 刮水电动机断路。

② 熔丝烧毁。

③ 电路连接松动、断线或搭铁不良。

④ 刮水开关接触不良或继电器触点接触不良。

⑤ 电动机失效，如电枢短路等。

2）机械部分故障的主要原因

① 蜗轮蜗杆脱离啮合或者损坏。

② 杆件连接松脱或损坏。

③ 刮水片、传动机构等被卡住等。

（2）刮水器速度比正常慢或转动无力　大多数导致刮水器动作慢的电路故障是由于接触电阻大而引起的。在排除电动机轴承和蜗轮副的润滑情况良好的情况下，检查电路。如果故障表现为所有的速度档都慢，应检查所有档位共用的供电电路和搭铁电路是否有接触不良或插接不实故障。如果是个别档位慢，则检查该档位的单独电路是否有接触不良或插接不实现象。

（3）间歇刮水系统不正常　如果刮水系统只是在间歇档位工作不正常，首先应检查间歇继电器的搭铁是否良好。如果搭铁正常，利用万用表电阻档检查继电器到刮水器开关之间的电路，如果连接电路也是良好的，则应更换间歇继电器。

（4）刮水器不能复位　造成刮水器不能复位的故障可能是复位开关的原因，也可能是刮水器开关内接触片变形所致。最常见的与复位开关有关的故障是当开关断开时，刮水器就停在该位置。首先要拆下电动机端盖，接通刮水开关，观察复位开关的工作情况。当关闭刮水器开关时，复位开关应能使其常闭触点闭合到位，否则应更换复位开关。

2. 风窗洗涤器的常见故障

风窗洗涤器的故障多是因为管路不畅引起的。首先拆下泵体上的水管，然后使电动泵工作，如果电动泵能够喷出清洗液，则故障在管路。否则，按照下列步骤继续检查。

1）目测储液罐内的液体存储量。检查熔丝和线路连接是否良好。

2）打开洗涤器开关，同时观察电动机。如果电动泵工作但不喷液，检查泵内有无堵塞，排除泵体内的任何异物；如果没有堵塞，更换电动泵。

3）如果电动泵不运转，用电压表或试灯检查开关闭合时洗涤泵电动机上有无电压。若有电压，用万用表电阻档检查搭铁回路，若搭铁回路良好，更换电动泵。

4）在第3步中，如果电动机上没有电压，沿线路向开关查找，检测开关工作是否正常。如果开关有电压输入，但没有输出，更换开关。

六、刮水器和洗涤器故障实例

故障：波罗劲情后刮水器不停故障

1. 故障信息

1）车型：波罗劲情1.4手动变速器轿车。

2）行驶里程数：100000km。

3）故障现象：该车只要起动发动机或打开点火开关，后刮水器电动机就会一直转动，对刮水开关的档位进行调整也不起作用。只有关闭点火开关或者拔下后刮水器的熔丝，刮水器电动机才会停止转动。

4）故障码：无。

2. 维修情况

接车后进行验证，故障确如车主所述。用 V. A. S5052查询各控制单元故障存储器，没有发现故障码。维修人员怀疑故障在电路控制部分、刮水开关，或者在车载网络控制单元方面。

对照后刮水器电路图（图12-27），首先检测后刮水电动机上4根线与刮水开关和电源的连接导通情况：1号接脚（棕色线，1.0mm）是负极的连接导线，测量没有问题；2号接脚（绿/白色线，0.5mm）是从刮水开关 T41/20 引出，并且与车载网络控制单元（T18a/15 接脚）相连，测量没有问题；3号接脚（绿、紫色线）从刮水开关 T41/21 引出，

图12-27　后刮水器电路图

并且连接到刮水喷水电动机（在左前轮内挡泥罩的内侧）的2号接脚，测量没有问题；4号接脚是后刮水电动机的正极供电电源，由受 X-触点卸载继电器控制的 SB1 号熔丝供电，测量

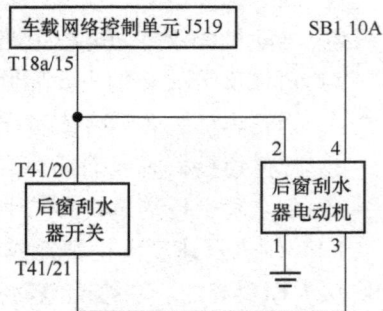

也没有问题。测量 1 号和 4 号接脚的正、负极供电正常，电路也没有相互之间的短路及断路现象。

中间电路没有发现故障原因，那故障原因就在电路的两端了。考虑到后刮水电动机能运转，于是决定先拆下刮水开关。取下安全气囊后，拆下转向盘，拔下刮水开关的插头，再打开点火开关，发现后刮水电动机还是在运转。接着又拔下车载网络控制单元上的 T18a 插头，发现刮水电动机停止运转。拔下了刮水开关和车载网络控制单元 T18a 的插头后，后刮水电动机停止运转，由此说明故障肯定出现在刮水开关或者是车载网络控制单元上面，而线路和后刮水电动机是没有问题的。

通过分别接通、断开刮水开关和车载网络控制单元的插头，确定是因车载网络控制单元损坏，发出异常的控制信号而导致后刮水电动机一直运转。

更换车载网络控制单元后，故障非除。

学习任务十三　汽车防盗系统故障诊断与排除

任务引入：

一辆丰田威驰轿车，行驶总里程 10 万 km，发现该车在行驶中防盗系统报警灯闪烁点亮。

任务分析：

1）初步诊断，确认故障现象。

2）查找资讯，学习相关知识，分析故障可能原因。

3）制订工作计划，分析故障诊断思路。

4）根据故障现象和任务要求，确定所需要的检测仪器设备、工具，并对小组成员进行合理分工，制订详细的、可实施的故障诊断与排除工作方案。

5）实施试验进行检测，利用故障诊断仪和万用表对防盗系统进行检测，确定故障原因并维修更换，诊断和排除故障。

6）总结故障结论，写诊断报告。

7）用企业标准验收任务完成情况，评价工作过程，完成任务工单13。

资讯和相关知识：

一、汽车防盗系统的类型

汽车安装防盗系统可以阻止盗贼非法进入车辆及非法起动车辆。汽车防盗器可分为机械式和电子式两种，机械式防盗器是用机械的方法对油路、变速杆、转向盘、制动器等进行控制，如变速杆锁的作用是锁住变速杆使其不能移动；转向盘锁也叫拐杖锁，挂在转向盘和离合器踏板之间等这些方法，虽然费用低，但是使用不便，安全性差，已经逐渐被淘汰。

当前主要采用的是电子式防盗器，按系统中是否使用微机处理系统，电子防盗系统可分为普通电子防盗系统和微机控制防盗系统。目前，中低档汽车上所采用的防盗系统多为振动触发的普通电子防盗系统，中高档汽车采用的防盗系统多为微机控制的电子钥匙式发动机防盗系统。

当电子式防盗系统起动后，如有非法移动车辆、划破玻璃、破坏点火开关锁芯、拆卸轮胎和音响、打开车门、打开燃油箱加注盖、打开行李箱门等，防盗器立刻报警，如图13-1所示。

图 13-1　防盗报警

相关链接

报警方式有灯光闪烁、喇叭长鸣、发射电波报警。有些车还可以在报警同时切断起动电路、切断燃油供给或点火系统、切断喷油控制电路、切断发动机ECU搭铁电路，使汽车发动机不能起动和运转，使车辆处于完全瘫痪状态。

电子式防盗器按功能分为三类：

1）防止非法进入车辆的防盗系统。防盗系统启用后，通过监视是否有移动物体进入车内达到防盗。

2）防止破坏或非法搬运车辆的防盗系统。系统启用后，通过超声波传感器、振动传感器或倾斜传感器监测是否有人破坏或搬动车辆。

3）防止车辆被非法开走的防盗系统。此类防盗系统多采用带密码锁的遥控系统，通过校验密码，确定是否容许接通起动机、点火电路等，防止车辆被非法开走。

现代防盗系统采用电子应答的方法来判断使用的钥匙是否合法，并以此确定是否容许发动机 ECU 工作。水平较高的防盗器还具备遥控器报警、遥控起动等功能。

二、电子防盗系统的组成

电子防盗系统的组成有四个部分：信号输入装置(传感器和开关)、防盗 ECU、执行机构和遥控装置。

图 13-2 是汽车防盗系统组成，主要有防盗器电脑(防盗 ECU)和天线、振动传感器、报警喇叭、点火系统切断电路、转向灯控制电路、防盗指示灯、遥控器、制动控制电路、中控门锁控制电路。当用钥匙锁好车门时，系统进行自检，防盗灯点亮，30s 后防盗灯开始闪烁，表明系统起动进入警戒状态。当第三方试图开启门锁或打开车门时系统则发出警报。

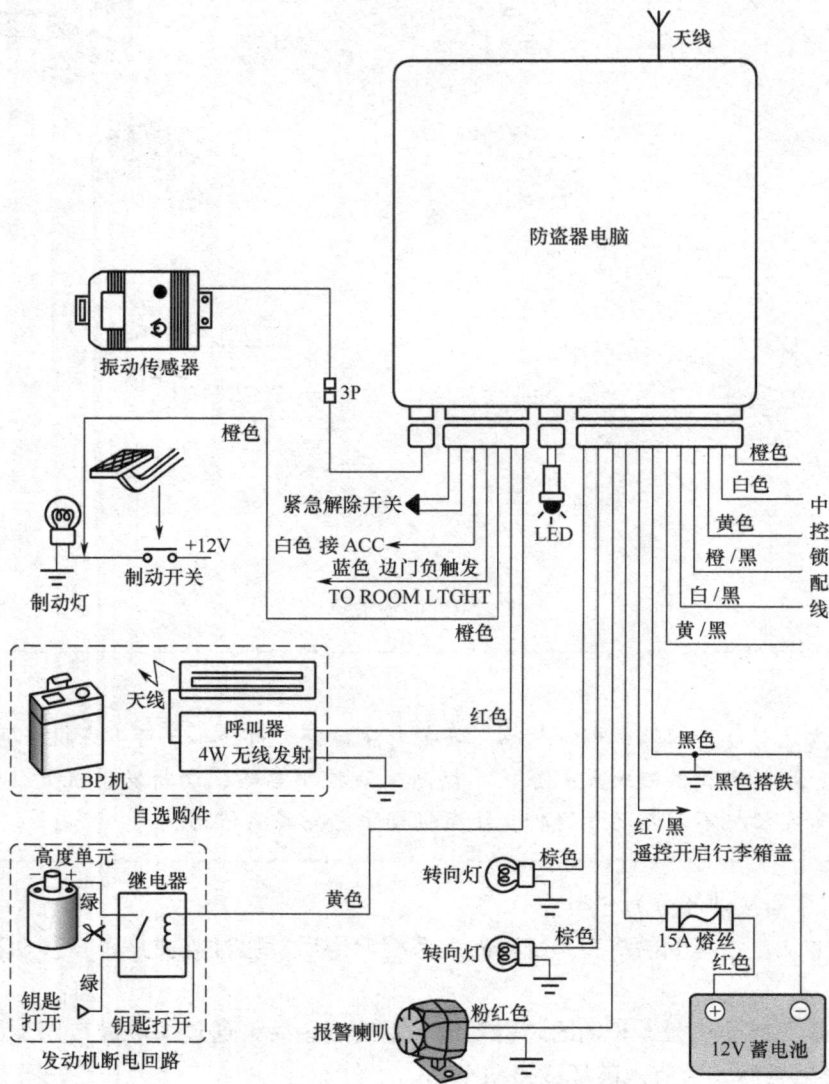

图 13-2　防盗系统组成

1. 信号输入装置

防盗系统信号输入装置主要指传感器和各种门控开关。

（1）传感器　防盗系统的传感器多数为感应传感器，它们的功能是当防盗系统工作时，传感器检测汽车有无异常情况发生。当汽车被移动或车门被打开时，传感器将检测到的信号传送给防盗 ECU，防盗 ECU 根据其内部储存的数据进行比较，判断汽车是否正在被盗。如果汽车被盗，防盗 ECU 输出信号，控制报警装置发出声、光报警信号，阻止汽车起动，切断燃油供给。

感应传感器主要有热释电式红外线传感器、超声波传感器、振动传感器、玻璃破碎传感器四种类型。

1）热释电式红外线传感器。又称红外探头，它一般安装在汽车内驾驶人位置附近，通过红外辐射的变化来探测是否有人侵入车内。

2）超声波传感器。超声波的频率在人耳可听音频范围（20Hz～20kHz）以上的声波。超声波传感器是对汽车门窗和车身的破损以及车内的状态改变进行监控的装置，一般由超声波发射器和超声波接收器组成。

3）振动传感器。振动传感器的作用是检测汽车受到的冲击，当汽车受到冲击，其振动达到一定强度时，向防盗 ECU 输入检测信号，控制报警装置报警。振动传感器主要有压电振动传感器、压阻式振动传感器、磁致伸缩式振动传感器三种类型。

4）玻璃破碎传感器。玻璃破碎传感器用来接收玻璃受撞击和破碎时产生的振动波，然后转换成电信号输送给防盗 ECU。

（2）开关　开关主要包括发动机罩开关、门开关及行李箱开关等。它的功能是当所有的车门、发动机罩及行李箱关闭时，车主通过报警调制/解除装置使所有的车门锁止，汽车防盗系统进入预警状态。当汽车防盗系统启动时，设在车内可见位置的报警工作显示灯开始工作，以保证防盗系统正确无误地开始工作。

2. 防盗 ECU

防盗 ECU 是防盗系统控制单元，它是防盗系统的核心和控制中心。汽车防盗系统与门锁控制系统共同使用一个电子控制器，称为防盗与门锁控制 ECU。防盗与门锁控制 ECU 接收各种信号装置（防盗传感器、车速传感器、各种门控开关以及电动机的位置传感器等）发送的信号，根据 ECU 中预先存储的数据和编制的程序，通过数学计算和逻辑判断，确定车门是否锁定、车辆是否被非法移动或被盗，以便控制各个执行器，从而使汽车处于报警状态。防盗 ECU 除了具有控制功能外，有的还具有故障自诊断功能。

3. 执行机构

防盗系统的执行机构主要包括报警装置（喇叭、灯光）和防起动装置（发动机 ECU、起动继电器）两部分。

（1）报警装置　报警装置由喇叭和转向灯组成。喇叭在防盗系统被触发或动作（开、闭锁）时发出警报。报警方法通常采用喇叭鸣叫和灯光闪亮的方式，也有采用专用喇叭与普通喇叭进行组合的报警方法。还有的车设有专用警笛，用电波向车主报警，利用电波在电子地图上显示被盗车辆位置等。

（2）防起动装置　防起动装置三要的作用是当防盗系统起作用时，防止发动机被非法起动而使车辆移动，主要包括发动机 ECU 和起动继电器。通过防止起动机运转、切断供油、切断点火等控制方式防止发动机被非法起动。

4. 遥控装置

遥控装置由遥控发射器与接收器组成，包括按键和指示灯。它是利用手持遥控器（图13-3）在远离车辆的地方将密码发送给遥控接收器，进行车门的打开或关闭。它可以在黑夜中不必用钥匙找到钥匙孔位置，或者在雨天也不需用钥匙开启车门，即使手中提着物品也能方便地开启车门。

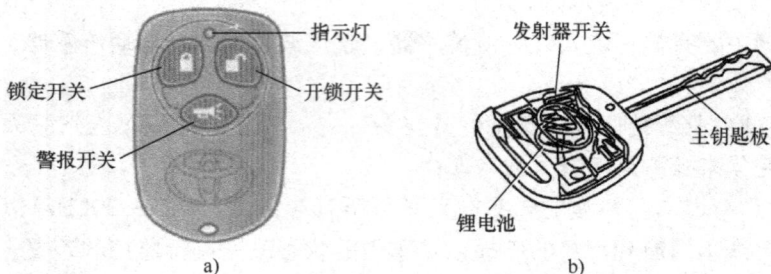

图13-3 遥控器的结构
a）分开式 b）组合式

遥控装置不仅能替代车门钥匙，而且也可用于防盗系统、行李箱开锁、车窗或电动天窗的开闭，有些遥控装置还具有声光防盗设定、静音防盗设定、声光寻车、自动防盗、二次防盗、状态记忆、报警暂停、中央门锁控制、车门未关提示、防抢（反劫持）、紧急呼救、开门报警、点火报警、振动报警、车内有物体移动报警、开启发动机罩和行李箱报警等功能。遥控信号一般采用红外线、无线电波形式发送。

三、电子防盗系统基本工作原理

1. 具有非法进入功能的防盗系统

图13-4为克莱斯勒轿车防盗系统。防盗控制电脑的主要输入信号由遥控模块、左右车门锁芯开关和4个车门微开开关提供。如果有人非法开启车门，使车门微开开关接通并将此信号送给防盗控制电脑，而遥控模块和车门锁芯开关并没将开门信号送给防盗控制电脑，所以防盗控制电脑即判断为非法进入，于是接通防盗喇叭和警告灯的电路。

这种防盗系统的功能简单，只能报警和恐吓窃车贼，不能阻止车辆被开走或搬走，所以人们又从两个方面入手来加强防盗系统的功能，一是使中央门锁功能增强，二是当前功能失效时增强其他必要手段的锁止功能。

2. 增强中央门锁功能的防盗系统

（1）测量门锁钥匙电阻 如图13-5所示，车辆的每把钥匙均设有一定电阻，每部车的中央控制电脑将记住该电阻值，当PASS-KEY启动后，所有车门被锁住，此时若用齿形相同但阻值不同的钥匙开启车门或起动发动机，则防盗系统认为是非法。这时防盗喇叭会响，同时会切断起动断电器控制线圈的搭铁回路，使起动机不能工作，同时控制发动机电脑使喷油器不喷油。

（2）加装密码锁 车用密码锁的功能与钥匙、遥控器处于同一地位，即用其中任何一种方法都可以打开车门。这样，加装密码锁后，车主就无需为保管好钥匙或遥控器以免丢失

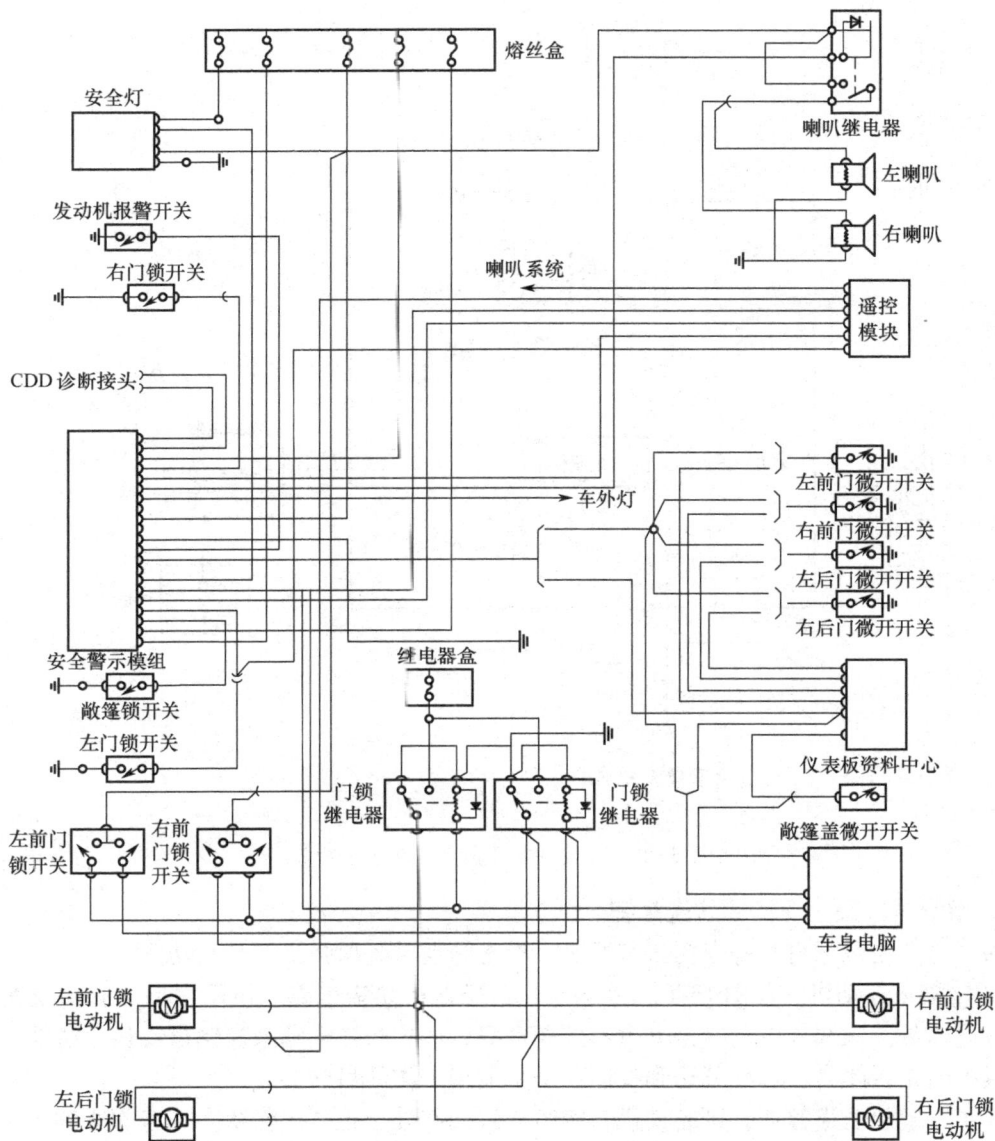

图 13-4 克莱斯勒轿车防盗系统

而头疼。密码锁有十位键，而密码则一般取五位数。也就是说，密码共有十万种组合。已设定的密码也可以由车主任意改变，所以车主不必担心密码被窃取。

（3）遥控器增加保险功能

对于窃贼来说只要能复制遥控器就可以轻松打开车门。普通遥控器的复制对于专业人士来说并不是难事，只要用一台示波器测出遥控器发出的无线电信号的频率即可。为防止遥控器被复制，有些车采用一种新的遥控器，它与防盗电脑配合，由固定程序设定频率，即每次车主重新锁门后，遥控器与接收器均按事先设定的程序同时改变另一频率，这样遥控器更无法复制。

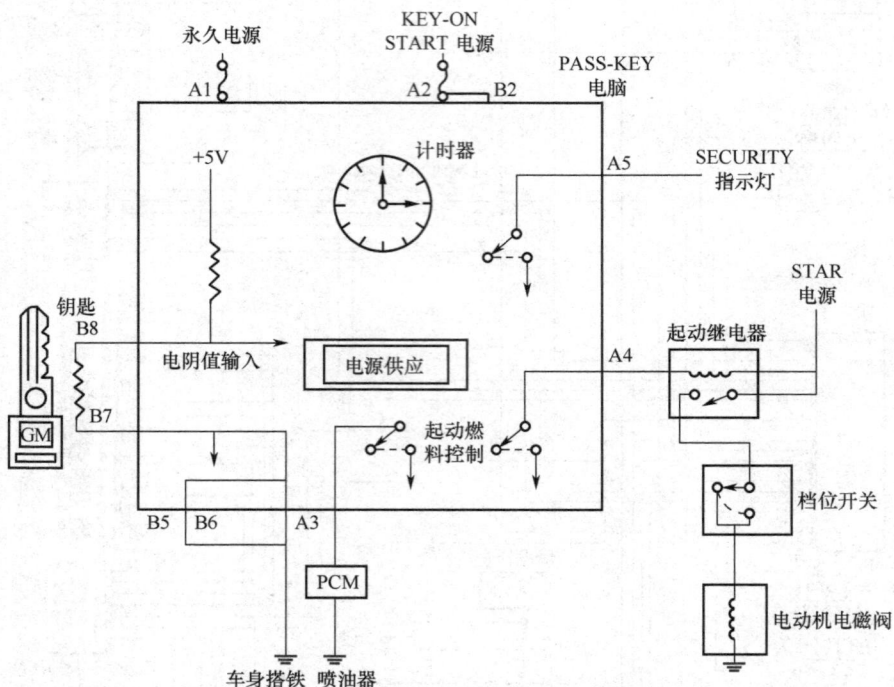

图 13-5　增强中央门锁功能的防盗系统

3. 增强汽车锁止功能的防盗系统

为了避免窃贼强行打开车门将车开走，汽车防盗系统增强汽车锁止功能。

（1）锁止起动机　如图 13-6 所示为沃尔沃轿车的防盗电路。该图右上角有一根线是接起动继电器的。该线外端连接至继电器控制电路，通过防盗电脑来控制该线是否搭铁，从而控制继电器是否闭合，这样就达到控制起动机能否工作的目的。

若正常解除防盗警戒，则起动机与喇叭、灯光都处于正常工作状态，若非法进入而起动车辆，即使短接钥匙孔后面的起动线，也无法将发动机起动，以实现防盗功能。

（2）锁止发动机燃油喷射　如图 13-7 所示为奥迪 100 轿车防盗系统。该防盗电脑不仅控制起动电路，同时也可以切断汽油泵继电器控制线路，使发动机处于无油供给状态；另外又控制自动变速器继电器控制电路，使自动变速器液压控制阀体的电磁阀无法打开，使变速器无法工作。

（3）锁止发动机电脑（ECU）　防盗电脑通过连线把某一特定频率的信号送到发动机电脑，防盗警戒解除后，防盗电脑发出这一信号给发动机 ECU，这样才能使发动机 ECU 正常工作。若未解除防盗警戒或直接切断防盗电脑电源，则该信号不存在，发动机 ECU 停止工作，发动机不能运转。

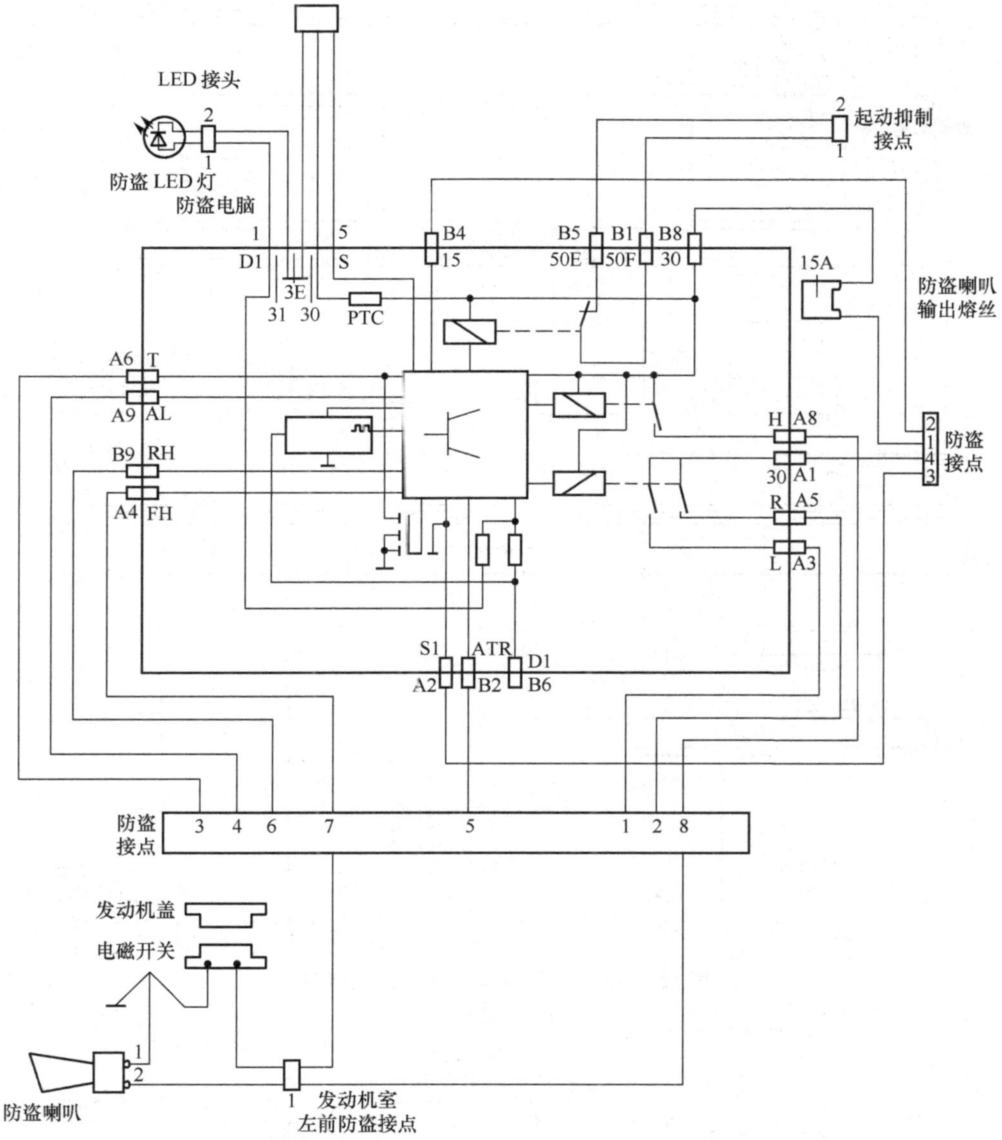

图 13-6　沃尔沃轿车的防盗系统电路

四、电子防盗系统的布置

如图 13-8 所示为一般车辆防盗装置在车上的布置示意图。

五、卡罗拉轿车防盗系统电路图

图 13-9 ~ 图 13-13 是卡罗拉轿车的防盗警报系统电路图，在以卡罗拉为教学车型时可以参考。

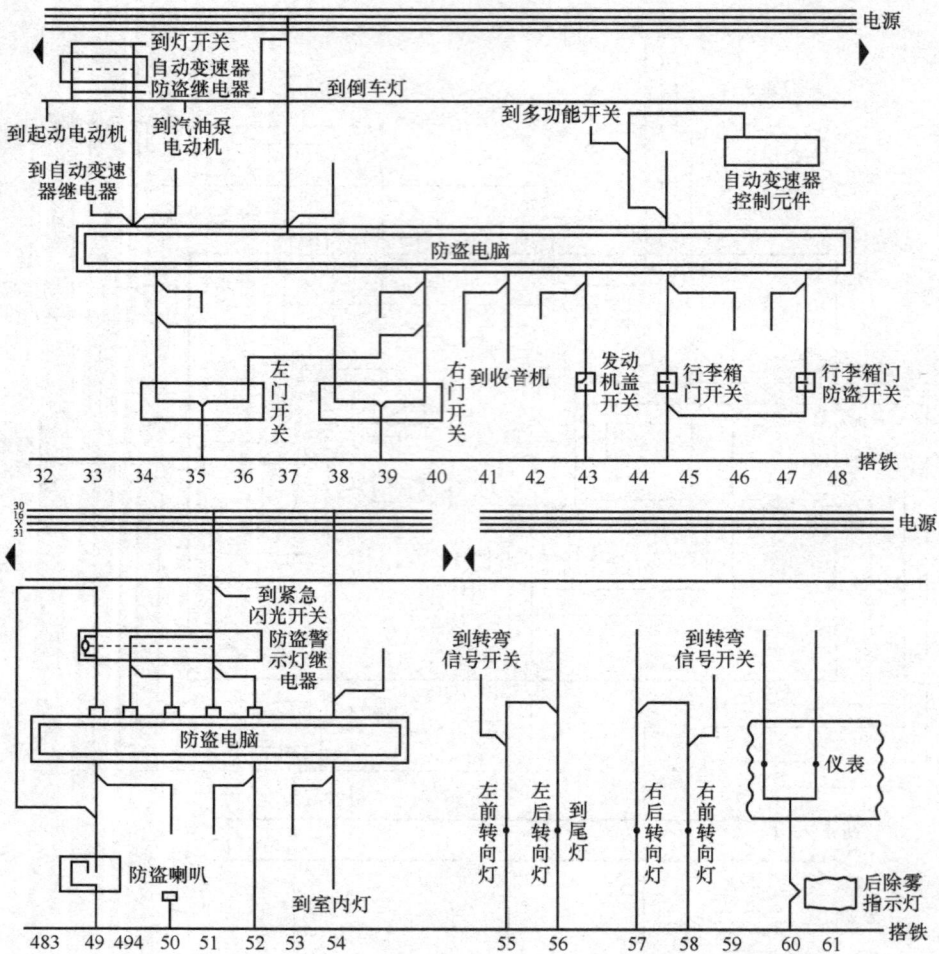

图 13-7 奥迪 100 轿车防盗系统电路图

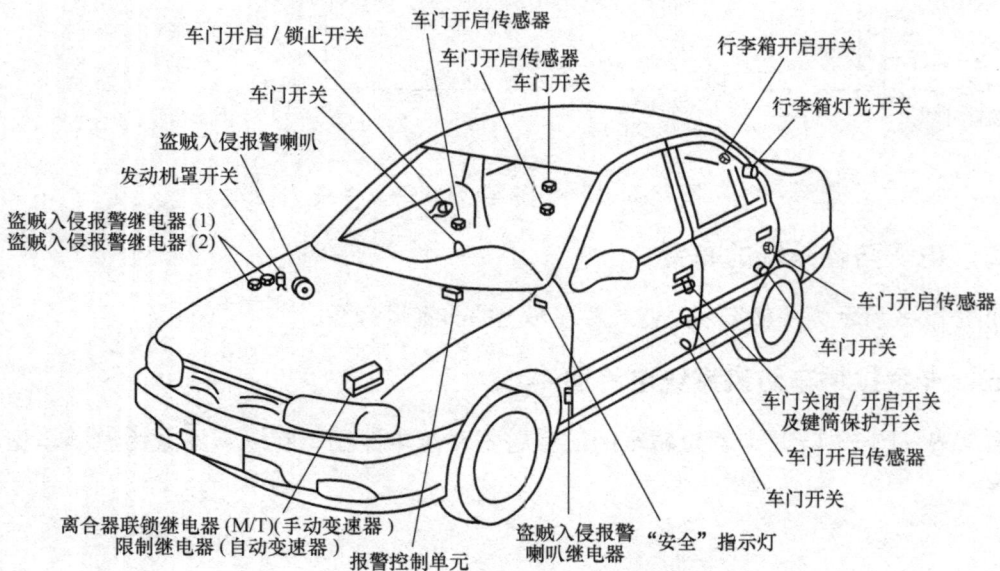

图 13-8 防盗装置布置示意图

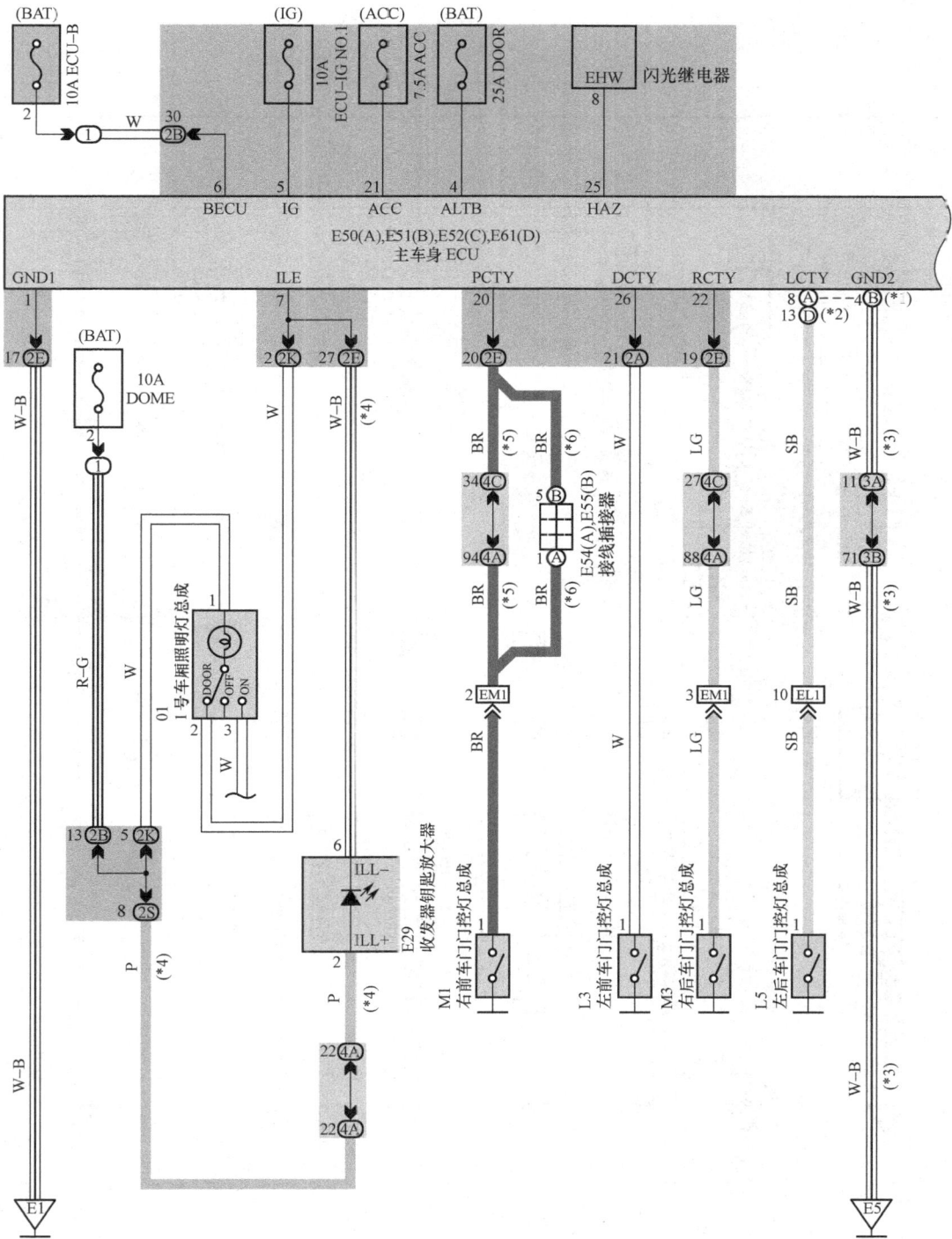

图 13-9　卡罗拉轿车防盗警报系统控制电路图（一）

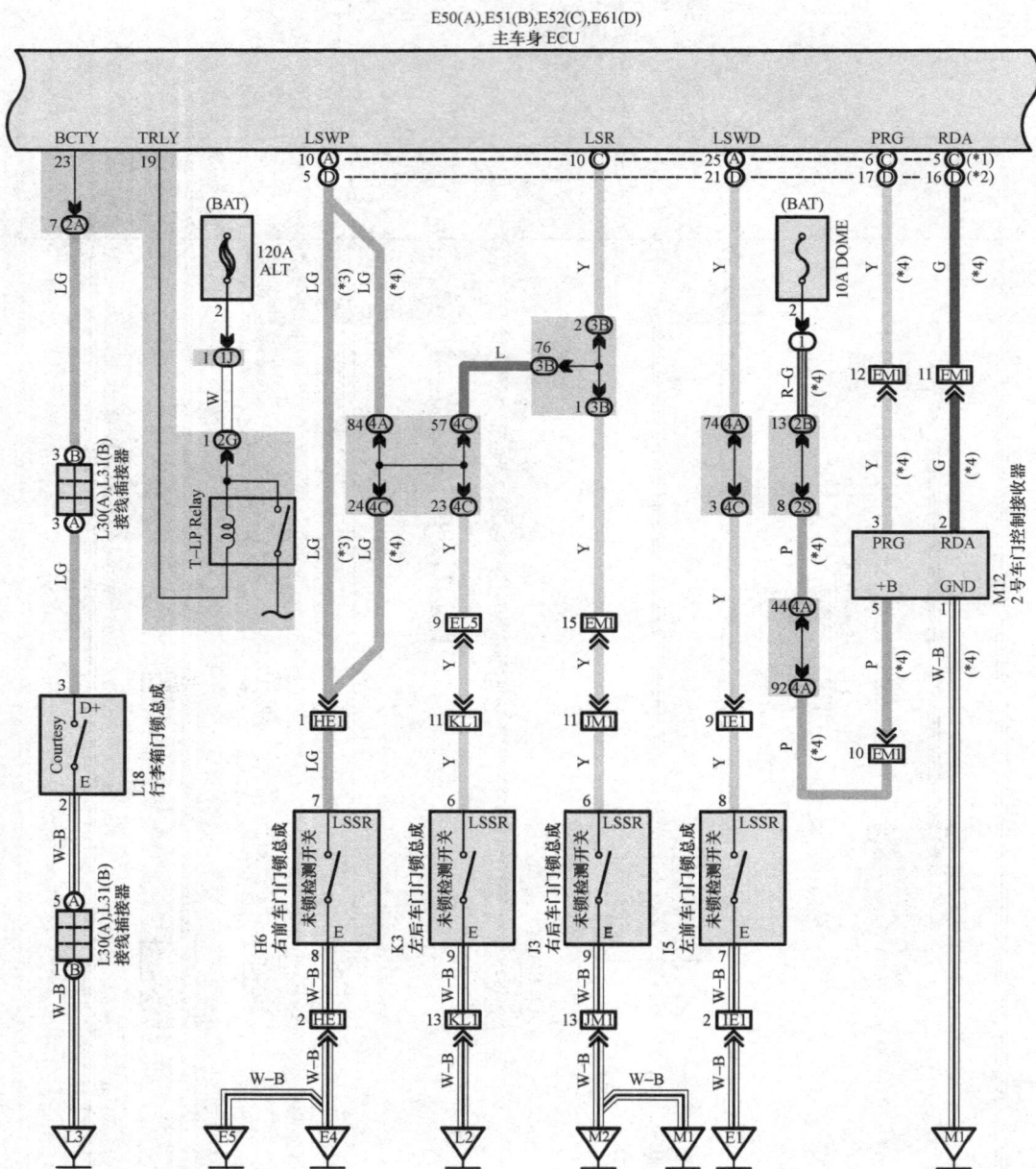

图 13-10　卡罗拉轿车防盗警报系统控制电路图(二)

*1：带自动灯控和智能上车、起动系统
*2：除了 *1
*3：带智能上车和起动系统
*4：不带智能上车和起动系统

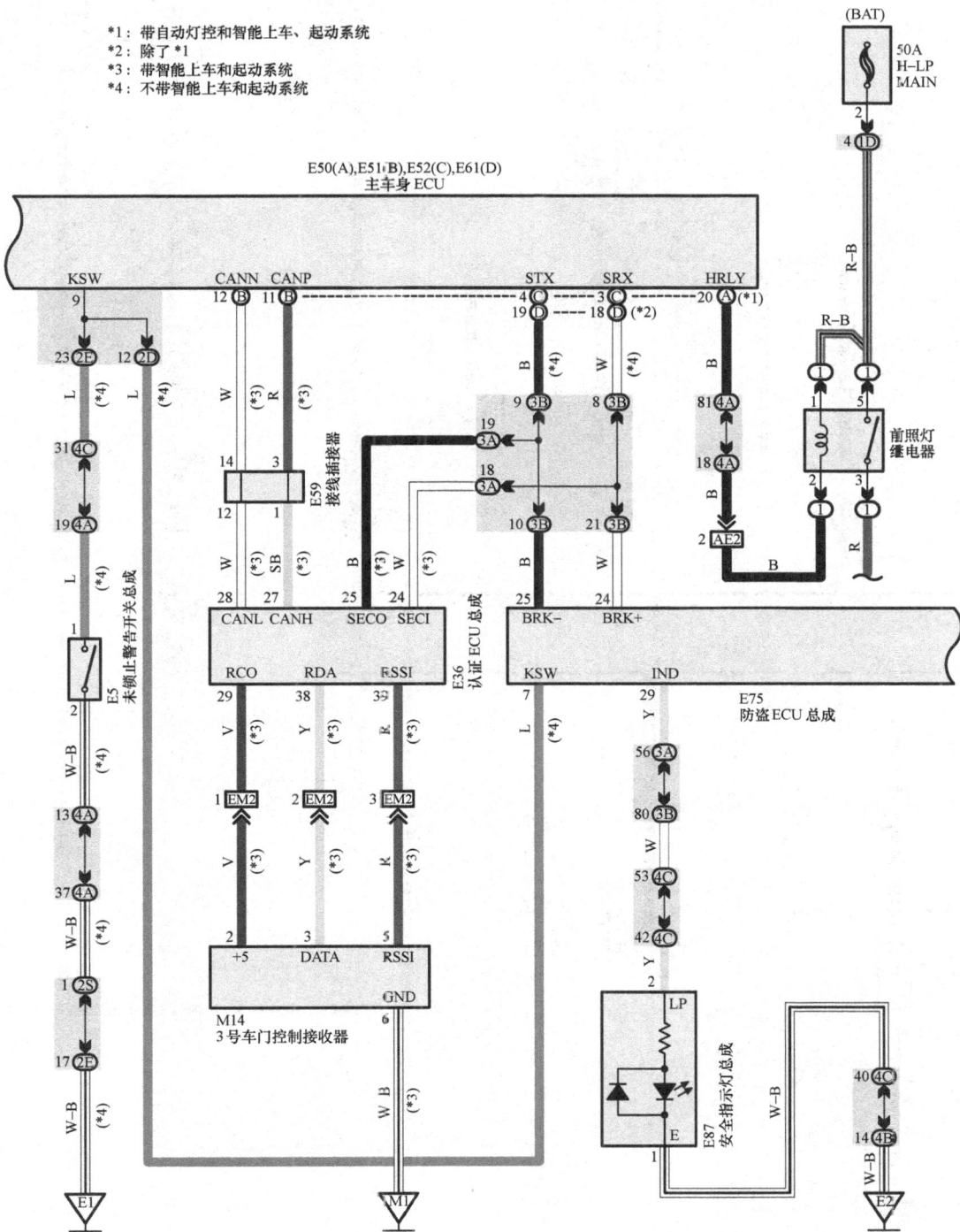

图 13-11　卡罗拉轿车防盗警报系统控制电路图(三)

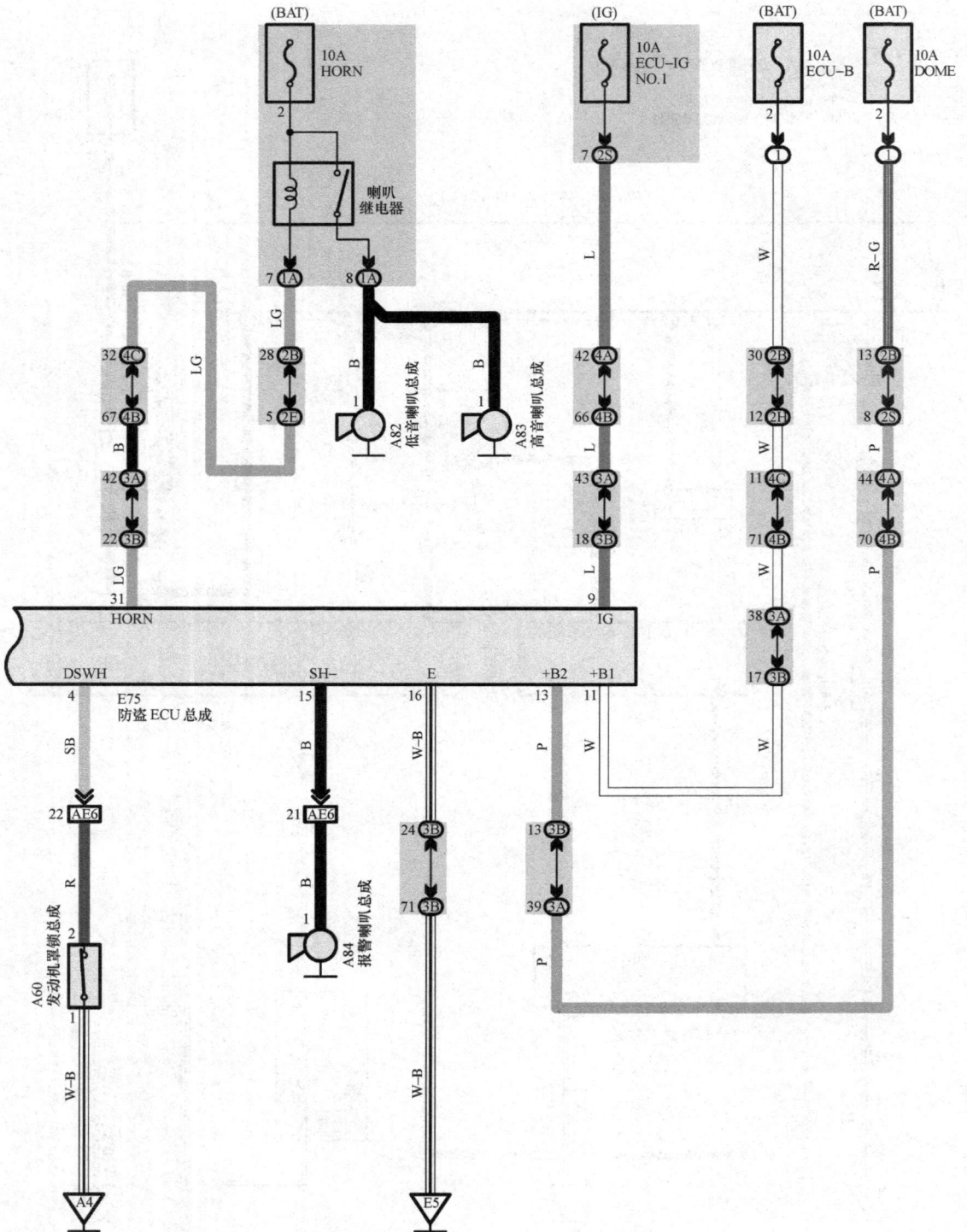

图 13-12　卡罗拉轿车防盗警报系统控制电路图（四）

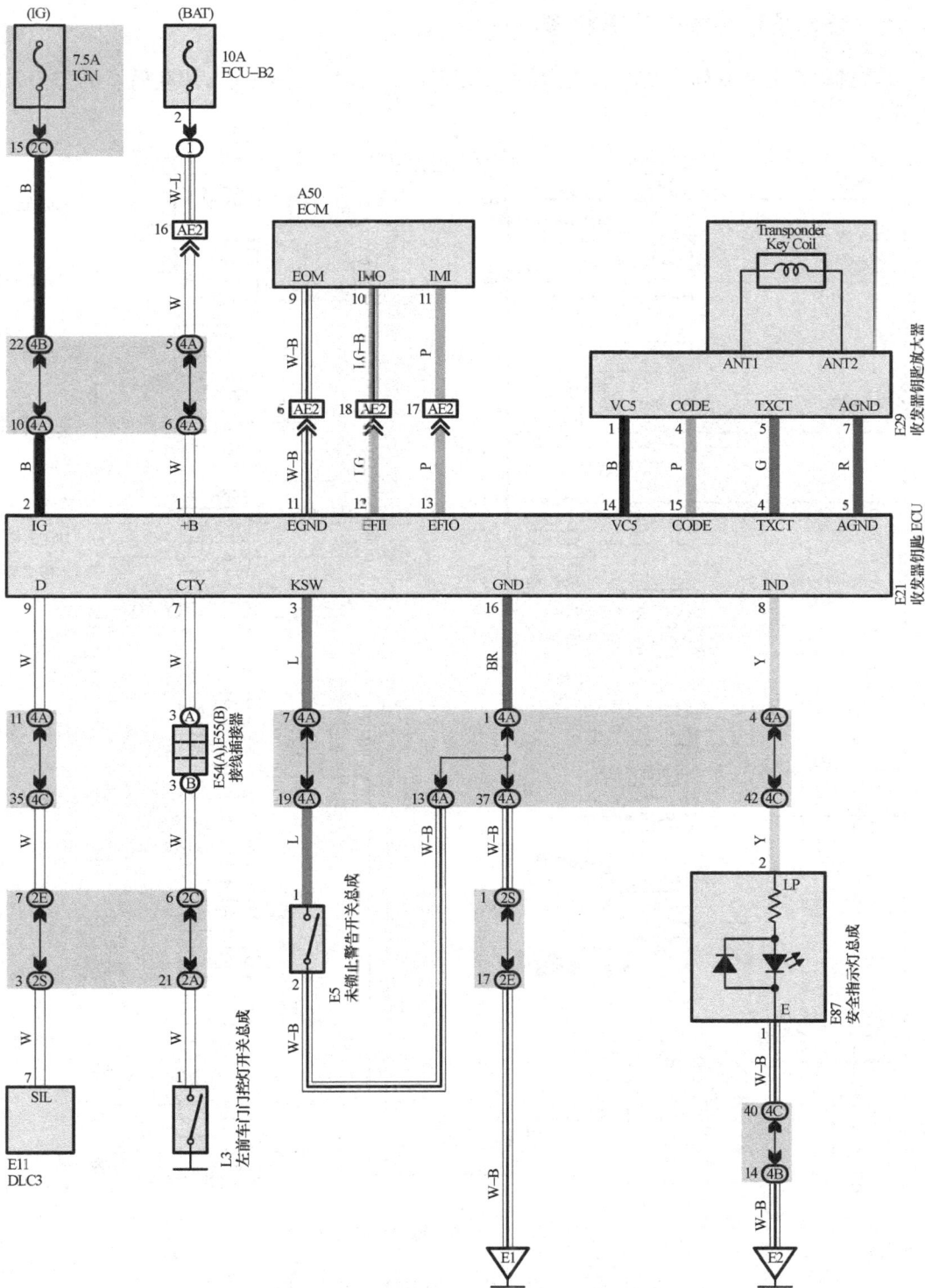

图 13-13　卡罗拉轿车防盗系统防止起动控制电路图

六、轿车防盗系统的故障检修

以雷克萨斯 LS400 轿车防盗系统为例，图 13-14 所示为雷克萨斯 LS400 轿车的防盗系统电路图。

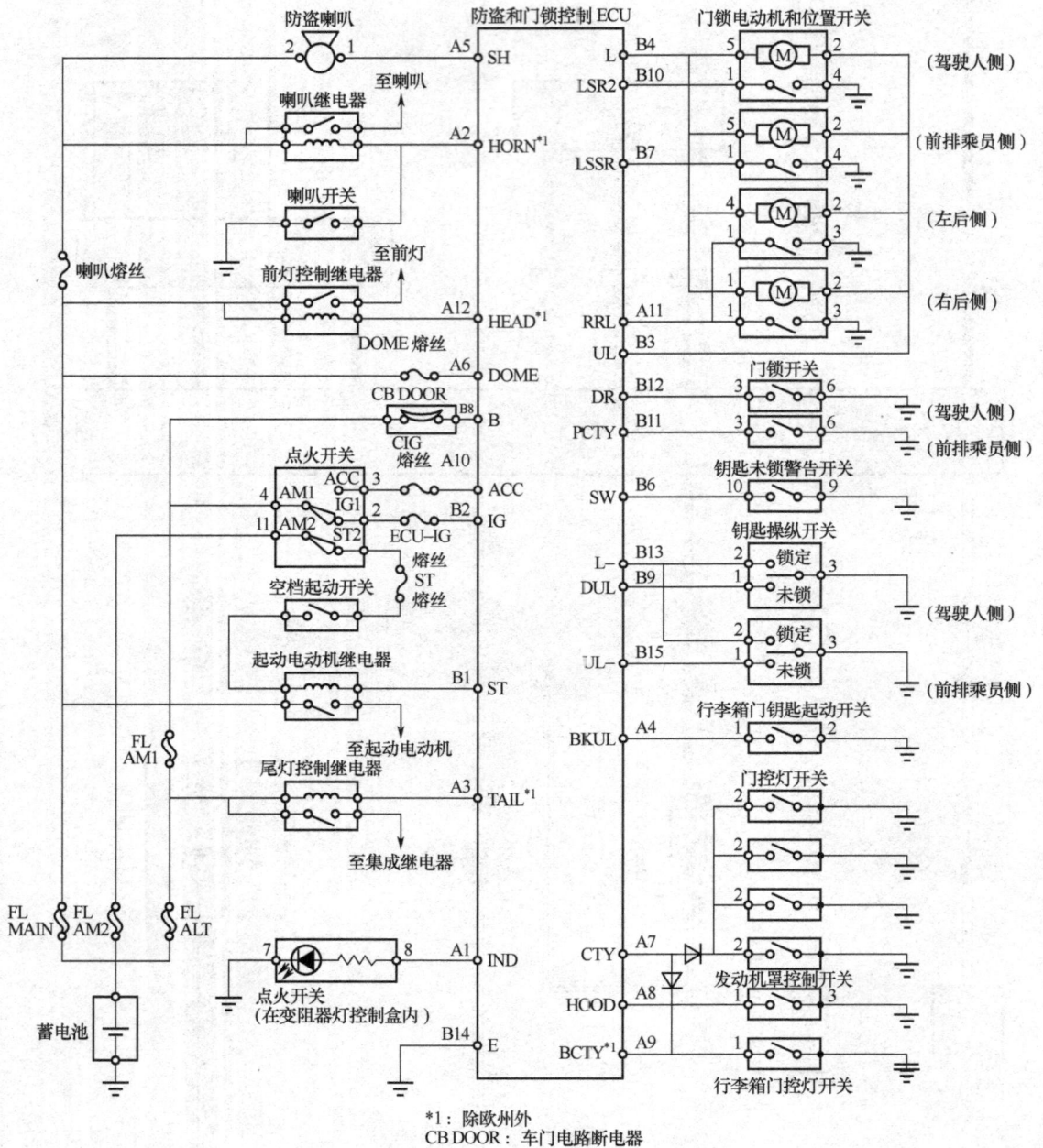

图 13-14　雷克萨斯 LS400 的防盗系统电路

1. 检查防盗系统工作状况

1）设定防盗系统，使其进入警戒状态，检查防盗指示灯是否闪烁。

2）防盗系统使汽车喇叭和防盗喇叭发声并闪烁前灯和尾灯约30s或1min作为报警（工作状态根据国家不同有所区别）。与此同时，系统断开起动机电路，并锁住所有车门（如果车门未锁住，系统在报警时间内每2s重复锁门动作）。

2. 防盗系统自诊断

（1）检查DTC

1）将智能检测仪连接到DLC3上。

2）根据检测仪提示读取DTC。

3）检查是否有B1269（防盗ECU通信终止）故障码输出。

（2）清除DTC

1）将智能检测仪连接到DLC3上。

2）将点火开关置于ON位置，并接通检测仪。

3）根据检测仪提示清除DTC。

4）检查并确认DTC已清除。

3. 检查防盗系统电路

（1）检查指示灯电路　在进行防盗系统设定时，该电路使指示灯亮。系统设定完成后，电路不断地让指示灯闪烁，指示灯电路如图13-15所示。

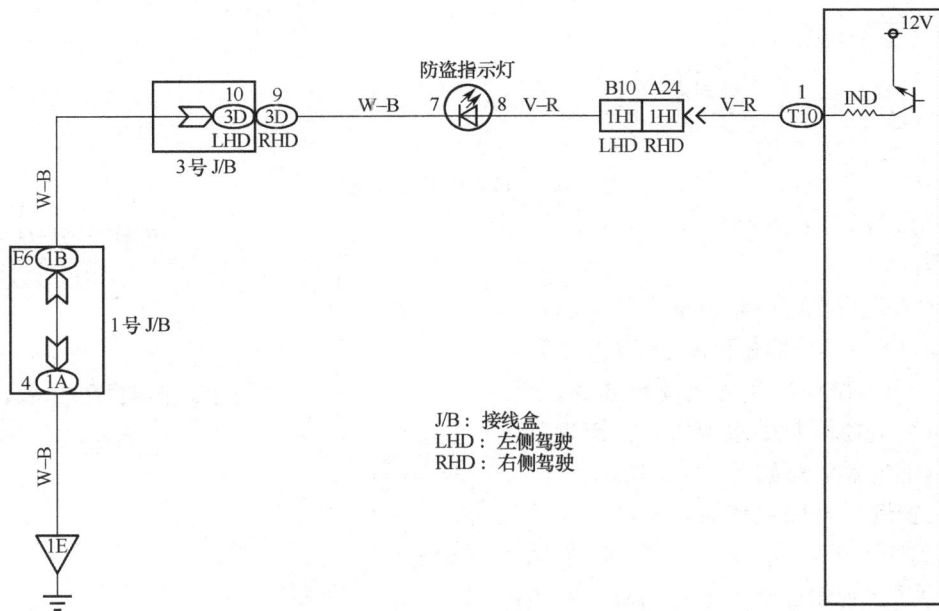

图13-15　指示灯电路

检查指示灯时，先拆下组合仪表，然后脱开指示灯插接器，将蓄电池正极连到插接器的端子8上，负极连接到端子7上，如图13-16所示。

正常情况下指示灯应亮，若不正常，更换指示灯或检查防盗ECU与指示灯之间、指示灯与车身间的配线和插接器。

（2）检查起动继电器电路　当防盗系统触发时，ECU上的触点脱开，在端子ST的电路中形成断路，使起动机不运转。此时若用钥匙打开前左或右侧车门，或用门锁无线系统打开所有车门，ECU 的触点搭铁，使起动机切断电路恢复正常，该电路如图 13-17 所示。

检查操作是在以发动机运转为前提，若发动机不转应先排除发动机的故障。首先脱开防盗和门锁控制 ECU 插接器，将点火开关转到 ST 位置，测量防盗和门锁控制 ECU 插接器端子 ST 与车身搭铁之间的电压，如图 13-18 所示。

若电压正常（电压为蓄电池电压），检查和更换防盗和门锁控制 ECU。若电压不正常，检查和修理起动

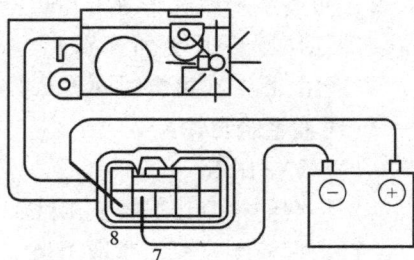

图 13-16　检查指示灯

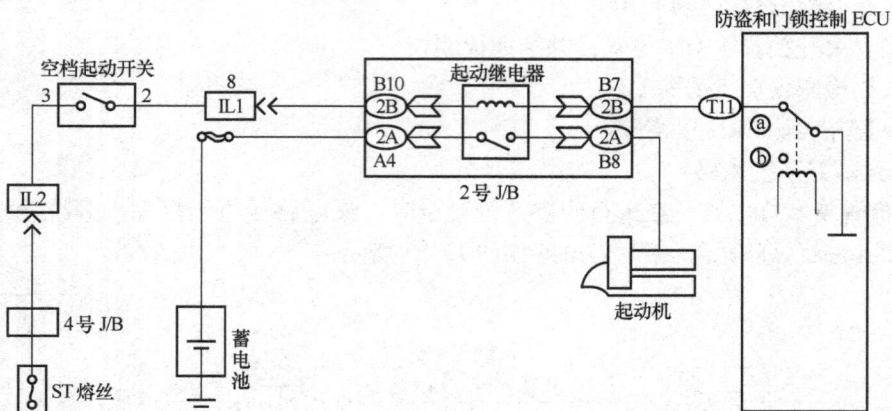

图 13-17　起动机继电器电路

继电器与防盗和门锁控制 ECU 之间的配线和插接器。

（3）检查汽车喇叭继电器电路　当防盗系统被激活时，电路使 ECU 上的晶体管以大约 0.4s 为一循环的速度反复导通和截至，这使喇叭继电器不断接通和切断，使喇叭发声。喇叭继电器电路如图 13-19 所示。

若用钥匙打开前左或右侧车门，或用门锁无线系统打开所有车门，或等待 60s，ECU 上的晶体管便截止，电路切断，喇叭停止发声。

检查要以喇叭开关能正常工作为前提。如果开关接通后喇叭工作不正常，应先排除喇叭故障。首先脱开防盗和门锁控制 ECU 插接器，测量防盗和门锁控制 ECU 插接器端子 HORN 与车身搭铁间的电压，如图 13-20 所示。

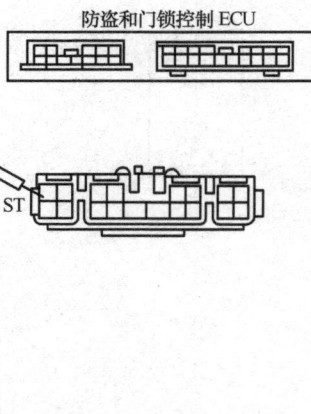

图 13-18　测量防盗和门锁控制 ECU
插接器端子 ST 与车身搭铁之间的电压

若电压正常（电压为蓄电池电压），检查和更换防盗和门锁控制 ECU。若电压不正常，检查和修理喇叭继电器与防盗和门锁控制 ECU 之间的配线和插接器。

（4）检查点火开关电路　当点火开关转至 ACC 位置时，蓄电池电压加到 ECU 的端子

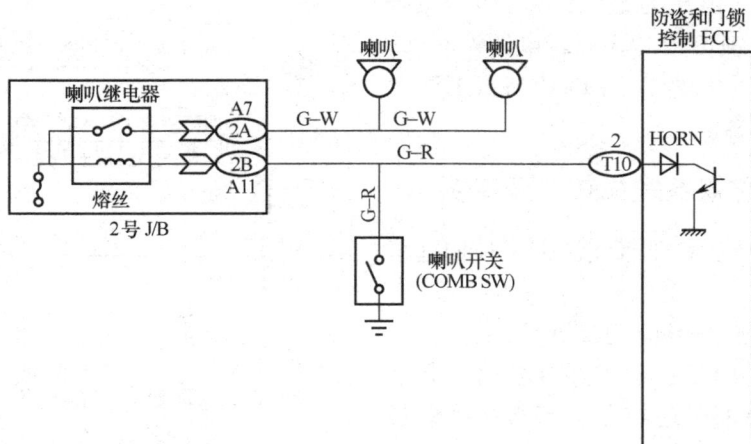

图 13-19　喇叭继电器电路

ACC 上。同样，若点火开关转至 ON 位置时，蓄电池电压加到 ECU 的端子 ACC 和 IG 上。当防盗系统触发时，若蓄电池电玉加到 ECU 的端子 ACC 上，则报警停止，另外，来自 ECU 的端子 ACC 和 IG 的电源用做门控灯开关和位置开关等的电源电路，如图 13-21 所示。

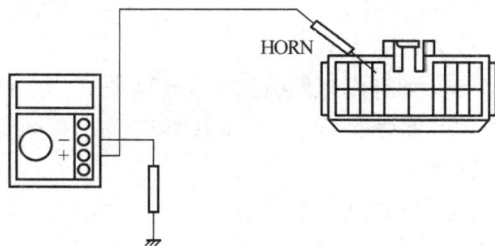

图 13-20　电压测量

　　检查 1 号接线盒上的 CIG 和 ECU-IG 熔丝的导通状况。如果不正常，检查所有接至 CIG 和 ECU-IG 熔丝的所有配线和元件。若正常导通，

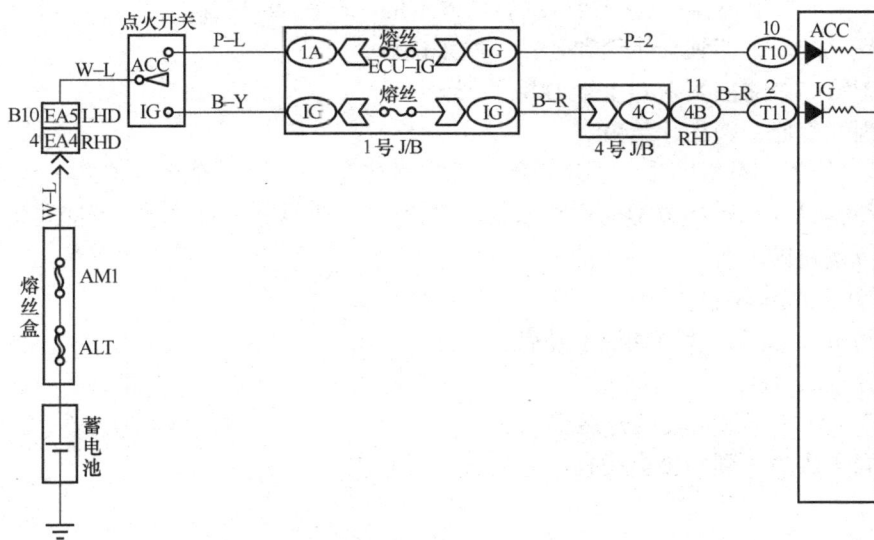

图 13-21　点火开关电路

将点火开关转到 ON，测量防盗和门锁控制 ECU 的端子 ACC 和 IG 与车身搭铁之间的电压，如图 13-22 所示。

若电压正常(电压为蓄电池电压),检查和更换防盗和门锁控制 ECU。若电压不正常,检查和修理防盗和门锁控制 ECU 与蓄电池之间的配线和插接器。

七、电子防盗系统失效故障实例

1)车型:桑塔纳 2000 型(带遥控钥匙车型)。

2)故障:遥控钥匙(遥控器)匹配。

初始化,适用于在新配遥控器时,必须将新遥控器和原配的遥控器一起与接收器进行初始化。如果用户丢失了一个遥控器后,

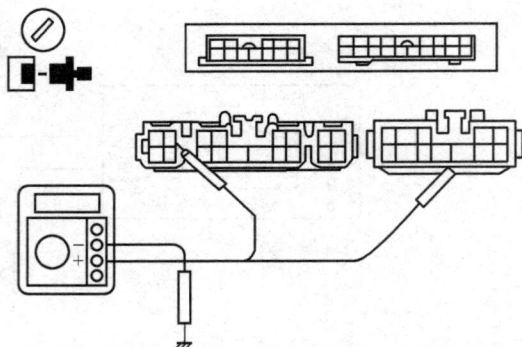

图 13-22　测量 ECU 的端子 ACC 和 IG 与车身搭铁之间的电压

暂时配不到新遥控器,应将原配的遥控器重新初始化,使丢失的遥控器失效。

匹配步骤:

① 关断点火开关。

② 所有门接触开关断开(即所有门关闭)。

③ 将编程线(在中央接线盒旁由接收器线束插头 22 号脚引出的一根蓝色的带插片的线束)搭铁。

④ 打开点火开关。

⑤ 再关闭点火开关。

⑥ 接收器进入 60s 编程模式。

⑦ 如果门原来为锁闭状态,那么所有门会以开锁表示接收器进入编程模式。

⑧ 在 10s 内按遥控器任一按钮两次,两次的间隔时间 2s 左右。

⑨ 编程完成后,门锁会闭锁和开锁一次来确认。

⑩ 对于第二个遥控发射器重复第 8、9 步。

⑪ 编程线复原,初始化结束。

遥控器与接收器重新同步[适用于原配遥控器在有效遥控距离之外连续按动 255 次后,或者失电时间较长(如更换电池时间较长),遥控器与接收器将不能同步,不能再遥控开闭门锁,必须进行重新同步]。

重新同步匹配步骤:

① 关闭所有车门,使门锁处于开启状态。

② 打开点火开关。

③ 在 30s 内按下遥控器的开启键一次。

④ 若同步成功,则门锁会闭锁和开启各一次来确认。

学习任务十四　汽车驻车辅助系统的故障诊断与排除

任务要求：

完成本学习任务后，你应该能够：

1）正确描述汽车驻车辅助系统的组成和工作原理。

2）正确描述汽车驻车辅助系统的各部件结构特点和作用。

3）识读和正确分析汽车驻车辅助系统的电路图。

4）准确分析汽车驻车辅助系统失效故障的所有可能原因。

5）梳理诊断思路，制订排除汽车驻车辅助系统失效故障的工作方案。

6）根据工作方案，利用故障诊断仪和万用表，检测汽车驻车辅助系统的基本元件、控制元件和电路元件，诊断和排除故障。

7）用企业标准验收任务完成情况，评价和反馈工作过程，完成学习拓展任务及任务工单14。

建议学时：6 学时

任务引入：

一辆丰田雷克萨斯轿车，行驶总里程 10 万 km，在倒车时雷达不报警，而且 LED 显示屏没有影像显示。

任务分析：

1）初步诊断，确认故障现象。

2）查找资讯，学习相关知识，分析故障可能原因。

3）制订工作计划，分析故障诊断思路。

4）根据故障现象和任务要求，确定所需要的检测仪器设备、工具，并对小组成员进行合理分工，制订详细的、可实施的故障诊断与排除工作方案。

5）实施试验进行检测，利用故障诊断仪和万用表对驻车辅助系统进行检测，确定故障原因并维修更换，诊断和排除故障。

6）总结故障结论，写诊断报告。

7）用企业标准验收任务完成情况，评价工作过程，完成任务工单14。

资讯和相关知识：

汽车超声波倒车辅助系统的设计用于在倒车车速小于8km/h(5mile/h)时，识别并提醒驾驶人车辆行驶路径上的物体。物体的距离和位置由位于后保险杠上的 4 个物体传感器确定。驻车辅助系统将使用驻车辅助系统指示灯和无线电音频信号提醒驾驶人。

汽车驻车辅助系统常用的两种：音响提示驻车辅助系统（倒车雷达）和影像提示驻车辅助系统（倒车影像）。二者区别就在于有没有液晶显示，如图 14-1 所示，现代轿车通常是倒车影像和雷达提示系统结合使用，带有液晶显示的倒车雷达驻车辅助系统。

图 14-1　倒车影像和倒车雷达综合辅助驻车系统

一、驻车辅助系统的作用

驻车辅助系统用于在低速操纵车辆（如驻车）过程中，以报警音提醒驾驶人注意车辆后方或前方的障碍物。

二、驻车辅助系统的分类

按照探头的数量有 2 探头、3 探头、4 探头、6 探头和 8 探头式。2～4 探头的倒车雷达一般安装在汽车的后保险杠上；6 探头和 8 探头的倒车雷达一般是前 2 后 4 和前 4 后 4。

三、驻车辅助系统的组成

如图 14-2 所示，驻车辅助系统由驻车辅助传感器、报警控制模块总成、驻车辅助系统指示灯组成。各元件位置如图 14-3 所示。

1. 驻车辅助传感器

驻车辅助系统传感器也叫声呐传感器，位于车辆的后保险杠上。声呐传感器既是传感器，也是执行器，既发射信号，也接收信号。该传感器用于确定物体和后保险杠之间的距离。每个传感器发出一个超声波频率信号，被位于车辆后方的物体反射。这些反射由传感器接收。发出频率和接收到反射之间的时间差，即传感器响铃时间，用于确定到物体的距离。

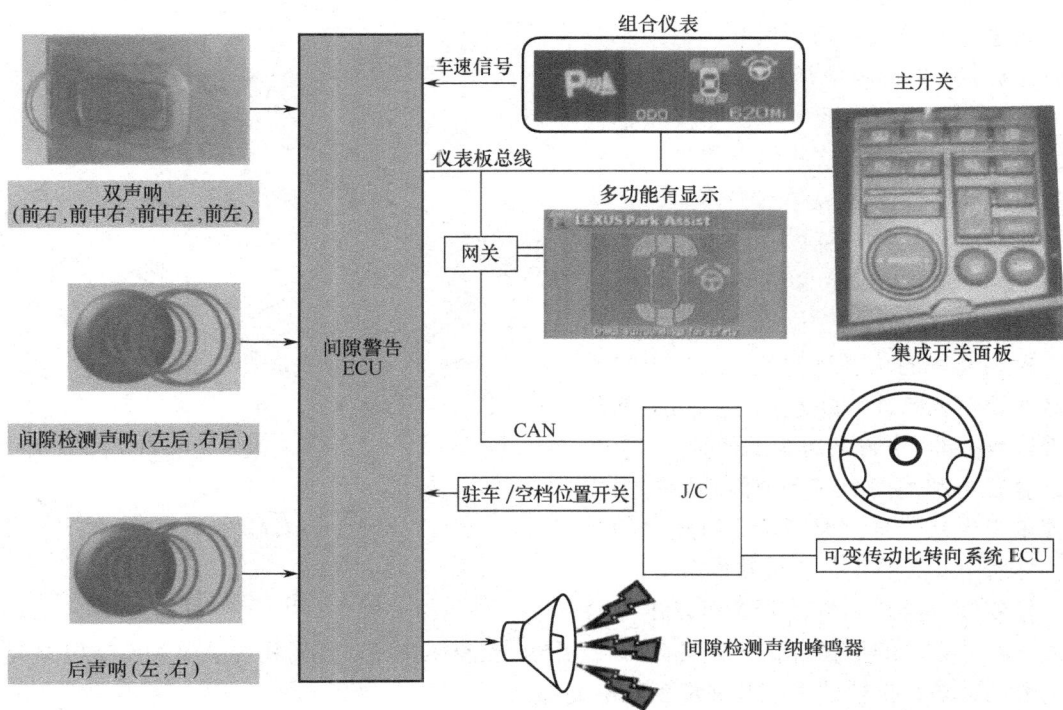

图 14-2　驻车辅助系统组成图

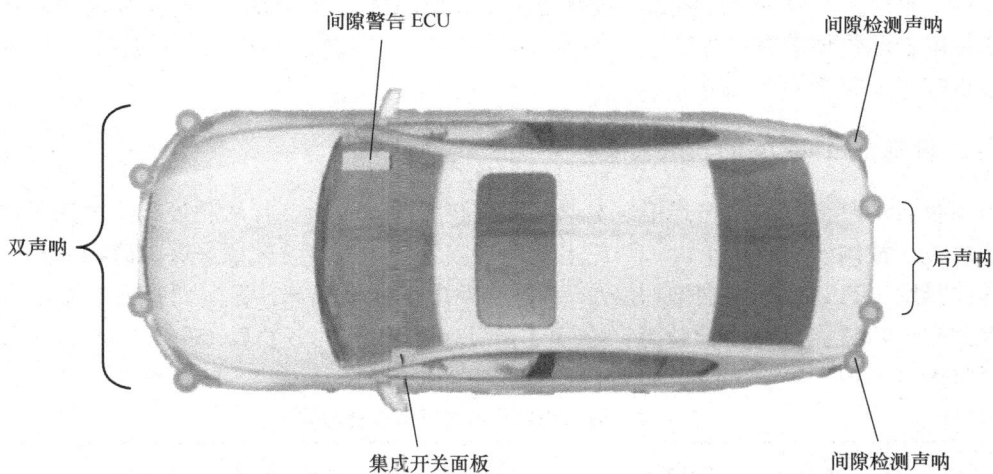

图 14-3　轿车驻车辅助系统元件布置图

传感器向物体报警控制模块报告此信息。控制单元向声呐传感器发出一个命令，该传感器即刻发出超声波，一个或多个传感器接收超声波的回波。回波被转换成数字信号，并将其传递到控制单元，控制单元根据回波的传播时间计算出与障碍物的距离。

声呐传感器的结构如图 14-4 所示，由一个无线电收发单元和一个整理器构成，整理器将回波信号转换成数字信号传递给控制单元。

2. 报警控制模块总成

报警控制模块向四个后驻车辅助系统传感器提供 8V 参考电压和低电平参考电压。报警控制模块从四个传感器接收各自独立的信号，并基于这些输入信号确定物体的位置和距离。当检测到物体时，报警控制模块将点亮驻车辅助系统指示灯上相应的 LED，并向收音机发送串行数据信息以请求发出报警音。

控制模块的功能是相继触发各声呐传感器的超声波脉冲，并监视各声呐传感器是否接收脉冲（来自障碍物的回声）。信号经过滤后再利用一个或多个传感器的测量数据来得出从信号发射到接收所经过的时间，然后由此计算出与障碍物的距离。

控制模块控制对蜂鸣器是否发出报警音或发出什么样的报警音，并具有自诊断功能。控制模块还向障碍物传感器和控制电路提供稳定电压以防止传感器过压和保证工作电路稳定。

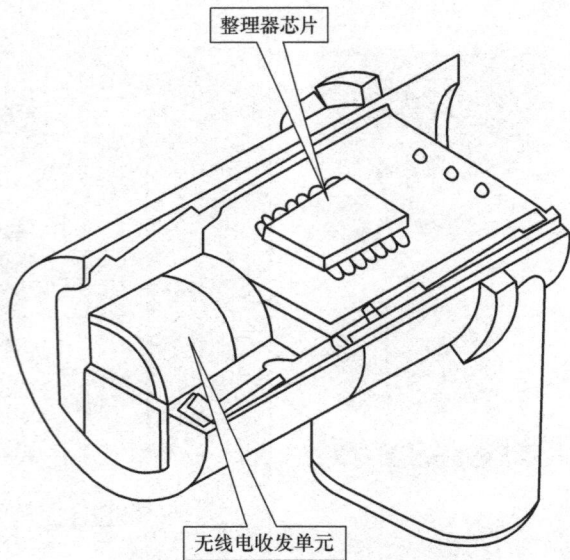

图 14-4　声呐传感器结构

3. 驻车辅助系统指示灯

驻车辅助系统指示灯位于车内后部，并可通过车内后视镜看到。该指示灯包含三个 LED：两个琥珀色的和一个红色的。报警控制模块控制这三个 LED，它们作为视觉指示器指示车辆保险杠和物体的靠近程度。报警控制模块向每个 LED 提供电压，并通过分别向 LED 提供搭铁来指令每个 LED 点亮。

四、驻车辅助系统的工作原理

当系统启动时，声呐传感器相继发射短超声波脉冲，然后接收从测量范围内障碍物处反射的回声波。控制模块利用来自一个或多个声呐传感器的回声波数据计算障碍物的距离。当与障碍物相距 1.5m 时，控制模块控制蜂鸣器会发出间歇报警音，提醒驾驶人在系统有效范围内探测到了障碍物。障碍物越近，声音越急促。如果距离小于 0.25m，则连续发出报警音，报警区域如图 14-5 所示，障碍物距离和蜂鸣器报警时间见表 14-1。

表 14-1　障碍物距离与蜂鸣器报警时间

声　　呐	障碍物距离/cm	蜂　鸣　器	
		波峰时间/ms	波谷时间/ms
双声呐	大约 100~50	150±15	650±65
双声呐间隙检测声呐	大约 50~37.5	150±15	150±15
	大约 37.5~25.0	75±7.5	75±7.5
	大约 25.0 或更短	持续	0
后声呐	大约 150~60	150±15	650±65
	大约 60~45	150±15	150±15
	大约 45~35	75±7.5	75±7.5
	大约 35 或更短	持续	0

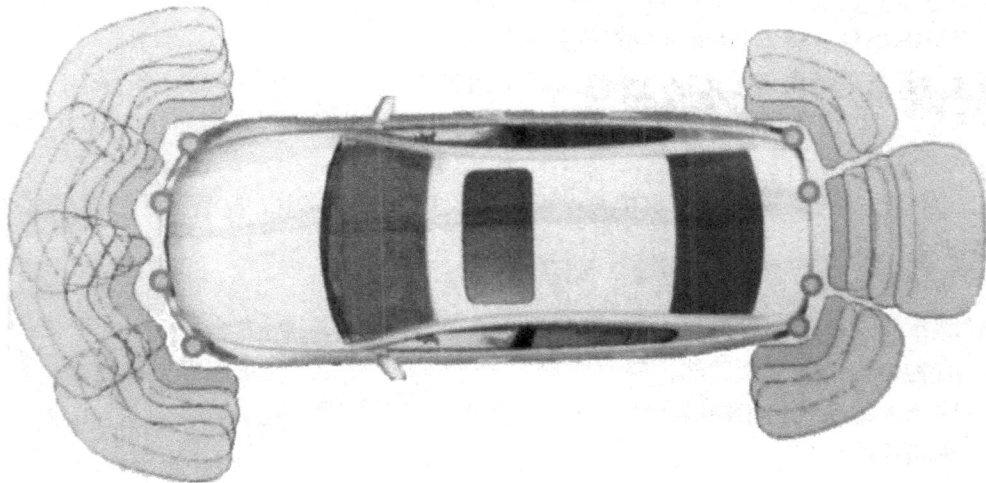

图 14-5　报警区域

五、驻车辅助系统的操作

车辆第一次挂倒档时，后驻车辅助系统将执行灯泡检查。在灯泡检查过程中，驻车辅助系统指示灯中的三个 LED 将全部点亮大约 2s，以表明系统正在工作。倒车车速小于 8km/h（5mile/h）时，系统将持续监测位于车辆后方的可疑障碍物。倒车辅助系统可以检测到宽度大于 7.6cm（3in）和高度大于 25.4cm（10in）的物体。此系统不能检测到保险杠以下、车辆下方的物体。如果检测到物体，将出现以下情况之一：

1）如果物体距车辆的距离为 1~2.5m（40~96in），第一次检测到物体时，外侧琥珀色指示灯将点亮并发出一声蜂鸣声。

2）如果物体距车辆的距离为 0.6~1.0m（23~40in），外侧琥珀色和中间琥珀色指示灯点亮。

3）如果物体距车辆的距离为 0.3~0.6m（11~23in），外侧琥珀色指示灯、中间琥珀色指示灯和外侧红色指示灯将点亮。

4）如果物体距车辆的距离小于 0.3m（12in），外侧琥珀色、中间琥珀色和外侧红色指示灯将闪烁，且持续发出蜂鸣声。

如果后驻车辅助系统检测到故障，将储存一故障码，且报警控制模块将发送一条串行数据信息至仪表板组合仪表（IPC），以在驾驶人信息中心（DIC）上显示"SERVICEPARK AS-SIST（维修驻车辅助系统）"信息；将会发出蜂鸣声并点亮驻车辅助系统指示灯上的红色 LED，以提醒驾驶人存在故障且系统已停用。

六、驻车辅助系统信息

1. SERVICE PARK ASSIST（维修驻车辅助系统）

当报警控制模块检测到后驻车辅助系统中有故障且系统停用时，驾驶人信息中心（DIC）上将显示"SERVICE PARK ASSIST（维修驻车辅助系统）"。当与报警控制模块失去通信时，驾驶人信息中心也会显示"SERVICE PARK ASSIST(维修驻车辅助系统)"。

2. PARKING ASSIST OFF(倒车辅助系统关闭)

当物体警告系统由于系统停用或禁用状况而被停用时,"PARK ASSIST OFF(驻车辅助系统关闭)"信息将在驾驶人信息中心上显示。驻车辅助系统指示灯中的红色 LED 将点亮以表示系统已停用。

当检测到以下任一情况时,报警控制模块请求驾驶人信息中心显示"PARK ASSIST OFF(驻车辅助系统关闭)":

1)使用驾驶人信息中心(DIC)手动停用后驻车辅助系统。

2)驻车制动器使用或没有完全松开。

3)有物体连接到车辆后部,例如挂车、自行车架、挂车挂接接收器或拖杆。

4)驻车辅助系统传感器被积雪、泥土、污物、淤泥或积冰覆盖。

5)车辆保险杠损坏。

6)更换的驻车辅助系统传感器涂层过厚。

7)驻车辅助系统传感器因附近大型车辆或重型设备(如手持式冲击钻)造成的振动而中断。

七、后视摄像头系统的操作

1. 不带 UVB 的后视摄像头系统

后视摄像头系统中使用的部件是一个位于车辆后部的摄像头和一个带有液晶显示屏的车内后视镜。

当车辆挂倒档(R)时,车身控制模块(BCM)发送一个 12V 电压信号至车内后视镜和后视摄像头,该信号表示要求后视摄像头运行。接收到该信号后,后视镜将开始液晶显示屏的通电循环,并且摄像头也将通电。后视摄像头通过离散 + 和 - 信号电路将视频信号传送至车内后视镜。视频信号电路用一层金属箔包裹,并连接在屏蔽搭铁电路上。该屏蔽的设计用来减少电子干扰,而电子干扰可能会减弱视频信号,并引起图像的失真或减弱。

如果需要,可手动停用后视摄像头。关于手动停用和启用后视摄像头系统的说明,参见"导航系统用户手册"。以下情况可能会导致后视摄像头图像减弱:

1)后视摄像头上积有冰、雪或泥。

2)黑暗环境。

3)过亮环境,如太阳或其他车辆前照灯发出的光。

4)车辆后部损坏。

5)极高或极低温度或巨大温度变化。

2. 带 UVB 的后视摄像头系统

后视摄像头系统中使用的部件是一个位于车辆后部的摄像头和一个导航收音机。

当车辆挂倒档(R)时,车身控制模块(BCM)发送一个 12V 电压信号至后视摄像头。该信号表示要求后视摄像头运行。接收到该信号后,摄像头将开始通电循环。同时导航收音机也接收到一个串行数据信息,表示车辆挂在倒档(R)上。接收到该信息后,导航收音机也将使显示屏开始通电循环。后视摄像头通过离散 + 和 - 信号电路将视频信号传送至导航收音机。视频信号电路用一层金属箔包裹,并连接在屏蔽搭铁电路上。该屏蔽的设计用来减少电子干扰,而电子干扰可能会减弱视频信号,并引起图像的失真或减弱。

如果需要,可通过导航系统菜单手动停用后视摄像头。关于手动停用和启用后视摄像头系统的说明,参见"导航系统用户手册"。以下情况可能会导致后视摄像头图像减弱:

1)后视摄像头上积有冰、雪或泥。

2)黑暗环境。

3)过亮环境,如太阳或其他车辆前照灯发出的光。

4)车辆后部损坏。

5)极高或极低温度或巨大温度变化。

如果在系统中检测到故障,导航收音机上可能会显示"Rear Vision Camera System Unavailable(后视摄像头系统不可用)"来提示用户存在故障,需要维修。

八、驻车辅助系统故障检修

控制模块具有自诊断功能,当有故障存在时,会出现故障码,根据故障码即可查找到故障部位。故障码见表14-2。

表14-2　故　障　码

故 障 码	故 障 内 容	故 障 码	故 障 内 容
B2232	前左传感器故障	B2233	前左中传感器故障
B2234	前右中传感器故障	B2235	前右传感器故障
B2237	后左传感器故障	B2238	后左中传感器故障
B2239	后右中传感器故障	B2241	后右传感器故障
B2242	转向盘中点初始化设置未完成	B2243	当前转向盘转向中点未设定

九、驻车辅助系统失效故障实例

故障:途观电子驻车辅助系统故障

1. 故障信息

1)车型:途观。

2)行驶里程数:500km。

3)发动机代号:CEA622694。

4)故障现象:车主反映车辆在低速行驶时有时电子驻车灯亮,ABS指示灯亮,胎压监控灯亮。停车后熄火,重新起动,故障现象消失。

5)故障码:在03制动器电子系统,53停车制动器,有故障码02779004——电子制动系统ECU数据总线无信号/通信间隙。在09电子中央电子装置故障,19数据总线诊断接口故障,故障码为00473004——电子停车制动器控制器J540无信号通信/偶发。

2. 维修情况

根据故障码,重点对电子驻车系统线路进行检测。产生故障码的原因由:①电子驻车控制器供电线路故障;②电子驻车控制器搭铁不良;③数据总线故障;④J540控制器故障。

如图14-6所示,对于控制器的供电线路检查,从驻车控制单元端测量供电,结果为蓄电池电压,正常。并且在将J540供电熔丝拔下后,控制器还会显示其他的故障码。对控制器搭铁线检查，根据电路图 J540 有三条搭铁线，其中有两条线的搭铁点在中央通道侧，当断开这两条搭铁线后，出现的故障现象及故障码与该车辆的故障完全相同。但是搭铁线从线束中抽出后，未发现有任何问题。对数据总线的分析，因为该数据总线与 ABS 控制器相连，应属于驱动系统。如果总线出现故障，驱动系统其他控制器会出现相关总线故障码。

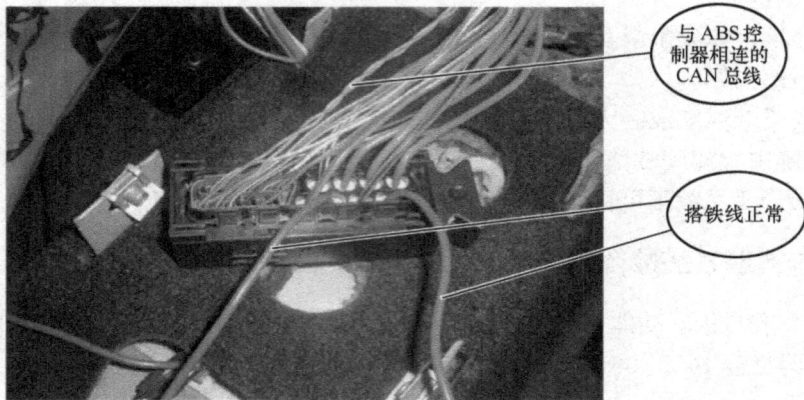

与 ABS 控制器相连的 CAN 总线

搭铁线正常

图 14-6　线路检查

测量 J540 端总线波形，图 14-7 所示为 J540 控制器端 CAN 总线波形，正常。

因为该故障为偶发性，而且从以上的检测结果来分析，未发现驻车控制器相关线路有故障。可能是 J540 内部有偶发性故障，于是决定更换驻车控制器 J540。更换控制器后第三天，用户反应故障重现。

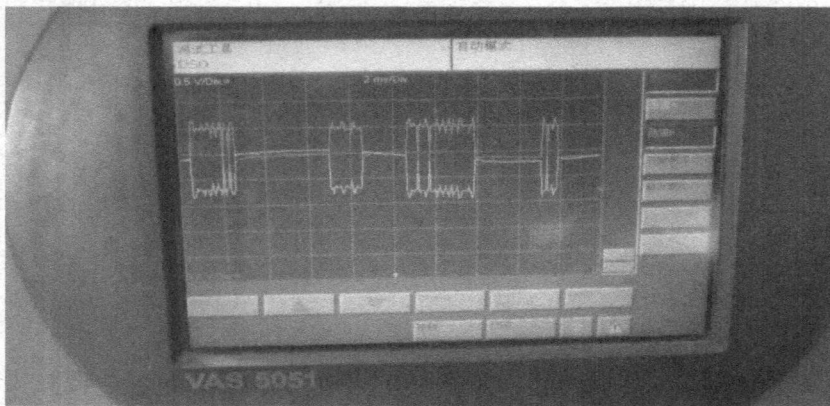

图 14-7　总线波形

对驻车控制器 J540 依据电路图（图 14-8）重新分析：J540 控制器与 ABS 控制器通过两条数据总线相连，而且在这两个控制器数据总线之间，中间无其他接点。难道是驻车控制器 J540 由 ABS 控制器进行控制？将 ABS 控制器插座拔出后，在 V. A. S5052 自诊断显示中，ABS 系统及电子驻车系统同时无法连接。这已说明 J540 受 ABS 控制器控制。如果 ABS 控制器出现故障，一定会影响到 J540。电子驻车控制系统供电及搭铁正常，控制器正常。根据故障码"电子制动系统 ECU 数据总线无信号通信"，就肯定是数据总线有时有数据传输故障。对控制器数据总线终端电阻测量：ABS 控制器及 J540 控制器终端电

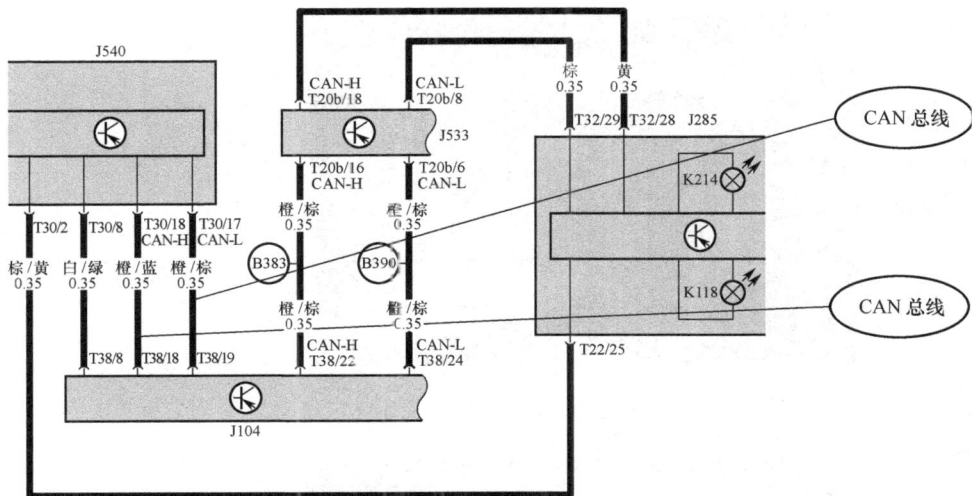

图 14-8　电路图

阻为 120Ω，正常。在检测过程中，偶尔出现电子驻车系统无法通信故障，如图 14-9 所示。当时为尽快确认故障点，将 ABS 空制器插座拔下后，插到另一个新的 ABS 控制器上，驻车制动系统立即显示为 1（正常）。将控制器插座再拔下后，安装到原车上，驻车制动器又显示为 0（不正常）。这样反复试验 5 次，每次 ABS 控制器插座装回原车后，为不正常，将插座装到新的控制器上为正常。诊断为 ABS 控制器有故障，但是当更换 ABS 控制器后，故障依旧。

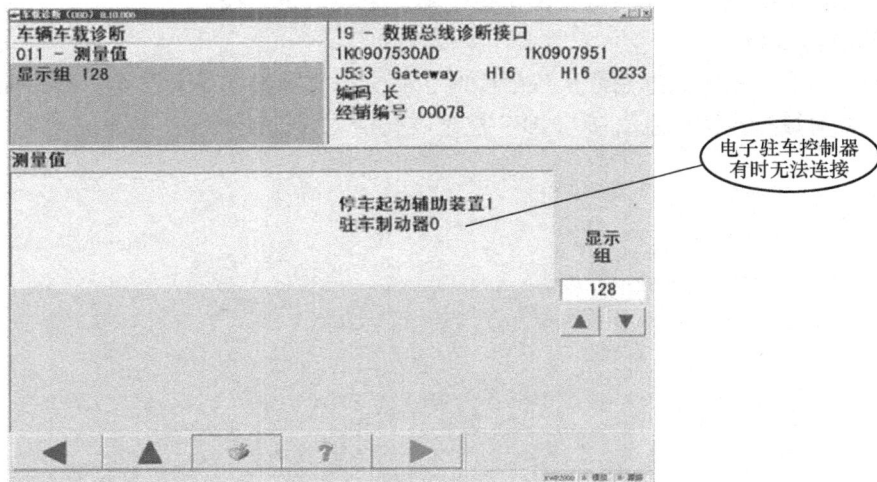

图 14-9　电子驻车系统无法通信

对产生故障时的 J540 端数据总线波形来分析：如图 14-10 所示，总线低线的电压明显低于正常值。判定为：电子驻车控制器 J540 到 ABS 控制器数据总线低线有故障。

对于低线波形单独测量，如图 14-11 所示，电压低于正常值。

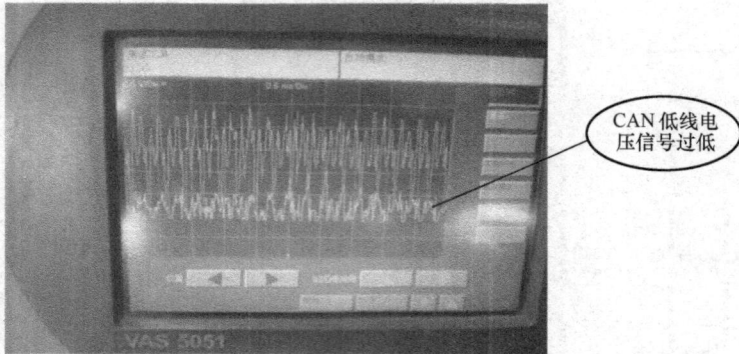

图 14-10 J540 端数据总线波形

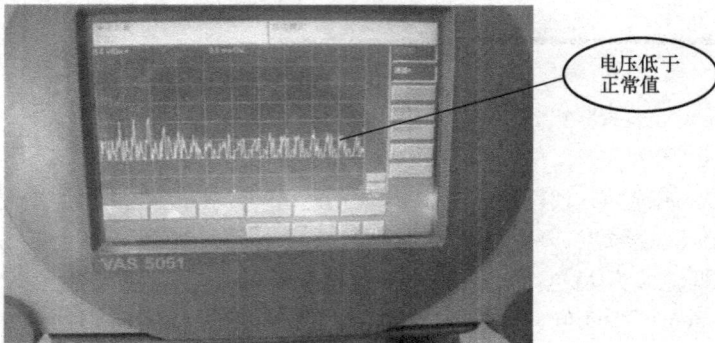

图 14-11 数据总线低线波形

解决方案：ABS 控制器端到电子驻车控制器端更换数据总线。

3. 维修经验体会

当电子驻车控制系统数据总线出现故障时，不会对其他控制单元产生影响，而且电子驻车控制单元相关数据传输信息直接与 ABS 控制器交换。

学习任务十五　汽车音响、娱乐、通信系统故障诊断与排除

任务要求：

完成本学习任务后，你应该能够：

1）正确描述汽车音响、娱乐、通信系统的组成和工作原理。

2）正确描述汽车音响、娱乐、通信系统的各部件结构特点和作用。

3）识读和正确分析汽车音响、娱乐、通信系统的电路图。

4）准确分析汽车音响、娱乐、通信系统失效故障的所有可能原因。

5）梳理诊断思路，制订排除汽车音响、娱乐、通信系统失效故障的工作方案。

6）根据工作方案，利用万用表检测汽车音响、娱乐、通信系统的基本元件、控制元件和电路元件，诊断和排除故障。

7）用企业标准验收任务完成情况，评价和反馈工作过程，完成学习拓展任务及任务工单15。

建议学时：6 学时

任务引入：

一辆丰田威驰轿车，行驶总里程 10 万 km，发现该车音响放音变调、绞带、不走带。

任务分析：

1）初步诊断，确认故障现象。

2）查找资讯，学习相关知识，分析故障可能原因。

3）制订工作计划，分析故障诊断思路。

4）根据故障现象和任务要求，确定所需要的检测仪器设备、工具，并对小组成员进行合理分工，制订详细的、可实施的故障诊断与排除工作方案。

5）实施试验进行检测，利用故障诊断仪和万用表对音响、娱乐、通信系统进行检测，确定故障原因并维修更换，诊断和排除故障。

6）总结故障结论，写诊断报告。

7）用企业标准验收任务完成情况，评价工作过程，完成任务工单15。

资讯和相关知识：

一、音响系统

汽车音响系统如图 15-1 所示，是一种创造舒适驾驶环境的设备。汽车音响系统主要使用收音机、磁带放音机。随着数字技术的发展，新的车型通常装有 CD 播放器，用来播放录

制的数字信号。

1. 汽车音响的基本知识

（1）汽车音响的组成　汽车音响的组成随车型和等级有所不同。在某些情况下，用户可以根据零售商的推荐来选择相关部件。一般有如图 15-2 所示的组成部分。

1）收音机。收音机是利用天线接收无线电台发射的无线电波，将它转变成声音信号并送到放大器。

2）磁带和 CD 播放器。磁带放音机读取磁带上所录制的模拟信号，并将声音信号发送到放大器。此装置有自动倒带、自动检索功能等。CD 播放器读取光盘上的数字信号，CD 的声音比磁带的声音清晰。还可以快速地选择歌曲，这是 CD 播放器的一个优点。

3）放大器。放大器将来自收音机、磁带放音机和 CD 播放机的信号放大，并将其信号送到扬声器。

4）扬声器。扬声器将放大了的电信号转变成空气振动。实现立体声播放，至少需要两只扬声器。

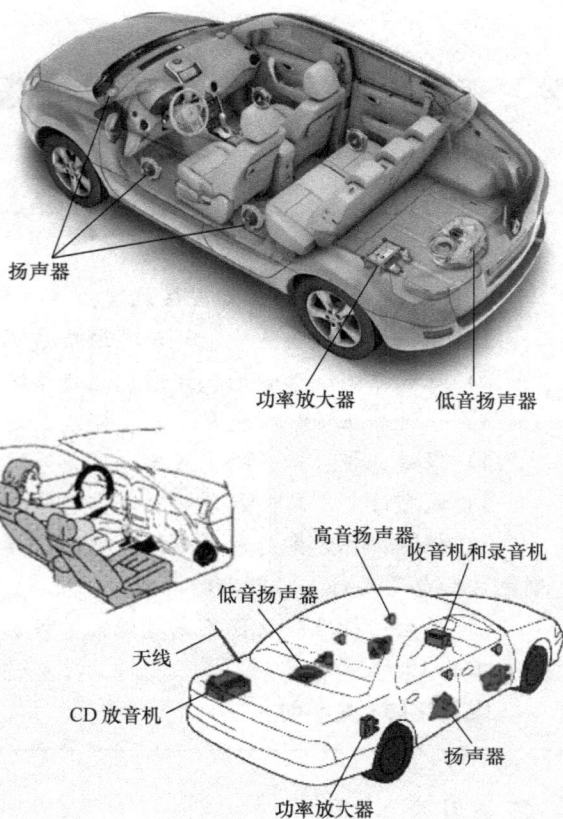

图 15-1　音响系统

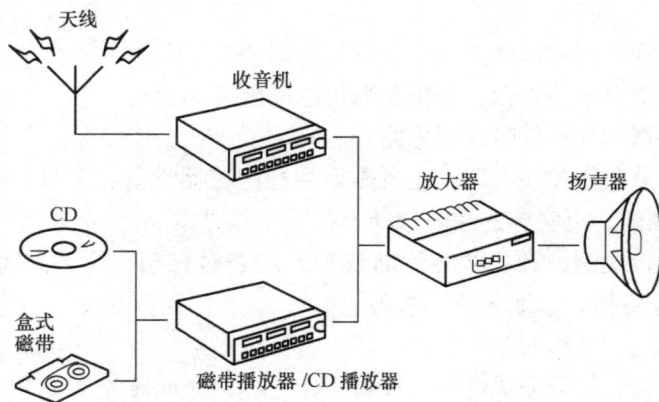

图 15-2　汽车音响的组成

（2）汽车音响的特点　汽车音响系统的原理与家用音响系统是一样的。但是汽车音响系统是在车辆中使用，其使用条件比较差，它要具备如下特点（图 15-3）。

① 汽车音响系统的电源是蓄电池，此系统以 12V（24V）电压工作。

② 汽车音响系统设计得可以承受不平、颠簸路面的振动及灰尘，耐振动及防灰尘。

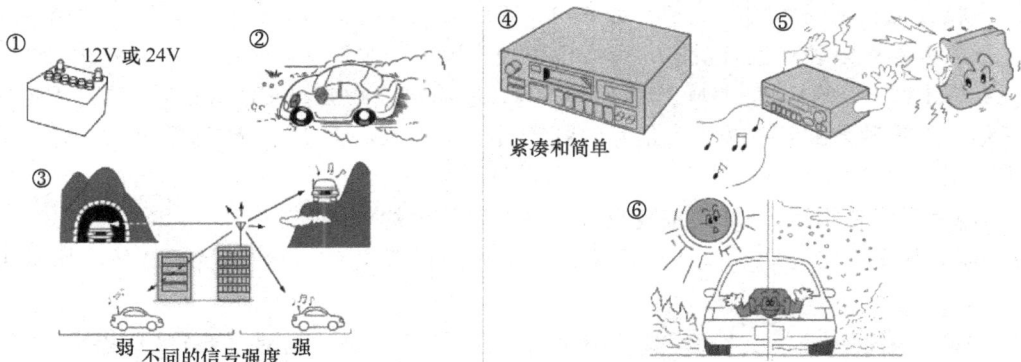

图 15-3　汽车音响的特点

③ 收音机设计得非常灵敏，这样即使在车子经过无线电波不强的区域也可以收到信号。

④ 汽车音响系统可以在驾驶人开车时很容易地操作使用。

⑤ 汽车音响系统对汽车中诸如点火系统、充电系统和起动系统产生的电气噪声不敏感。

⑥ 汽车音响系统能承受高温和低温之间的温度变化，对温度变化不敏感。

2. 收音机的原理

收音机通过接收从许多广播电台发射的无线电波中的一种来选择某一需要收听的节目。在无线电广播中，分调幅广播（AM）和调频广播（FM）。收音机接收 AM 广播和接收 FM 广播需要通过按钮操作来切换。

（1）收音机的工作原理　收音机通过天线收到广播信号后，还必须清除电信号中的载波，如图 15-4 所示。广播电台发射的音乐和语音的信号与载波进行合成变成调制信号。因此，要把此信号转换成音乐和语音，必须去掉载波，只得到声音信号。

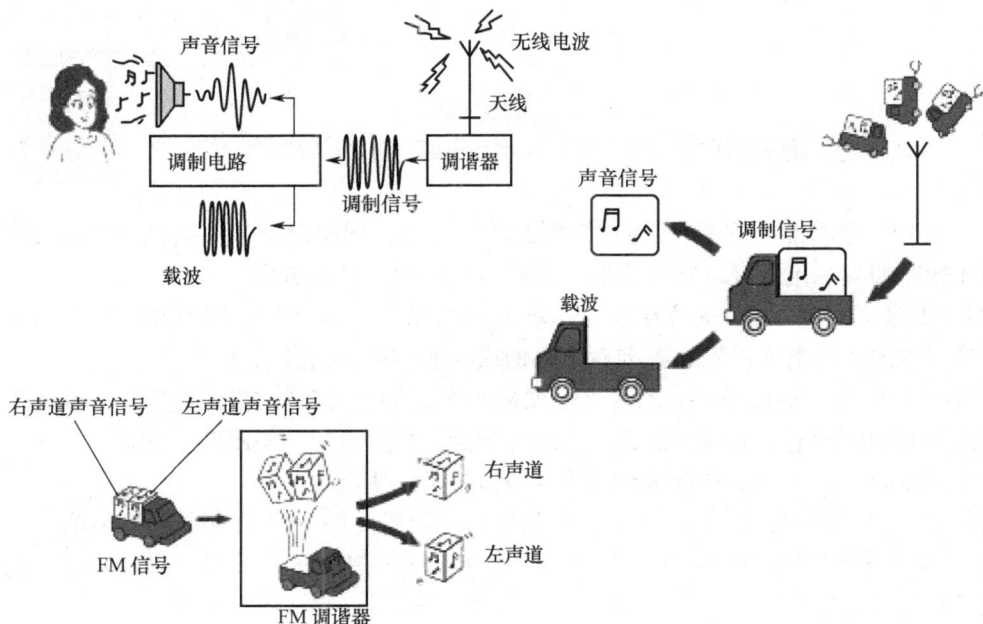

图 15-4　收音机的工作原理

因为收音机收到的无线电信号非常微弱，要由放大器将信号充分放大，这样使扬声器发出声音。放大器可以装在收音机中，也可以单独安装，作为立体声音响的一个组件。

（2）AM 和 FM 的比较　AM 是调幅的缩写，它将载波的波幅按声音信号转换。FM 是调频的简称，它将载波的频率按声音信号的频率转换。将 AM 信号与 FM 信号比较，可以看到有以下区别：

1）与 AM 广播相比，FM 广播有良好的音质和较少的噪声。

2）所有的 FM 广播均是立体声广播，但 AM 广播除某些电台（或节目）外，均是单声道的。

3）AM 广播使用中波，FM 广播使用超高频。AM 广播服务范围大于 FM 广播。

3. 收音机的功能

目前汽车广泛采用的数字收音机，有如图 15-5 所示的功能。

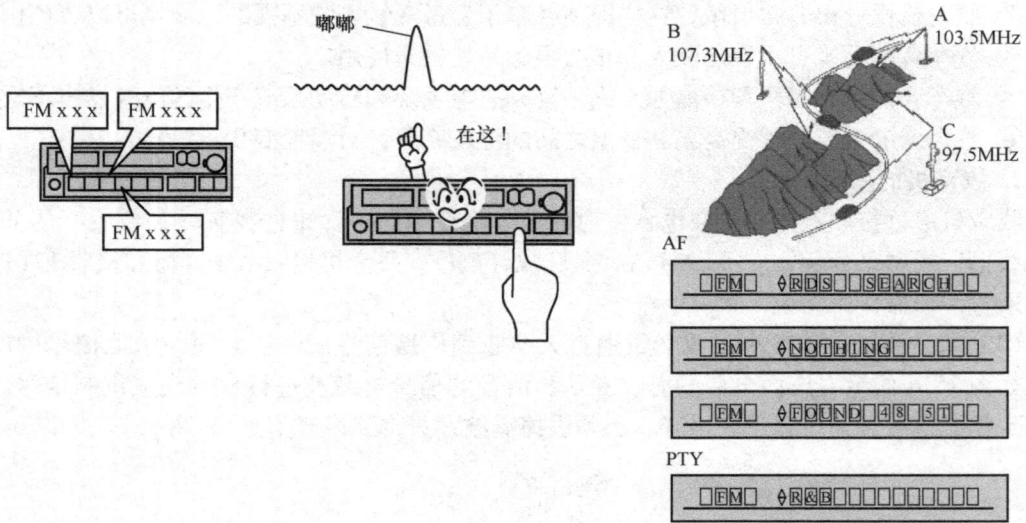

图 15-5　收音机的功能

（1）预设功能　通过将收到的广播存入预设按钮，用户只要简单地按一下此按钮便可以选择此电台。

（2）自动寻台功能（SEEK）　通过按调谐按钮，接收到的频率依次变化。当系统探测到收到的无线电波有一定强度，它停止搜索并输出此广播电台的节目。

（3）RDS（无线电数据系统）功能　RDS 是一种数据发送系统，它利用 FM 广播的空的波段，是一种用无线电文本发送各种有用数据或其他信息的信息服务。

在 RDS 功能中，功能最强大的是 AF（变换频率）功能。能提供播放与用户正在相邻服务区收听的节目相同的电台的频率信息。使用此功能，可以执行网络跟踪，它能在某个节目的接收条件变差时，自动切换到播送相同节目的另一个广播电台。

使用 PTY（节目种类）功能，频率自动调谐到播送需要的种类的电台。可实现"节目内容识别"，可将收到的节目分类并加以识别。例如，用户想听新闻，那么收音机可以自动搜索正在广播新闻的电台。

二、天线

天线是无线电信号通往收音机的"大门"，是产生良好声音的重要元件。

1. 天线的类型

汽车天线有两类：拉杆天线和后窗印制型天线，如图15-6所示。

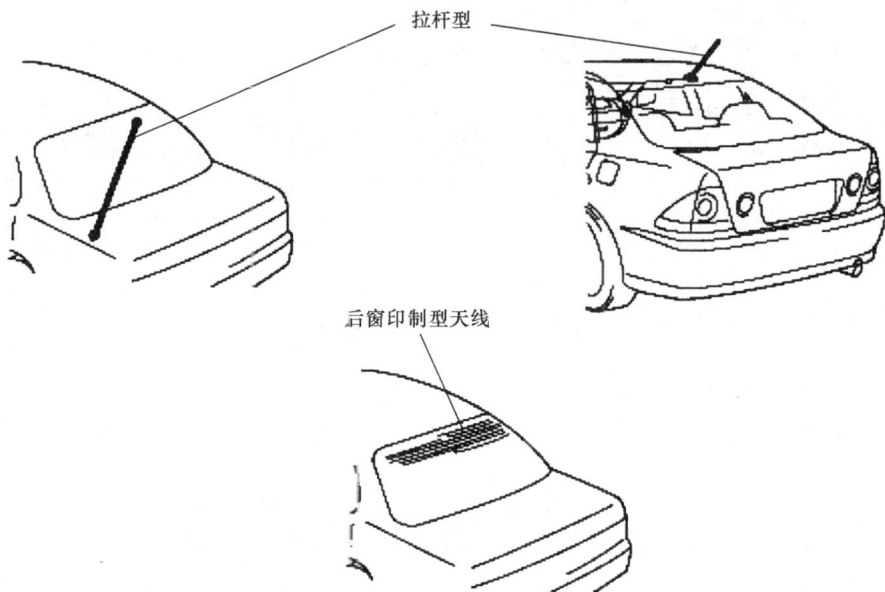

图15-6　天线类型

拉杆天线又可以分成装在前后翼子板上的类型和装在车顶后中部的类型。有些拉杆天线采用电动机驱动，通过收音机开关可以使之伸缩。

印制型的后窗天线是将导电漆涂在后窗玻璃上。其特点是不像拉杆天线要移上移下，也没有风的噪声，同时因为它不需折叠，也不会生锈，所以很耐用。

2. 天线接收灵敏度

天线收到的无线电波变成电信号后通过同轴电缆的芯线（馈线）送到收音机。在用拉杆天线的情况下，要高质量地听收音机，天线应该拉足。如果是后窗印制型天线，印制上的细微破坏将会导致灵敏度变坏，如图15-7所示。

3. 天线和噪声

天线接收的信号通过同轴电缆到达收音机。如果有其他无线电波进入，收音机中将产生噪声，如图15-8所示。

4. 收音机接收问题

由于汽车收音机的收音质量取决于天线长度和汽车的噪声干扰，汽车收音机可以清晰接收节目的广播服务区域是比较小的。

（1）调幅广播

1）噪声的影响。调幅广播容易受外界噪声的影响。如果无线电波微弱的区域发生雷电或者靠近交通信号、电力线或火车轨道，噪声就易于产生。此外，汽车音响系统容易受到音

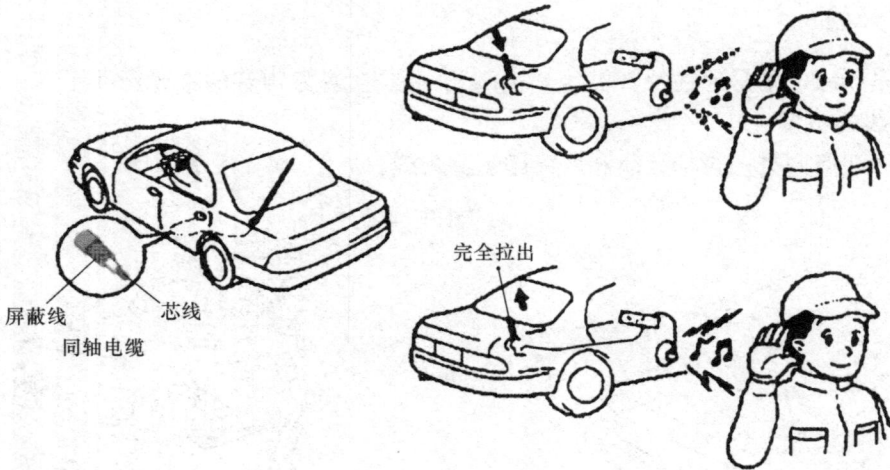

图 15-7　天线接收灵敏度

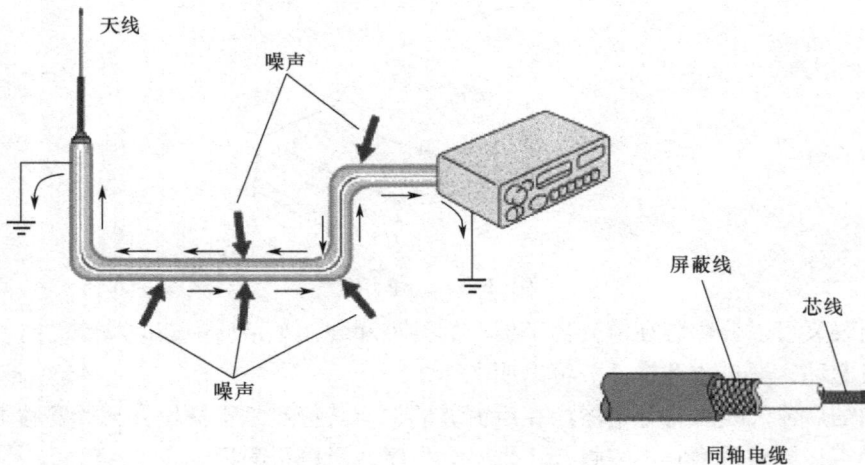

图 15-8　天线和噪声

响系统所在汽车的电器元件,诸如火花塞、点火线圈和发电机产生的电气噪声的影响。

当开关通断或继电器线圈通断电时,在触点之间会产生火花。这就是所谓的"噪声"或"干扰"。其他可能的噪声源是发动机 ECU 产生的脉冲电流等。这种干扰对汽车音响系统有负面影响,它引起静电和其他噪声通过扬声器输出。为了好的声音效果,需要对噪声进行抑制。

2) 噪声抑制措施。

① 点火系统。点火线圈产生的高压通过高压线圈传送到火花塞。此高压在高压线圈和火花塞产生非常强的噪声。此噪声辐射到发动机舱盖,并从那里进入无线电天线。要防止此噪声的产生,要采取如图 15-9 所示的措施。

a. 高压线。使用电阻式或缠绕式电线作为高压线的芯线,可将电流中的噪声成分转化成热能。

b. 电阻式火花塞。在火花塞的中央电极串入一只电阻,用于抑制噪声成分。

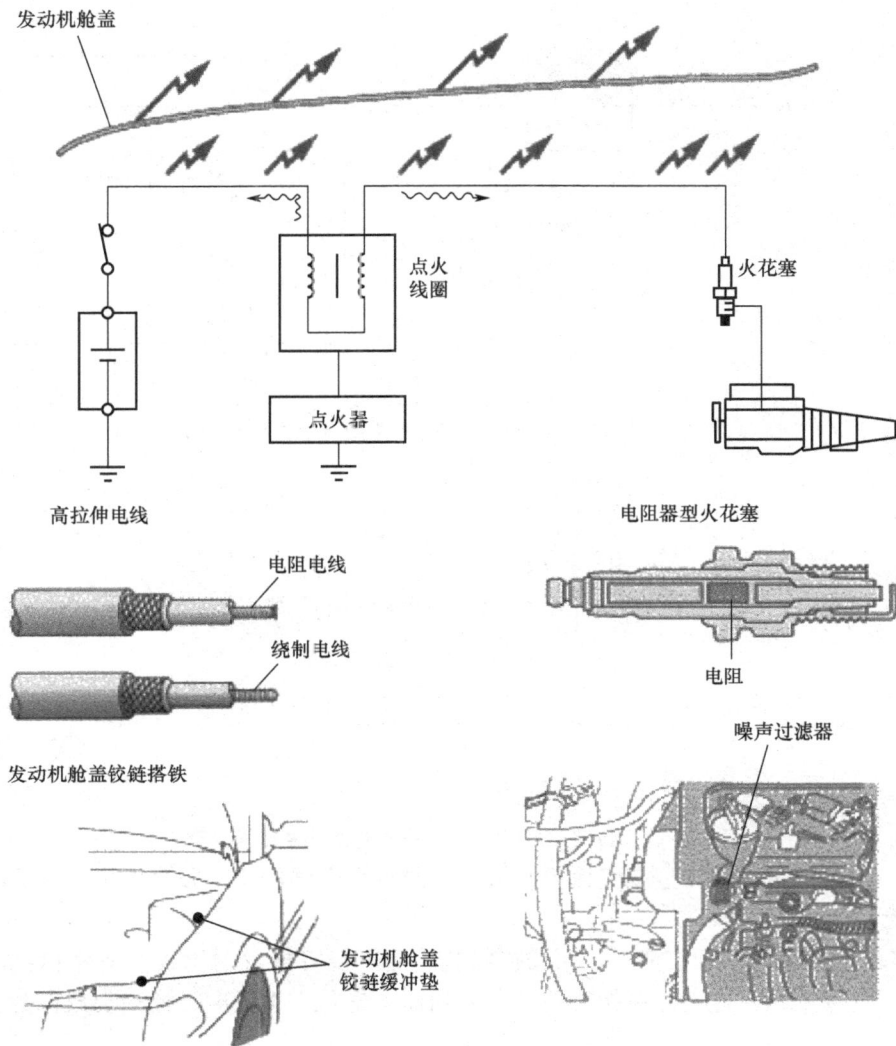

图 15-9   点火系统噪声抑制措施

c. 发动机舱盖搭铁。使用导电橡胶做的发动机舱盖垫子，将发动机舱盖连接到车身。

② 喇叭。当操作喇叭时，在喇叭的触点产生电气噪声。为减小此噪声，可在喇叭的触点处并联一只可变电阻，如图 15-10 所示。

③ 刮水电动机。当刮水电动机运行时，在电动机电刷处产生电气噪声。因为噪声是在电刷产生的，在线路中安装一只电容器。电气噪声被电容器吸收转变为热能。

④ 转向信号闪光灯。当转向信号闪光灯在运行时，转向信号闪光灯内的继电器触点反复开和关，结果在继电器触点和线圈内产生电气噪声。可通过如图 15-11 所示连接一只电容器，电源线上将不再产生噪声。

（2）调频广播   调频广播与调幅广播不同。在服务区域中，外部噪声小，并且没有电离层的反射，不会发生衰减，但会发生渐衰或多路之类的干扰。

1）渐衰。因为调频广播的频率高，无线电波被小山或混凝土结构反射。当汽车驶入这

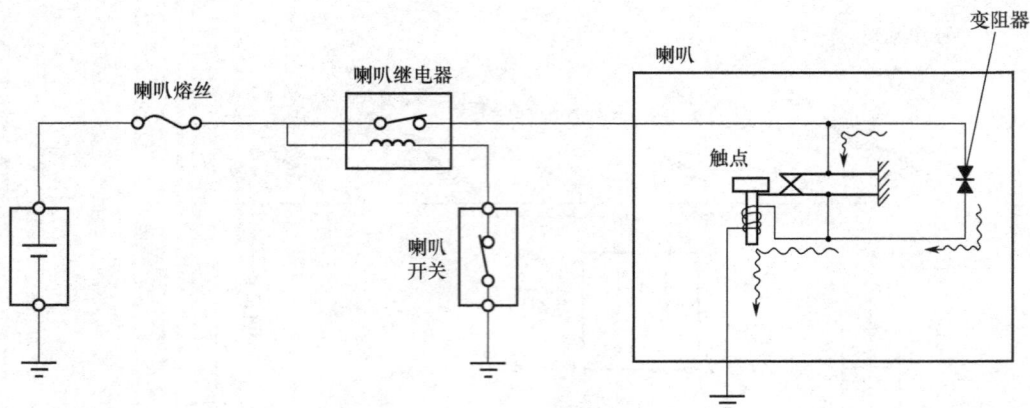

图 15-10　喇叭的触点产生电气噪声

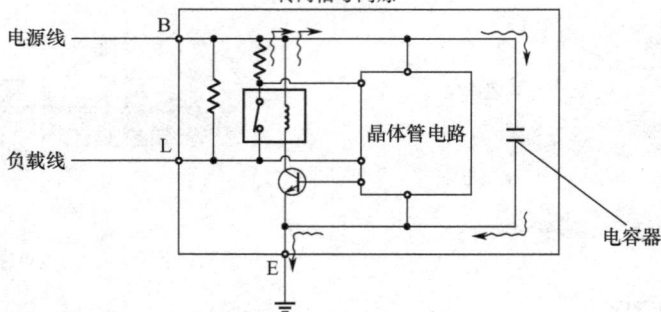

图 15-11　转向信号闪光灯内的继电器产生电气噪声

些障碍物的阴影中时，无线电波变得极其微弱，声音会突然停止，并且发生噪声干扰，这种现象称为渐衰。

2）多路。当接收调频广播时，天线接收从广播电台直接发射无线电信号和被障碍物反射的信号。直接波和反射波存在相位差。它们相互干扰并产生噪声，这种现象称为多路。

三、放大器

来自磁带放音机或收音机的信号非常弱，因此不能从扬声器听到，这需要借助于放大器。它放大来自磁带放音机或无线电接收机的信号并发送到扬声器。

普通的收音机或磁带放音机内装有放大器。也有很多汽车中的放大器是音响系统中的一个独立组件。

放大器有两种：控制放大器和功率放大器。

1. 控制放大器

前置放大器是一种控制功率放大器的放大器。它位于功率放大器之前，在收音机和磁带放音机之间切换输入信号，并控制音量、平衡和音调等。通常音调控制由低音和高音的双音控制组成。在这种情况下，低音和高音的强度可以分别控制。

2. 功率放大器

功率放大器以固定比率放大来自前置放大器的信号并使扬声器发出声音。因此，如果来自前置放大器的信号弱，扬声器的声音就低；来自前置放大器的信号强，扬声器的声音就高。

3. 放大器的输出功率

输出功率表示放大器使扬声器发出多高的声音，使用的单位是瓦（W）。数字越大，放大器可以发出的声音越响。就汽车音响而言，用户听的时候，需用功率只是几瓦特，但是一般都使用20～30W的放大器，这是因为使用大的输出功率可以产生轻松和舒适的声音。

四、扬声器

扬声器将放大器放大的信号转变成声音。扬声器系统包括低频扬声器、中频扬声器和高频扬声器以及全频率扬声器。另外，有双分频和三分频扬声器：前者将放音频率分成两个范围，中低频和高频，并用一只音箱的低音扬声器和高音扬声器发声；后者将频率分离成低、中、和高频范围，使用三只扬声器放音。

1. 扬声器的结构和原理

如图15-12所示，磁铁产生的磁力作用到板极和中心柱极，在极之间集中有一圆柱形缝隙。另一方面，有一动圈可以在缝隙中上下自由地移动。动圈与振动膜板（纸盆）相连。当动圈流过放大后信号（电流）时，动圈按照电流上下振动，导致纸盆的运动并且发出声音。

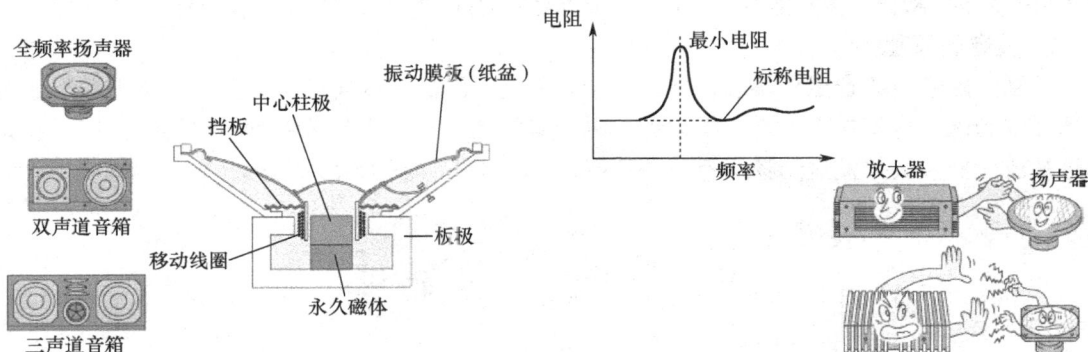

图 15-12　扬声器

2. 扬声器检查

当扬声器输入电流超过使扬声器被坏的最大瞬时输出极限时，扬声器会损坏。如果容许的最大输入值太小，扬声器容易损坏。从无线电接收机或放大器拆开扬声器线并检查图15-13所示项目。

1）测量每个扬声器的电阻　在正（＋）和负（－）端子之间测量扬声器的电阻，应该符合维修手册的要求。

2）检查各扬声器线与车身之间的绝缘性。

五、磁带播放机

磁带放音机是把录在磁带上的磁信号转变成电信号（放音）的装置，如图15-14所示。

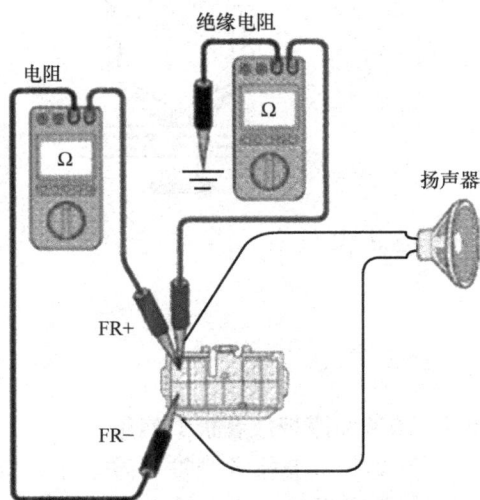

图 15-13　扬声器检查

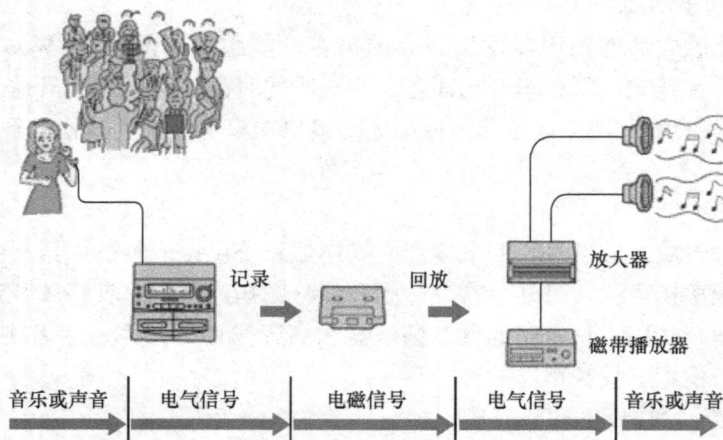

图 15-14　磁带播放机

当在磁带放音机播放盒式磁带时，盒式磁带的磁信号被变为电信号。此信号被放大器放大并发送给扬声器，从扬声器发出声音。许多磁带放音机配备放大器、AM/FM 收音机、CD 等装置。

1. 放音的原理

录制的磁带与放音磁头接触，并以与录制速度相同的速度通过，根据放音磁头线圈上的磁场强度和磁性材料的方向产生电动势。电动势的信号被变为与录制时同样的声音信号。此信号被放大器放大并发送到扬声器，并从扬声器输出，如图 15-15 所示。

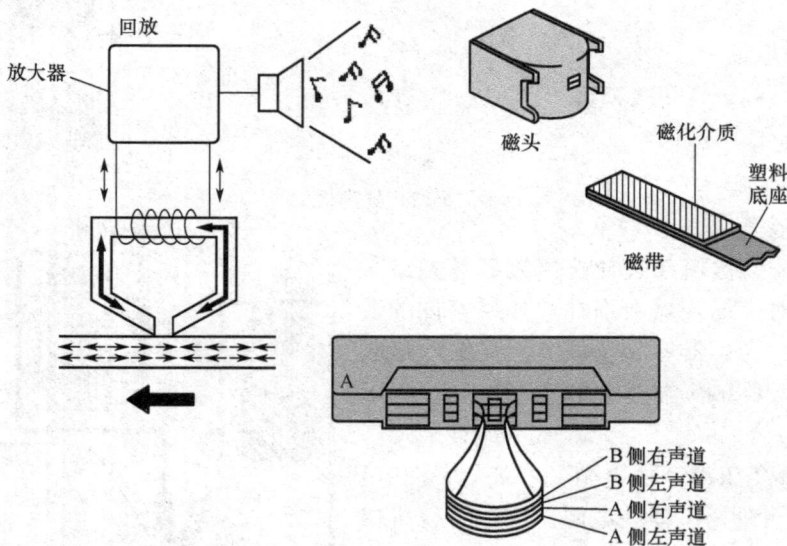

图 15-15　放音的原理

2. 磁带和磁带放音机的使用

（1）磁带放音机的维护　磁带放音机长时间使用后，磁带的磁性粒子、异物灰尘等粘附到诸如与磁带接触的主动轮和紧带轮上，造成磁头或压带轮不能完全与磁带接触，导致声音故障。为了防止这些问题，需要经常用清洁磁带清理装带部件。

（2）磁带和磁带放音机使用注意事项　为了防止磁带性能的下降或盒式磁带本身引起

的故障，必须注意图 15-16 所示事项。

图 15-16　磁带和磁带放音机的处理

1) 当磁带不用时，将它存放在盒内。

2) 使用少于 C90(90min)的盒式磁带。

3) 务必保持卷紧磁带，如果它变松，将播放不好。

4) 保证只用手碰盒体。不要触摸磁带本身，磁带变脏会导致声音质量变差。

5) 不要使用标签可能会剥落的盒式磁带。标签可能会剥落在磁带放音机中，或导致装载不良，或难于弹出。

6) 不要在下面的条件下存放磁带：高温和高湿度、多尘的场所，产生强磁性的地方（靠近电视机或扬声器）。

六、CD 播放器

现代汽车上开始越来越多地使用 CD 播放器。CD 播放器的核心是 CD 机芯，它将 CD 盘上所刻录的音乐或声音数字信号转变成原来的模拟信号。

1. CD 盘

CD 盘是一种由透明板(聚碳酸盐)、铝反射薄膜和保护膜(塑料)三层组成的尺寸紧凑的唱片。声音信号被刻制成有、无凹点表示的数字信号。这些凹点 $0.5\mu m$ 宽、$0.9 \sim 3.3\mu m$ 长、$0.11\mu m$ 深，并形成从圆盘内部到外面逆时针方向盘旋的轨道。在轨道的开始位置(最里面)，音乐数据内容(歌曲的总数、总放音时间、各歌的位置等)被刻制成读入信息，依据此信息显示磁道数和放音时间，并执行歌曲的选择和搜索。

2. CD 播放器的原理

CD 播放器根据激光束发射到刻在 CD 上凹点处的反射光强度，获得信号并转为电信号，再以此转换成声音信号，其基本结构如图 15-17 所示。

3. CD 盘和 CD 播放器的使用

(1) CD 播放器的使用

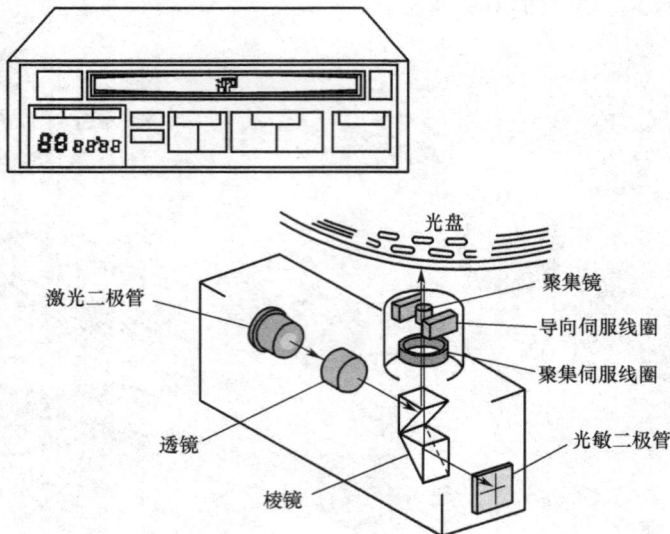

图 15-17　CD 播放器的原理

1）当天冷或下雨时，如果 CD 播放器内部结露（有水滴），则须进行通风或除湿。否则，播放器可能会跳道或开不起来。

2）在不平整的道路上行驶时，会导致严重的振动，播放器会跳道，因此要小心。

3）除了 CD 盘外，不得塞入任何物体，例如将螺钉旋具或其他的金属物体或磁铁插入 CD 盘装载槽口。

4）不得使用开裂的或翘曲的 CD 盘。

（2）CD 盘的使用

1）污垢、灰尘、划痕和翘曲可以使 CD 播放器跳道。

2）操作时要当心，特别在存取 CD 盘时。

3）如果触摸了播放表面（没有印制的那面），CD 盘变脏将导致声音质量变差，因此务必在拿 CD 盘时不要留下指纹。

4）不要将纸或其他材料贴到标签表面上，不要刮坏表面。

5）CD 盘不用时，存放好。不要保存在高温和高湿度处。

6）不要将 CD 盘放在汽车座位或仪表板上阳光直接照射处。

7）清理 CD 盘时，不得使用苯、唱片喷雾剂、静电去除剂等。

8）如果 CD 盘弄脏了，用一块软布用水弄湿从内向外揩（径向）。不得沿圆周方向擦。

七、汽车音响的基本电路

汽车音响的故障检修应从它的基本概念和基本线路着手。

目前我国汽车拥有量相当大；普通型、豪华型车辆举目可见，车上使用的音响随着车型的不同，实际安装应用也各不相同。从不同车上安装的汽车音响不难看到，实际应用的汽车音响种类繁多、样式各异，一般较难掌握来自不同车上安装的音响的基本概况，往往在日常维修中会被一些不同车型音响出现的不同故障难住，有无从下手的感觉。分析日常维修所遇到的实际困难，难以确定故障点的关键是没有对汽车音响线路有过细的了解，对局部线路的作用掌握得不是十分透彻。当然，借助维修参考资料对快速排除故障会起到帮助作用，但维修汽车音响是很难实现这一点的，因为汽车音响主要是引进产品，日常维修基本是依靠自身掌握的电子技术知识，在线路上缓慢查找，迫切希望能够找到故障点，但并非容易。

因此，认识汽车音响总体概况必须从根本上开始，也就是从它的基本电路着手。图 15-18 所示是基本电路框图之一，它是汽车音响最基本最简单的线路。从中可以看到，该电路主要由三个基础电路部分组成，即：

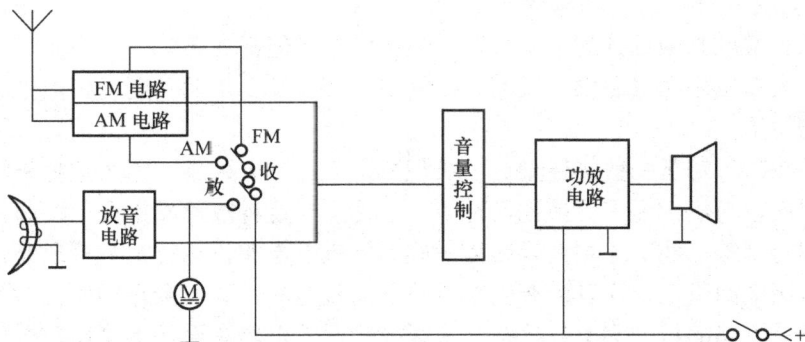

图 15-18　汽车音响基本电路框图

1）收音电路。

2）放音电路。

3）功放集成电路。

任何高难度和复杂的电路均是建立在这个电路基础上的，无一例外，如图 15-19 所示线路。"立体声解码电路"的设置为机器功能增添了新的色彩，但无论机器进行何种改进和更新，三大基本电路总是汽车音响的根本。因此，掌握汽车音响的收音电路、放音电路和功放集成电路有助于排除来自不同位置发生的故障，会起到事半功倍的作用。

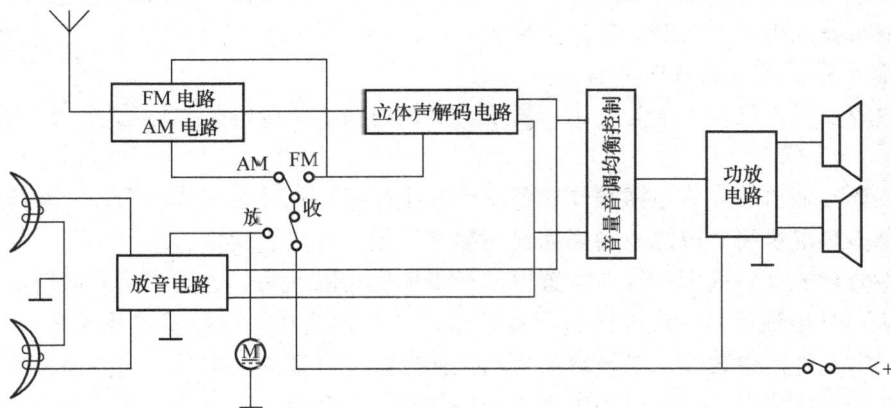

图 15-19　汽车音响改进的基本电路

另外，汽车音响电路故障基本是以供电线路出现"断路"最为常见，因此掌握机器供电线路的电压走向，也是一个重要环节。这可从上面给出的线路方框图中明显看出。当机器电源开关打开以后，机内功放集成电路便处在工作状态中，电压分向主要由收、放音转换开关来完成。在常见机型中，一般 12V 高电位仅存在于机内电源位置、功放集成电路位置、收放音转换开关位置，线路故障多数出在电压分向 12V 降压点处，应该引起注意。

八、汽车音响典型故障

不同汽车上的音响设备虽然种类繁多，电路以及机械构造各不相同，但它们都存在最基本的故障特点。无论是什么样的机型，总体可以归纳出下面六种典型故障。

1. 整机不工作

这种故障日常维修中见到的不是很多，只占整个维修量的 3%。

这种故障大多发生在电源供电线路上，突出表现在车上电源断路、机内电路烧断、电位器开关触点烧坏等。

检修这种故障，对于一些普通型、中级型机器不是十分困难，因为这种故障位置较为直观，修理过程比较简便，无需更换任何部件。但是，当这种故障发生在一些高档汽车音响中时其检修就相对困难一些。这主要是因为一些高档机器电源供电方式与普通型机器不同。它们大多采用多级电源供电，而且电源供电线路分向到达的具体位置很难快速检测，尤其是电源采用电子开关电路的机型则更是这样。多级推动开关电路在设计上是比较微妙的，如想找到造成整机不工作的故障点，需经一段曲折的检查过程后。能够找到故障点，就是修复机器走向成功的标志，剩下的就是面对损坏元件的更换问题，其维修的关键就是能否购置到损坏元件，如贴片晶体管等。

2. 机械故障

机械故障是汽车音响比较常见的故障，约占整个维修量的 60%。

汽车音响的机械故障突出表现在：放音变调、绞带、不走带。损坏情况有传动带断、齿轮轮齿磨平等。日常维修中机械故障存在的困难突出表现在更换损坏配件方面，因为在电子市场上很难购买到适合不同机器上应用的不同配件，也正是由于在购置配件方面存在一些困难，所以有相当数量的机器因无配件更换而放弃维修。实际维修常采用的一些应急维修方法包括：从旧机器上拆件、自制、补齿、穿钉、加垫等。

3. 放音走带，收、放音均不响

这种故障在日常维修中较为突出，属于典型机内功放集成电路损坏范例，约占整个维修量的 30%。

由于汽车音响功放集成电路是收音与放音共用电路，它存在工作时间长、本身功率产生热量大、车体热源烘烤、电源不稳等因素的影响，损坏的机会较多。

日常检修功放电路故障时存在购置原型号集成块难的问题，这是维修人员均能遇到的实际问题。从平时接触到的一些机器中不难看出，汽车音响功放电路基本采用 BTL 电路，而且这种集成电路外围件较少，是较容易采用代换方法来修复的。但是，当高档机器上采用的一些较特殊功放集成电路损坏时，由于它的控制音量是在电子电路搜索中进行的，不像电位器控制音量那样能够直观找到信号源，而且功放集成电路外围线路也与 BTI 电路存在一些差异，因此，采用代换方法修理需经过一段较细致的判断过程才能使机器恢复正常。

4. 收音正常，放音不响

这种故障实际维修中见得不是太多，其故障点多数在供电线路断路，约占整个维修量的 3%。

这种故障有两种现象，一种为放音走带机器不响，另一种为放音不走带机器不响。

检修这种故障时，收音正常可确定功放电路是正常的。当遇到放音走带机器不响时，一般故障点仅在放音前置级供电线路断路。如遇到放音不走带机器不响时，一般故障点仅在收、放音转换开关的放音供电位置。

这种故障如发生在一些普通型、中级型机器中则排除难度不大，一般故障点好确定。但是，如这种故障发生在一些高档机器中，如采用电子收、放音转换电路的机型中排除故障时就较难快速定位和确定故障点，这就需要维修人员能够细致地确定电子转换控制电路的具体位置，然后进一步检查故障点。

5. 放音正常，收音不响

这种故障日常维修中遇到的也不是很多，故障点多数在收音供电线路上，其中断路比较常见，约占整个维修量的3%。

检修这种故障应重点检查机内收、放音转换开关收音点位置，因为该故障表现为 AM 和 FM 收音均不响，因此故障点基本在收音供电线路的关键点位置。

同样，这种故障能够出现在一些高档机型中，特别是出现在采用电子开关进行收、放音转换的电路和显示屏控制电路中。在排除故障方面相应存在一些难度，因为这种电路开关连锁控制线路比较繁杂，检查故障点需经过一段曲折的检测过程才能确定转换开关的具体位置。

6. 收放音均正常，CD 播放器不响

在 CD 播放器与收放音共用功放电路的高级汽车音响中出现这种故障的现象经常遇到，随着安装 CD 播放器的车型不断普及，其维修量将会逐渐增加。

一般单碟 CD 播放器、六碟 CD 播放器、十碟 CD 播放器的故障部位多数在控制电路、供电线路、CD 播放器本身线路和机械部分。当轿车上使用的 CD 播放器出现故障时一般维修难度较大，因为购置配件基本没有，例如唱头损坏后因难以购置新件将无法完成对 CD 播放器的维修过程。

另外，维修汽车 CD 播放器是最为麻烦的一项工作，因为在整个维修过程中必须把 CD 播放器与控制主机同时从车上拆下来。一般多碟 CD 播放器存在无脉冲电路和有脉冲电路控制两种，选碟方式极其特殊，机械阶梯选碟方式在家电中无先例。

九、汽车导航系统

1. GPS 介绍

GPS 技术以前多用于军事上，主要用于陆、海、空导航，定点轰炸以及舰载导弹制导。该技术在海湾战争及近期反恐战争中发挥了巨大威力。GPS 是以全球 24 颗定位人造卫星作为基础，向全球各地全天候地提供三维位置、三维速度等信息的一种无线电导航和定位系统。

GPS 的定位原理如图 15-20 所示。用户接收卫星发射的信号，从中获取卫星与用户之间的距离、时钟校正和大气校正等参数，通过数据处理确定用户的位置。民用 GPS 的定位精度可达 10m 以内。GPS 具有的特殊功能很早就引起了汽车界人士的关注，当美国在海湾战争后宣布开放一部分 GPS 的系统后，汽车界立即抓住这一契机，投入资金开发汽车导航系统，对汽车进行定位和导向显示，并迅速投入使用。

2. 汽车导航系统

汽车导航系统又叫汽车 GPS 导航系统，是指车辆道路交通信息通信系统。

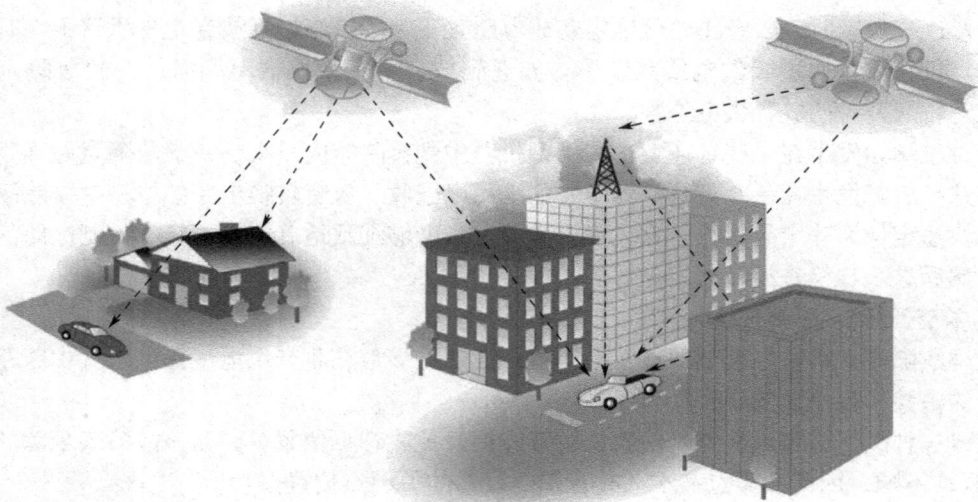

图 15-20　GPS 定位原理

（1）基本组成　汽车 GPS 导航系统分两部分，一部分由安装在汽车上的 GPS 接收机和显示设备组成，另一部分由计算机控制中心组成，两部分通过定位卫星进行联系。计算机控制中心是由机动车管理部门授权和组建的，它负责随时观察辖区内指定监控的汽车的动态和交通情况。

（2）基本功能

1）汽车踪迹监控功能。只要将已编码的 GPS 接收装置安装在汽车上，该汽车无论行驶到任何地方都可以通过计算机控制中心的电子地图指示出它的所在方位。

2）驾驶指南功能。车主可以将各个地区的交通线路电子图存储在软盘上，只要在车上接收装置中插入软盘，显示屏上就会立即显示出该车所在地区的位置及目前的交通状态，既可输入要去的目的地，预先编制出最佳行驶路线，又可接受计算机控制中心的指令，选择汽车行驶的路线和方向。导航系统的显示屏是一个地图画面，输入目的地后，一个红色的箭头指示汽车要走的方向。接下来，导航系统的地图变成了立体地图，让人一目了然，到了该拐弯的时候，有声音提醒。新导航系统更加先进，在停车场行走的时候可以告诉驾驶人哪里有停车位，前面的行车路线哪里堵车，塞车有多远，如果改变路线的话应该走哪条路。

（3）基本工作过程

1）用户输入目的地。在出发前，用户通过系统的输入方法将目的地输入到导航设备。除了在系统显示的电子地图上直接点击选取地点外，更多时候是借某种输入方法，将目的地名输入到系统中。国内汽车自主导航产品基本都是基于 PC 机构或者借助外接键盘，以类似 PC 机的中文输入法作为地名输入方法，或者利用触摸屏借助日益成熟的手写识别技术进行中文输入。依靠键盘或触摸屏同时也可以实现几乎所有的功能按键的功能。基于"以人为本"的设计思想，特别是考虑到安全性能要求，目前人们也在开发基于语音技术的产品。

2）确定行驶路线。汽车导航主机从 GPS 接收机得到经过计算确定的当前经纬度，通过与电子地图数据的对比，就可以随时确定车辆当前所在的地点。一般汽车导航系统将车辆当前位置默认为出发点，在用户输入了目的地之后，导航系统根据电子地图上存储的地图信息，就可以自动算出一条最合适的路线，作为新的路线。

3）行驶中的导航。

汽车自动导航系统的输出设备包括显示屏幕和语音输出设备。在行驶过程中，驾驶人必须全神贯注于驾驶，而不能经常查看显示屏幕，因此，一个实用而人性化的车辆自动导航系统应利用语音输出，在必要时刻向驾驶人提示信息。比如，车辆按照系统推荐路线行驶到应该转弯的路口前，语音输出设备提示驾驶人："300m后请向左转"，这样驾驶人根本不必关注屏幕的显示，也可以按照推荐路线正确快捷地到达目的地。

十、汽车音响、娱乐、通信系统故障实例

故障1：汽车音响保养与常见故障排除

汽车音响在整个汽车装备中算比较重要的部件，好的音响能让您在旅途中享受美妙的音乐，减少驾车的疲劳感。尤其是当路遇堵车时，高品质的CD环绕立体声，一连串音符律动而出，急躁的心情马上就会烟消云散。但是，都市中的污浊和尘土是您车内音响的最大敌人，因此，一定要注意经常清理和保养汽车音响。

1. 汽车音响保养操作

1）经常用湿润的小棉签擦拭。音响中卡带机的压带轮和CD播放器的磁头与激光头都是容易堆积灰尘的地方。CD播放器里最重要的部位是激光头，因为激光头是易损零件且比较昂贵，应重点养护。虽然现在部分汽车音响在设计过程中都考虑了防尘的问题，但防护措施也是必要的，您可以经常用湿润的小棉签擦拭卡带、带盒以及CD播放器的碟槽以及音响系统的面板。正确的做法是用湿布将尘土轻轻地吸下来。至于按键和旋钮的清理，可以再次使用棉签。

2）用清理工具清洁磁带和CD盘。除了音响的主机保持清洁外，磁带和CD盘也要保证洁净。磁带和CD盘上的污物不但会影响播放的音质，甚至会对音响造成损伤。CD播放器的激光头在高速运转时，如果遇到尘土，会使激光头偏离原有的激光轨道，造成声音的失真，并对激光头造成损害。据了解，磁带和CD盘的清理工具在大多数的音像店中都可以买到。

3）慢放盘少换碟。春夏季节是汽车音响激光头损坏的高发期，因为气候干燥，容易产生静电。放盘的时候最好不要用手直接去摸，不要拿中间，要慢慢放进去，尽量不要频繁换碟，塞盘时尽量要轻。

4）音量不要突然放到最大。音响在使用当中要避免突然将音量放到最大，这样扬声器线圈会烧，对功放会造成影响，振幅突然加大也会烧毁功放。

2. 汽车音响常见故障排除

汽车音响由于使用环境的原因，一般很难达到同档次的家庭音响的效果，在使用过程中也比家庭音响更容易出现一些故障，下面介绍一些常见的汽车音响故障及故障的排除方法。

1）音响左右声道音量不一样。

故障排除：首先检查主机平衡钮是否在中间位置，再检查前级输入和输出左右level控制钮是否一样，以及扩大机输入灵敏度左右声道设定是否一样，如仍无法排除，可将主机信号线左右对调，扬声器位置较小的那一边会不会变大，如果会，表示主机有问题，反之则是后段的问题。

2）某一声道高音无声。

故障排除：先检查分音器的配线是否接通，然后用万用表从分音器端去测量有没有声音，可能是错将扬声器线输入端接至低音输出端。

3）噪声大。

故障排除：检查 rca 信号端子的负端是否接通，如果主机端的 rca 信号输出端负端已经断路，可用万用表测量负端与主机机壳是否接通。

4）音量时大时小。

故障排除：先检查电源搭铁线与车壳的接点是否松动，再检查前级和后级的输入和输出 rca 是否正常，最后看灵敏度旋钮是否正常。

故障2：帕萨特 V6/2.8L 车载电话的常见故障

1. 扬声器不工作

1）故障现象：来电接通后，收音机正常静音，但却听不到对方的声音。

2）可能的原因和解决方法：

① 初始化失败。

处理方法：按使用说明书上步骤重新初始化。

② 来电未从手机传到扬声器中，有可能是手机的接口处或适配器的插头处有污物或由于潮湿而使铜片氧化，导致接触不良而使音频信号无法输出。

处理方法：在断电的情况下，用小铁刷对手机的接口和适配器的插头进行清理，注意不要太用力，以免损坏插头。

2. 收音机不静音

故障现象：来电时，收音机不静音。

① 初始化失败。

处理方法：按使用说明书上步骤重新初始化。

② 手机未建立与系统的联系，有可能是手机的接口处或适配器的插头处有污物或由于潮湿而使铜片氧化，导致接触不良而使系统和手机之间的串行通信无法建立。

处理方法：在断电的情况下，用小铁刷对手机的接口和适配器的插头进行清理，注意不要太用力，以免损坏插头。

③ 手机设置在"鸣音状态"。

3. 收音机始终静音

故障现象：手机插入适配器后收音机即静音。

① 适配器未固定在基座上。

手机适配器必须固定在基座上，免提系统才能工作。否则，收音机会一直静音。原因是基座背面有一块磁铁，当适配器脱离基座时，系统会认为进入"私人通话模式"而保持收音机静音。

② 手机的接口处或适配器的插头处有污物或绒线，导致短路而造成静音。

处理方法：在断电的情况下，用小铁刷对手机的接口和适配器的插头进行清理，注意不要太用力，以免损坏插头。

4. 手机不充电

故障现象：手机插入适配器后不充电。

① 初始化失败。

处理方法：按使用说明书上的步骤重新初始化。

② 手机的接口处或适配器的插头处有污物或由于潮湿而使铜片氧化，导致接触不良而使充电电压无法输出给手机。

处理方法：在断电的情况下，用小铁刷对手机的接口和适配器的插头进行清理，注意不要太用力，以免损坏插头。

③ 手机在插入适配器前电池已充满。

④ 手机的温度低于5℃或高于40℃。手机电池的正常充电范围为5～40℃，超过这个范围，手机电池有时无法充电。本套车载免提系统是 CarKit 型的，它的设计思想是，用户平时使用的手机在车上时，通过专用的适配器而成为车载手机，下车时用户把手机带走。如果按照这种方式使用，一般不会出现无法充电的情况。但如果在气温很低时将手机遗留在车内过夜，就会出现无法充电的现象，而且会对电池造成损害而导致手机自动关机。

处理方法：如果温度过低，可用手掌或车内空调将电池温度上升到上述工作范围；如果温度过高，可用冷风将温度降下来，再将手机插入适配器使用。

5. 手机平常使用时信号不好

1）故障现象：手机在车载系统中信号正常，平常使用时却经常在信号良好的地区手机上显示"正在搜索网络"，甚至会影响到手机的正常使用。

2）处理方法：这是因为手机上外接天线接口处出了问题，请接洽当地西门子的维修站进行维修。

6. 通话效果差，有噪声

1）麦克风或其电缆有损伤。

处理方法：到上海大众特约维修站进行检修。

2）适配器中天线插头有损坏，或有粘连物。

处理方法：清除。

3）手机上外接天线插头处有损伤，或有粘连物。

处理方法：清除。

4）有外部干扰。例如车窗在开启状态，下雨、冰雹等恶劣天气和超速（速度超过140km/h）。

7. 手机自动关机

1）故障现象：手机在使用一段时间之后，有时在免提系统中会自动关机。

2）原因：手机电池的正常充电范围为5～40℃，超过这个范围，手机电池仍然可以充电，但长此以往，会对手机的电池造成损害，手机会启动自保程序而自动关机。

3）处理方法：接洽当地的西门子维修站，更换电池（需要提醒的是，手机电池作为手机的附件，只有6个月的保修期。）

8. 听不到对方的声音或对方听不到自己的声音

1）当地 GSM 网络的原因。

2）手机的接口处或适配器的插头处有污物或由于潮湿而使铜片氧化，导致接触不良而使语音的传输无法进行。

处理方法：在断电的情况下，用小铁刷对手机的接口和适配器的插头进行清理，注意不要太用力，以免损坏插头。

9. 有回音或声音太小

处理方法：在手机插入到适配器中后，调节手机的音量。

10. 通话突然中断

1）进入网络盲区。

2）手机在插入适配器时，电量已经不足。由于通话时，系统不对手机进行充电，会因为电量不足而自动关机。

学习任务十六　汽车数据通信系统的故障诊断与排除

任务要求：

完成本学习任务后，你应该能够：

1）正确描述汽车数据通信系统的组成和工作原理。

2）正确描述汽车数据通信系统的各部件结构特点和作用。

3）识读和正确分析汽车数据通信系统的电路图。

4）准确分析汽车数据通信系统失效故障的所有可能原因。

5）梳理诊断思路，制订排除汽车数据通信系统失效故障的工作方案。

6）根据工作方案，利用故障诊断仪和万用表，检测汽车数据通信系统的基本元件、控制元件和电路元件，诊断和排除故障。

7）用企业标准验收任务完成情况，评价和反馈工作过程，完成学习拓展任务及任务工单16。

建议学时：6 学时

任务引入：

一辆大众波罗劲情轿车，仪表灯报警，行驶有时仪表灯忽然报警，熄火后有时不能起动，有时能起动。

任务分析：

1）初步诊断，确认故障现象。

2）查找资讯，学习相关知识，分析故障可能原因。

3）制订工作计划，分析故障诊断思路。

4）根据故障现象和任务要求，确定所需要的检测仪器设备、工具，并对小组成员进行合理分工，制订详细的、可实施的故障诊断与排除工作方案。

5）实施试验进行检测，利用故障诊断仪和万用表对汽车数据通信系统进行检测，确定故障原因并维修更换，诊断和排除故障。

6）总结故障结论，写诊断报告。

7）用企业标准验收任务完成情况，评价工作过程，完成任务工单16。

资讯和相关知识：

随着汽车电子技术的不断发展，汽车上各种电子控制单元的数目不断增加，连接导线显著增加，因而提高控制单元间通信可靠性和降低导线成本已成为迫切需要解决的问题。为此以研发和生产汽车电子产品著称的德匡博世公司开发了 CAN 总线协议，并使其成为国际标准（ISO11898）。

一、CAN 历史

博世在 1985 年最初开发车内网络控制器局域网络（CAN）。制造商使用越来越多的电子系统，导致线束沉重和昂贵。使用车内网络，可减少布线的成本、复杂性和重量。CAN 是高集成网络智能设备的串行总线系统，并在 1993 年成为国际标准，称为 ISO11898 标准。自 1994 年以来，一些更高级别的协议已在 CAN 的标准化，如 CANopen 和 DeviceNet。

我国的汽车 CAN 总线技术起步较晚，但随着现代汽车电子的不断进步发展，其研究和应用正如火如荼地进行。CAN 总线是一种串行多主站控制器局域网总线，是一种有效支持分布式控制或实时控制的串性通信网络。CAN 总线的通信介质可以是双绞线、同轴电缆或光导纤维，通信速率可达 1Mbit/s，通信距离可达 10km（40kbit/s）。由于其通信速率高，可靠性好以及价格低廉等特点，使其特别适合中小规模的工业过程监控设备的互联和交通运载工具电气系统中。

二、CAN 总线基本特点

CAN 总线结构图如图 16-1 所示。

1）废除传统的站地址编码，代之以对通信数据块进行编码，可以多主方式工作。

2）采用非破坏性仲裁技术，当两个节点同时向网络上传送数据时，优先级低的节点主动停止数据发送，而优先级高的节点可不受影响继续传输数据，有效避免了总线冲突。

3）采用短帧结构，每一帧的有效字节数为 8 个，数据传输时间短，受干扰的概率低，重新发送的时间短。

4）每帧数据都有 CRC 校验及其他检错措施，保证了数据传输的高可靠性，适于在高干扰环境下使用。

5）节点在错误严重的情况下，具有自动关闭总线的功能，切断它与总线的联系，以使总线上其他操作不受影响。

6）可以点对点，一对多及广播集中方式传送和接收数据，显著减少布线，如图 16-2 所示。

现代汽车完善的 CAN 总线网络系统架构包括典型的控制单元，有电控燃油喷射系统、电控传动系统、防抱死制动系统（ABS）、防滑控制系统（ASR）、废气再循环系统、巡航系统、空调系统和车身电子控制系统（包括照明指示和车窗、刮水器等）。

三、CAN 术语

CAN 设备发送整个 CAN 网络称为帧的数据包的数据。一个 CAN 帧由以下几个部分组成。

1. CAN 帧

图 16-3 所示是标准的 CAN 帧格式。

2. SOF（帧启动）位

SOF 位指明显性位（逻辑 0）的消息的开始。

3. 仲裁 ID

仲裁 ID 标识消息，并表示该消息的优先级。它有两种格式：①标准，它使用一个 11 位的仲裁 ID；②扩展，它使用一个 29 位的仲裁 ID 的帧。

图 16-1　CAN 总线结构图

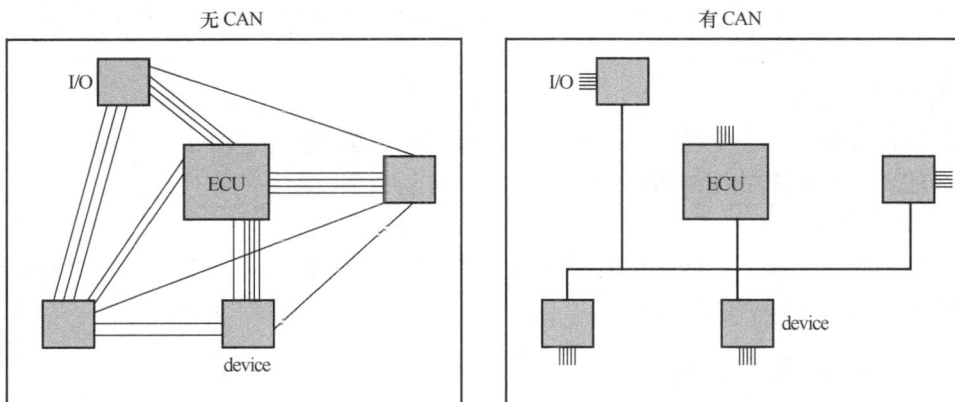

图 16-2　CAN 网络显著减少布线

S O F	11-BIT ARBITRATION ID	S R R	I D E	18-BIT ARBITRATION ID	R T R	r 0	DLC	0...8 BYTES DATA	CRC	A C K	E O F

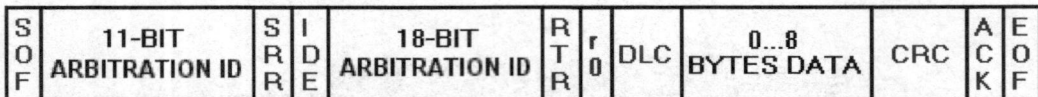

图 16-3 标准 CAN 帧格式

4. IDE(标识符扩展)**位**

IDE 位允许标准帧和扩展帧之间的分化。

5. RTR(远程传输请求)**位**

RTR 位可以区分一个数据帧和远程帧。显性(逻辑 0)RTR 位表示一个数据帧。隐性(逻辑 1)RTR 位表示远程帧。

6. DLC(数据长度码)

DLC 表示数据字段包含的字节数。

7. 数据字段

数据字段包含 0~8 个字节的数据。

8. CRC(循环冗余检查)

CRC 包含 15 位的循环冗余校验代码和隐性分隔符位。CRC 字段用于错误检测。

9. ACK(确认)**插槽**

任何 CAN 控制器,正确接收消息发送一个 ACK 位。传输节点检查总线上传输的 ACK 位的存在,并重新尝试。

四、CAN 总线的组成

1. CAN 控制器

CAN 控制器的作用是接收控制单元中微电脑传来的数据,对这些数据进行处理,并将其传往 CAN 收发器。同样,CAN 控制器也接收由 CAN 收发器传来的数据,对这些数据进行处理,并将其传往控制单元中的微电脑。

2. CAN 收发器

CAN 收发器将 CAN 控制器传来的数据转化为电信号并将其送入数据传输线。它也为 CAN 控制器接收和转发数据。

3. 数据传输终端

数据传输终端是一个电阻器,作用是防止数据在线端被反射,并以回声的形式返回。数据在线端的反射会影响数据的传输。

4. 数据传输线

数据传输线为双绞线,两条线分别称为 CAN 高线和 CAN 低线。为了防止外界电磁波的干扰和向外辐射,将两条线缠绕在一起。

五、CAN 数据库文件

CAN 数据库文件的文本文件,包含扩展 CAN 帧和信号定义信息。国家仪器的 NI-XNET 数据库编辑软件识别 FIBEX 数据库文件(XML),矢量数据库文件(*.DBC)和 NI 的 CAN 数据库文件(*.NCD)。

对于每一个信号，数据库定义转换到工程单位的规则。下列数据存储在数据库中：

1）频道名称。

2）通道的位置(起始位)和大小(位数)，在给定的消息中。

3）字节顺序(英特尔/摩托罗拉)。

4）数据类型(符号,无符号和IEEE浮点)。

5）缩放和单位的字符串。

6）范围。

7）默认值。

8）评论。

CAN数据库文件可能包含整个车辆的帧和信号定义。每个网络都有自己独特的数据库文件。此外，这些数据库文件是供应商特定的，通常是保密的。

通过使用多帧CAN网络，许多API(如NI-XNET)数据库文件，可以自动转换为帧信息直接到现实世界的价值。这简化了应用程序的开发，因为你永远不必担心原始帧值。

六、汽车数据通信系统失效故障实例

故障1：驱动总线短路(有时报警)

1. 故障信息

1）车型：波罗劲情。

2）行驶里程数：86052km。

3）发动机代号：CDD。

4）故障现象：仪表灯报警，行驶有时仪表灯忽然报警，熄火后有时不能起动，有时能起动。

5）故障码：49153、01281、49489、01312。

2. 维修情况

1）模拟故障。首先在静态测量电阻(T16a/3和T16a/5)为65Ω，高位/低位总线对搭铁对正极电阻都是无穷大。是正常的。

在模拟电路抖动时，抖动相关电路，相对(T16a/3和T16a/5)电阻没有变化。在抖动仪表台下线束时，测量高位T16a/5对搭铁短路，有时电阻有下降的情况。测量低位T16a/5对搭铁的电阻无变化，正常。

读取数据总线的数据块(抖动仪表线束有时)正常为1。

2）故障原因。故障驱动总线CAN-H制动踏板上部线束磨损短路/搭铁造成。

3. 维修经验体会

类似故障的检查，首先对故障现象的确认，可以通过试车让故障出现。分析总线的结构，对总线系统进行测量。对数据总线波形进行检测，采用断线法对控制单元逐一排除。

故障2：途安车制动灯常亮

1. 故障信息

1）车型：途安。

2）行驶里程数：7300km。

3）发动机代号：2.0。

4）故障现象：点火开关打开，制动灯常亮。

5）故障码：01-02-01393　P0571　008　　　　　　　　　定速/制动开关电路　　　故障

03-02-526　　　008　　　制动灯开关 – F　　不可靠信号　　　　偶发

09-02-526　　　008　　　制动灯开关 – F　　不可靠信号

2. 维修情况

1）读取 J519 数据（图 16-4）。第五组 1、2、3 区分别代表左、右和高位制动灯的占空比，在未踩下制动踏板的状态下正确显示为 0%，该车显示为 100%，说明制动灯已经由 J519 激活，控制点亮。

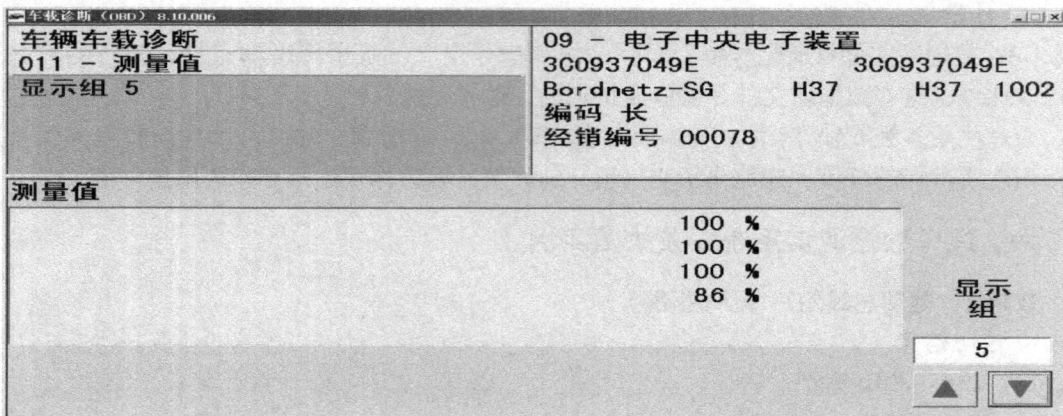

图 16-4　J519 数据

2）读发动机数据流。读取发动机控制单元内制动开关的数据，66 组第二区（图 16-5）在未踩下制动踏板的状态下正确显示应为 00000000，而该车显示为：00000001，说明发动机控制单元制动信号已经激活。

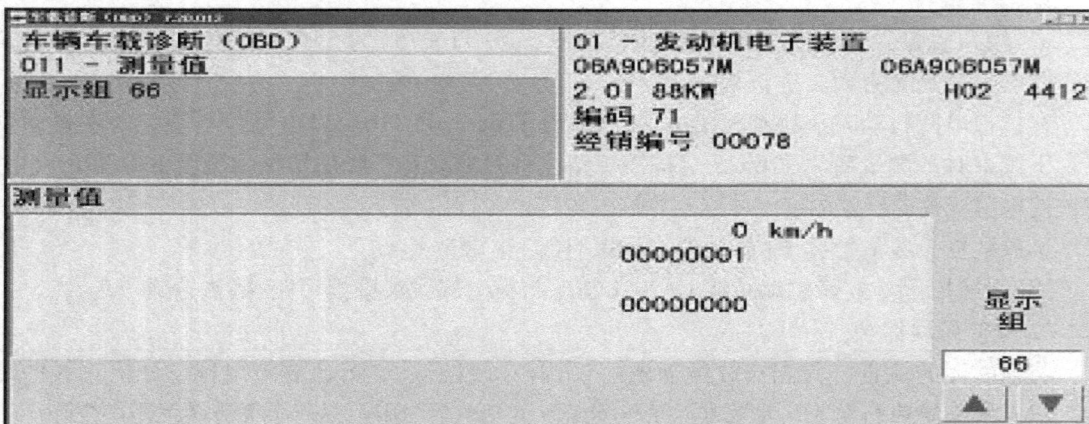

图 16-5　读取数据流

3）读取 ABS 系统的数据。3 组第一区（图 16-6）在未踏下制动踏板的情况下，显示正确状态应该是"未操作"，而当前状态显示为"激活"，说明是 ABS 系统制动信号已经激活。

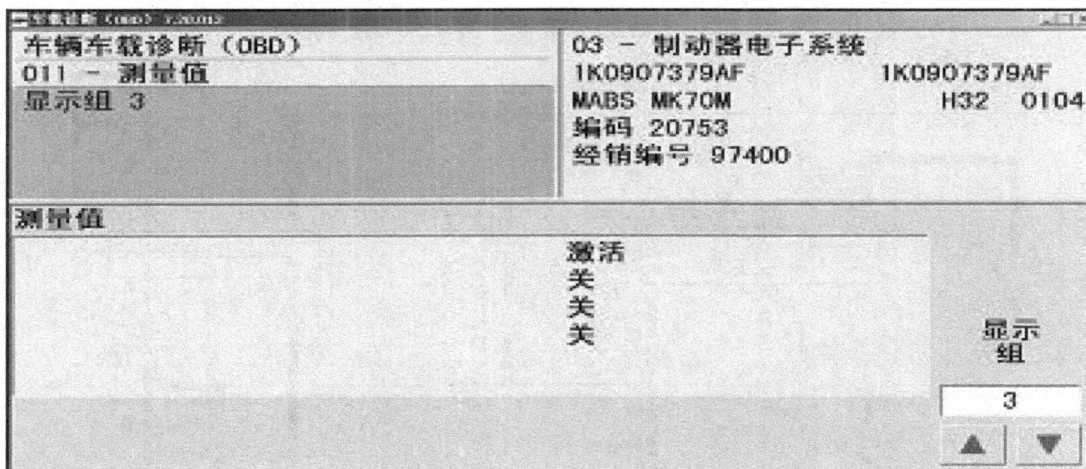

图 16-6　3 组第一区数据

断开 ABS 单元插头，查看发动机数据组，仍旧显示为 00000001。

断开发动机控制单元插头，制动灯熄灭，查看 ABS 数据组，仍旧显示为"激活"。

将（黄/黑）线直接搭铁，制动灯熄灭。

可以确定制动灯常亮并非是发动机单元和 ABS 单元引起的。

4）检测制动开关。途安车制动开关根据生产日期和车型分为两种：

① 第一种安装在制动踏板上。

② 第二种安装在制动主缸上。

该车的制动开关是第二种，安装在制动主缸上（图 16-7）。该种开关由 2 个霍尔传感器构成，正常状态为一个输出高电位，一个输出低电位。

5）根据电路图（图 16-8、图 16-9）对制动系统线路进行测量。

4 号脚（黑/灰）为电源。

2 号脚（棕）为负极。

3 号脚（黄/黑）为连接发动机单元、ABS 单元和 J519 的信号线。

打开点火开关，由发动控制单元输出高电位信号 10.5V，分别至 ABS 控制单元和 J519，并由 J519 控制，转换成低电位信号（0.6V），由此 J519 监控制动系统是否正常。

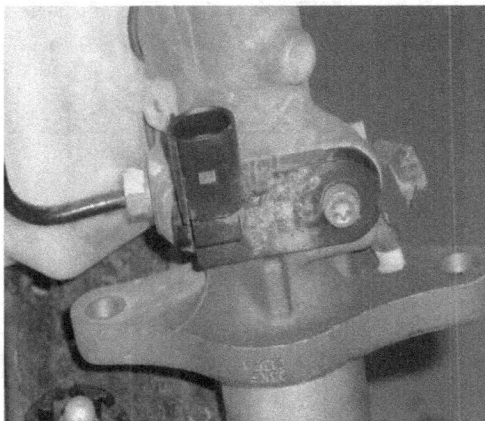

图 16-7　制动开关

踩下制动踏板，由于霍尔传感器工作，该线路向发动机控制单元、J519 和 ABS 单元输出高电位信号 11.5V（制动信号）。J519 接收到该信号，点亮制动灯。发动机单元数据显示为"1"，ABS 单元数据 3 组一区显示"激活"。

4 号脚（白/绿）为连接发动机控制单元的信号线。未踩制动踏板状态下为高电位（10.5V），踩下制动踏板向发动机控制单元输出低电位信号（0.6V）

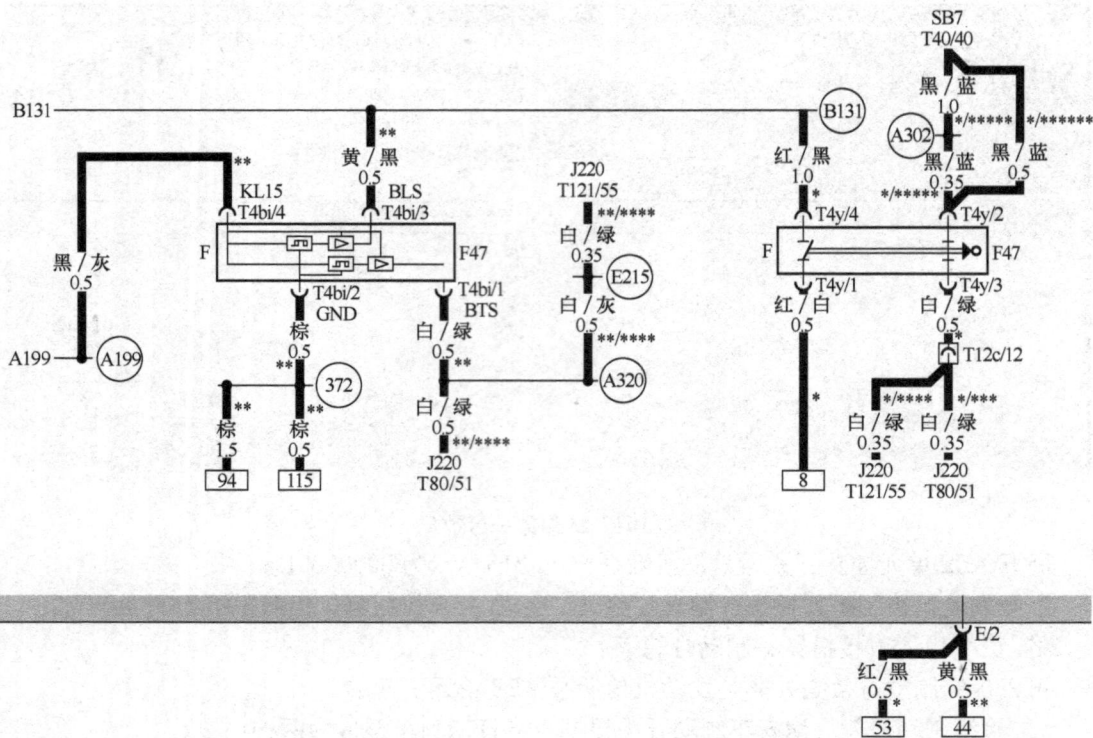

图 16-8　途安制动灯开关电路图

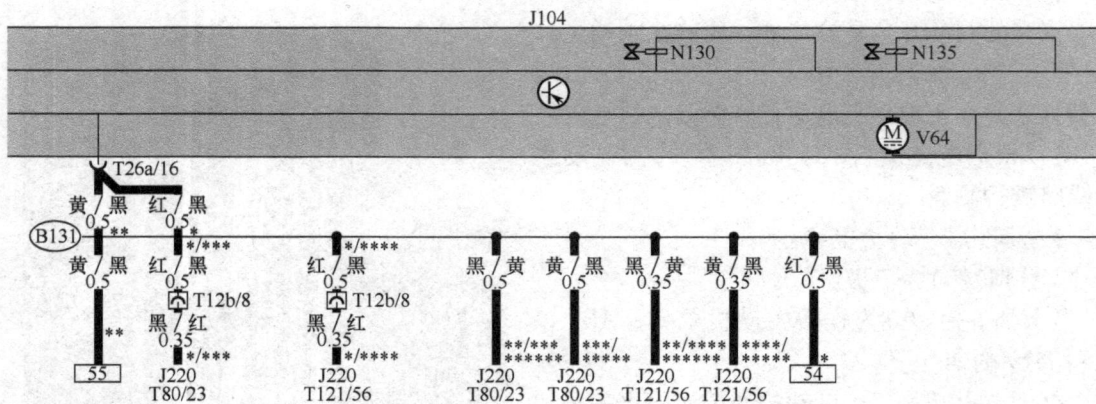

图 16-9　制动开关至 ABS 控制单元和网关线路

6）故障总结

① 检查制动踏板及制动主缸的回位状况，未见卡滞现象。

② 更换制动开关及制动主缸，故障现象依旧。

③ 检查电路：制动开关至 J519 的电路断路（图 16-10）。

④ 对电路进行修复，故障排除。

3. 维修经验体会

1) 制动开关 3 号脚（黄/黑）线与 J519（E/2 脚）断路，导致 J519 无法接收到发动机控制单元发送的监控信号，判定制动系统存在故障，在 J519 内存储故障码。

2) 发动机控制单元向 ABS 单元和 J519 发送的检测信号，由于电路（黄/黑）断路无法正常通过 J519 转换成低电位，始终保持高电位，错误认定该监测信号为制动信号并向 J519 传递该信号（CAN），由 J519 点亮制动灯。因此尽管断开 ABS 单元插头，发动机控制单元数据始终显示为"1"。当断开发动机控制单元插头后，J519 失去制动信号，控制制动灯熄灭。制动开关的 4 号脚（白/绿）也向发动机控制单元输出高电位信号。发动机控制单元同时接受到 2 个高电位信号（正确状态应为一高一低信号），判定存在故障，在发动机控制单元内存储故障码。

图 16-10 故障部位

3) 由于 J519 监测到发动机控制单元传递过来的制动信号，并向 ABS 控制单元传递（CAN）该信号，所以断开发动机控制单元插头后，ABS 控制单元数据仍旧显示为"激活"状态。ABS 控制单元判定制动开关故障，存储故障码。

学习任务十七　汽车轮胎压力监测系统的故障诊断与排除

任务引入：

一辆丰田雷克萨斯轿车，行驶总里程10万 km，发现该车胎压监测系统报警灯点亮。

任务分析：

1）初步诊断，确认故障现象。

2）查找资讯，学习相关知识，分析故障可能原因。

3）制订工作计划，分析故障诊断思路。

4）根据故障现象和任务要求，确定所需要的检测仪器设备、工具，并对小组成员进行合理分工，制订详细的、可实施的故障诊断与排除工作方案。

5）实施试验进行检测，利用故障诊断仪和万用表对汽车轮胎压力监测系统进行检测，确定故障原因并维修更换，诊断和排除故障。

6）总结故障结论，写诊断报告。

7）用企业标准验收任务完成情况，评价工作过程，完成任务工单17。

资讯和相关知识：

轮胎压力监测系统是提高汽车行驶安全性和舒适性方面的一项新技术。在日常生活中，由于轮胎老化、过度磨损、胎压异常、轮胎外伤等原因造成的爆胎事故屡屡发生。

胎压异常易导致爆胎的发生，胎压异常指胎压不足或胎压过高。胎压异常会引起轮胎局部磨损、操控性和舒适性降低、油耗增加等问题。胎压不足时，轮胎侧壁容易弯曲折断而发生爆裂。而胎压过高，则会使轮胎的缺陷处（如损伤部位）在高速行驶过程中发生爆裂。正确的轮胎压力对行驶安全性、轮胎的耐用性和降低油耗起着关键作用。

一、轮胎压力监测系统（TPMS）的功用

轮胎压力监测系统可以在车辆静止和行驶时监测轮胎的充气压力，目的在于协助驾驶人将车辆的轮胎压力维持在最佳状态，从而可以提高燃油经济性，保持行驶与操纵性能，降低可能由轮胎充气不足引起轮胎气压迅速下降的风险。

在轮胎"爆裂"的过程中，轮胎压力将骤降。该系统不会警告驾驶人轮胎"爆裂"。因为发生这种情况时，持续时间太短，系统没有足够的时间向驾驶人提供警告。TPMS 的目的是辅助驾驶人将轮胎压力保持在最佳状态，以降低轮胎发生爆裂的可能性。

二、轮胎压力监测系统的组成

轮胎压力监测系统一般由 5 个轮胎压力传感器、4 个轮胎压力监测天线（发射器）、轮胎压力监测控制单元、组合仪表、功能选择开关等元件组成，各元件安装位置如图 17-1 和图 17-2所示。

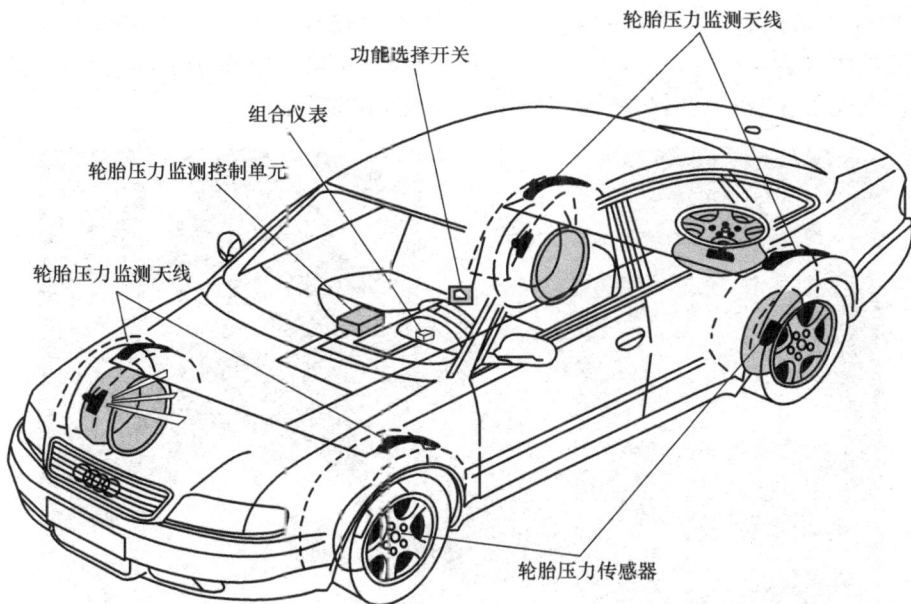

图 17-1　轮胎压力监测系统元件位置

1. 轮胎压力监测控制单元

TPMS 模块主要功能在于检测：

1）轮胎压力低于建议的低公差值——轮胎气压不足。

2）轮胎压力低于建议的低公差值——轮胎明显充气不足。

3）车辆上轮胎的位置。

TMPS 模块还与车辆组合仪表进行通信，以向驾驶人提供适当的警告，表明所检测情况的重要性并表明 TPMS 组件的状态/故障。

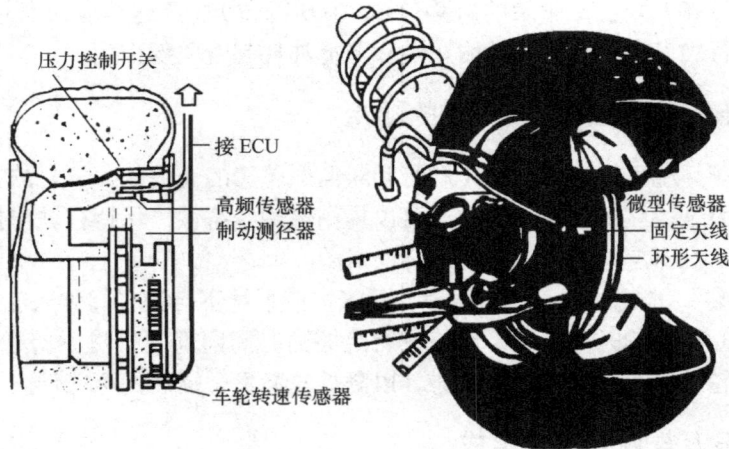

图 17-2　具有轮胎压力监测系统的车轮

2. 轮胎压力传感器

　　轮胎压力传感器周期性地测量轮胎内空气的压力和温度。将压力和温度测量值周期性地发射至车辆的 RF 接收器，再传到 TPMS 控制单元。

　　如图 17-3 所示，电子传感器安装在气门芯内部或使用低频无线电信号监测轮胎气压。在其发射数据中包含一个标识代码，使 TPMS 控制单元能够识别车辆上的轮胎。为了节省蓄电池电量，车轮静止或移动时传感器将使用不同的传输速率。

图 17-3　轮胎压力传感器工作示意图

3. 轮胎压力监测天线(发射器)

　　TPMS 系统共有 4 个发射器，分别位于前轮罩前部附近和后轮罩后部附近，通过两个铆钉固定。每个发射器都有一个连接车身线束的插接器。

　　发射器是一个被动低频(LF)发射器(125kHz)。每个发射器都提供自动定位功能，以识别轮胎在车辆上的位置，并将此数据发送至 TPMS 控制单元。

TPMS 控制单元使用 LF 驱动器依次为各个发射器供电。相应的轮胎压力传感器检测到最终的 LF 发射，并对其数据通过 RF 发射(315 或 433MHz)。此数据通过 RF 天线传到 TPMS 控制单元。控制单元再确定哪个传感器在发射以及它在车辆上的位置。

4. 功能选择开关(TPMS 开关)

TPMS 开关是一个非插销按钮开关，位于中央控制台开关板中，与危险警告开关相邻，如图 17-4 所示。驾驶人用 TPMS 开关来设置车辆所需的目标压力，例如，"正常负载"或"高负载"。

图 17-4　轮胎压力监测系统功能选择开关

TPMS 开关有一个状态 LED。当设置"正常负载"模式时，LED 亮起。当设置"高负载"模式时，LED 熄灭。

模式切换：

1）正常负载到高负载。点火开关必须处于打开位置，按住此开关，可以将目标压力转换至"高负载"模式。LED 熄灭，仪表信息中心将闪烁"Tire Pressures High Load Condition (轮胎压力高负载状况)"5s。此设置一直保留，直至驾驶人取消选择。

2）高负载到正常负载。点火开关必须置于打开位置，按住开关，可以将目标压力从"高负载"模式切换至"正常负载"模式。开关 LED 将亮起，并且仪表信息中心将显示"Tire Pressures Normal Condition(轮胎压力正常状况)"5s。

三、轮胎压力监测系统工作原理

1. 双模块控制的轮胎压力监测系统

如图 17-5 所示，该轮胎压力监测系统由轮胎压力监测模块和中央接收模块两个主要部分组成。其中轮胎压力监测模块安装在汽车轮胎内，该模块带有传感器和无线发射装置，主要用来监测轮胎内气压和温度，并把监测到的数据通过发射装置送到接收模块。中央接收模块安装在驾驶室操作盘附近，带有无线接收装置、声光报警模块和液晶显示模块，无线接收装置接收到轮胎压力监测模块发送来的数据，将各个轮胎的气压和温度由液晶显示模块显示，驾驶人通过显示模块即可掌握各个轮胎的气压和温度状况。当气压和温度状况出现异常将要出现危险征兆时，就会通过声光报警模块自动报警，以提醒驾驶人减速慢行或进行相应的检查维修，从而保证行车安全以及轮胎保持在正常运行状态。

1）轮胎压力达到正常值的 85% 时，在仪表板上显示警告信息，告知驾驶人车速不要超过 120km/h。

2）轮胎压力达到正常值的 60% 时，车速不超过 80km/h。

3）轮胎压力达到正常值的 40% 时，车速不超过 40km/h。

4）当轮胎压力低于正常值的 30% 时，必须停车。

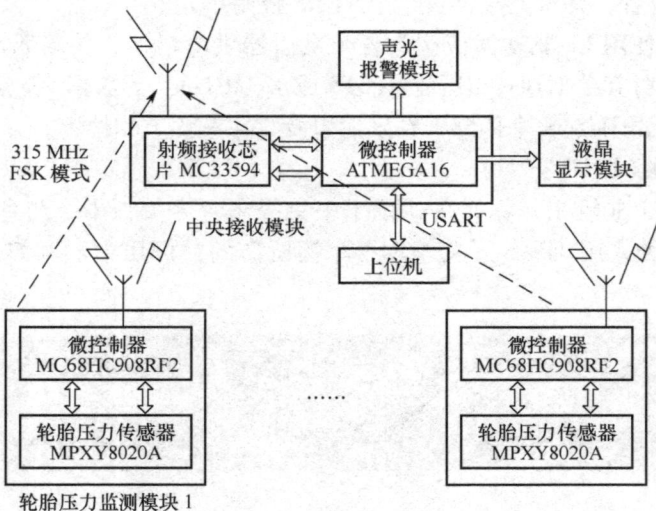

图 17-5　双模块式轮胎压力监测系统

5）当轮胎温度达到 85℃时，推荐车速不超过 240km/h；温度达到 90℃时，车速不超过 160km/h；温度达到 95℃时，车速不超过 80km/h；温度达到 100℃时，建议停车。

2. 发射器轮胎压力监测系统

图 17-6 所示是发射器轮胎压力监测系统，当车辆行驶时，TPMS 控制单元就依次命令各个发射器向每个轮胎压力传感器发送 LF（125kHz）信号（激活顺序为从左前轮开始顺时针，即左前-右前-右后-左后）。轮胎压力传感器接收此信号，向模块发射 RF（315 或 433MHz，取决于市场）信号。此信号包含传感器识别代号、轮胎压力、轮胎温度和加速度数值。一旦已经确定车轮的位置，那么发射器将停止工作，直到车辆停止超过 15min 时才再次启用。

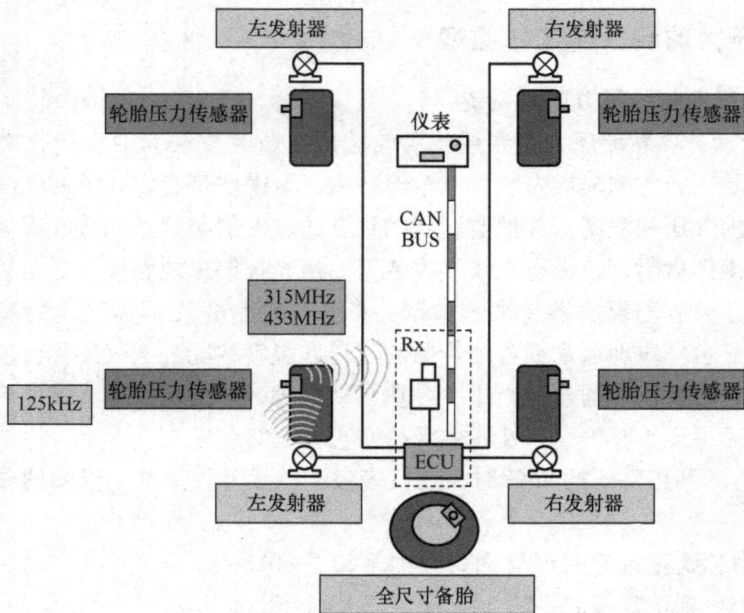

图 17-6　发射器轮胎压力监测系统

1）TPMS 认为的"停车模式"是车辆以低于 20km/h 的速度行驶 12min 后。

2）当车辆停止超过 15min 后，再以 20km/h 以上的速度行驶时，发射器按以下顺序依次启动 6s：

① 左前：6s 暂停（用于 TPMS 控制单元检测轮胎压力传感器的响应）。

② 右前：6s 暂停。

③ 右后：6s 暂停。

④ 左后：6s 暂停。

此过程重复最多 3 次，如果模块已经知道传感器的位置，则更少。此过程也即"自动定位"，需 3~4min 完成。在此期间，轮胎压力传感器将定期进行发射，每 5s 发射一次。

3）车辆行驶时，每个车轮传感器传输信号间隔为 60s。此传输用来监控轮胎压力。

4）有两种警告级别：亏气在大于或等于 25% 且小于 35% 时，黄色警告指示灯亮起；亏气大于或等于 35% 时，仪表信息中心显示相应消息。信息中心还将显示有关受影响车轮的其他信息。

5）如果 TPMS 处于停车模式，每个轮胎压力传感器传输信号的间隔为 13h。如果轮胎压力下降超过 0.6bar(1 bar = 0.1MPa)时，传感器信号传输就会更频繁。

6）备胎传感器传输信号的间隔为 13h。

四、轮胎压力监测系统电路控制

轮胎压力监测系统电路控制原理图如图 17-7 所示。

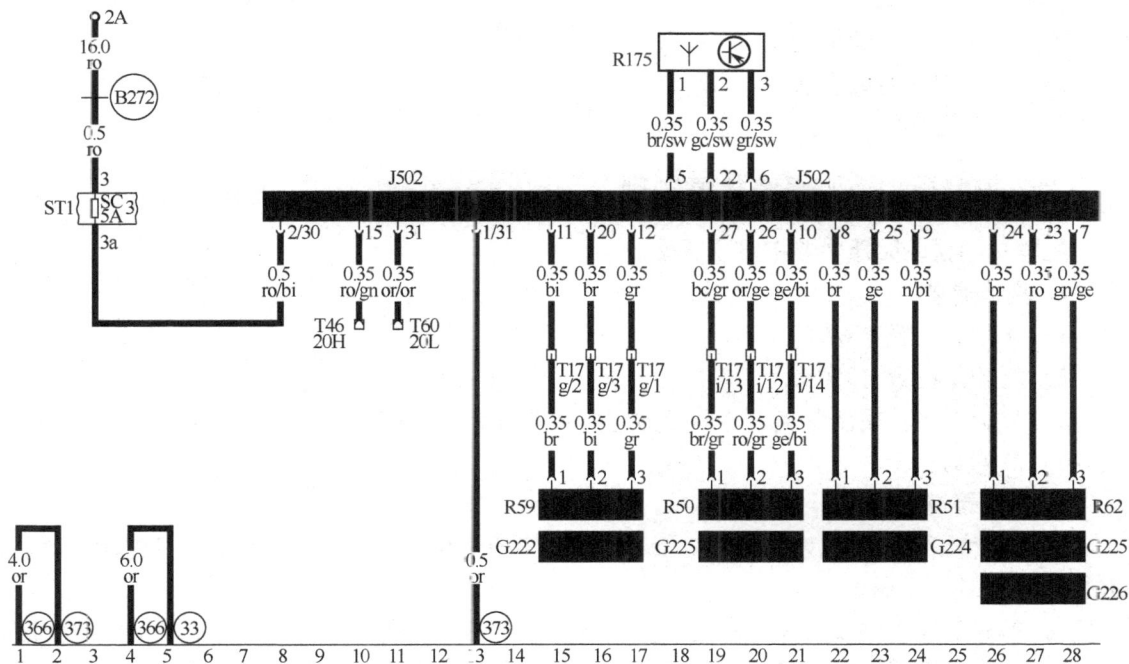

图 17-7　轮胎压力监测系统电路控制原理图

五、轮胎压力监测系统故障诊断与排除

如果 ECU 的一个或多个传感器坏了，黄色警告灯会亮，如图 17-8 所示，信息中心将会出现警告信息。

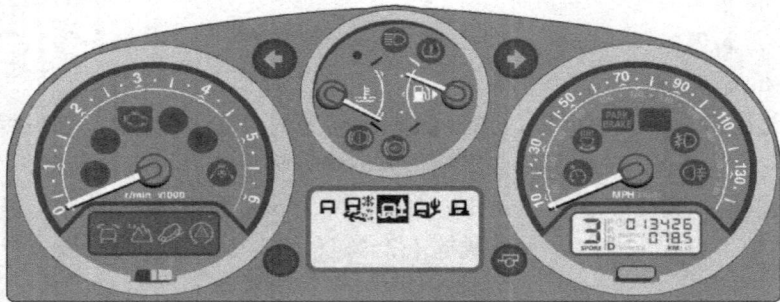

图 17-8　轮胎压力监测系统警告灯

通过车身的自诊断接口可以完成多种自诊断，从而可以快速查找故障。使用故障诊断仪选择地址码 65 即可进入轮胎压力检测系统，进入系统后可以选择以下功能：

01——查询控制单元版本号

02——查询故障存储器

05——清除故障存储器

06——结束输出

07——给控制单元编码

08——读取测量数据块

10——自适应

六、轮胎压力监测系统故障实例

故障：明锐轮胎压力监控灯不报警

1. 故障信息

1）车型：明锐 1.6AT。

2）行驶里程数：950km。

3）故障现象：轮胎漏气，轮胎压力监控系统（RKA）不报警。

4）故障码：无。

2. 维修情况

进行轮胎压力初始化设定（长按 RKA 开关，伴随信号音确认），对其中一只轮胎放气后进行路试，RKA 不报警。

1）检查四轮轮胎压力在正常范围，检查 ABS 控制器零件号、编码，正确。

2）使用诊断仪选择引导性功能进入 ABS 控制器，读取数据块，查看"最近一次 RKA 初始化时的里程数"，显示 870km，表明车辆自初始化后系统已自学习了 80km（当前里程数 950km）。

3）进行 RKA 功能测试。将左后轮轮胎压力释放到 1.4 ~ 1.5bar 左右，模拟漏气状态路

试，行驶约15km，轮胎压力监控灯报警，判断车辆RKA功能正常，没有问题。

3. 维修经验体会

RKA是集成在ABS之中的一套间接式轮胎压力系统，通过轮速信号反馈来计算轮胎压力状态，因轮速信号会受到路面、胎温、装载等因素干扰，因此在某些工况下（如过高/过低车速、制动、冰雪路面、横向陡坡等），RKA的监控功能受限，会发生报警延迟或误报警的情况。另外RKA在经过初始化后需要行驶一段里程来完成自学习，此过程无法监控其完成情况，根据经验自学习里程至少在50km以上。在确认系统完成了充分自学习后，可按前述方法进行RKA功能测试来判断系统是否正常。

机械工业出版社 | **汽车分社**
CHINA MACHINE PRESS

读者服务

机械工业出版社立足工程科技主业，坚持传播工业技术、工匠技能和工业文化，是集专业出版、教育出版和大众出版于一体的大型综合性科技出版机构。旗下汽车分社面向汽车全产业链提供知识服务，出版服务覆盖包括工程技术人员、研究人员、管理人员等在内的汽车产业从业者，高等院校、职业院校汽车专业师生和广大汽车爱好者、消费者。

一、意见反馈

感谢您购买机械工业出版社出版的图书。我们一直致力于"以专业铸就品质，让阅读更有价值"，这离不开您的支持！如果您对本书有任何建议或意见，请您反馈给我。我社长期接收汽车技术、交通技术、汽车维修、汽车科普、汽车管理及汽车类、交通类教材方面的稿件，欢迎来电来函咨询。

咨询电话：010-88379353　编辑信箱：cmpzhq@163.com

二、课件下载

选用本书作为教材，免费赠送电子课件等教学资源供授课教师使用，请添加客服人员微信手机号"13683016884"咨询详情；亦可在机械工业出版社教育服务网（www.cmpedu.com）注册后免费下载。

三、教师服务

机工汽车教师群为您提供教学样书申领、最新教材信息、教材特色介绍、专业教材推荐、出版合作咨询等服务，还可免费收看大咖直播课，参加有奖赠书活动，更有机会获得签名版图书、购书优惠券。

加入方式：搜索 QQ 群号码 317137009，加入机工汽车教师群 2 群。请您加入时备注院校 + 专业 + 姓名。

四、购书渠道

机工汽车小编
13683016884

我社出版的图书在京东、当当、淘宝、天猫及全国各大新华书店均有销售。
团购热线：010-88379735
零售热线：010-68326294　88379203

推荐阅读

书号	书名	作者	定价（元）
	智能网联、新能源汽车专业教材		
9787111678618	智能网联汽车技术入门一本通（全彩印刷）	程增木	69
9787111715276	智能汽车技术（全彩印刷）	凌永成	85
9787111702696	智能网联汽车技术原理与应用（彩色版）	程增木　杨胜兵	65
9787111628118	智能网联汽车技术概论（全彩印刷）	李妙然　邹德伟	49.9
9787111693284	智能网联汽车底盘线控系统装调与检修（附任务工单）	李东兵　杨连福	59.9
9787111710288	智能网联汽车智能传感器安装与调试（全彩活页式教材）	中国汽车工程学会　等	49.9
9787111712480	智能网联汽车底盘线控执行系统安装与调试（全彩印刷）	中国汽车工程学会　等	49.9
9787111709800	智能网联汽车计算平台测试装调（全彩印刷）	中国汽车工程学会　等	49.9
9787111711711	智能网联汽车智能座舱系统测试装调（全彩印刷）	中国汽车工程学会　等	49.9
9787111710318	新能源汽车检测与故障诊断技术（彩色版配实训工单）	吴海东　等	69
9787111707585	新能源汽车电动空调　转向和制动系统检修（彩色版配实训工单）	王景智　等	69
9787111702931	新能源汽车整车控制系统检修（彩色版配实训工单）	吴东盛　等	69
9787111701637	新能源汽车动力电池及管理系统检修（彩色版配实训工单）	吴海东　等	59
9787111707165	新能源汽车技术概论（全彩印刷）	赵振宁	55
9787111706717	纯电动汽车构造原理与检修（全彩印刷）	赵振宁	59
9787111587590	纯电动/混合动力汽车结构原理与检修（配实训工单）（全彩印刷）	金希计　吴荣辉	59.9
9787111709565	新能源汽车维护与故障诊断（配实训工单）（全彩印刷）	林康　吴荣辉	59
9787111700524	新能源汽车整车控制系统诊断（双色印刷）	赵振宁	55
9787111699545	智能网联汽车概论（全彩印刷）	吴荣辉　吴论生	59.9
9787111698081	新能源汽车结构原理与检修（全彩印刷）	吴荣辉	65
9787111683056	新能源汽车认知与应用（第2版）（全彩印刷）	吴荣辉　李颖	55
9787111615767	新能源汽车概论（全彩印刷）	张斌　蔡春华	49
9787111644385	新能源汽车电力电子技术（全彩印刷）	冯津　钟永刚	49
9787111684428	新能源汽车高压安全与防护（全彩印刷）	吴荣辉　金朝昆	45
9787111610175	新能源汽车动力电池及充电系统检修（全彩印刷）	许云　赵良红	55
9787111613183	新能源汽车电机驱动系统检修（全彩印刷）	王毅　巩航军	49
9787111613206	新能源汽车辅助系统检修（全彩印刷）	任春晖　李颖	45
9787111646242	新能源汽车维护与故障诊断（全彩印刷）	王强　等	55
9787111670469	新能源汽车结构原理与检修（彩色版）	康杰　等	55

书号	书名	作者	定价（元）
9787111448389	电动汽车动力电池管理系统原理与检修	朱升高　等	59.9
9787111675372	新能源汽车动力蓄电池与驱动电机系统结构原理及检修	周旭　石未华	49.9
9787111672999	电动汽车结构原理与故障诊断（第2版）（配实训工作手册）	陈黎明　冯亚朋	69.9
9787111623625	电动汽车结构原理与维修	朱升高　等	49
9787111610717	新能源汽车结构与维修（第2版）	蔡兴旺　康晓清	49
9787111591566	电动汽车电机控制与驱动技术	严朝勇	45
9787111484868	电动汽车动力电池及电源管理（"十二五"职业教育国家规划教材）	徐艳民	35
9787111660972	新能源汽车专业英语	宋进桂　徐永亮	45
9787111684862	智能网联汽车技术概论（彩色版配视频）	程增木　康杰	55
9787111674559	混合动力汽车结构与检修一体化教程（彩色版）（附赠习题册含工作任务单）	汤茂银	55
传统汽车专业教材			
9787111678892	汽车构造与原理　（彩色版）	谢伟钢　范盈圻	59
9787111702474	汽车销售基础与实务（全彩印刷）	周瑞丽　冯霞	59
9787111678151	汽车网络与新媒体营销（全彩印刷）	田凤霞	59.9
9787111687085	汽车销售实用教程（第2版）（全彩印刷）	林绪东　葛长兴	55
9787111687351	汽车自动变速器原理与诊断维修　（彩色版）	张月相　张雾琳	65
9787111704225	汽车机械基础一体化教程（彩色版配实训工作页）	广东合赢	59
9787111698098	汽车检测与故障诊断一体化教程（彩色版配工作页）	秦志刚　梁卫强	69
9787111699934	汽车舒适与安全系统原理检修一体化教程（配任务工单）	栾琪文	59.9
9787111711667	汽车发动机电控系统结构原理与检修（彩色版配实训工单）	李先伟　吴荣辉	59
9787111689218	汽车底盘电控系统原理与检修一体化教程（彩色版）（附实训工作页）	杨智勇　金艳秋　翟静	69
9787111676836	汽车底盘机械系统构造与检修一体化教程（全彩印刷）	杨智勇　黄艳玲　李培军	59
9787111699637	汽车电气设备结构原理与检修（配实训工单）（全彩印刷）	管伟雄　吴荣辉	69
汽车维修必读			
9787111715054	动画图解汽车构造原理与维修	胡欢贵	99.9
9787111708261	汽车常见故障诊断与排除速查手册（赠全套352分钟维修微课）（双色印刷）	邱新生　刘国纯	79
9787111649571	新能源汽车维修完全自学手册	胡欢贵	85
9787111663546	汽车构造原理从入门到精通（彩色图解＋视频）	于海东　蔡晓兵	78
9787111626367	新能源汽车维修从入门到精通（彩色图解＋视频）	杜慧起	89
9787111661290	汽车电工从入门到精通（彩色图解＋视频）	于海东　蔡晓兵	78
9787111602699	汽车维修从入门到精通（彩色图解＋视频）（附赠汽车故障诊断图表手册）	于海东	78